다문화 전문 교육과정 1

다문화 사회와 가정

김선희 이보라 이연미 이주영 임현숙 조금랑 주영란 공저

양성원

머리말

코로나의 열풍이 모든 분야에서 어려움을 초래하고 있습니다.

영유아들의 발달 · 성장에도 많은 문제를 제기하고 있습니다. 한국의 다문화가족은 현재 약 250만 명이 될 것이라 추산됩니다. 이들이 한국에서 생활하면서 가장 어려움을 호소하는 분야는 자녀교육입니다. 자녀교육 중에서 영유아 교육이 어렵다고 호소합니다.

국가와 고향을 떠나 이국땅 한국에서의 정착과 생활이란 어려움의 연속입니다. 이들을 이해하는 맞춤교육이 필요합니다. 다문화사회 언어, 정서, 풍습, 놀이 등을 이해하는 것이 세계 속의 대한민국을 정착시키는 원동력이 됩니다. 이제는 이들에게 우리가 먼저 손을 내밀어야 합니다. 이들의 어려움에 동참해야 합니다. 엄마들의 언어구사 능력의 미비에서 오는 영유아들의 발문의 어려움, 어머니 나라 문화에서 오는 이중문화적 갈등, 정서적 갈등 등을 진단하여 새싹시기인 영유아기에 바르고 부족하지 않게 성장하도록 우리 보육교직원들이 도와야 합니다.

우리 경기도에서는 보육교사교육원연합회와 다문화전문특별교육과정을 개설하여 시행하고 있어 다문화가정의 영유아 교육에 동참하여 선도하고 있습니다. 코로나로 인하여 경직되어 있던 다문화전문교육과정이 다시 시행하는 계기를 만들기 위해, 다문화교육에 전문적 지식을 갖고 계신 교수님들이 중심이 되어 다문화 교재를 편찬하게 되었습니다. 이 교재는 다문화 영유아들의 한국사회 적응에 도움이 될 것이며, 현장에서 교육하시는 선생님들께는 다문화교육의 지침서가 될 것입니다.

집필에 수고하신 교수님들, 전폭적으로 도움을 주신 보육교사교육원연합회 김성일 회장님, 출판을 맡으신 양성원 강철원 사장님, 정책을 계획하고 시행하는 도청의 관계 공무원 등 모든 분들께 감사를 드립니다.

2023년 6월

출판위원장, 한국보육교직원보수교육협의회장 이만수

경기도보육교사교육원연합회장 김성일

차 례

CHAPTER 01

다문화사회의 이해

Chapter 01 다문화사회의 이해

학습목표

1. 문화의 개념과 특징을 이해한다.
2. 문화의 다양성과 문화 갈등에 대해 이해한다.
3. 문화의 다양성과 세계화 대해 이해한다.
4. 한국의 다문화의 중요성과 다문화교육에 대해 이해한다.
5. 다문화사회의 유형과 구성을 학습한다.
6. 다문화사회의 다양한 특징을 이해한다.
7. 다문화사회의 평가를 이해한다.

1. 문화의 이해

문화란 인간이 사회적으로 공유하는 생활 방식, 태도, 가치관, 지식, 예술 등의 총체적인 개념이다. 문화는 집단이나 사회를 특징짓는 공유된 신념, 가치, 관습, 행동 및 인공물을 의미한다. 또한 특정 공동체나 집단의 삶의 방식, 전통, 사회적 규범을 포함한다(Guttal, 2007). 그리고 문화는 전 세대에서 후대 세대로 학습되고 전달되며 언어, 예술, 음악, 종교, 음식 및 기타 표현 방법을 통해서 표현될 수 있다. 문화는 사회마다 크게 다를 수 있으며 사람들이 서로 주변 세계와 상호 작용하는 방식을 형성할 수 있다. 즉, 문화는 역동적이고 끊임없이 진화한다는 것이다. 다시 말하면, 시간이 지나면서 사회가 변화하고 진화함에 따라 그들의 문화적 관행과 전통도 마찬가지로 달라진다. 이러한 문화적 변화의 과정은 세계화, 기술 혁신, 사회적 및 정치적 격변을 비롯한 다양한 요인으로 인해 나타날 수 있다

(Murdock, 1965). 따라서 문화는 다양한 관점에서 이해할 수 있는 복잡하고 다면적인 개념이며 기본적으로 사회적인 상호작용을 나누는 사람들에 의해 구성된 집단의 공유된 삶의 방식이자 생활양식이다. 유네스코는 2002년 "문화는 한 사회 또는 사회적 집단에서 나타나는 예술, 문학, 생활양식, 더부살이, 가치관, 전통, 신념 등의 독특한 정신적, 물질적, 지적 특징"으로 정의를 하였다(이광자 외, 2009).

그러나 20세기 초반까지 '문화(culture)'라는 용어는 엘리트와 권력자의 세련된 행동 방식으로 이해되었으며, 역사 · 문화 · 예술을 알고 있는 사람들이 문화를 소유한 것으로 이해를 하였다. 한편, 1950년대 이전까지 문화에 관한 정의는 사람들의 행동이나 관습의 형태로 강조되었으나, 최근, 문화에 대한 정의는 한 집단의 공유된 지식, 신앙 체계, 상징, 가치관 그리고 의미 등과 같은 것들도 포함하는 개념으로 변화되었다.

1) 문화의 개념

인간이 사회적으로 살아가며 형성해 온 문화는 생활양식, 생각, 예술 등 다양하게 상호작용을 하면서 창조해 온 모든 것을 포괄하는 개념으로서, 개인과 집단의 정체성 형성과 사회적 상호작용에서 중요한 역할을 수행한다. 문화는 한 사회의 개인이나 인간 집단이 자연을 변화시켜 온 물질적 · 정신적 과정의 산물이다. 문화는 그것이 속한 담론의 맥락에 따라 매우 다양한 의미를 갖고 있는 다담론적 개념이다. 서양에서 문화(culture)라는 말은 경작이나 재배 등을 뜻하는 라틴어(cultus)에서 유래했다. 즉, 문화란 자연 상태의 사물에 인간의 작용을 가하여 그것을 변화시키거나 새롭게 창조해 낸 것을 의미한다(White, 1977). 문화에 대한 개념적인 정의는 다음과 같다.

(1) 개념적 정의

문화란 인간이 사회적 상호작용에서 발생한 생활 방식, 가치관, 미적 감각, 전통, 지식 등을 포함한 인간의 모든 창조물을 의미한다.

(2) 기능적 정의

문화는 인간이 사회적으로 살아가는 데 필요한 기능을 수행하며, 개인의 정체성을 형성하고 집단 간의 공감대를 형성한다.

(3) 구조적 정의

문화는 인간의 행동과 생각을 구성하는 규범, 규제, 인식 체계 등의 전반적인 구조를 말한다.

(4) 역사적 정의

문화는 인류 역사의 흐름에서 발생하고 발전한 인간의 창조물과 그에 따른 사회적 특징 및 행태를 의미한다.

2) 문화의 특징(Murdock, 1965)

(1) 문화는 사회적인 현상이다.

인간이 함께 살아가는 공동체에서 형성되며, 사회적 관계와 상호작용으로 유지된다.

(2) 문화는 다양성을 가지고 있다.

지리적, 역사적, 인종적, 종교적, 경제적 요인 등에 따라서 문화는 다양성을 가지고 지역, 종족, 시대, 인간 개인별로 다양하게 나타난다.

(3) 문화는 학습과 전달을 통해 유지된다.

문화는 인간들이 학습하고 전달하며, 이를 통해 유지된다. 학습과 전달은 가족, 학교, 미디어 등을 통해 이루어진다.

(4) 문화는 동적성을 가지고 시간과 공간에 따라 변화한다.

시간과 공간에 따라 변화를 하는 문화는 새로운 가치와 생활 방식이 등장한다.

(5) 문화는 인간의 가치관, 태도, 행동, 언어, 예술 등을 포함한다.

문화는 인간의 다양한 면을 포함하면서 가치관, 태도, 행동, 언어, 예술 등을 통해 다양한 형태로 나타난다.

(6) 문화는 사람들의 자아와 정체성을 형성하는 중요한 역할을 한다.

문화는 인간의 정체성과 자아 형성에 영향을 미치며, 사회적, 정치적, 경제적, 신앙적 측면에서도 중요한 역할을 한다.

(7) 문화는 인간 중심성의 특징을 지니고 있다.

문화는 인간이 만들어 낸 개념이므로 인간의 삶과 관련이 있다.

(8) 문화는 상호작용성을 지니고 있다.

문화는 서로 다른 문화와 문화들 간에 상호작용을 하면서 변화한다.

3) 문화의 구분과 관점

(1) 문화의 정의에 따른 구분

문화는 사회사상, 세계관과 가치관, 행동 양식과 같은 차이에 따라 여러 이론적 관점에 근거하여 다양한 정의가 존재한다(신주철, 2013).

(2) 이론적 기반에 따라 문화를 구분

문화는 신화, 전설, 미술, 음악, 스포츠, 문예 등으로 구분된다.

(3) 지역별 문화 구분

각 나라와 지역에는 독특한 문화가 존재한다. 따라서, 지역별로 문화를 구분한다.

예) 한국 문화, 중국 문화, 미국 문화와 같이 구분한다.

(4) 문화의 종류에 따른 구분

문화는 그 종류에 따라 다양하게 구분된다.

예) 미술, 음악, 문예, 스포츠 등으로 문화를 구분한다.

(5) 문화의 기능에 따른 구분

문화는 그 기능에 따라서도 구분할 수 있다.

예) 문화유산, 문화관광, 문화교육 등으로 문화를 구분한다.

(6) 문화의 역사에 따른 구분

문화는 그 역사에 따라서도 구분될 수 있다.

예) 선사시대 문화, 고대 문화, 중세 문화, 근대 문화 등으로 문화를 구분한다.

〈표 1-1〉 문화의 관점

관점	특징
세계관	종교, 철학, 윤리 등을 포함하여 인간의 존재에 대한 이해와 해석을 담은 것
사회사상	사회의 가치관, 신념, 태도, 행동 패턴 등을 포함하여 사회적으로 공유되는 인식과 생각
가치관	도덕적 기준, 선호하는 것들, 우선순위, 긍정하는 가치 등 개인 또는 집단이 중요하게 생각하는 것
행동양식	언어, 복장, 음식, 주거, 예술 등 인간의 생활 방식과 문화 활동의 모든 영역

관점	특징
전체성	문화를 구성하는 요소들은 서로 유기적인 관계를 유지하면서 다양성을 지닌 하나가 전체를 이루는 것
문화 유형	• 성취 문화와 행동 문화로 구분됨. 성취 문화는 문화 지식 중심이며 인간이 이룩한 모든 업적물과 인위성이 가미된 자연생태 문화를 포함하고, 행동 문화는 문화 행위 중심임 • 보편적 생활양식, 의사소통상의 행동, 일을 하는 방식, 일상적 행동유형 등을 포함함

2. 문화의 다양성과 문화 갈등

1) 문화의 다양성

문화의 다양성이란, 각 지역, 국가, 민족이 가지고 있는 고유한 문화적 특징들이 서로 상호작용을 하면서 변화하는 과정을 의미한다. 이러한 문화적 다양성은 지리적, 역사적, 인종적, 종교적 요인 등에 의하여 형성되고 인류의 창조적 활동과 다양한 경험에 따라 발전하며 변화하고 있다. 문화적 다양성을 이해하고 존중하는 것은 상호 교류와 이해를 증진시키고, 세계 평화와 다문화주의적 사고를 발전시키는 데 중요한 역할을 한다. 문화의 다양성과 관련된 형태는 다음과 같다(William, 1909).

(1) 지리적 다양성

서로 다른 지역에서 살아가는 사람들은 지역적 특성에 따라 다른 문화를 형성한다.

예) 아시아와 유럽, 아프리카와 남미 등은 지리적으로 다른 지역이며, 이를 통해 서로 다른 문화를 형성한다.

(2) 역사적 다양성

역사적 사건들은 각 나라의 문화를 형성하는 데 중요한 역할을 한다.

예) 일본과 한국은 과거에 일본의 식민지였던 경험으로 인해 서로 다른 문화를 갖게 되었다.

(3) 종교적 다양성

각 나라에서 수행되는 종교의 종류와 형태는 문화의 다양성을 더욱 풍부하게 한다.

예) 이슬람교와 힌두교는 서로 다른 종교 등으로 나타난다.

(4) 언어적 다양성

언어는 각 문화의 중심적인 구성 요소이다. 각 나라에서 사용되는 언어의 형태와 사용 방법에 따라 문화가 달라진다. 각 나라와 지역에서 사용하는 언어의 형태와 발음, 문법, 어휘 등이 서로 다르다. 또한, 표준어와 방언, 사투리의 존재로 인해 같은 언어라고 하더라도 지역에 따라 매우 다른 모습을 보인다.

(5) 예술의 다양성

서양과 동양의 미술, 음악, 무용, 연극 등은 각기 다른 전통과 스타일을 가지고 있다. 또한, 인종과 지역에 따라 특색 있는 예술 문화가 형성된다. 그리고 미술, 음악, 연극, 춤 등은 각 나라와 지역의 특성에 따라 다른 형태와 스타일을 가지고 있다.

예) 서양 미술과 동양 미술은 대표적으로 서로 다른 예술적 스타일을 가짐

(6) 음식의 다양성

서양과 동양, 아시아와 아프리카 등 지역에 따라 음식의 종류와 특징이 달라지며, 지역 특산물을 사용하는 음식 문화도 각각 다르다. 각 나라와 지역의 요리

스타일, 식재료, 조리 방법은 서로 다른 문화를 보여 준다.

예) 중국 요리와 이탈리아 요리는 서로 다른 요리 스타일과 조리 방법을 가지고 있음

(7) 교육의 다양성

각 나라와 지역에서 발전한 교육 체계는 문화의 다양성을 보여 준다. 교육 방식, 교육 철학, 교육 목적 등은 각 나라와 지역의 문화적 특성을 반영한다.

(8) 종교의 다양성

각 나라와 지역에서 수행되는 종교의 종류와 형태는 문화의 다양성을 더욱 풍부하게 한다.

예) 기독교, 천주교, 불교, 이슬람교 등

(9) 의료의 다양성

각 나라와 지역에서 발전한 의료 체계는 문화의 다양성을 보여 준다. 각 나라와 지역에서는 자연 치료, 약초 치료, 서구 의학 등 다양한 형태의 의료 방식이 존재한다.

〈표 1-2〉 다양한 문화 이해

문화	특징
서양 문화	그리스-로마 문화를 기반으로 하며, 그리스-로마 시대부터 현재까지 지속되어 온 문화이다. 서양 문화는 철학, 과학, 예술 등 다양한 여러 분야에서 커다란 영향을 미쳤으며, 세계사에 많은 역사적 사건을 일으켰다.
동양 문화	중국 문화, 일본 문화, 한국 문화 등이 있다. 각각의 문화는 고유한 역사, 철학, 예술 등을 갖고 있으며, 서양 문화와는 다른 특징을 지니고 있다.
아프리카 문화	아프리카는 다양한 부족들과 문화를 가지고 있다. 이들은 다양한 언어, 음악, 미술 등을 갖고 있으며, 지역적 특징을 지니고 있다.
오세아니아 문화	오세아니아는 오스트레일리아, 뉴질랜드, 태평양 제도 등을 포함한 지역이다. 이 지역의 문화는 고유한 특징을 지니고 있으며, 이 지역의 독특한 예술, 미술, 음악 등이 유명하다.

문화	특징
중동 문화	중동은 다양한 문화적 영향을 받았으며, 그 지역의 역사, 지리, 종교적, 인종적, 언어적 특성에 따라 다양한 문화를 형성하였다. 중동문화는 다시 아랍 문화, 바제 문화, 페르시아 문화, 유대 문화, 키르키스 문화로 구분된다.

2) 문화 갈등

서로 다른 문화들이 공존하면서 문화적 다양성으로 인해 문화 갈등이 나타날 수 있다. 문화 갈등이란 서로 다른 문화 간에 생긴 갈등으로, 서로 이해하지 못하고 갈등을 일으키는 것을 의미한다(황갑진, 2015). 문화 갈등은 여러 다른 문화 간의 갈등 혹은 충돌을 의미한다. 이러한 갈등은 언어, 종교, 역사, 인종, 정치 등과 같은 여러 사유로 발생할 수 있다. 문화 갈등은 갈등 그 자체로만 존재하는 것이 아니라, 때로는 심각한 사회적 문제를 야기하기도 한다(Wikipedia, 2015).

(1) 문화 갈등의 원인

문화의 갈등은 문화의 다양성과 문화적 차이로 인한 의사소통의 어려움과 경제적인 문제, 인종차별, 정치적인 갈등 등이 문화적인 차이를 악화시키거나 문화적인 차이를 이해하지 않고, 편견과 선입견을 가지고 대처하는 것이 원인이 되고 있다.

① 언어 갈등

서로 언어를 다르게 사용하는 민족들 사이에 의사소통의 어려움으로 발생한다.

② 역사적 갈등

서로 다른 역사 인식이나 역사적 사실에 대한 견해 차이에 따라 발생할 수 있다.

③ 인종 갈등

인종차별이나 인종적 차이로 인해 발생하는 갈등이다.

④ 종교 갈등

믿는 종교가 서로 다른 사람들 간의 갈등이다.

⑤ 경제적 갈등

서로 다른 경제적 이해와 신념으로 인한 갈등이다.

(2) 문화 갈등의 형태

문화 갈등은 다양한 형태로 나타날 수 있지만, 교육 분야를 중심으로 살펴보면 다음과 같이 나타날 수 있다.

① 언어적 갈등

다양한 언어를 사용하는 영유아들이 한 보육 현장에서 학습을 하는 경우, 언어적 갈등이 발생할 수 있다. 언어적 갈등은 소통의 어려움으로 인해 영유아들의 학습에 영향을 미칠 수 있다.

② 교육 체제에 대한 갈등

부모의 문화적 배경이 서로 다른 경우 영유아들은 교육 체제에 대한 이해와 인식에서 차이를 보일 수 있다.

③ 문화적 인식 차이에 따른 갈등

서로 다른 문화적 배경을 가진 영유아들은 각자의 부모의 문화적 배경에 따라 행동 패턴이나 생각하는 방식에 차이를 보일 수 있다. 이러한 차이는 상호 간의 이해와 커뮤니케이션에 어려움을 초래할 수 있다.

(3) 문화 갈등을 예방하는 방법

① 문화적인 차이를 인정하고 이해하는 태도를 갖는다.

② 대화와 교류를 하면서 서로의 다른 문화를 이해하고 받아들이는 노력을 한다.

③ 차별과 편견을 없애기 위한 노력을 한다.

④ 상호 존중과 평등을 기반으로 한 대인관계를 유지한다.

(4) 문화 갈등 해결 방법

① 대화

문제를 해결하기 위해서 대화를 통해 서로의 의견을 듣고 존중한다.

② 상호 이해

상대방의 문화적 배경을 이해하고 인정한다.

③ 배려

서로에 대한 배려와 존중을 통해 갈등을 예방한다.

④ 합의

문제를 해결하기 위해 서로 합의할 수 있는 방법을 찾는다.

⑤ 교육

문화 갈등을 예방하고 해결하기 위한 교육을 받는다.

이러한 문제를 해결하기 위해서는 상호적인 이해와 문화적 예민성이 필요하다. 또한 보육교사들은 영유아와 학부모들의 문화적 배경이 다양하다는 것을 인식하고 존중하는 교육 환경을 조성해야 한다.

3. 문화의 다양성과 세계화

세계화란 정치, 경제, 문화, 기술, 정보 등의 다양한 사회의 여러 분야에서 국가 간 교류가 증대하여 개인과 사회집단이 갈수록 하나의 세계 안에서 삶을 영위해 가는 과정에서 전 세계적인 상호의존성과 연결성이 증가하는 현상을 말한다. 이러한 세계화는 글로벌 시장과 글로벌 경제의 발전, 국제화된 문화적 흐름, 지구 환경 문제 등의 요인에 의해 촉진되었다(한국민족문화대백과사전, 2023).

세계화는 다양한 문화와 인류의 상호작용을 증진시키고, 지구적 문제를 해결하는 데 중요한 역할을 한다. 그러나 동시에 이로 인해 문화적 동일화와 경제적 불평등 등의 문제도 발생할 수 있다. 세계화를 이해하고 적극적으로 대처하는 것은 글로벌 시대에서 살아가는 데 반드시 필요하다. 세계화를 보는 두 가지 관점은 다음과 같다.

첫째, 복합화

서로 다른 문화를 서로 연관시키는 문화적 세계화는 장기간에 걸친 역사적 과정의 복합화이다. 문화적 세계화는 인류의 통합과 복합화와 연관이 있으며 과거부터 지역과 대륙 간의 문화적 혼합을 나타낸다.

예) 아메리카 대륙에 대한 스페인의 식민지화가 언어, 종교적 관례, 문화의 이동을 보인다.

둘째, 균질화

균질화는 문화적 세계화 또는 문화적 제국주의로 설명되며 서구화되고 균질화된 소비적 문화가 보편화되어 문화의 정체성을 파괴하는 것과 관련되어 있다.

예) 각 나라마다 세계적으로 미국식 예절, 제품과 비즈니스 그리고 세계적으로 문화의 영향력을 나타내는 것을 균질화라고 한다.

1) 다문화와 세계화

다문화와 세계화는 현대사회에서 매우 중요한 이슈이다. 이 두 가지 개념은 서로 밀접하게 연관되어 있으며, 전 세계적으로 다양한 인종, 문화, 언어, 신념을 가진 사람들이 함께 살아가는 시대에 접어들면서 더욱 중요해지고 있다(Guttal, 2007).

(1) 세계화의 개념과 중요성

세계화(Globalization)란 경제, 문화, 정치, 기술 등의 분야에서 국가 경계를 초월하여 전 세계적으로 상호 연결되는 것을 의미한다. 세계화는 다양한 문화 간 교류와 이해를 촉진시키며, 경제 발전과 기술 발전에도 중요한 역할을 한다. 그러나 세계화가 너무 빠르게 일어날 경우 문화적 다양성을 위협하거나, 경제적 격차를 심화시키는 등의 부정적인 영향을 미칠 수 있다. 다문화와 세계화의 구별은 다음과 같다.

- 다문화: 다양한 문화들이 공존하는 사회
- 세계화: 경제, 문화, 기술 등의 영향으로 전 세계가 연결된 상태

(2) 세계화의 주요특징

① 자유무역

세계화는 자유무역을 기반으로 한다. 국경을 넘어 다양한 상품과 자원, 서비스 등이 쉽게 이동하며, 세계 각국은 상호 간의 경제적인 이익을 추구하게 된다.

② 기술 발전

세계화는 기술 발전을 촉진하고, 기술의 접근성을 높이며, 전 세계의 경제적, 문화적 통합을 이루는 데 큰 역할을 한다.

③ 문화 교류

세계화는 다양한 문화와 가치관을 교환하고, 상호 이해를 증진시켜 다양성과 창의성을 존중하는 문화적 환경을 조성한다.

(3) 다문화와 세계화의 장단점

세계화는 많은 이점과 함께 일부 문제점을 가지고 있다. 그중에서도 특히 개방적인 경제에 의한 국내 산업의 약화와 규제 완화로 인한 국내 소비자 보호 등의 문제가 지적된다. 세계화는 각국이 서로 협력하면서 문제점을 극복하고, 상호 이해와 협력을 통해 지속 가능한 발전을 추구해야 한다.

① 장점

- 문화교류와 이해 증진
- 다양성에 대한 경험과 깨달음 증진
- 세계 경제 성장과 개방적인 사고방식 확대

② 단점

- 다양성으로 인한 충돌과 갈등 발생 가능성
- 문화적 독립성의 위협
- 불공정한 경제 구조와 역할 분담 부조화

2) 다문화와 세계화의 대처 방안

(1) 교사의 대처 방안

① 다양한 문화를 이해하고 존중하는 태도를 가지고, 학생들에게도 이를 가르치는 것이 중요하다.

② 다문화교육프로그램을 마련하여 학생들의 문화 이해도를 높이는 것이 필요하다.
③ 다양한 문화와 관련된 적절한 교육자료를 활용하여 교육과정에서 다문화를 반영하는 것이 필요하다.

(2) 학부모의 대처 방안

① 다문화가족 지원 프로그램을 찾아서 참여하는 것이 좋다.
② 다문화교육과 관련된 정보를 수집하고, 이를 자녀에게 전달하여 문화 이해도를 높이는 것이 필요하다.
③ 자신의 문화적 배경을 이해하고, 자녀에게 자신의 문화적 특징을 전달하여 자녀의 문화 이해도를 높이는 것이 필요하다.

(3) 지역사회의 대처 방안

① 다문화 지원 센터나 다문화가족 지원 프로그램을 마련하여 이주민들에게 적절한 지원을 제공하는 것이 중요하다.
② 다문화교육프로그램을 마련하여 지역사회 주민들의 문화 이해도를 높이는 것이 필요하다.
③ 다문화 이해 관련 행사나 프로그램을 마련하여 지역사회 주민들이 서로의 문화를 이해하고 존중할 수 있는 분위기를 조성하는 것이 중요하다.

(4) 국가의 대처 방안

① 다문화 인식 개선을 위한 국가 차원의 캠페인을 진행하여 다문화 이해도를 높이는 것이 중요하다.
② 이주민 정책을 개선하여 이주민들의 복지를 보장하고, 이주민들이 사회에 녹아들 수 있도록 지원하는 것이 필요하다.
③ 다문화교육과 관련된 정책을 마련하여 교육과정에서 다문화를 반영하는 것

이 중요하다.

④ 문화 간 이해를 촉진하기 위한 다양한 문화 교류 프로그램을 마련하는 것이 필요하다.

(5) 교사 학부모와 지역사회 및 국가의 협력 방안

① 학부모와 교사의 협력

학부모와 교사가 서로 소통하여 다문화와 관련된 문제를 해결하는 것이 중요하다. 교사와 학부모가 함께 다문화교육에 대한 정보를 공유하고, 학생들에게 적절한 지원을 제공하는 것이 필요하다. 다문화교육과 관련된 행사나 프로그램에 교사와 학부모가 함께 참여하여 문화 이해도를 높이는 것이 좋다.

이와 같이 교사와 학부모는 다문화와 세계화에 대한 대처 방안을 마련하여 자녀들의 문화 이해도를 높이는 데 기여할 수 있다.

② 지역사회와 국가의 협력 방안

지역사회와 국가는 서로 협력하여 다문화와 세계화에 대응해야 한다. 지역사회에서는 국가의 이주민 정책에 적극적으로 참여하고, 국가에서는 지역사회의 다문화 지원 센터나 프로그램을 적극 지원하는 것이 필요하다. 국가와 지역사회는 함께 다문화교육과 관련된 정보를 공유하고, 다문화 이해도를 높이기 위한 프로그램을 마련하는 것이 필요하다. 이와 같이 지역사회와 국가 차원에서도 다문화와 세계화에 대한 대처 방안을 마련하여 이주민들과 지역사회 주민들이 서로 존중하고 협력하여 살아갈 수 있는 분위기를 조성하는 것이 중요하다.

4. 한국의 다문화 이해

1) 한국의 다문화

다문화주의는 문화적 배경이 서로 다른 사람들이 일정한 물리적 공간에서 함께 살아가는 사회에서 중요한 가치이다. 다문화주의는 인종, 언어, 종교, 문화 등의 차이를 인정하고, 서로 다른 배경을 지닌 사람들이 상호 존중하고 협력하는 사회를 만들어 가는 것이다. 우리나라에서는 다문화주의를 타 문화의 유입이나 이민 정도로만 생각하지만 서브컬쳐, 지역 문화, 자국 소수자의 문화 등에 대한 평등한 대우와 존중도 다문화주의에 포함된다. 따라서 다문화주의가 추구하는 이념은 다양한 문화의 공존을 의미한다(한국청소년정책연구원, 2010).

오늘날 한국에서 다문화주의는 매우 중요한 이슈 중 하나이다. 이는 한국이 점차 글로벌화되어 가는 현재, 문화가 다양한 배경을 가진 이민자와 함께 사는 사회가 되고 있기 때문이다. 한국에서 다문화주의에 대한 역사는 최근 이주민 증가와 함께 시작되었다. 한국에서 다문화주의는 여러 인종과 문화가 함께하며 더 나은 미래를 만들 수 있는, 새로운 문화를 창출해 낼 수 있는 이상적인 기대에서 출발하였다. 한편, 다문화주의는 다문화적 주체들과 이주민의 다인종의 삶의 권리에 대한 제도적 보호를 위한 근거로서, 다문화의 보장, 주류 사회와 비주류 사회 간의 이해의 촉진, 사회평등 보장, 소수민족 집단 간의 교류, 차별과 구조적 불평과 극복으로 사회통합을 위한 방법으로 정의되고 있다. 이에 따라 한국사회는 이전과는 달리 더 이상 동질적인 사회가 아니라, 다양한 문화적 차이를 인식하고 존중하는 다문화사회로 발전해야 한다. 한국의 다문화주의 역사적 배경은 다음과 같다(한국청소년정책연구원, 2010).

〈표 1-3〉 한국의 다문화주의 역사적 배경

시대	역사적 배경
고대시대	한국은 옛날부터 다양한 문화의 영향을 받았다. 특히 중국 문화, 일본 문화, 몽골 문화, 그리스도교, 불교 등이 한국 문화에 큰 영향을 미쳤다.
일제강점기	일본의 식민지화 정책으로 인해 다른 아시아 국가들과 마찬가지로 다양한 국적의 외국인근로자들이 유입되었다.
1950년대 이후	1950년 한국전쟁 이후 생겨난 미군 병사와 한국여성으로 구성된 가족, 1980년대 중반 이후 외국으로부터 유입된 이주 노동자를 중심으로 구성된 가족, 1990년대 후반 이후 결혼이민자와 한국인 배우자로 이루어진 가족을 다문화가족의 주체로 포함시킬 수 있다.
	1990년대 이후 한국은 급격한 경제발전을 이루며, 다양한 분야에서 외국인들이 유입되기 시작하였는데 이는 경제적 성장과 함께 문화적 교류를 촉진시킨다.
	2007년 정부에서 다문화가정 지원정책을 발표하며 다문화주의에 대한 인식이 확산되었다. 이를 바탕으로 국내에서는 다양한 다문화가족들의 문화 및 언어 교육이 진행되고 있다.

출처: 저자 편집.

2) 한국의 다문화주의 중요성

한국의 '다문화주의'는 저출산고령화사회에 따라 인력 수급과 소비시장 창출을 목적으로 중국 국적의 조선족을 중국 동포라는 이름으로 이주를 장려하면서 도입된 것으로 서구권이나 학술적으로 주장하는 다문화주의 개념과는 좀 다르다. 우리나라는 경제적 동인에서 출발한 다문화주의이다 보니 애초 문화적 다양성 추구와 경제적 이익을 추구하는 정책이기도 하다. 한국에서 다문화주의의 중요성은 다음과 같다.

(1) 다양성 존중과 인권 보호

다문화주의는 서로 다른 문화적 배경을 지닌 사람들이 상호 존중하며 인권을 보호할 수 있도록 한다. 이는 이민자들의 기본적인 인권 보호를 위해 필수적인 요소이다.

(2) 경제적 이점

다문화주의는 이민자들이 경제 활동에 참여할 수 있는 기회를 제공한다. 이는 이민자들의 경제적 안정성을 높이고, 국가 경제의 발전에 긍정적인 영향을 끼친다.

(3) 국제화와 글로벌 시대의 대처

다문화주의는 한국이 국제화와 글로벌 시대에 대처하기 위한 필수적인 요소이다. 이는 한국이 다양한 문화와 이민자들과 함께 일하는 능력을 갖추어, 글로벌 경쟁력을 높일 수 있는 기회를 제공한다.

(4) 사회적 조화

다문화주의는 서로 다른 문화적 배경을 가진 사람들 간의 갈등을 예방하고, 사회적 조화를 증진하는 데 도움을 준다. 이는 다문화사회에서 지속적인 평화를 유지하기 위한 필수적인 요소이다.

따라서 한국에서는 다문화주의를 적극적으로 수용하고, 다양한 문화적 차이를 존중하며 함께 살아가는 문화를 확산해 나가는 것이 필요하다.

3) 한국의 다문화교육

다문화주의 교육의 중요성이 확산되면서 한국사회에서는 다문화주의 교육이 중요하다는 인식이 높아지고 있다. 다문화주의 교육은 서로 다른 문화와 가치관을 존중하고 이해하는 태도를 배우는 데 큰 역할을 한다. 다문화의 적극 수용을 위해서 한국 정부는 다문화사회를 위해 다양한 제도 개선을 추진하고 있다. 예를 들어, 외국인 교육법의 개정, 다문화가족 지원정책 등이 있다. 이와 같은 역사적 배경으로 인해 한국에서는 다문화주의가 점차 적극적으로 수용되고 있으며, 이는 한국사회의 다양성과 상호 이해를 돕는 데 큰 역할을 하고 있다(교육부, 2022). 다문화교육을 위한 정부 지원계획은 다음과 같다.

〈표 1-4〉 다문화교육 지원의 정부 지원계획

구분	내용
교육기관	다문화교육 지원학교(초중고) 2,154개
교육인력	다문화교육 전문교사 1,202명
교육자재	다문화교육을 위한 교구 및 교재 제작 및 배포
교육과정	다문화 이해 및 상호 존중, 다문화 인식 함양, 외국인 유치 등 다문화교육 내용을 강화
학생지원	다문화 학생의 학업, 심리, 신체 발달 등을 위한 특별한 지원 제공
부모교육	다문화가정 부모교육 및 상담 프로그램 실시
사회공헌	다문화 지역사회와의 교류 및 다문화 이해 증진 활동 지원

출처: 교육부(2022). 다문화교육지원계획.

위와 같은 지원계획을 통해, 다문화교육이 보다 체계적으로 이루어질 것으로 예상된다. 또한, 한국의 다문화교육은 2006년 이후부터 본격적으로 시작되었으며, 2020년 기준으로 한국에서는 다문화 학생 수가 58만 명 이상이다.

5. 다문화사회

1) 다문화사회의 유형

다문화사회는 문화적 배경이 다양한 사람들이 함께 공존하면서 살아가는 사회를 의미한다. 이들이 한 사회에서 함께 살아가면서 서로 이해하고 존중하며 조화롭게 공존하는 것이 매우 중요하다. 다문화사회의 구성원과 유형은 다음과 같다.

(1) 이민자 다문화사회

이민자들이 한 국가로 이주하여 함께 살아가는 사회이다. 이민자들은 자신의 문화와 언어를 가져오며, 이민자들끼리 또는 주변 지역의 원주민과 상호작용을 하면서 문화적 융합이 이루어진다.

(2) 출생지 다문화사회

한 국가에서 출생한 다양한 인종이나 민족이 함께 살아가는 사회이다. 이민자 다문화사회와 달리 출생지 다문화사회는 사회적, 경제적, 정치적 차이로 인한 이주가 아닌 출생지로 인한 차이가 주된 다양성 축소 요인이다.

(3) 국내 이주자 다문화사회

특정 지역에서 다양한 지역 출신의 이주자들이 함께 살아가는 사회이다. 이민자 다문화사회와 달리 국내 이주자 다문화사회는 같은 국가 내에서 다양한 출신지의 이주자들이 모여 사는 형태이다.

다문화사회에 대한 인식과 이해는 우리 사회의 다양성을 인정하고 존중하는 것에 큰 도움이 된다.

2) 다문화사회 구성원

(1) 이주민

다른 나라에서 이주해 온 사람들로 구성된 이민자 커뮤니티이다. 이들은 보통 가족 또는 경제적 이유로 이주하며, 자신들의 문화와 관습을 유지하면서 새로운 사회에 적응하려고 노력한다.

(2) 소수민족

소수민족은 특정 지역이나 국가에서 주로 발견되는 사람들로, 대개 그들은 특정 언어, 문화 및 신념을 공유한다. 다문화사회에서, 소수민족은 종종 주요 문화 그룹과는 다르게 다루어지며, 그들의 필요와 관심사를 반영하는 제도와 프로그램이 필요하다.

(3) 원주민

다문화사회에 있어서 원주민은 보통 특정 지역이나 국가에서 최초로 살아남은 사람들을 의미한다. 원주민은 대개 자신들의 언어, 문화, 신념 및 관습을 유지하고 보호하려고 노력한다.

(4) 제2세대 이상 이민자

제2세대 이상 이민자는 이주민의 자녀 또는 손자, 손녀들을 의미한다. 이들은 대개 이민자 부모와 다른 문화를 경험하면서 자란다. 다문화사회에서, 이들은 종종 자신들의 문화와 아이덴티티를 유지하면서 새로운 사회에서 적응하는 방법을 찾는다.

6. 다문화사회의 특징

다문화사회는 다양한 국적, 인종, 문화, 언어, 종교, 성별, 연령 등 다양한 인적 요소를 지닌 사람들이 함께 살아가는 사회이다. 이러한 다문화사회의 특징은 다음과 같다.

1) 문화 다양성

다문화사회에서는 다양한 문화가 공존한다. 다양한 언어, 음식, 의상, 문화적 관습 등이 서로 혼합되어 다양한 문화가 융합되고 새로운 문화가 생성된다. 이로 인해 서로 다른 문화를 가진 사람들 간의 충돌이 발생할 수 있으나, 문화교류와 상호 이해를 통해 문화의 다양성을 존중하고 활용할 수 있다.

2) 언어 다양성

다문화사회에서는 다양한 언어가 사용된다. 이로 인해 언어장벽이 생길 수 있으며, 상호 이해를 위해 다양한 언어의 이해와 사용이 필요하다.

3) 인종 다양성

다문화사회에서는 다양한 인종이 공존한다. 이들은 자신의 관습과 문화를 가지고 있으며, 상호 다른 신념과 가치관을 지니고 있다. 따라서 인종차별이 발생할 수 있으나, 상호 이해와 인종 다양성을 존중하는 자세를 가지는 것이 중요하다.

4) 국적 다양성

다문화사회에서는 다양한 국적의 사람들이 살고 있다. 이들은 다른 나라의 국적을 가지고 있으며, 각자의 문화와 관습을 가지고 있다.

5) 다양한 신념과 종교

다문화사회에서는 다양한 종교와 신념이 공존한다. 이로 인해 종교 간 충돌이 발생할 수 있으나, 상호 이해와 종교 다양성을 존중하는 태도가 필요하다.

6) 이주민 문제

다문화사회에서는 이주민 관련 문제가 발생할 수 있으므로 이에 대한 대처와 이주민의 권리와 복지를 보호하는 제도가 필요하다.

7) 다양한 가족 형태

다문화사회에서는 다양한 가족 형태가 존재한다. 문화적으로 서로 다른 배경을 지닌 사람들이 함께 살기 때문에, 다양한 가족의 형태가 나타난다.

8) 문화 갈등

문화가 서로 다른 사람들 간에는 갈등이 나타날 수 있다. 이러한 문화 갈등을 예방하기 위해서는 상호 이해와 문화교류가 필요하다.

9) 다양한 삶의 양식

다문화사회에서는 다양한 삶의 양식이 존재한다. 이에 대한 상호 이해와 존중이 필요하다.

10) 경제적 이유로 인한 이주

다문화사회에서는 경제적 이유로 이주하는 사람들이 많다. 이에 대한 대처와 경제적 이유로 인한 이주의 원인을 파악하고 해결하는 것이 중요하다.

11) 국적 감정

다문화사회에서는 국가적인 감정이 강하게 발현될 수 있다. 이에 대한 대처와 국가적 감정을 조절하는 것이 중요하다.

7. 다문화사회의 평가

다문화사회는 다양한 문화와 인종, 언어, 종교, 생활 습관 등이 공존하는 사회를 의미한다. 다문화사회는 긍정적인 면과 동시에 문제점도 가지고 있으며, 평가는 이러한 측면을 고려하여 이루어져야 한다.

다문화사회는 긍정적인 면과 부정적인 면이 존재한다. 긍정적인 면은 문화적 다양성이 존중되고 인정되는 사회가 된다는 것이다. 이는 인간의 다양성을 존중하며 개인의 자유와 권리를 보장하는 데 도움이 된다. 또한, 다문화사회에서는 다양한 문화가 상호작용하면서 새로운 문화가 창출되는 경우도 있다. 이는 창의적인 발상과 문화적 지식의 증대를 도모하며 사회에 전반적으로 긍정적인 영향이 나타날 수 있다. 반면에 다문화사회에서는 문제점도 존재한다. 먼저, 문화 충돌이 야기될 수 있다. 서로 다른 문화와 가치관, 생활 습관 등에서 갈등이 발생할 수 있으므로 사회의 분열과 혐오 등으로 이어질 수 있다. 또한, 이주민이나 외국인에 대한 차별과 편견도 발생할 수 있으며, 이는 사회적 격차와 혐오 및 다양한 범죄 등으로 이어질 수 있다.

1) 다문화사회의 긍정적인 측면

(1) 문화적 다양성

다문화사회는 문화적 배경이 다양한 사람들로 이루어져 있으며, 이는 문화적으로 다양한 경험과 지식을 공유하며, 서로의 문화를 이해하고 존중하는 기회를 제공한다.

(2) 경제적 이점

다문화사회는 다양한 문화적 배경과 국적을 가진 노동자들이 함께 노동을 할 수 있게 해 주며, 이는 다양한 전문성과 경험을 바탕으로 한 기술과 지식의 교류를 촉진해 경제적 이점을 가져다준다.

(3) 창의성

다문화사회에서는 문화적 배경이 다양한 사람들이 함께 생활하고 일하면서, 서로의 아이디어와 관점을 공유하며, 창의적인 아이디어가 탄생할 수 있다.

(4) 문화적 지식

다문화사회에서는 문화적 배경이 다양한 사람들과 함께 생활하면서, 서로의 문화적인 지식을 공유하고 배울 수 있다.

2) 다문화사회의 부정적인 측면

(1) 문화 충돌

다문화사회에서는 문화적 배경이 서로 다른 사람들이 함께 생활하면서, 문화 충돌이 발생할 수 있다. 이는 서로 다른 가치관, 믿음, 문화적 관습 등으로 인해 생길 수 있으며, 대화와 이해가 필요하다.

(2) 차별과 배타

다문화사회에서는 종종 차별과 배타적인 태도가 나타날 수 있다. 이는 다른 문화를 이해하고 존중하지 않는 태도로 나타날 수 있으며, 인종차별, 고립 등의 문제가 나타날 수 있다.

(3) 언어적인 어려움

다문화사회에서는 다양한 언어를 사용하는 사람들이 함께 생활하면서 언어적인 어려움이 나타날 수 있다. 이는 소통의 어려움을 가져오며, 문제해결에 어려움을 겪을 수 있다.

(4) 사회적 분열

다문화사회에서는 문화적인 갈등이 발생하면서 사회적 분열이 발생할 수 있다. 이는 사회적인 결합력을 약화시키며, 사회적인 문제를 야기할 수 있다. 따라서, 다문화사회를 평가할 때에는 이러한 긍정적인 면과 문제점을 모두 고려해야 한다. 또한, 다문화사회에서는 다른 문화들 간에 대화와 상호 이해, 그리고 상호 존중이 중요하다. 이를 위해서 교육과 문화교류 등을 통해 다문화 이해 증진이 필요하며, 정부나 사회 차원에서의 다문화사회 지원정책이 시행되어야 한다.

CHAPTER 02

다문화가정의 이해

Chapter 02

다문화가정의 이해

학습목표

1. 다문화가정과 현황을 이해한다.
2. 다문화가정 영유아의 특성을 이해한다.
3. 다문화가정의 현재를 이해한다.
4. 다문화 인식 및 정책요구에 대하여 이해한다.

1. 다문화가정의 이해

우리나라가 다문화사회로 진입하면서 다문화 인구가 늘어나고 다문화가정의 유형도 다양해지고 있다. 다문화가정은 국제결혼을 등을 통해 서로 다른 인종이 만나 이루어지는 가정을 뜻한다. 외국인과 결혼할 경우 국제결혼이라는 용어를 사용해 왔으나 「다문화가족지원법」(2008)이 제정된 이후로는 가족구성원 내에 서로 다른 문화가 존재한다는 의미를 가진 다문화가정 혹은 다문화가족이라는 용어를 주로 사용하고 있다. 본 교재에서는 '다문화가족'과 '다문화가정'을 혼용하여 사용한다.

다문화가정 영유아는 나이에 따라서 만 0세에서 만 2세까지의 아동을 영아라고 하고 만 3세에서 만 5세까지의 아동을 유아라고 한다. '다문화가정 영유아'는 서로 다른 국가나 민족, 문화의 배경을 가진 사람들이 가족을 이룬 다문화가정에서 태어난 다문화가정 자녀, 즉 결혼이민자나 국적법에 따른 출생, 귀화를 통해서 한국 국적을 취득한 자로 이루어진 가정의 영유아기의 자녀를 의미하며, 본 장에서는 결혼이민자로 혼인 관계를 통하여 가정을 이룬 다문화가정의 자녀 중에서 만 0세에서 만 5세까지의 영유아기 자녀로 한정 지었다. 본 장에서는 다문화가정의 이해를 돕기 위해 다문화가정의 개념, 다문화가정의 현황, 다문화가정 영유아의 특성, 다문화가정의 현재, 다문화 인식 및 정책요구 등을 살펴보고자 한다.

1) 다문화가정의 개념

다문화가정이란 국제결혼을 통해서 형성된 가정을 말한다. 다문화가정은 좁은 의미로는 국제결혼을 통해서 한국인과 결혼이민자로 이루어진 가정을 한정하여 의미하기도 하며, 넓은 의미로는 우리와 서로 다른 문화적 배경을 가진 사람들로 구성된 가정을 모두 포함하는 것으로 통용되고 있다(강혜순, 2018). 즉, 서로 다른 국적과 인종의 남녀가 국제결혼을 통하여 구성한 가족공동체로 이중문화를 가진 가정이라 할 수 있다(정영경, 2018). '결혼이민자'란 대한민국 국민과 혼인한 적이 있거나 혼인 관계에 있는 재한외국인(대한민국의 국적을 가지지 않은 사람으로서 대한민국에 거주할 목적을 가지고 합법적으로 체류하고 있는 사람)을 말한다(「재한외국인 처우 기본법」, 2007).

국제결혼을 국어사전에서 살펴보면 '국적을 달리하는 남녀가 결혼하는 일'이라고 정의하고 있다. 국제결혼이란 용어가 내 · 외국인 사이의 혼인 관계라는 국적에 따른 차별적 구분을 내포하는 반면에, 다문화가정이라는 용어는 우리와 다른 민족 또는 다른 문화적 배경을 가진 사람들이 포함된 가정을 총칭한다. 이 용어는 기존의 혼혈아, 국제결혼, 이중문화 가족 등 차별적이고 부정적인 이미지를 갖는 용어를 대체하기 위해 2003년 건강시민연대가 제안하여 현재까지 사용되고 있다. 그리고 관련법인 「다문화가족지원법」(2008)에서는 대한민국 국민과 혼인관계(또는 혼인 경험이 있는)에 있는 재한외국인과 대한민국 국적을 가진 한국인으로 이루어진 가족 또는 「국적법」에 의해 귀화허가를 받은 자와 출생 시부터 대한민국 국적을 취득한 자로 이루어진 가족으로 정의하고 있다.

「다문화가족지원법」(2008)에서 정의하고 있는 다문화가정은, 첫째, 「재한외국인 처우 기본법」 제2조 제3호의 결혼이민자와 「국적법」 제2조부터 제4조까지의 규정에 따라 대한민국 국적을 취득한 자로 이루어진 가족을 말하며, 결혼이민자 등과 대한민국 국민과 혼인, 혈연, 입양 등으로 결합하여 이루어진 가족과 귀화허가를 받은 자를 모두 포함한 가족을 말한다.

둘째, 「다문화가족지원법」(2008)에서는 결혼이민자와 한국인으로 이루어지는 가족으로 한정하고 있어 흔히 국제결혼가정을 '다문화가정'이라고 생각하는 것이 일반적이라 할 수 있다. 그러나 2005년 교육인적자원부의 다문화가정 자녀교육 지원대책에서는 '우리와 다른 민족, 문화적 배경을 가진 사람들로 구성된 가정을 통칭하는 것으로 사용되고 있으며 그에 따른 정책 대상으로는 국제결혼가정 자녀와 외국인근로자 자녀를 포함한다'라고 규정하여 외국인근로자의 가정까지 다문화가정으로 포함된 정의를 사용하고 있다.

광의의 개념을 적용한 한국의 다문화가정을 다음과 같이 세 가지로 크게 분류할 수 있다. 첫째, 한국인 남자와 외국인 여자 또는 한국인 여자와 외국인 남자로 이루어진 국제결혼가정, 둘째, 본국에서 결혼하여 형성된 가족이 국내에 이주한 외국인근로자가정, 마지막으로 북한에서 태어나서 한국에 입국하거나 한국에서 한국인 또는 외국인을 만나 결혼한 북한이탈주민가정이다.

다문화가정은 세계화에 따른 국제적 장벽이 약화되어 노동력의 이동이 활발해지고, 국제결혼이 비교적 자유로워지면서 생겨났다. 한국사회는 1990년대 국제결혼을 시작으로 2000년대 이후 결혼이주민, 이주근로자, 북한이탈주민, 외국국적동포 등 이주민 유입의 급속한 증가와 함께 다문화가정 영유아의 수도 꾸준히 증가하고 있는 추세이다. 이는 비다문화 전체 유·초·중등 학생 수는 지속적으로 줄어드는 것에 비해 매우 특기할 만한 현상이다.

세계적으로 보편적이고 일상적인 이주화 현상 속에서 다문화가정의 증대는 필연적 현상임에도 불구하고 현재 많은 다문화가정들은 경제적 빈곤, 사회적 부적응, 민족 및 인종 차별, 국제결혼 자녀의 차별 등의 문제에 직면해 있다. 정부는 최근 증가하는 다문화가정을 지원하고 보호하기 위하여 「결혼중개업의 관리에 관한 법률」,「다문화가족지원법」,「재한외국인 처우 기본법」,「국적법」,「출입국관리법」 등의 제·개정을 시행하고 있다. 또한 외국인노동자, 결혼이주여성, 북한이탈주민 등을 위해 시민사회단체나 인권단체들은 차별 시정 및 인권 보호를 위해 지속적으로 노력하고 있다.

2) 다문화가정의 발달배경

1990년대 이후로 꾸준히 국제결혼이 이어지면서 한국사회는 다문화가정을 이룬 사회로 접어들었다. 주로 아시아 여성들이 한국인 남성과 결혼하여 한국사회에 편입되는 형태로 다문화가정이 형성되고 있다. 다문화가정은 국가, 성, 계급 등의 결합을 포함하는 개념이므로, 언어 및 문화적응을 포함한 결혼이주여성의 한국사회 적응, 다문화가정 내 부부관계 및 부모자녀 관계의 형성, 다문화가정의 사회 내 적응 등의 문제를 중요하게 살펴보아야 한다.

우리나라에 '다문화'라는 주제가 등장하게 된 발달배경은 국제결혼의 증가(국제결혼가정: 한국인 남성과 이주여성, 한국인 여성과 이주남성)와, 2000년대부터 급속히 증가한 외국인근로자, 유학생 그리고 북한이탈주민 등이 증가하면서 시작되었다. 무엇보다도 농촌에 거주하고 있는 총각들이 외국여성과의 결혼이 증가하면서 다문화가정은 이제 한 가족 내에 다양한 배경을 가진 다양한 문화가 공존하고 있는 우리 사회의 새로운 가정형태로 등장하고 있다. 이러한 새로운 다문화가정의 유형은 그들의 가정뿐만 아니라 그들이 현재 살아가고 있는 우리 사회에 긍정적 또는 부정적인 작용을 하게 된다. 농촌의 젊은 세대가 대도시로 취업을 위해 진출하거나 학업 유학을 하게 되어 젊은층과 가족 수가 감소하던 농촌은 실제로 다문화가정의 등장으로 거주인구의 증가를 가져왔다(김영숙, 우정한, 2012).

오늘날 한국사회에는 저출산, 고령화 현상 및 3D 업종(difficulty, dangerous, dirty)기피로 인한 노동력의 부족으로 경제 활동 인구가 급격히 감소하고 있으며,

현재 외국인 이주노동자들은 한국 경제의 기초 산업에 이바지한 바가 크다고 할 수 있다. 그러나 다른 측면에서 보면 생활, 교육, 문화 등의 다양한 삶의 영역에서 누구보다도 문화적인 혜택과 사회적 지원이 열악한 상황에 있는 다문화가정에게 적절한 지원환경이 준비되지 않았다. 이에 따라 다문화가정들은 언어문제, 정서적 · 심리적 문제, 다른 문화에 대한 이해, 종교의 이해, 고부간의 갈등, 자녀교육 · 양육문제, 주위환경과의 소통문제 등에 대한 어려움을 가지고 있다. 또한 우리 사회는 다문화가정에 대한 근본적인 이해와 준비를 갖추기도 전에 다문화가정이 증가하고 그 범위가 확대되면서, 예전보다 다양한 문화를 쉽게 접하게 되었고, 또한 이에 따른 다문화가정의 다양한 문제(교육, 문화, 언어, 취업 등)를 해결해야 하는 시점까지 왔다.

이전에는 대부분의 사람들은 '다문화' 하면 외국인 부모나 그 가정에서 태어난 자녀 또는 그 가정에만 국한되는 이야기라고 생각하는 경향이 있었다. 그러나 다문화가정은 일차적으로 '다문화'라는 용어처럼 다양한 문화를 의미하지만, 큰 범위에서는 한부모가정, 입양가정 등 사회의 다양한 삶의 모습과 문화를 포함한다(김영숙, 우정한, 2012).

3) 다문화가정의 유형

2008년 3월 21일에 제정된 「다문화가족지원법」에서는 대한민국 국적을 취득한 자에 근거하여 다문화가정의 의미를 제시하고 있다. 다문화가정에 대한 정의는 전문가마다 다양하게 제시될 수 있지만, 다문화가정은 한국사회 내에 대한민국이 아닌 다른 문화권으로 이루어진 가정으로, 국제결혼을 통해 한 가정 내에 서로 다른 문화가 공존하는 가정 유형으로 국제결혼가정, 외국인근로자가정, 북한이탈주민가정, 한민족가정이 대표적인 유형이다.

첫째, 국제결혼가정은 1990년대 이후부터 지속적으로 증가하여 2001년에 14,523건에서 2010년 34,235건으로 증가하였고, 이것은 우리나라 총 결혼건수

326,104건의 약 10.5%에 해당하며, 우리나라 총 결혼 10쌍 중 1쌍이 국제결혼을 하고 있는 것으로 나타났다. 또한 우리나라 총 결혼건수는 전반적으로 줄어드는 반면에 국제결혼은 증가하는 추세로 우리나라 다문화인구 및 다문화가정의 증가를 가져왔다.

둘째, 외국인근로자가정은 외국인근로자(주로 동남아 또는 아프리카 등)의 국내 취업 및 연수기회가 증가하면서, 1980년대 후반부터 산업현장의 노동력 부족으로 인해 외국인근로자들이 입국하기 시작하며 증가하였다. 생산직의 외국인근로자 중에서는 입국하면서 동반한 외국인가족, 입국 후에 결혼을 통한 가정 형성, 자기 모국에 있는 가족초청(형제자매 등) 등으로 외국인 수가 증가하였다.

셋째, 북한이탈주민가정은 한국전쟁 이후 휴전이 되면서 다양한 동기로 북한사회를 떠나 우리나라에 정착하여 공식적인 주민등록을 취득한 북한 출신의 주민가정을 의미한다. 이들 중에는 가족 모두가 북한을 탈주한 경우도 있고, 한국에서 새로운 가정을 이루고 살아가는 사람들도 있다.

무엇보다도 이러한 다양한 문화가 공존하고 있는 가정에서 출생하고 성장하는 다문화가정 자녀들은 유럽이나 미국에 비해 전통을 고수하고 보수적인 한국사회의 언어, 문화, 피부색, 한쪽 부모의 다른 문화 및 사고인식 등으로 인해 발달과정에서 다양한 어려움을 겪게 된다.

특히 다문화가정의 외국인 부모에게서 성장하는 자녀의 경우에 현재 살고 있는 한국문화에 대한 이해나 언어습득의 측면에서 볼 때, 양측 모두 한국인 부모를 둔 경우보다는 성장 과정에서 상당한 갈등과 어려움을 겪게 된다. 현대사회에는 외국인과 국제결혼 또는 다문화가정 자녀 등에 대한 시각과 인식 등이 많이 변하였지만, 우리 민족, 한민족 등의 유교적 정신이 내재해 있는 우리 사회에서 다문화가정 자녀들이 성장 과정에서 겪어야 하는 심리적 · 정서적인 갈등과 어려움은 충분히 추측해 볼 수 있다. 실제적으로도 다문화 환경에서 성장하는 자녀들은 주위로부터 왕따나 놀림받는 대상이 되는 경우가 많으며, 심지어는 성인에 이르는 과정에서 사회적인 문제로(예, 폭력 및 사회적 부적응)까지 이어질 수도 있다. 아직 우리나라는 다문화가정에 자녀가 출생할 경우 다문화가정과 자녀지원이 열악한 시점에서는 무엇보다도 다양한 문화를 이해하려는 노력이 필요하다. 또한 영유아 초기에 사회성을 배우고 처음 경험하게 되는 보육기관이나 학교기관 등을 통해 다문화가정에 대한 이해와 소통을 중재하는 노력이 필요하다. 무엇보다도 다문화가정은 외국인 부모 또한 낯선 한국문화와 언어 등으로 인해 가족구성원 간의 수용 및 자녀양육과 가족구성원 간의 갈등 등의 문제와도 부딪히게 되므로 다문화가정과 비다문화가정 간의 다양한 문화에 대한 이해와 교류의 기회 그리고 상호소통을 중재하는 지원정책이 요구된다.

2. 다문화가정의 현황

1) 다문화가정의 현황

다문화인구동태통계는 우리나라 국민이「통계법」과 「가족관계의 등록 등에 관한 법률」에 따라 신고한 출생 · 사망 · 혼인 · 이혼 자료와 대법원 가족관계등록자료를 활용한다. 다문화가정실태조사는 「다문화가족지원법」에 의거 3년 주기로 실시하고 있다. 실태조사 목적은 다문화가정의 일반적 특성과 결혼이민자 배우자 · 자녀의 생활실태를 파악하여 다문화가족 정책에 반영하고자 하는 것이다.

여성가족부가 조사한 2021년 전국다문화가정실태조사는 전국 다문화가정 32,000가구 표본 중 15,578가구를 조사하였다. 우리나라의 다문화가구 수는 현재 34만 6,017가구로 추정된다. 결혼이민자 가구는 285,005가구(82.4%), 기타귀화자 가구는 61,012가구(17,6%)이다. 지난 2018년 조사 결과에 비해 기타귀화자 비중이 3.3%p 증가하였다(여성가족부, 2022).

거주지역별을 살펴보면, 서울 · 경기 · 인천 수도권 지역에 거주는 비율은 56.1%

로 주로 수도권 동부지역 거주 비율이 높았고, '18년(55.6%) 대비 0.5%p 증가했다. 동부지역 거주자(76.8%)가 읍면지역 거주자(23.2%)에 비해 3배 이상 많았다. 가족 구성은 부부와 자녀 가구가 35.5%, 부부 가구 30.0%, 한부모 가구 10.9%, 1인 가구 8.3% 순이다. 부부 가구의 비중이 2018년 17.0%에 비해서 13%p 증가하였다. 가구소득은 월평균 300만 원 이상이 증가(2018년 41.8%→2021년 50.8%)했으나, 코로나19 확산으로 인해 51.5%가 소득이 감소했다고 응답하였다.

2021년 다문화 혼인은 13,926건으로 전년 대비 13.9%(2,251건)가 감소하였다. 전체 비중은 혼인 중 다문화 혼인의 비중은 7.2%, 전년 대비 0.3%p 감소한 것으로 나타났다. 다문화 혼인의 유형은 외국인 아내(62.1%), 외국인 남편(22.0%), 귀화자(16.0%) 순이고, 전년 대비 외국인 아내와의 혼인은 4.3%p 감소하고, 귀화자 혼인은 1.0%p 증가하였다. 다문화 혼인을 한 남편의 평균 초혼 연령은 35.1세, 아내 30.5세로 전년 대비 남편의 연령은 0.9세 감소, 아내는 1.3세가 증가하였다. 다문화 혼인을 한 남녀 간의 평균 초혼 연령 차이는 4.6세로 전년보다 2.2세 감소하였다. 다문화 혼인을 한 남편의 평균 재혼 연령은 49.4세, 아내는 41.0세로 전년보다 남편은 0.7세, 아내는 1.4세 각각 증가함을 보였다(여성가족부, 2022).

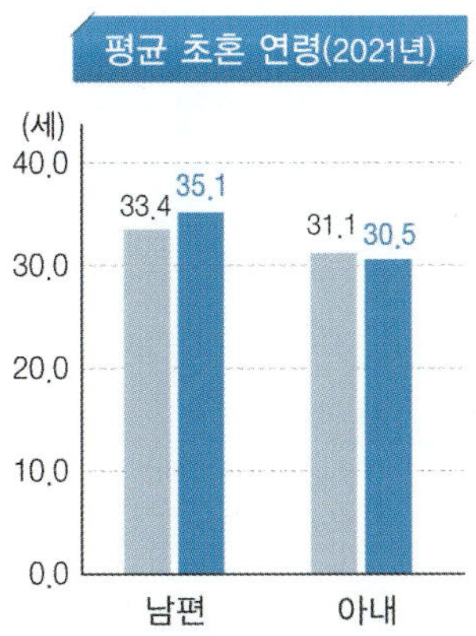

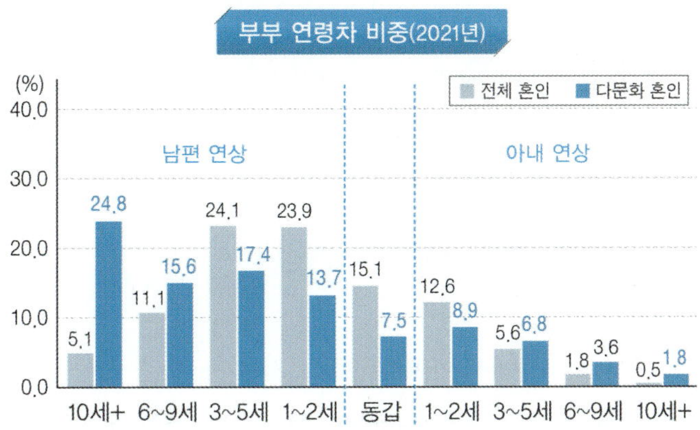

출처: 통계청(2022). 2021년 다문화 인구동태 통계 보도자료.

출신국적별 혼인을 보면 다문화가정 혼인을 한 외국인 또는 귀화자 남편의 출신국적은 미국이 9.4%로 가장 많고, 중국(8.5%), 베트남(3.2%) 순으로 나타났다. 전년 대비 미국의 비중은 2.4%p 증가하고, 그 외 대부분 국적의 비중은 유사 또는 증가하였다. 다문화가정 혼인을 한 외국인 또는 귀화자 아내의 출신국적은 중국이 23.9%로 가장 많고, 베트남(13.5%), 태국(11.4%) 순으로 나타났다. 다문화 혼인 부부의 연령차는 남편 연상부부가 71.4%로 가장 많고, 남편이 10세 이상 연상인 부부는 24.8%로 전년 대비 9.4%p 감소하였다(통계청, 2022).

다문화가정 이혼은 8,424건으로 전년 대비 3.0%(261건) 감소하였고, 전체 이혼 중 다문화 이혼의 비중은 8.3%, 전년 대비 0.1%p 증가하였다. 다문화가정 이혼의 유형은 외국인 아내(49.3%), 귀화자(34.4%), 외국인 남편(16.2%) 순으로 나타났다. 다문화가정에서 이혼 한 연령은 남편은 50.1세, 아내는 40.6세로 전년 대비 남편은 0.2세, 아내는 0.5세 증가하였다. 다문화가정 이혼을 한 부부의 평균 결혼생활 기간은 9.4년으로 전년 대비 0.5년 증가하였고, 다문화가정 아내의 출신 국적별 이혼 비중은 중국(33.9%), 베트남(27.5%), 필리핀(3.8%) 순으로 전년 대비 중국과 베트남의 비중은 각각 1.1%p 감소하고, 필리핀의 비중도 0.4%p 감소하였다. 다문화가정 남편 국적은 중국이 13.2%로 가장 많고, 일본(3.6%), 미국(3.2%) 순으로 많았다. 전년 대비 일본의 비중은 0.3%p 감소한 반면, 중국과 미국의 비중은 각각 0.4%p, 0.3%p 증가하였다(통계청, 2022).

2) 다문화가정 자녀의 현황

다문화가정에서 자녀와 함께 가족을 이룬 가구 비율도 35.5%에 달하며 청소년기에 해당하는 만 9~24세 비중도 증가 추세다. 특히 이들 중 국내에서만 성장한 비율은 90.9%로 한국사회에서 적응기를 마친 것으로 파악됐다. 다문화가정을 이루는 주된 원인 중 하나는 혼인이다. 결혼이민자와 혼인귀화자는 출신 국가에 따라서도 우리나라에서 거주하는 양상이 다르게 나타난다. 동북아시아 출신 결혼이민자와 혼인 귀화자는 주로 수도권에 분포하고, 동남아시아 출신 결혼이민자와 혼인귀화자는 농촌 지역에 분포하는 양상이 나타난다. 이 중 국내에서만 성장한 자녀는 증가하고 있고, 학습지원과 진로상담에 대한 서비스 수요가 높게 나타났다. 만 15세 이상 자녀 중 학교에 다니지 않고 취업도 하지 않은 비율이 14%나 차지하고 있고, '지난 일주일 간 그러면 뭘 하고 있었냐?'라고 질문한 응답에는 취업준비를 한다고 했다(여성가족부 포털, 2023).

다문화가정 자녀 현황을 살펴보면, 다문화가정의 평균 자녀 수는 0.88명으로 2018년(0.95명), 2015년(1.02명)과 비교해서 지속적으로 하락하고 있고, 무자녀 비중이 42.0%로 지속적으로 상승하고 있다. 전체 다문화가정 자녀 중 만 6세 미만의 영유아들은 2018년도(39.0%)에 대비 2021년(30.9%)에는 8.1%p 감소하였고, 6세부터 8세 미만은 2018년(21.9%)에 대비 2021년(19.2%)에는 2.7%p 감소하였다. 반면 만 9세부터 24세는 44.9%로 2018년 대비 8.3%p 증가하였다. 자녀연령의 증가는 국제결혼 감소 및 다문화가정 자녀 출산 건수 감소의 영향이나 부부 2인가구의 급속한 증가로 볼 때 다문화가정 내에서의 저출산 현상이 포착되고 있다. 다문화가정 자녀 출생 건수 감소로 향후에도 다문화가정 자녀의 평균연령은 상승할 것으로 예상된다.

만 5세 이하 미취학자녀 중 영유아의 교육과 보육(ECEC, Early Childhood Eduction and Care) 참여율은 71.9%이고, 23.3%는 교육과 보육시설에 자녀를 보내지 않은 채 양육수당을 수령하고 있는 것으로 나타났다. 교육과 보육시설에 보내지 않으면서 양육수당도 받지 않는 가구는 2.6%를 차지하고 있다. 만 3~5세의 경우 91.8%가 ECEC에 참여함으로써 동일 연령대상 우리나라 전체 영유아의 ECEC 참여율과 유사하다. 이러한 현황은 팬데믹으로 인해 다문화가정에서도 영유아 돌봄의 부담이 증가한다는 것으로 확인된다. 팬데믹 이전보다 영유아 보육기관을 보내는 비율이 감소되었다. 반면, 부모(팬데믹 이전 75.7%, 팬데믹 이후 79.0%)나 조부모 · 친인척(팬데믹 이전 26.8%, 이후 27.4%)의 돌봄 비율이 증가했다(여성가족부 포털, 2023).

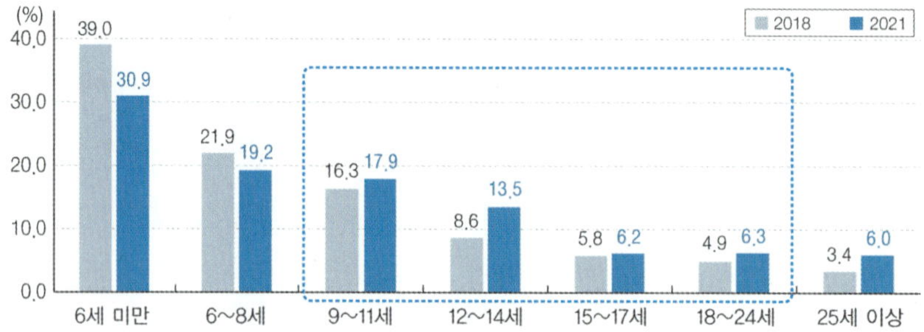

[그림 2-1] 다문화가구의 자녀 연령

출처: 여성가족부 포털(2023). 따뜻한 동행, 행복한 가족.
https://blog.naver.com/mogefkorea/222790662154

3) 국제결혼가정 이해

우리나라의 국제결혼은 1990년 중반부터 증가하기 시작하여 2019년을 기점으로 코로나19를 겪으면서 2020년과 2021년 감소하고 있다. 2021년 다문화인구동태 통계조사에서 보면 다문화 혼인은 13,926건으로 '20년 대비 2,251건으로(13.9%) 감소하였다. 그 중 한국 남성과 외국인 여성과의 혼인이 62.1%를 차지하고 있다(통계청, 2022).

최근 우리 사회에 관심이 집중되고 있는 다문화가정은 국제결혼 가운데 특히 동남아시아 여성들과 한국 남성과의 결혼을 통해서 이루어지는 가정의 비중이 높고, 동남아시아에서 결혼하고 이주한 여성들은 가운데 외국인노동자가 다음으로 높은 비중을 차지하고 있다. 결혼이주여성들은 주로 한국 남성과 결혼을 통해 경제적 어려움을 해결하고 새로운 삶의 기회를 찾으려는 목적이 있는 것으로 나타났다. 결혼중개업체를 통해 짧은 기간에 이주와 성혼이 이루어지는데 이 과정에서 자신들이 살게 될 환경과 배우자에 대한 정보를 충분한 알지 못한 채 이주함과 동시에 실제 한국생활에 적응도 하기 전에 결혼, 임신, 자녀양육 등과 같은 경험을 하게 된다.

국제결혼가정의 외국인 여성들은 한국사회에서 사회적 환경의 어려움, 가치관의 차이, 문화적 갈등, 의사소통의 어려움, 가족 간의 갈등, 자녀양육 문제와 같은 어려움을 겪어야 한다. 한국사회의 전통과 문화 그리고 사회적 규범에 대한 부적응으로 인하여 갈등을 느끼는 정도가 매우 크고, 한국 어머니와 같은 역할을 감당하기 힘들어함을 나타낸다(방경숙, 허보윤, 2011).

우리나라에서 증가하고 있는 국제결혼가정은 출산율을 증가시키므로 저출산·고령화 현상을 억제하는 요인으로 작용할 수 있고, 다문화가정 자녀들의 이중언어 구사와 문화적 민감성을 갖춘 글로벌 인재양성이 가능하다는 긍정적 측면이 있다. 그러나 다문화가정에 대한 사회적 차별과 소외현상이 지속된다면 유럽 선진국에서 발생하고 있는 인종갈등과 같은 심각한 사회적 문제를 겪게 될 것이다. 따라서 동화주의 정책보다 다문화가정의 어려움을 파악하고 그들이 한국사회에서 안정적으로 정착할 수 있도록 문화적 다양성을 장려하고, 서로 다른 문화에 대한 존중과 문화적 차이에 대한 관용을 중시하는 다문화주의 정책으로 이들을 지원하는 것이 다문화사회의 통합을 위한 중요한 과제라 할 수 있다(김경식 외, 2020).

(1) 국제결혼가정의 부부문제

국제결혼가정에서 일어나는 부부문제는 주로 결혼이주여성들의 출신국가와 우리나라의 가족제도와 문화의 차이, 의사소통의 어려움 등에 이유가 되는 경우가 많다. 한국어를 전혀 할 줄 몰라 남편이나 가족 간의 대화가 불가능하고 남편은 자신의 말을 알아듣지 못한다며 화를 내거나 무시하는 발언으로 상처를 받기도 한다. 자녀를 양육하면서 생활에 필요한 정보를 공유할 수 있는 사회적 관계망을 갖지만 한국사람들과 관계 형성에 어려움을 겪기도 한다. 여성결혼이민자의 의사소통의 어려움은 출신국에 따라 조금씩 다른 양상을 보인다. 한국어를 할 수 있는 한국계 중국인이나 영어가 가능한 필리핀인의 경우 다른 출신국 여성들에 비해 상대적으로 덜 심각하다.

국제결혼가정의 부부갈등은 의사결정권의 문제와 결혼생활의 적응문제, 부부폭력 등의 양상으로 나타나고 있다. 부부간의 의사결정권은 가족 내에서 부부의 권력 구조를 측정할 수 있는 지표로서 의미가 있다. 결혼이민자와 한국인 배우자 공통적으로 비슷한 권력구조를 보이면서 자녀양육 및 교육문제, 부부의 취업 및 이직, 양가 부모에 대한 경제적 지원 등의 문제들이 나타나고 있다. 국제결혼가정의 부부들은 결혼하기 전에 기대한 것과 실제 가장 차이가 나는 부분으로 본국과 한국의 문화 차이를 비롯한 생활환경, 경제 상황, 배우자 또는 배우자 가족과의 관계 등도 결혼 전과 후의 차이로 인식하고 있는 것으로 나타났다.

2021년전국다문화가정실태조사에 따르면 부부갈등으로 지난 1년간 배우자와 다툰 경험은 46.3%로 2018년 조사(61.8%)에 비해 15.5%p 감소한 것으로 나타났다. 배우자와 다툰 이유는 사고방식과 가치관 차이(56.6%)가 가장 많고, 자녀양육 및 교육문제(26.7%), 생활비 등 경제문제(24.7%), 언어소통의 어려움(17.8%) 순으로 나타났다. 부부갈등에 대처하는 방식으로 '배우자와 대화로 해결한다(63.9%)'가 가장 많고, '그냥 참는다(45.5%)', '혼자 해결 방법을 찾는다(25.1%)', '주위 사람에게 이야기한다(14.6%)' 순으로 나타났다. 이는 2018년 조사 결과와 유사한 경향으로 나타났다(여성부, 2022).

(2) 국제결혼가정의 자녀양육과 교육문제

국제결혼가정 어머니들은 대부분이 결혼 직후 출산을 경험하고 한국사회의 문화와 언어에 적응하지 못한 상황에서 자녀를 양육하며 많은 어려움을 겪고 있다. 이러한 상황은 가족구성원간의 자녀양육관이나 양육방식의 차이로 인한 갈등을 유발하는 원인이 되고 있다.

국제결혼가정의 어머니들은 만 6세 이상 자녀양육이 어렵다고 응답한 비율은 88.1%로 5세 이하보다 높았고, 학습지도(50.4%)에 가장 큰 어려움을 겪고 있었다. 만 5세 이하는 한국어지도(26.8%), 만 6세 이상은 학습지도(50.4%)에서 가장 큰 어려움을 느끼는 것으로 조사됐다. 특히 한국어 소통이 부족하여 자녀와 원활한 의사소통에 문제가 있으며, 경제적 빈곤으로 인해 주변 한국가정과 견주어 충분한 교육적 지원을 하지 못한다는 점, 시댁 식구들과의 자녀양육에 대한 가치관이 다른 점을 어려움으로 지적하였다.

이러한 어려움을 극복하기 위하여 다문화가족지원센터에서 운영하는 한국어교육과 한국문화교육에 적극적으로 참여하지만 부부갈등, 경제적 어려움, 자신감 부족 등으로 인해 자녀교육문제를 쉽게 해결하지 못하고 있다. 국제결혼가정 영유아들은 한국어가 미숙한 어머니와 함께 생활함에 따라 언어발달이 지체되어 또래와의 의사소통에 제한이 있으며, 학습이해도가 낮은 것으로 보고되었다(송요현, 2009). 국제결혼가정의 영유아들이 언어습득, 기본생활습관 형성, 정서적 · 심리적 안정감, 사회성 발달의 기회를 가정에서 충분히 제공받지 못하는 경우 비다문화가정 영유아들에 비해 여러 부분에서 성장과 발달이 지연될 가능성이 높다. 이러한 결과는 국제결혼가정 자녀들이 학교생활 적응에서 어려움을 느끼고 친구들과 잘 어울리지 못하는 것(64.7%)으로 나타났다.

학교적응상 어려움이 있는 경우, 첫째, 언어능력과 학습부진이 나타난다. 공부에 흥미가 없어지고, 언어능력 부족과 학습부진, 일상적 의사소통은 큰 무리가 없으나 독해, 어휘력, 쓰기와 작문능력이 떨어지고, 학교수업의 이해도가 낮다. 둘째, 정체성 혼란을 경험한다. 국제결혼가정 자녀들은 한국사회에서 자신의 위치에 대한 정체성의 혼란을 경험한다. 셋째, 편견과 차별, 집단 따돌림으로 적응에 어려움을 겪을 수 있다. 집단 따돌림의 주된 이유는 어머니가 외국인인 이유(34.1%)와 의사소통이 잘 안 되는 이유(20.7%)가 가장 많았다. 사회생활면에서는 한국생활의 어려움과 차별경험이 다소 감소하고 사회적 관계는 확대되는 등 한국생활 적응도가 높아진 것으로 나타났다. 한국어능력으로는 한국어능력에 대한 주관적 인식은 3.87점으로 '18년 대비 다소 하락(3.89)한 것으로 나타났다(여성가족부, 2022).

최근 국제결혼가정의 자녀들을 그들의 문화 관점에서 이해하는 방법으로 접근하는 정책이 만들어짐으로써 이중언어교육을 통한 정체성 교육지원과 다문화 관점에 기초한 상담 등이 이루어질 수 있도록 보육교사들의 다문화적 역량 강화교육이 필요하다.

4) 이주노동자가정의 이해

(1) 이주노동자가정의 형성

한국의 산업구조는 1990년대가 되면서 급격히 서비스 산업 중심으로 개편이 되었다. 또한 고임금 추세의 지속으로 대규모시설공업은 임금이 상대적으로 낮은 중국, 베트남 등지로 이전을 하였다. 반면에 내국노동자들은 중소 제조업 분야의 대부분의 업종을 차지하던 소위 3D(difficult, dangerous, dirty)에 해당하는 산업부문의 노동을 기피하면서 이들 분야에서 노동력 부족이 발생하였다. 특히, 해외로 공장이나 사업체를 이전할 수 없는 중·소기업의 경우가 심각하였다. 결국 기업주들은 이들 업종에 취업을 기피하거나 높은 임금 조건을 요구하는 내국인 근로자들보다 낮은 임금을 받으면서도 노동을 할 의사가 있는 외국인근로자들을 선호하면서 이들을 고용하였다. 중소기업을 중심으로 노동자 부족이 발생하자 정부는 외국인근로자를 도입하면서 이들의 지위를 기존의 산업연수생 제도를 변용하여 실질적으로 노동을 제공하는 인력을 도입하였다. 한국에서의 이주근로자 도입은 1991년 10월의 법무부훈령(제255호; 외국인 산업기술 연수사증 발급) 등에 관한 업무처리지침에서부터 시작하였다(최윤철, 2014).

우리나라에는 이주노동자 또는 외국인근로자라는 명칭으로 주로 사용하고 있다. 「외국인근로자의 고용 등에 관한 법률」 제2조에서 이주노동자를 "대한민국의 국적을 가지지 않은 자로서 국내에 소재하고 있는 사업 또는 사업장에서 임금을 목적으로 근로를 제공하거나 제공하고자 하는 자"로 정의하고 있다. 국내의 이주노동자들은 「출입국관리법」과 「출입국관리 시행령」에 의하여 체류자격으로 분류하고 있다. 이주노동자는 법적으로 단순기능 이주노동자, 전문기술 이주노동자, 기타 취업 가능 이주노동자로 구분되어 있다(김성률, 이원식, 2017).

(2) 이주노동자의 현황

2019년 12월 기준 국내 체류 외국인은 252만 4,656명으로, 전체 인구 중 외국인이 차지하는 비율은 4.9%에 달했으나, 2021년 11월 기준 국내 거주 외국인 수는 213만 4,569명으로, '20년 215만 6,417명에 비해 21,848명이 감소(전년 대비 1.0%↓) 하였다. 이는 현황 발표를 시작한 2006년 이후, 외국인주민이 처음으로 감소한 2020년에 이어 2021년에도 감소세가 지속되었는데 이유는 '코로나19'로 인한 것으로 분석된다. 이 중 고용허가제 적용을 받는 이주노동자는 50만 3,077명으로, 체류 외국인 중 19.9%의 비율을 차지하고 있다(법무부, 2020). 2019년 하반기 기준 6만 6,221개 사업장에서 21만 8,581명의 이주노동자들이 일하고 있다. 이주노동자 수는 2011년과 비교하여 2019년 약 3만 4,586명이 감소하였으며, 비전문취업(E-9)은 꾸준히 증가하다가 2019년 들어 소폭 감소했으나, 방문취업(H-2)은 2015년 이후 감소하고 있다(윤지호, 2021). 이렇게 감소된 이유는 코로나19로 인하여 공항이 폐쇄되고 국제적 교류가 단절되면서 나타난 현상으로 추정한다.

유형별로 살펴보면 한국국적을 가지지 않은 자는 164만 9,967명(77.3%), 한국국적을 취득한 자는 21만 880명(9.9%), 외국인주민 자녀(출생)는 27만 3,722명(12.8%)이다. '20년 대비 한국국적을 가지지 않은 자는 4만 5,676명(2.7%↓) 감소한 반면, 한국국적을 취득한 자는 1만 1,752명(5.9%↑) 증가, 외국인주민 자녀는 1만 2,076명(4.6%↑) 증가한 것으로 나타났다. 한국국적을 가지지 않은 자의 증감 내역을 세부적으로 살펴보면, 이주노동자는 2020년에 이어 6만 112명(13.2%↓) 감소하여 전체 이주노동자 감소에 영향을 미쳤다. 반면, 유학생은 1만 4,038명(9.8%↑) 증가하여 코로나19 이전인 2019년 수준('19년 16만 명, '20년 14만 명, '21년 16만 명)을 회복하였고, 이주노동자는 2만 3,471명(6.8%↑) 증가하여 지속적인 증가세를 보였다(행정안전부 보도자료, 2022).

시 · 도별 현황을 살펴보면 전체 이주노동자의 59.8%인 127만 5,954명이 수도권에 거주하고 있었다. 시 · 도별로는 경기 71만 4,497명(33.5%), 서울 42만 6,743명(20.0%), 인천 13만 4,714명(6.3%), 충남 12만 4,492명(5.8%), 경남 12만 3,074명(5.8%) 순으로 이주노동자가 많이 거주하고 있는 것으로 나타났다. 이주노동자 수가 많은 시 · 군 · 구는 안산 9만 4,941명(4.4%), 수원 6만 5,885명(3.1%), 시흥 6만 4,570명(3.0%), 화성 6만 2,542명(2.9%), 부천 5만 3,080명(2.5%) 순으로 집계되었으며, 이주노동자 수가 많은 상위 5개 지역이 모두 경기도에 해당된다.

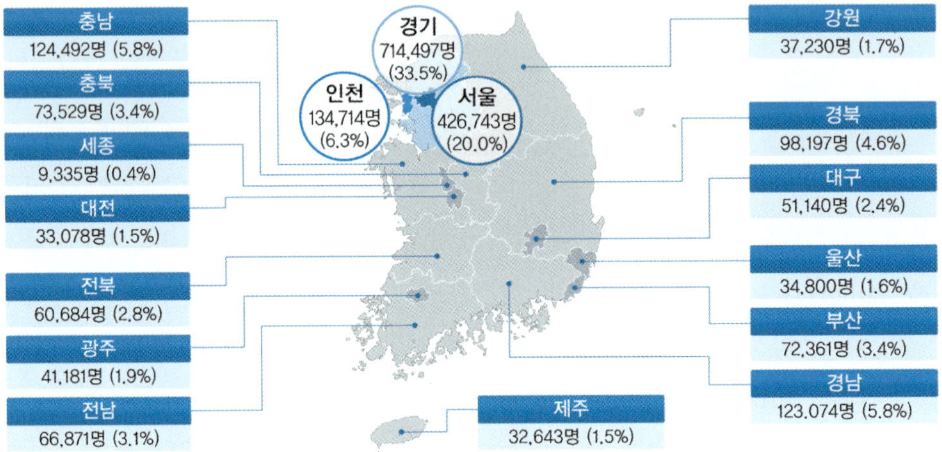

출처: 행정안전부(2022). 2021 지방자치단체 외국인주민 현황.

(3) 이주노동자가정의 자녀 문제

이주노동자가정은 한국인과 외국인 이주노동자의 국제결혼으로 이루어지는 경우와 국내 체류기간 중에 형성된 외국인 이주동자 간의 결혼으로 형성된 경우, 본국에서 결혼하여 형성된 가족이 국내에 노동을 위해 장기간 체류하는 경우 등이 있다. 이들 가정은 각각의 유형에 따라 서로 다른 상황의 문제를 가지고 있다.

대부분 이주노동자가정 자녀는 가난한 나라에서 온 이주노동자가정의 자녀라는 이유만으로, 학교 교사와 급우들로부터 차별을 경험하고 있으며, 이러한 상황은 교우관계에 부정적인 영향을 미치게 되어 학교생활 적응에 어려움을 가져온다. 그리고 가정 형편이 어렵다 보니, 가족 모두가 단칸방이나 반지하에서 거주하고 있는 경우가 많았으며, 부모의 장시간 노동으로 인한 늦은 귀가로 자녀들은 보살핌을 받을 수 없고, 홀로 학습이나 과제를 해야 하는 어려움을 겪고 있다. 또한 언어문제뿐만 아니라, 의료보험 혜택을 받을 수 없어, 몸이 아팠을 때 병원 치료를 받지 못하는 등 고통을 겪고 있었다. 그리고 우여곡절 끝에 학교에 들어가게 되더라도 한국어 실력이 부족하여 낮은 학년배정을 받다 보니, 어린동생들을 친구 삼아 공부해야 하는 지루함이 있으며, 특히 한국인과 다른 피부색은 한국 또래들로부터 멸시와 놀림감이 되고 있다. 심각한 문제는 이주노동자가정 자녀들이 학력을 인정받을 수 있는 서류제출이 어렵다 보니, '청강생'으로 공부를 해야 하는 처지로 정규 졸업장도 받을 수 없고, 고등학교에 진학할 자격을 인정받지도 못한다는 것이다.

이와 같이 이주노동자가정 자녀들은 한국 친구 관계, 서로 다른 외모, 서툰 언어, 부모의 체류자격, 어려운 가정환경, 소극적인 반응(수동적 방어), 사회적 편견으로 한국생활에 어려움을 겪고 있다. 이는 아동기에 형성되는 정서, 심리적인 발달과정에 부정적인 영향을 주게 되고, 청소년기를 맞이하면서 여러 가지 문제를 초래하게 된다. 결국에는 주류사회에 합류하지 못하고, 주변인으로 겉돌면서 미래의 우리 사회에 위협적인 존재로 등장할 가능성이 높다. 이주노동자가정 자녀는 부모의 낮은 소득과 열악한 주거환경, 가정 내 자녀교육지원 부족 등의 이유로 또래 아동에 비해 한국사회 적응에 어려움을 경험한다. 특히, 미등록 이주노동자가정 자녀들은 부모가 '불법체류자'라는 이유로 기본적인 교육의 권리가 침해되는 등 더욱 심각한 심리사회적 어려움을 겪고 있다(우수명 외, 2021).

5) 북한이탈주민가정의 이해

'북한이탈주민'이란 "북한(군사분계선 이북지역)에 주소, 직계가족, 배우자, 직장 등을 두고 있는 사람으로서 북한을 벗어난 후 외국 국적을 취득하지 아니한 사람(「북한이탈주민의 보호 및 정착지원에 관한 법률('북한이탈주민법')」)"을 의미한다. 우리나라에서는 2000년대 '탈북자'라고 불리었으나 부정적 의미를 순화시켜 부르는 말로 '새터민(새로운 터전에서 삶의 희망을 갖고 사는 사람들)'이라는 명칭을 사용하였다. 정부는 1997년 「북한이탈주민의 보호 및 정착지원에 관한 법률」 제정 이후 '북한이탈주민'이라는 용어를 공식적으로 표기 · 사용하고 있다. 또한 정부 내에서는 '북한이탈주민'을 줄여 '탈북민'이라는 용어를 사용하고 있다.

사회적 합의를 거쳐 채택('04년), 사용해 왔던 '새터민' 용어도 이를 자연스럽게 정착될 수 있도록 하기 위해 노력을 기울여 왔으나, 이에 대한 논쟁과 쟁점이 불거지고 사회적 반대 여론이 심화되면서 더 이상 정부 내에서는 '새터민'이라는 용어를 사용하지 않고 있다(통일부, 2022).

북한이탈주민은 2000년대 이후 지속적으로 증가하고 있으며, 2003년에서 2011년 사이에는 연간 2,000명에서 3,000명 정도 입국하였다(통일부 홈페이지). 통일부 자료에 따르면 2022년 6월 현재 북한이탈주민은 33,834명으로 집계되었다. 한국 정부는 북한이탈주민의 지속적인 증가로 인해 이들의 자립 · 자활을 돕고자 「북한이탈주민의 보호 및 정착지원에 관한 법률」을 1997년에 제정하였다.

1980년대 말부터 시작된 북한 내 식량난으로 북한을 떠나 동아시아대륙을 유랑하는 경제 난민에서 시작했으며, 현재는 탈북 동기도 다양화되어 생존권 이외 생활력 향상을 위해 탈출하는 경우도 있다. 북한이탈주민들은 불법체류자라는 신분적 약점으로 인신매매, 임금체불과 미지불, 폭력, 강제송환 등 인권침해의 표적이 되고 있다. 북한을 탈출하여 제3국에 체류하는 주민 중 보호의사 표시를 한 사람들과 한국에 입국하여 정착한 사람들은 대한민국 국민으로 법적 보호를 받게 된다. 그러나 보호의사 표시 자체가 어려운 사람들과 보호의사 표시를 하였으나 보호부결 처분을 받은 사람들은 보호 사각지대에 놓여 체포 및 강제 환송되거나 계속 난민으로 지내게 된다. 최근 제3국 체류 북한이탈주민 추세를 보면, 가족 단위 이탈주민이 증가하면서 여성과 청소년, 노인층 비율이 증가하고 있다. 1990년대 중반 이후 식량난으로 인해 탈북자 가운데 중국 등 제3국에 은신 · 체류하다가 국내로 입국하는 사람들이 증가 추세이며, 제3국에 체류하는 탈북자 규모와 분포 실태의 정확한 파악은 불가능하다(통일부, 2022).

(1) 북한이탈주민가정의 현황

북한이탈주민 연도별 입국 현황을 보면, 2022년 9월 기준 총 33,857명 입국(남 9,492명, 여 24,365명)하였다. 연간 입국 인원은 1990년대 중반 이후 큰 폭으로 증가하여 2009년에는 연간 3,000명 가까이 입국하였다. 2012년 김정은 정권 출범 이후 접경지역 통제 강화 등으로 입국 인원이 감소하여 연간 1,100~1,500여 명 수준을 유지하고, 2020년은 229명 입국, 2021년은 63명 입국, 2022년 9월 말 기준 입국 인원은 42명('21년 대비 6명(12%) 감소)으로, 코로나19로 인한 북 · 중 국경 통제, 제3국에서의 이동 제한 등의 영향으로 입국 인원이 감소한 것으로 보인다 (통일부, 2022).

2021년 북한이탈주민 사회통합실태조사(대상자 29,880명 중 표본 3,000명) 결과, 탈북민 76.5%가 '남한생활에 만족함'이라고 답변했으며, 2.6%는 불만족하다고 답변하였다. 주요 정착지표는 꾸준히 개선되는 추세이나, 일반국민 평균 수준에는 미치지 못하고 있다. 2020년 대비 고용률은 2.3%p 증가하고, 실업률은 1.9%p 감소하였다. 임금근로자의 월평균 임금은 2019년 최초 200만 원을 상회한 이후 지속 상승하고 있으며, 일반국민과의 격차도 감소 추세로 나타나고 있다. '차별/무시당한 경험이 있다'는 비율은 16.1%, 없다고 응답한 비율은 83.9%로 나타났다. '차별/무시당한 경험이 있다'는 응답 비율은 점차 감소 추세이다. 차별/무시당한 이유 중 '문화적 소통방식이 다르다는 점에서'가 가장 높게 나타났고, '북한이탈주민에 대한 부정적 인식', '언론의 부정적 보도 영향', '전문적 지식 · 기술 등이 남한 사람보다 부족하다고 생각되어서' 등의 순으로 나타났다(통일부, 2022).

(2) 북한이탈주민의 문제와 욕구

북한이탈주민과 가족들이 한국에 정착해서 1주일 이내~3개월까지의 기간은 하나원에서 퇴소하는 북한이탈주민이 정착하는 초기단계로, 이 시기에 겪는 어려움은 경제적 어려움이 가장 많이 언급된다. 경제적 어려움은 직장생활을 통해서 안전을 찾는 이들도 있지만 상당수가 구직활동 중 실패와 이직 등의 과정에서 신체적 · 심리적으로 지치며 막막한 미래에 대한 불안감을 호소하기도 한다. 사회 · 심리적인 고통으로는 주로 불안, 우울, 북한에 두고 온 가족이나 친척에 대한 죄책감, 상대적 박탈감, 남한 사회에 대한 실망감 등을 들 수 있다.

3개월 이후에는 직장생활에 안정을 찾는 시기로 중국과 제3국, 북한에 있는 가족들과 연락을 시작되어 탈북과정 중 결혼했던 배우자 또는 국제결혼을 통해 배우자를 남한으로 초청하기 위한 준비를 시작한다. 이 시기는 가족구성원 간의 갈등 및 가족관계 안에서 어려움이 드러나는 시기이다. 가족의 구성유형별 어려움과 욕구가 달라지면서 자녀문제와 다양한 문제가 발생한다. 특히 학교에서 차별이나 왕따문제, 낮은 학업 성취도, 북한 출신임을 밝히지 않거나 거부하기도 함, 성장발육 부진으로 인해 왜소한 외모로 무시당함, 친구관계를 맺고 유지하는데 어려움을 겪는 등 다양한 문제를 경험한다(서울대학교통일평화연구원, 2021).

1년 이후 시기는 어느 정도 정착이 이루어지고 지원기관(북한이탈주민지원재단, 하나센터, 복지관)과 다소 소원해지는 시기로 자신만의 방식으로 생활을 터득해 나가거나 적응이 제대로 이루어지지 않은 경우 또 다른 차원의 도움의 필요성을 보이는 시기이다(우수명 외, 2021)

남한사회에서 북한이탈주민에 대한 정책은 주로 동화주의(assimilationist) 정책으로 접근하고 있는 실정인데 동화주의 모델(assimilationist model)은 이민자의 문화적 정체성을 수용하기보다는 주류사회로의 동화를 강조하는 등 제한적인 지원을 추진하고 있기 때문에 북한이탈주민이 남한사회 구성원으로서 역할을 수행하기 위해서는 이들의 문화를 존중해 주고, 욕구를 충족시켜 주는 등 보다 적극적인 사회적 지지가 필요하다.

일반 국민들은 아직 북한이탈주민을 친근하게 느끼는 비율이 낮은 상황, 일부는 탈북민 지원에 대한 부정적 인식도 표출한다. 2021년 서울대학교통일평화연구원에서 통일의식조사 결과, 한국에 들어오기 원하는 '탈북민을 모두 받아들여야 한다'고 응답한 비율은 24.7%에 불과하고, '선택적으로 받아들여야 한다(60.6%)', '더 이상 받아들여서는 안된다(14.6%)'로 나타났다. 한편, '북한이탈주민을 더 많이 지원해야 한다'는 인식에 동의하는 비율은 41.3%(매우 동의함 및 다소 동의함)로 2016년 이후 더 많은 지원에 동의하지 않는 비율이 더 높은 상황이다(서울대학교통일평화연구원, 2021).

(3) 북한이탈주민가정 자녀교육의 어려움

북한이탈주민가정의 자녀들도 다른 다문화가정 자녀들과 마찬가지로 언어적인 문제가 나타나며, 정착 이후 경제적 어려움은 자녀교육에 있어서 상당한 어려움과 관련이 있다. 자녀가 성장하면서 또래들이 입고 다니는 옷, 신발 등 필요한 물건을 사 주지 못하는 데서 오는 부담감이 있다. 뒷바라지에 대한 경제적 여유 없음과 충분한 학습지원을 못하는 형편이나 상황이라는 높은 장애물이 있다.

학업의 어려움은 북한에서 배우지 않았던 영어나 낯설은 내용이 광범위해서 학업 과목에 대한 힘겨움을 지원하지 못하며, 부모의 잦은 직장 이동으로 인한 계속되는 전학 등으로 교우관계 역시 힘든 상황이다. 탈북청소년 초·중·고 학업중단율은 감소 추세이다. 다만, 일부 탈북청소년은 학력결손, 언어, 문화적 차이 등으로 인해 학교 적응에 곤란함을 겪고 있다. 탈북청소년의 학교생활에서 가장 어려운 점은, ① 학교수업 따라가기(23.7%), ② 친구 사귀기(4.4%), ③ 남한의 말 알아듣기(2.5%) 순으로 응답하였다.

탈북청소년의 학교공부에서 가장 어려운 점은, ① 책의 내용을 이해하는 것이 어려움(11.7%), ② 숙제나 과제를 하는 것이 어려움(9.0%), ③ 선생님께서 말하는 내용을 알아듣기 어려움(7.1%) 순으로 응답하였다(2020년도 탈북청소년실태조사). 북한이탈주민가정 자녀는 학교 교육에서 기초학습 부족과 학년배정 문제, 말투의 차이, 높은 중도 탈락이 발생하여 진학률 역시 낮다. 입학을 하면 보통 자신의 연령보다 낮은 학년으로 배정되며 학습결손으로 공교육을 따라가는 데 어려움을 겪는다. 학교에서 남북한의 다른 말씨에 따라 남한 친구들과 적절한 대화를 나누는 것이 어려울 뿐만 아니라 이질감을 경험하게 된다. 남북한의 교육과정과 사상 및 문화의 차이로 인해 수업 적응에 어려움을 겪게 되며, 그 결과로 학교를 중도 탈락하거나 사회적으로 방황하게 되는 경우가 많은 것으로 나타난다. 따라서 북한이탈주민가정 자녀들을 위한 학습 측면이 지원되어야 하며, 정서적인 부분에서의 지원이 동시에 이루어지는 교육적 지원이 필요하다(서울대학교통일평화연구원, 2021).

3. 다문화가정 영유아의 특성

1) 다문화가족의 구성 및 일반적 특성

2021년전국다문화가정실태조사에 따른 다문화가정의 일반적 특성을 살펴보면 다음과 같다. 다문화가정의 평균 자녀 수는 0.88명으로 2018년(0.95명), 2015년(1.02명)과 비교해서 지속적으로 하락하고 무자녀 비중이 42.0%로 상승하고 있다.

거주기간은 결혼이민자 · 기타귀화자의 국내 거주기간 15년 이상 비율은 39.9%로 지난 2018년(27.6%) 대비 12.3%p 증가했고, 30세 이상 비율이 높아지고 있다. 혼인상태는 유배우자가 84.8%, 이혼과 별거가 8.6%, 사별이 3.2%이고, 이혼 · 별거 사유로는 성격 차이가 50.7%로 가장 많고, 경제적 문제, 학대 · 폭력도 있으며, 이혼 · 별거 후에 자녀양육은 결혼이민자가 93.3%를 책임지고 있다. 부부간 갈등은 15.5%p 감소한 46.3%로 나타났고, 갈등 사유로는 성격 차이가 가장 큰 56.6%, 그다음에 이어서 양육문제가 26.7%, 경제적 문제도 24.7% 순으로 나타났다. 부부간의 문화적 차이 경험은 3.5%p 감소한 52.4%로 나타났고, 식습관이나 의사소통 방식에서 주로 문화적 차이를 경험하고 있다. 식습관 52.7%, 의사소통방식 43.4%, 자녀양육방식 29.0%, 가족의례 24.1%, 가사분담 14.2% 등(복수응답)으로 나타났다(여성가족부, 2022).

다음은 다문화가정 자녀양육과 관련하여 결혼이민자 · 기타귀화자의 자녀관계 만족도는 4.54점으로 지난 2018년(4.44점)보다 다소 높아졌다. 만 5세 이하 자녀 양육이 어렵다고 응답한 비율은 73.7%로 지난 2018년(78.2%) 대비 4.5%p 감소했고, 그중 가장 큰 어려움은 한국어지도(26.8%), 긴급돌봄(20.5%), 양육 의견 차이(15.8%), 학제정보 부족(8.0%) 순으로 나타났다. 만 6세 이상 자녀양육이 어렵다고 응답한 비율은 88.1%로 만 5세 이하보다 높았고, 학습지도(50.4%)에 가장 큰 어려움을 겪고 있었다. 만 5세 이하는 한국어지도(26.8%), 만 6세 이상은 학습지도(50.4%)에서 가장 큰 어려움을 느끼는 것으로 조사됐다(여성가족부, 2022).

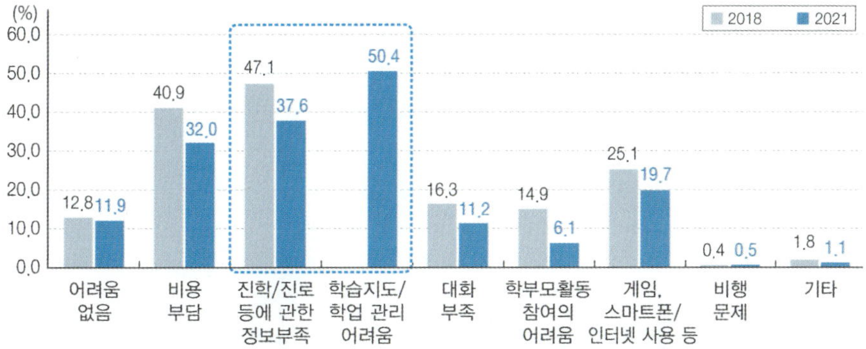

[그림 2-2] 결혼이민자 기타 · 기타귀화자의 만 6세 이상 자녀양육 시 어려움(복수응답)

출처: 여성가족부 포털(2023). 따뜻한 동행, 행복한 가족.
https://blog.naver.com/mogefkorea/222790662154

ㄹ) 다문화가정 자녀 출생 현황

2021년 다문화가정 출생아는 14,322명으로 전년(16,421명)보다 2,099명(−12.8%) 감소하였다. 코로나19로 인해 하늘길이 막히면서 국제결혼 자체가 급감하자 13년 만에 최저로 출산률이 떨어진 것이다. 인구가 빠르게 감소하는 가운데 인구문제 해결책 중 하나로 여겨지던 다문화가정마저 저출산 늪에 빠지는 게 아니냐는 우려가 나온다. 2021년 전체 출생이 26만 6백 명으로 전년보다 4.3% 감소한 데 비해, 다문화가정 부모의 출생아도 12.8% 감소하여 상대적으로 감소 폭이 커졌다. 전체 출생에서 다문화가정 자녀 출생이 차지하는 비중은 5.5%로 전년보다 0.5%p 감소하였다. 다문화가정 출생에서 외국인 및 귀화자 어머니의 출신 국적 비중은 베트남(35.7%), 중국(16.8%), 필리핀(5.2%) 순으로 전년 대비 베트남, 중국, 필리핀 비중은 각각 3.1%p, 0.9%p, 0.8%p 감소하였다(통계청, 2022).

다문화가정 유형별 출생 비중은 외국인 모의 출생아 수는 9,325(65.1%)명으로 가장 많았고, 귀화자 2,785명(19.5%), 외국인 부 2,212명(15.4%) 순으로 나타났다.

외국인 모, 귀화자 유형의 다문화가정 출생아 수는 전년보다 각각 15.2%, 14.6% 감소한 반면, 외국인 부는 2.3% 증가하였다. 외국인 모 및 귀화자가 차지하는 비중은 전년보다 각각 1.9%p, 0.4%p 감소한 반면, 외국인 부의 비중은 2.2%p 증가하였다(통계청, 2022).

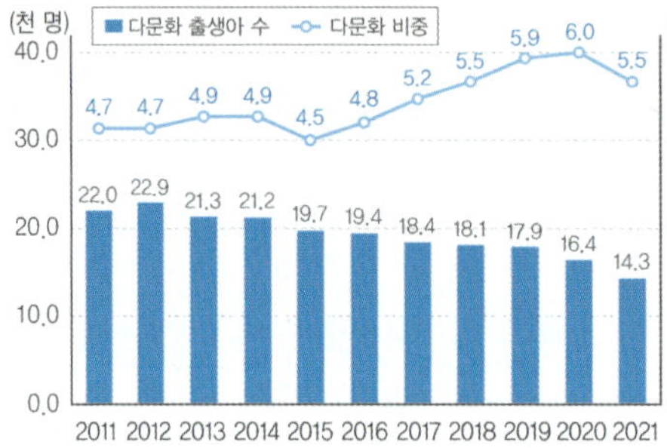

[그림 2-3] 다문화 출생 추이

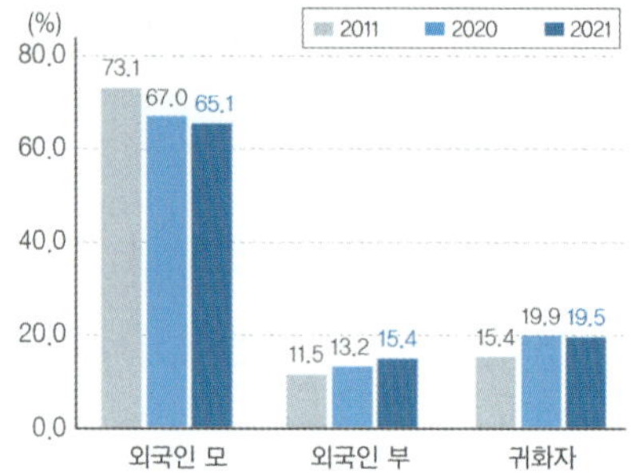

[그림 2-4] 다문화 출생 유형별 비중

출처: 통계청(2022). 2021년 다문화 인구동태 통계 보도자료.

다문화가정 출생에서 모의 평균 출산연령은, 첫째아가 30.6세, 둘째아가 31.8세, 셋째아 이상이 33.7세로 첫째아, 둘째아, 셋째아 이상 모두 모의 연령이 전년보다 상승함을 보였다. 다문화 출생에서 모가 외국인 또는 귀화자인 경우, 첫째아 평균 출산연령은 29.9세, 둘째아는 31.3세, 셋째아는 33.5세로 모두 전년보다 역시 상승함을 보였다. 다문화가정 부모 중 출생기준 한국인 모인 경우, 첫째아는 33.9세, 둘째아는 35.2세, 셋째아 이상은 36.5세로 모두 전년보다 상승함을 보였다. 이 결과 모의 출산연령이 모두 상승되고 있음을 보여 주고 있다.

부모의 출신국적별 출생순위를 보면, 외국 출신 부(父)의 국적은 중국이 6.5%로 가장 높고, 미국(5.8%), 베트남(3.9%) 순으로 나타났다. 전년 대비 미국, 베트남, 캐나다 등의 비중은 증가하고, 중국 등은 감소한 것으로 나타났다. 외국 출신 모(母)의 국적은 베트남이 35.7%로 가장 높고, 중국(16.8%), 필리핀(5.2%) 순으로 나타났다. 전년 대비 미국, 태국 등의 비중은 증가하고, 베트남, 중국 등의 비중은 감소한 것으로 나타났다(통계청, 2022).

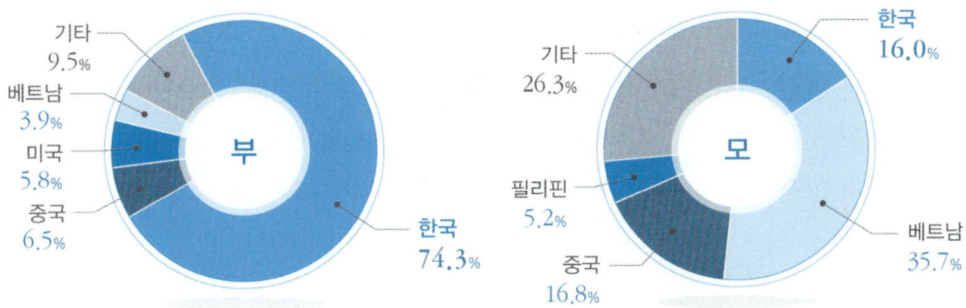

[그림 2-5] 출생아 부모의 출신국적별 비중(2021년)

출처: 통계청(2022). 2021년 다문화 인구동태 통계 보도자료.

3) 다문화가정 영유아의 언어적 특성

(1) 다문화가정 영유아의 이중언어의 특성

국제결혼여성과 다문화가정이 증가하면서 이들의 한국생활 적응과 한국어교육에 정책적 관심이 모아졌고, 이들이 자녀양육 문제에 직면하게 되면서 자녀의 한국어습득과 언어발달을 지원하는 정책과 사업이 다양한 방법으로 추진되고 있다. 국제결혼여성들은 자신의 한국어능력 부족으로 인하여 자녀와의 의사소통이 어려워지고, 자녀의 한국어 구사능력에 따라 학교생활 적응이 달라질 수 있으므로 자녀의 한글습득과 한국어지도에 대한 관심과 요구가 높다. 부모의 출신국적과 사회경제적 지위, 자녀양육 태도 등에 따라 정도의 차이는 있지만, 모의 한국어 구사능력 부족과 이중언어 사용은 자녀의 언어습득에 지체 현상을 초래하고, 이는 초등학교 입학 후 자녀의 학업수행을 어렵게 하는 요인으로 작용하고 있다. 다문화가정 자녀의 언어습득과 한국어발달 수준이 이들의 심리사회적 발달에 미치는 영향은 매우 크다. 언어장벽은 문화적응 스트레스 및 학업 관련 문제 등으로 이어져 자기효능감이 낮고 우울과 소외감이 높으며, 이로 인해 학업성취도가 떨어지는 등 심리사회적 측면에서 여러 가지 부정적 결과를 드러내고 있다(전경숙, 2017).

다문화가정 영유아는 이중언어에 노출되어 있다. 다문화가정 영유아들은 서로 다른 언어를 사용하는 부모들 사이에서 이중언어를 갖게 되는 특성이 있다. 한국 사회에서의 주된 양육자는 어머니인데 다문화가정 영유아는 한국어가 미숙한 어머니로부터 양육을 받기 때문에 언어발달 지체를 겪을 수 있다. 의사소통의 어려움은 한국말이 서툰 외국인 어머니를 둔 영유아들의 비교적 공통된 특성이다. 이러한 언어능력 부족은 부모와 자녀 혹은 타인과의 의사소통 문제를 발생시킬 수 있다. 그러나 다문화가정 영유아는 가정 내에서 두 가지 언어를 자연스럽게 배우며 두 문화 사이에서 효과적으로 의사소통한다면 양쪽 국가 교류에 큰 자원이 될 수 있다(전경숙, 2017).

국제화시대에서 이중언어는 매우 보편화된 개념이며, 이중언어 교육은 결혼이주민과 자녀들의 삶을 자율적으로 설계하고 기회를 균등하게 누릴 수 있도록 지원함으로써 국가발전에 도움이 될 뿐 아니라 정치 · 사회적, 문화적 영역에서 평등한 통합을 이루기 위한 교육으로도 의미가 있다. 따라서 두 가지의 언어 구사능력을 학습자에게 길러 주는 이중언어교육은 이중언어 환경 속에서 성장하는 다문화가정 자녀에게는 자연스러운 교육이 될 수 있다.

(2) 다문화가정 영유아를 위한 언어교육 지원정책

다문화가정 자녀에게 한국어 습득을 지원하는 언어발달지원 사업은 단순한 복지서비스 수혜 차원을 넘어서 교육의 불균형을 해소하고 인재육성의 기회 균등을 실현하는 초석이 될 수 있다. 이러한 배경하에 여성가족부에서는 「다문화가족지원법」 제10조(아동보육 · 교육)에 근거를 둔 방문교육 사업과 언어발달지원 사업을 통해 다문화가정 자녀의 한국어습득과 언어발달을 지원하고 있으며 교육부에서도 다문화 예비학교 및 다문화 유치원 운영 등 미취학 아동의 한국어습득과 교육의 기회 균등을 실현하고자 노력하고 있다.

여성가족부가 주관하고 있는 사업으로는 다문화가정지원센터를 통해 추진하고 있는 다문화가정 방문교육사업과 언어발달지원사업이 있다. 방문교육사업은 만 3세~12세 이하 다문화가정 자녀가 생활언어를 익히고 문화를 이해할 수 있도록 체계적 · 단계별 한국어교육 서비스를 제공하며, 학업성취가 낮고 자아 · 정서 · 사회성 발달에 어려움을 겪고 있는 아동을 대상으로 생활서비스를 제공하는 사업이다. 한국어학급(찾아가는 한국어교육)으로 지정된 유 · 초 · 중 · 고등학교에서는 중도입국 · 외국인학생(영유아) 등 한국어능력이 부족한 경우를 위하여 한국어학급을 개설하여 한국어와 한국문화교육을 지원한다.

교육부에서는 다문화가정 학생의 기본한국어능력을 강화하기 위해 수준별 맞춤형 한국어교육(KSL)과 다문화 예비학교 사업을 주관하고 있다. 맞춤형 한국어교육은 학교에서 한국어교육과정이 정규과목으로 운영 가능하도록 한국어(KSL) 교육과정을 신설하고 한국어표준교재와 진단도구(학생용 TOPIK)를 개발하여 보급하는 사업이다. 2015년에는 한국어(KSL)교육과정에 학습한국어를 보완하고, 한국어 성취도를 평가할 수 있는 측정도구를 개발 · 적용하여 한국어습득 및 학업성취를 지원하였다. 이와 병행하여 다문화가정 자녀의 기초학력 제고를 위해 개별학습을 지원하는 대학생멘토링 사업을 실시하고 있다.

경기도에서는 국제결혼이민여성이 한국어구사능력 부족으로 자녀의 한국어교육에 어려움을 겪고 있는 다문화가정의 자녀를 대상으로 방문학습지를 제공하여 한글을 습득하도록 지원하는 '다문화가정 자녀 방문학습지 지원' 사업을 2009년부터 학습지 기업인 ㈜웅진 씽크빅과 협약(MOU)을 통해 경기도 특화사업으로 운영하고 있으며, 2015년부터는 협약기관이 ㈜대교눈높이로 변경되었다. 지원대상은 경기도에 거주하고 있는 저소득 다문화가정의 취학 전 아동과 한글이 부진한 초등학교 저학년 아동으로 만 4세~9세 아동이나, 중도입국자녀의 경우 만 12세까지로 확대하여 지원하고 있다. 언어능력진단평가 및 맞춤형 한국어 방문학습으로 진행되며, 언어능력진단평가 후 ㈜대교 '한글 깨치기' 또는 '국어' 중 수준에 맞게 제공하는데, 교육대상자의 연령과 개인별 한국어 수준을 고려하여 과목과 단계를 조정하고, 주 1회 학습교사가 방문하여 교재를 나누어 주고 교육서비스를 제공하는 방식이다. 동 사업은 한국어교육에 어려움을 겪고 있는 다문화가정 자녀를 대상으로 미취학 아동 및 초등학교 저학년 아동에게 방문학습지를 제공하여 언어발달을 촉진한다는 점에서 유용성이 높은 사업으로 평가된다.

다문화가정 자녀의 이중언어 사용에 대한 교사의 긍정적인 태도와 인식은 이중언어 친화적 학교 분위기 조성에 중요한 요소로 작용한다. 따라서 교사는 다문화가정 자녀의 언어교육에 대한 지식과 함께 타문화이해능력을 갖추어 학습자 간의 문화적 갈등을 완화하고 원활하게 소통할 수 있는 능력을 지녀야 한다. 우리나라 영유아교사들이 다문화가정 영유아들의 이중언어에 대한 상황적 특수성에 대한 이해가 부족하고, 영유아의 이중언어 습득 여부에 대한 민감성이 높지 않은 것으로 나타났다(권이정, 2016). 더욱이 다문화가정 자녀가 학령기로 돌입하면서 국제결혼 부모의 모국어 사용은 상대적으로 감소한다는 점에서 다문화가정 자녀 이중언어 사용에 대한 관심은 영유아 교육기관에서부터 시작되어야 한다(권경숙, 2020).

4) 다문화가정 영유아의 식생활 특성

우리 사회에 다문화가정이 급증함에 따라 다문화가정 자녀의 적응과 발달문제에 관심을 갖어야 한다.

영유아기는 심신의 급속한 발달이 이루어지는 시기이며, 이 시기의 성장발달이 일생 동안의 성장발달의 기초가 된다는 것은 영유아기가 매우 중요하다는 것이다. 영유아의 건강에 영향을 미치는 요인들은 많이 있으나 그중 가장 큰 영향력 있는 요소는 적절한 영양공급이다. 건강한 식생활의 중요성은 다문화가정 영유아들도 예외일 수는 없다.

다문화가정 영유아의 경우 부 또는 모의 한국의 식생활문화 적응과정에서 자녀의 식품선호도나 식생활습관이 비다문화 영유아들과 다르게 형성될 가능성이 있으며, 모와 영유아의 식품기호가 매우 높은 상관관계를 보인다. 실제 다문화가정 영유아는 모의 자국음식문화의 영향을 많이 받으며 다소 편식하는 경향이 보고된 바 있다. 국제결혼이주여성들은 한국음식 적응에 어려움을 보이며 이것은 식품섭취뿐 아니라 주부로서의 역할과 가족갈등까지 영향을 미칠 수 있다. 특히 한국의 맵고, 짠 음식에 적응하기 어렵고, 출신국가에 따라 선호하거나 먹기 힘든 한국음식의 종류가 다르고 적응기간도 차이가 있다.

국제결혼이주여성들의 식생활문화 적응에서 나타나는 특성들은 자녀의 식생활문화에도 그대로 영향을 미칠 수밖에 없다. 특히 자녀가 어린이집에 다니게 될 경우 가정과 기관에서의 식생활 차이가 있음을 경험하게 되므로 혼란을 경험할 수 있다. 그러므로 다문화가정 영유아를 지도하는 보육교사는 비다문화 영유아들과 다소 다른 식생활문화를 가지고 있다는 것을 인식해야 한다. 영유아들의 건강한 발달과 적응이 심신의 발달이며 이는 음식과 같은 식생활 적응에 포함된다는 점에서 다문화교육이 일회성이나 주제 중심으로가 아닌 일과 활동 전반에 반영되어야 한다(신은경, 이연경, 2005).

5) 다문화가정 영유아의 문화적 특성

다문화가정 영유아는 이중문화 환경 속에 있다. 다문화가정 영유아들은 서로 다른 인종과 국적, 문화를 가진 부모들 사이에서 성장하는 독특한 경험을 하게 된다. 2021년 여성가족부에서 실시한 다문화가정실태조사에 의하면 부부간의 문화적 차이 경험은 '지난 1년간 부부간 문화적 차이를 느낀 적이 있다'는 응답이 52.4%로 2018년(55.9%)보다 약간 줄었다. 결혼기간, 한국체류 기간이 짧을수록, 연령이 낮을수록 문화적 차이를 느끼는 정도가 심화되었다. 즉, 문화적 격차 개선 정도는 다문화가정의 장기 거주의 영향을 보였다. 문화적 차이를 느끼는 경우, 식습관(52.7%)이 가장 높고, 의사소통 방식(43.4%), 자녀양육과 교육 방식(29.0%), 가족 행사 등 가족의례(24.1%)에서 차이를 경험했다는 응답이 높은 편이였다. 전반적으로 2018년과 큰 경향의 차이가 별로 없었다. 한국에서 생활하는 체류기간이 길어질수록 식습관, 의사소통에서의 문화적 차이 경험은 줄어들고 저축 등 경제생활에 대한 이질감이 늘어난다. 자녀교육 양육방식은 10~15년 미만 체류자에게서 가장 높게 나타났다(여성가족부, 2021).

이처럼 다문화가정 부부들이 문화적 차이를 경험하는 것처럼 다문화가정 영유아들도 이중문화 속에서 서로 다른 문화와 생활습관을 바탕으로 성장하기 때문에 비다문화 영유아와 다른 특성을 보인다. 교육부에 따르면 다문화가정 영유아의 언어학습, 정체성 형성, 대인관계 형성과정에서 비다문화가정 영유아에 비하여 많은 문제점을 보인다. 초등학교에 진학하면서 학습결손, 편견 및 차별로 인해 학교 부적응문제를 겪고 있고, 학교를 중퇴하거나 방황하고 있는 것으로 나타났다.

다문화가정 영유아 이중문화의 특성을 살펴보면 다음과 같다. 다문화교육이 다른 문화를 존중하는 신념이나 가치에 바탕을 두는 교육의 특성을 고려한다면 자신의 정체성을 찾고 나와 다른 사람을 배려하며 함께 살아가는 가치를 배우는 것이므로 영유아기가 다문화교육의 결정적 시기라고 볼 수 있다(윤연순, 2020). 다문화가정 영유아는 어머니와 아버지의 각각 다른 이중문화의 영향을 받으며, 문화적으로 풍요롭게 성장할 수 있는 긍정적 가능성이 있다. 이중문화는 영유아가 부모의 다른 문화에 대해 자부심을 느끼고 주류문화를 학습하면 오히려 장점으로 작용할 수 있다. 두 문화를 병용하는 영유아가 양쪽 문화에 대해 긍정적인 태도와 지식을 발전시킨다면 글로벌 사회에서 적응력이 높아질 것이다. 다문화가정 자녀를 보육하고 있는 어린이집에서는 다양한 문화를 자연스럽게 받아들이며 인종차별과 정체성의 혼란으로부터 영유아들을 보호할 수 있는 보육교사의 역할이 중요하다. 그러므로 다문화가정 영유아의 건전한 발달을 지원하기 위한 정책적인 배려가 필요하다(채경란, 2022).

4. 다문화가정의 현재

1) 다문화교육 연계

어린이집은 접근성이 높아 부모들의 협조를 유도할 수 있고, 교육을 통하여 개선의 의지를 북돋을 수 있는 역할을 하기에 적합하다. 그러므로 부모역할 교육, 영유아의 발달지원과 지역사회 연계를 통한 보육서비스를 실시하여 보호와 교육의 기능뿐만 아니라 영유아의 욕구에 맞는 프로그램 개발의 기능, 지역사회의 효율적인 조직기능은 영유아를 매개로 한 지역사회의 기능이 강조되어야 한다. 영유아의 발달을 다양한 관점에서 접근하는 포괄적 보육서비스는 생태체계적 관점에서 바라보고 영유아의 발달에 영향을 미치는 가족, 지역사회, 어린이집 간의 협력 관계를 중시하는 통합적 관점이다. 이는 보육의 목적이 어린이집에서의 교육과 보호만으로는 영유아의 건전한 발달을 달성할 수 없다는 점을 강조하고 있다.

포괄적 보육서비스는 크게 영유아를 위한 서비스, 가족을 위한 서비스, 지역사회를 위한 서비스로 나눌 수 있다. 생태체계적 관점에서의 보육은 홀로 존재하는 영유아가 아니다. 주변의 환경과 끊임없이 영향을 주고받으며 변화 발달하는 존재로 영유아를 바라보고 접근해야 한다는 기본원칙하에 영유아의 개별 욕구와 부모를 비롯한 가족, 지역사회 등의 상황과 변화에까지 폭넓은 서비스를 제공하여야 한다. 기존의 보육서비스보다 더 적극적으로 영유아의 발달 욕구를 충족하기 위해, 부모와 가정, 지역사회의 욕구를 포함하는 생태체계적 관점의 보육서비스를 제공해야 한다(이성순, 2013). 이처럼 생태체계적 관점은 다문화가정 영유아가 겪고 있는 문제나 성장발달을 체계적으로 이해하고 이들 문제를 해결하고 성장을 도모하기 위해서 필요한 서비스가 무엇인지를 파악하는 데도 도움을 준다.

어린이집과 가정, 지역사회와의 연계 활동은 다문화교육을 위하여 어린이집의 개별 특성을 파악하여 보다 효과적인 다문화교육을 제공하는 데 필요하다. 어린이집과 지역사회와의 상호작용은 어린이집의 시설과 환경, 활용 가능한 자원의 양, 보육교사의 역할 등이 보육에 미치는 영향을 파악하는 데 도움을 준다. 보육 프로그램 측면에서 다문화가정 영유아들에게 제공되는 지역사회 연계 활동뿐 아니라 영유아의 성장과 발달에 영향을 미치는 가족, 지역사회 환경과 상호작용을 할 수 있도록 계획하고, 문제해결과 관련하여 개별화된 서비스를 포함하는 보다 적극적이고 통합적인 활동이라 할 수 있다.

(1) 다문화가정 영유아를 위한 연계

다문화가정 영유아를 위한 연계는 국가에서 지원하는 다문화가족지원사업의 일환으로, 다문화가정 영유아들이 어린이집에서 안정적으로 성장할 수 있도록 지원하는 것이다. 이를 위해 교사들은 다문화가정 영유아들의 특성을 파악하고 그들의 발달에 맞는 교육과 프로그램을 제공하며, 다문화가정 부모님들과 소통하여 영유아들의 적응을 돕는다. 다문화가정 영유아들은 언어적, 문화적 차이로 인해 어린이집에서 적응하기에 어려움을 겪을 수 있다. 따라서 교사들은 이러한 어려움을 파악하고 그들의 특성에 맞는 교육과 프로그램을 제공하여 적응을 돕도록 한다.

다문화가정 영유아를 위한 보육서비스는 발달적 측면으로 신체, 인지, 정서, 사회, 보호, 교육, 건강, 영양 등이 고르게 분포된 질적인 경험과 프로그램을 구성하는 것이다. 다문화가정 영유아들에게 개별화된 서비스로서 발달단계 평가, 보상적 서비스, 지역프로그램, 적응훈련, 가정환경 및 양육환경 평가 등이 있다. 다문화가정 영유아를 위한 개별화된 보육서비스는 특수 욕구에 대한 서비스로 초기 적응, 분리불안, 부적응, 문제행동지도, 학대 및 방임, 인권에 대한 치료적 서비스, 부모 자녀관계 증진, 발달상 결함에 대한 전문적 보육프로그램을 구성하는 것이다.

어릴수록 발달의 가소성이 크기 때문에 다문화가정 영유아가 부모로부터 또는 기관으로부터 어떤 보살핌과 자극을 받는가에 따라 신체, 인지, 사회성, 정서 발달의 많은 부분이 결정됨을 알 수 있다. 다문화가정 영유아의 경우 성장발달, 영양상태, 자아존중감, 사회적응 및 대인관계 형성능력, 언어발달 등 전반적으로 볼 때 어린이집과 가정의 연계 지원은 매우 중요하다(남상미, 2011).

다문화가정 영유아의 발달영역을 사회(social), 정서(emotional), 인지(cognitive), 신체(physical)요소로 구분하고, 사회적 영역에서는 다문화가정 영유아가 보육환경과 또래 집단에 대한 신뢰와 편안함을 유지해야 한다. 정서적인 영역에서는 자립심, 자기 확신, 독립성의 향상, 자기 통제력, 삶에 대한 긍정적인 태도를 원조하는 내용을 갖추어야 한다. 또한 인지적 영역에서 학습기술 습득, 문제해결 능력, 언어사용 능력, 관찰과 느낌을 통해 자신감을 갖는 영유아의 자질을 갖추고, 신체적인 영역에서는 근육과 소근육이 발달되도록 돕고 신체 활동에 대한 자신감을 부여하는 프로그램들이 구성되어 있어야 한다. 단지 외우거나 받아쓰는 등의 반복적인 작업을 지양해야 하고, 다문화가정 영유아를 위한 보육 욕구에 맞춰서 건강, 영양, 교육, 사회적 서비스, 부모 참여 등을 포괄하는 보육서비스가 필요하다. 발달적 관점에 기초하여 다문화가정 영유아의 발달단계에 따라 신체, 인지, 사회, 정서 측면이 고르게 분포된 질적인 경험과 프로그램을 포괄적으로 구성하는 것이 중요하다(이성순, 2013).

(2) 다문화교육과 가정 연계

다문화가정 부모를 지원하는 목적은 부모로서 자녀를 양육하고 교육할 수 있도록 돕고 부모들의 자녀교육에 관한 다양한 정보 습득을 제공하여 가족의 교육적, 사회적, 경제적 상황의 향상에 기여하여 다문화가정 영유아에게 긍정적인 영향을 끼치도록 돕는 것이다. 다문화가정 부모들이 가족 내에서 자녀양육자의 역할을 효과적으로 수행할 수 있도록 어린이집과 연계하여 부모교육, 자녀교육 프로그램 등을 지원한다. 다문화가정 부모교육을 통해 영유아의 지적, 사회적, 정서적, 신체적 발달 등에 긍정적인 역할을 하므로 부모 자신의 자아존중감을 확립할 수 있는 교육지원역량 강화 프로그램이 필요하다. 다문화교육을 가정과 연계하는 언어발달지원사업은 체계적이고 전문적인 언어발달지원 서비스 제공을 통해 다문화가정 영유아들이 건강한 사회구성원, 나아가 글로벌 인재로 성장할 수 있는 초석을 마련하기 위한 것이다. 특히 한국인 아버지의 자녀에 대한 심리적 지지역할을 강화하는 가족 단위의 정책 마련, 어릴 때부터 어머니 나라의 언어와 문화에 노출되어 어머니에 대한 긍정적 태도 형성을 돕도록 한다.

다문화가정 부모에게 연계할 수 있는 보육서비스의 내용을 살펴보면, 가족지지서비스(family support services)는 다문화가족이 생활하고 있는 시대와 사회가 요구하는 가족의 기능을 가족 스스로가 보다 잘 수행할 수 있도록 지지하는 서비스로 다문화가정 부모 스스로 자녀양육 능력을 강화할 수 있도록 보육시설과 지역사회의 체계적인 가족지원이 필요하다. 가족보존서비스(family preservation servcies)는 심각한 스트레스나 자녀양육을 어렵게 하는 문제를 지닌 다문화가정을 지원하고, 가족 안에서 다문화가정 자녀들의 안전을 지키도록 하는 가족중심의 지역사회에 기반한 서비스이다. 이러한 서비스들은 다문화가정 자녀와 가족들에게 더욱 요구되고 있다.

다문화가정 부모교육 실시는 다문화가정 구성원 간 가족 내 역할 및 가족문화에 대한 이해와 향상교육 및 서비스 제공으로 가족관계 증진에 기여한다. 다문화부모 역할 지원으로는 영유아기 자녀를 둔 다문화 부모를 대상으로 자녀양육방법을 교육하고, 아버지 교육으로는 자녀양육방법 및 가정 내 아버지 역할을 지원한다. 다문화부부 역할지원으로는 예비부부, 신혼부부, 결혼 4~8년차 부부대상 부부교육을 실시하여 바람직한 부부의 역할을 할 수 있도록 지원한다.

부모 관련 프로그램의 효과를 연구한 결과 다문화가정 부모를 대상으로 하는 프로그램은 자녀의 성장과 발달뿐만 아니라 형제 · 자매, 부모 자신, 지역사회의 발달에도 긍정적인 영향을 미치는 것으로 나타났다. 이는 장기적으로는 비용 효율성과 사회의 인재양성 측면에서도 국가적인 이익을 산출하는 것으로 보고되고 있다. 또한 영유아들이 건강하고 행복하며 능동적인 영유아로서 성장하려면 부모의 적극적인 개입이 필요하다. 이처럼 포괄적 보육서비스는 다문화가정이라는 맥락을 고려하여 다문화가정을 지원하는 많은 활동과 프로그램을 포함하여 다문화가정 기능을 보완하고 다양한 문제에 대한 지원을 제공하는 것이다(이성순, 2013).

(3) 다문화교육과 지역 연계

다문화교육과 지역 연계는 지역사회와 어린이집이 함께 다문화가정 영유아들의 교육에 대한 이해를 높이고, 다문화가정 자녀들의 교육에 대한 지원 방안을 모색하며, 지속적인 협력을 통해 다문화가정 영유아들의 교육환경을 개선하는 것이다. 이를 위해 지역사회와 어린이집은 서로 협력하여 지역사회에서 일어나는 문제점을 파악하고, 이를 해결하기 위한 방안을 모색해야 한다.

지역사회와 연계하는 보육서비스는 지역사회의 문제해결을 위해서 참여하고 봉사하는 것, 지역사회 자원을 활용하여 보육서비스의 질과 내용을 풍부하게 하는 것, 다문화가정 부모가 가정의 보육 욕구를 충족하고 전문적인 활동을 실시하기 위해서 지역사회를 조직하는 것 등으로 구성되어야 한다. 지역사회 자원 활용은 보육서비스의 프로그램과 보육의 내용을 향상시키기 위해 지역사회의 인적, 물적 기관을 활용하는 것과 다문화가정 영유아와 긴급하고 심각한 문제들을 기관이 해결하기 위해서 지역사회 자원을 활용하거나 동원하는 것이다. 지역사회 연계 활동은 지역사회 환경과 변화를 주도하는 능동적인 역할이고, 지역의 결함과 문제를 해결하는 데 집중하는 것이다(이성순, 2013).

다문화가정 영유아의 발달과 수준을 고려한 다양한 지역사회 자원을 발굴하여 연계 프로그램을 개발하고 지역사회 기관이나 지역 인사들의 적극적인 협력과 후원 및 배려가 이루어질 수 있도록 연계망을 구축하여 다문화보육의 효과를 극대화할 수 있도록 해야 한다. 다문화가정 자녀들뿐 아니라 그들의 가족이 지역사회와 함께 어우러져서 다양한 욕구와 문제를 해결하고 성공적인 삶을 살 수 있도록 지역사회 자원과 연계하여 지속적인 교육이 이루어지도록 한다.

포괄적 보육서비스는 지역사회의 특성을 반영하여 영유아의 발달 욕구에 대한 서비스 외에도 지역사회의 참여, 지역사회 자원 활용, 지역사회 연계를 통해서 보육서비스의 질적 발전과 지역사회 발전을 도모하고자 한다(이순희, 2010). 다문화가정은 특별하고 특이한 존재가 아니라 여러 가지 가정의 형태 중 하나이다. 또한 그들이 이 사회에서 적응하기 위해서는 어른들이 아이들에게 편견을 가지지 않게 집안에서 교육하고 지자체 등은 그들의 다름을 존중하며 감수성 증진 프로그램, 인식 개선에 앞장서야 한다.

경기도 화성시에서 실시한 '2020년 다문화 아동 · 청소년 지역 연계' 보고서에서 이주배경 아동 · 청소년의 입국초기부터 한국어교육과 심리 · 정서지원서비스, 문화교육체험, 진로체험 등을 통합적으로 제공해 대한민국 사회 일원으로 성장하는 것을 돕는 프로그램을 실시하고 있다. 시범사업에 관내 다양한 민 · 관 · 학의 기관들이 참여해 이주배경 아동 · 청소년을 위한 서비스 인프라 구축에 박차를 가하고 있다. 관내 이주배경 아동 · 청소년을 위해 공공기관–공교육서비스–민간서비스가 함께 협력해 건강한 성인으로 성장할 수 있는 발판을 마련할 것이고, 글로벌 인재로 성장하는 기회가 될 수 있도록 지원과 응원을 아끼지 않겠다는 계획이다(화성타임즈, 2020).

대전시교육청에서 실시하는 2023년 다문화교육과 가정–기관–지역 연계를 살펴보면, 다문화가정 학생들이 증가에 따라 다문화가정 학생들이 사각지대 없는 맞춤형 지원과 학교 구성원의 다문화 수용성을 제고하기 위해 '다양한 문화의 가치를 나누며 함께 배우고 성장하는 미래 인재 양성'을 비전으로 '2023학년도 다문화교육 지원 계획'을 추진한다(대전시교육청, 2023). 추진과제의 구체적인 내용으로는, 첫째, 교육공동체의 다문화 수용성 제고를 위해, 교육과정 기반 다문화교육을 내실화하고, 찾아가는 다문화이해 교실을 유 · 초 · 중 · 고 350학급으로 확대 운영한다. 다문화 인식 개선을 위한 모든 학교급 학부모를 대상으로 다문화 수용성 함양 특강을 운영하고, 다문화가정 학부모의 안정적인 사회적응을 위해 한국문화 이해 및 자녀교육 역량 강화 교육과 학부모 상담을 지원한다.

둘째, 다문화학생의 이주배경 특성을 고려한 강점 계발을 위해 20개의 방과후 이중언어교실을 지속 지원하고, 다문화청소년 및 학부모 대상 진로 · 진학 프로그램을 신규 운영할 계획이다. 다문화학생의 균등한 교육기회 및 학습권 보장을 위해 한국어 의사소통이 어려운 다문화학생 대상 찾아가는 한국어교육을 지원하고, 교과학습 및 가정통신의 통 · 번역을 돕는 학습보조요원 등을 지원할 계획이다.

셋째, 학교 현장의 다문화교육 수요를 수시 지원하는 다문화교육지원체제를 강화하기 위해 다양한 다문화교육센터를 운영한다. 또한, 출신 · 국적에 관계없이 모든 학령기 다문화학생의 공교육 진입을 돕기 위해 입학 · 편입학 원스톱 서비스 지원과 대전광역시교육청 학력심의위원회를 운영한다. 유 · 초 · 중 · 고등학교를 대상으로 다문화교육 정책학교 운영, 중도입국 · 외국인학생 입학 · 편입학이 많은 학교를 대상으로 한국어학급 및 대전광역시교육청 지정 연구학교를 운영하여 다문화학생의 학교 적응 지원과 모든 학생의 다문화 수용성 제고 등에 관한 우수사례를 발굴 · 일반화할 예정이라고 한다. 아울러 "2023학년도에도 다문화학생이 학교생활에 조기 적응하고 저마다의 잠재력을 계발하여 훌륭한 미래 인재로 성장할 수 있도록 촘촘히 계획한 다문화교육 지원 사업을 적기에 내실 있게 추진하겠다"고 한다(대전경제News, 2023. 03. 14.).

2) 다문화가정 영유아 어린이집 보육실태

다문화가정 영유아 어린이집 보육실태는 육아정책연구소에서 발표한 2020년 다문화 영유아 어린이집 보육 실태 및 개선방안 연구' 연구보고서를 바탕으로 살펴보기로 한다.

다문화가정 영유아의 어린이집 이용이 증가하면서 다문화가정 아동 통합보육 여건 개선이 제3차 중장기보육 기본계획에 포함되었으나, 실질적인 다문화보육의 질 제고를 위한 지원, 컨텐츠 및 프로그램 개발은 활발히 진행되고 있지 못하다('23 제4차 중장기보육 기본계획에도 다문화교육에 관한 사항이 구체적이지 않음). 다문화보육 지원정책이 보육현장의 실태와 다양성을 제대로 반영하지 못하고 유기적으로 작동하지 못하는 현상을 진단할 필요가 있다. 2020년 육아정책보고서는 어린이집의 다문화보육실태를 파악하고 진단하는 데에 일차적인 목적이 있으며, 이를 바탕으로 다문화보육의 확대 및 내실화를 위한 개선방안을 제시하고자 한다(육아정책연구소, 2020).

(1) 다문화가정 영유아 어린이집 이용실태

2019년 보육통계에 따르면, 다문화가정 영유아 재원 어린이집 수는 총 17,333개이며, 어린이집 재원 다문화가정 영유아 수는 총 50,293명이다. 2007년 이후 외국인 주민 자녀 수는 증가 추이를 보이고 있다. 점차 감소하고 있는 우리나라의 출생아 수를 감안하면, 영유아 중 외국인 주민 자녀의 비중은 보다 증가할 것으로 예상된다. 지역유형별 다문화가정 영유아 재원 어린이집 수는 대도시 6,326개, 중소도시 6,672개, 농어촌 4,335개이며, 다문화가정 영유아 수는 대도시 16,537명, 중소도시 17,469명, 농어촌 16,287명이다. 농어촌의 경우 재원 어린이집 수에 비해 다문화가정 영유아 수가 많아 어린이집당 다문화가정 영유아의 수가 많음을 알 수 있다. 영유아들이 적을 수록 교사와의 관계 형성 및 또래 관계에서 긍정적인 평가가 다소 증가했다.

비다문화 영유아 대비 다문화가정 영유아의 어린이집 적응 정도를 질문한 결과, 5점 만점에 3점 이상으로 대체로 긍정적으로 응답하였으나, 재원 다문화가정 영유아들이 많은 어린이집일수록 평균점이 유의하게 낮았다. 다문화가정 영유아의 교사와의 관계 형성과 또래 관계에 대한 질문에서도 대체로 긍정적으로 응답하였으며, 특히 원활한 정서적 친밀감 형성에서 긍정적인 인식이 높았다(육아정책연구소, 2020).

어린이집 적응에 어려움을 겪는 다문화가정 영유아가 있다는 응답은 21.4%, 없다는 응답이 78.6%이다. 어려움을 겪는 영유아가 있다는 응답을 다문화가정 영유아 규모별로 살펴보면, 다문화가정 영유아가 10명 이상인 어린이집에서 1~4명인 경우에 비해 3배 이상 높게 나타났다. 다문화가정 영유아가 어려움을 겪는 주된 이유 1순위에서는 한국어가 원활하지 않기 때문이라는 응답이 63.3%로 가장 높았으며, 2순위에서는 또래와 잘 어울리지 못해서라는 응답이 30.0%로 가장 높게 나타났다. 다문화가정 영유아의 어린이집 적응 및 생활에 미치는 영향 요인에 대해 5점 척도로 질문한 결과, 자녀의 어린이집 생활에 대한 부모의 관심이 3.9점으로 가장 높았으며, 그다음은 부모의 한국어 구사 능력, 담임교사와 다문화가족 부모와의 의사소통 및 상호작용 순으로 나타났다.

원장에게 교사와 다문화가정 영유아 부모 간 의사소통과 상호작용에 대해 질문한 결과, 대체로 긍정적인 응답을 보였으나, 다문화가정 영유아가 많을 수록 다문화가정 부모와의 의사소통과 상호작용에는 다소 어려움이 있는 것으로 나타났다. 보육교사에게 다문화가정 영유아 부모 간 의사소통 방식의 우선순위를 질문한 결과, 전화 비중이 가장 높았으며, 등하원 시 대화, 스마트 알림장 순으로 나타났다. 도시지역이 농어촌보다 등하원 시 대화, 전화, 스마트알림장 등으로 소통하는 방식을 선호하는 것으로 나타났다. 다문화가정 부모 심층면담에서 스마트 알림장 사용 자체에 대한 어려움과 공지문이나 알림장 정보 이해에 대한 어려움을 확인했다.

다문화가정 부모의 어려움에 대해 질문한 결과, 5점 만점에 원장 2.9점, 보육교사 2.8점으로 크게 어려움을 겪는다고 느끼지 않는 것으로 나타났다. 다만, 다문화가정 영유아가 많을 수록 어려움이 크다고 인식하였다. 원장에게 코로나 19 사태 이후 다문화 부모의 어려움 변화 정도를 질문한 결과, 이전보다 어려워졌다는 응답은 30.7%이며, 도시지역이 농어촌보다, 다문화가정 영유아가 많을 수록 이전보다 어려워졌다는 응답 비율이 높게 나타났다. 어려움을 겪는 이유로는 어린이집 이용 시간 감소 및 휴원으로 인한 공백이 85.6%로 가장 높았으며, 보육비 지출 부담 증가는 44.2%로 나타났다(육아정책연구소, 2020).

(2) 다문화교육 및 프로그램 운영 현황

육아정책연구소에서 발표한 2020년 다문화영유아 어린이집 보육 실태 및 개선 방안 연구' 보고서를 보면 재원 영유아를 위한 다문화교육 및 프로그램 실시 여부를 조사한 결과, 72.1%가 운영 중이다. 시설유형별로는 국공립어린이집이 78.2%로 가장 높았으며, 가정어린이집의 실시 비율이 가장 낮았음을 알 수 있다. 다문화가정 영유아가 많은 어린이집일수록 다문화교육 및 프로그램 시행 비율이 높은 것으로 나타났다.

다문화교육 단계는 지역 규모가 커질수록 심화단계를 더 많이 실시하고 있는 것으로 나타났고, 다문화교육 및 프로그램실시 주기는 보육과정 계획에 따라 연중 실시한다는 응답이 가장 높았으나, 가정어린이집의 경우는 일회성 실시 비율도 높았다. 다문화교육 및 프로그램실시 방법은 대도시와 중소도시에서는 어린이집 보육교직원이 직접 실시하는 경우가 가장 많았으며, 농어촌의 경우는 유관기관의 지원을 받아 실시하는 비율이 가장 높았다.

재원 영유아의 부모 및 가족을 위한 다문화교육 및 프로그램의 미실시 비율은 75.4%로 전반적인 운영률이 낮았다. 다문화가정 영유아가 10명 이상인 경우 상대적으로 실시 비율이 높았다. 다문화보육과 관련하여 타 기관과 연계 중이라는 응답은 44.3%로 나타났으며, 국공립이 가장 높았고, 또한 농어촌이 도시지역에 비해 타 기관 연계 비율이 높게 나타났다. 다문화가족지원센터와 연계하고 있다는 응답이 88.7%로 가장 높았으며, 다음으로 육아종합지원센터, 한국보육진흥원 순이었다. 타 기관 연계 시 개선점으로는 다문화보육 관련 컨텐츠를 제공하는 기관 및 서비스 자체의 증가가 필요하다는 응답이 가장 높게 나타났으며, 그 다음으로 사업의 연속성 확보가 높았다(육아정책연구소, 2020).

(3) 보육교직원 대상 다문화교육

보육교직원에게 다문화 관련 교육 및 연수를 받은 적이 있는지 질문한 결과, 원장은 45.7%, 보육교사는 39.1%가 받은 적이 있다고 응답하여 다문화 관련 교육을 받은 경험이 전혀 없는 보육교직원이 더 많은 것으로 나타났다. 재원 중인 다문화가정 영유아가 많은 어린이집일수록 원장의 다문화교육 경험비율이 높았다. 이수한 다문화교육이 다문화가정 영유아 지도 시 어느 정도 효과가 있는지 질문한 결과, 원장은 5점 만점에 3.8점, 보육교사는 3.7점이라고 응답하였다. 보육교직원이 생각하는 다문화교육의 실시 수준을 선택교육, 필수교육과 교육시간으로 질문한 결과, 원장의 50.4%가 필수교육이어야 한다고 응답한 반면, 보육교사는 40.7%만이 필수교육을 선택하였다. 선택교육보다 필수교육을 선택한 응답자가 다문화교육에 보다 많은 시간이 필요하다고 응답하였다.

보육교사는 원장에 비해 실제로 부모 및 영유아와 대면하면서 필요한 실무적인 내용을 다문화교육에서 중점적으로 다루어 주길 희망하는 것으로 나타났다. 이는 보육교사 대상 다문화교육을 실시할 때 실무적인 도움을 줄 수 있는 컨텐츠를 강화할 필요가 있음을 시사하고 있다(육아정책연구소, 2020).

5. 다문화 인식 및 정책요구

1) 보육교직원의 다문화 인식 분석 결과

보육교사의 다문화교수 효능감을 측정한 결과 일상생활지도 효능감이 수업지도 효능감보다 높게 나타났다. 특히 다문화·비다문화 영유아가 놀이를 함께하도록 유도할 수 있다는 항목의 효능감이 4.4점으로 가장 높았으며, 영유아의 발달단계에 맞는 효과적인 다문화교육 실시에 대한 효능감은 3.7점으로 가장 낮았다. 다문화가정 영유아 규모가 5~9명인 어린이집 보육교사의 다문화교수 효능감이 가장 높게 나타났으며 10명 이상일 경우 가장 낮았다.

보육교사의 다문화교수 효능감은 교사의 문화다양성 인식과 상관관계가 가장 높았으며, 보육교사의 다문화교육 경험과 정적 상관관계를 보였다. 보육교직원의 문화다양성 인식은 5점 만점에 3.91점이었으며 인지적 영역, 정의적 영역, 행동적 영역 중에서 인지적 영역이 3.97점으로 가장 높았다. 원장이 보육교사에 비해 문화다양성 인식이 높게 나타났다.

보육교사의 문화다양성 인식과 다른 변수 간 상관관계를 살펴보면, 먼저 보육교사가 판단하는 다문화가정 영유아의 어린이집 생활 전반에 대한 평가와 교사·부모 간 의사소통, 부모의 참여도, 부모의 어려움 정도는 유의한 정적 상관관계를 보였고, 특히 문화다양성 인식이 높은 보육교사가 다문화가정 영유아의 어린이집 생활 적응도를 긍정적으로 평가하는 것으로 나타났다. 보육교사의 문화다양성 인식과 연령의 상관관계 정도는 낮은 편이나, 부적 상관관계가 있는 것으로 나타났다(육아정책연구소, 2020).

2) 보육교직원의 다문화보육 관련 정책 욕구

다문화보육 개선을 위해 정부가 투자해야 할 가장 시급한 정책영역으로 다문화 프로그램 및 서비스 지원정책을 선택한 응답이 57.5%로 가장 높았다. 비용 및 인력정책 지원영역 중에서는 운영비 지원이 가장 필요하다는 응답이 33.6%로 가장 높았으며, 다음으로 보육교직원 대상으로 실무적인 다문화교육 확대가 26.1%였으며, 다문화보육료 지원 대상 확대는 12.6%였다. 원장 심층면담에서는 다문화 보조교사 및 보조도우미 제도가 다문화보육 부담 완화에 상당히 도움이 된다는 의견이 많았고, 보조도우미를 경험한 어린이집에서는 해당 지원의 만족도가 상당히 높았으며, 단기성이 아닌 지속 사업으로 연장되기를 희망하였다.

지원정책 영역 중 프로그램 및 서비스지원 영역에서 원장과 보육교사의 의견이 다소 차이가 있었다. 원장의 경우는 양질의 다문화보육 프로그램 개발 및 보급이 가장 필요하다는 응답이 34.6%, 다문화 아동심리 및 언어발달을 위한 전문 상담 및 치료 서비스 확대가 33.6%인 반면, 보육교사는 다문화 아동심리 및 언어발달을 위한 전문 상담 및 치료 서비스 확대가 필요하다는 응답이 37.9%로 가장 높고, 양질의 다문화보육 프로그램 개발 및 보급은 27.7%로 나타났다.

부모심층 면담에서 부모교육에 대한 욕구가 높음을 확인하였다. 다만, 취학 전에 진학을 위한 정보 등 실질적인 자녀양육에 도움이 되는 내용을 희망하고 있었다. 기타 지원정책영역에서는 다문화보육 관련 정보 및 서비스를 제공해 줄 수 있는 원스톱통합서비스 기관의 설치가 우선적으로 필요하다는 응답이 원장과 보육교사 모두에게서 높게 나타났다. 다음으로 필요하다고 응답한 지원은 지역사회 내 유관기관 확대 및 연계 강화이다(육아정책연구소, 2020).

3) '23년 다문화가정 아동·청소년 맞춤형 지원 강화

여성가족부(2022)는 다문화가정 자녀 기초학습 · 진로지원 사업 확대를 발표하면서 다문화가정 아동 · 청소년 맞춤형 지원 강화를 위한 기초학습지원 운영 가족센터 수를 138개소로 확대하고, 이중언어 능력 개발을 위한 도우미(코치)를 210명으로 확대한다고 발표했다. 지난 2020년 기준 학령기(만 7~18세 기준) 다문화가정 아동 · 청소년 수는 기준 16만 명이며, 전체 다문화가정 자녀(27만 명)의 58.1%이다. 학령기 다문화가정 아동 · 청소년 수는 (2016년) 8.8만 명 → (2020년) 16.0만 명이다. 2021년 전국다문화가정실태조사 결과, 결혼이민자는 만 5세 이하 자녀양육 시 한국어지도, 만 6세 이상 자녀양육 시 학습지도가 가장 어렵다고 응답했다. 다문화가정 자녀의 고등교육기관 취학률은 다문화가정 자녀 40.5%, 전체 국민 71.5%로서 전체 국민에 비해 31.0%p 낮으며, 다문화가정으로서의 자긍심과 자아존중감을 살펴보면, 자긍심은 2018년 3.48점 → 2021년 3.38점, 자아존중감은 2018년 3.87점 → 2021년 3.63점으로 하락했다.

여성가족부는 다문화가정 아동 · 청소년이 거주하는 지역 가까이에서 서비스를 이용할 수 있도록 심리상담 · 진로지도, 기초학습지원을 제공하는 가족센터를 확대하고, 학령기 다문화가정 아동 · 청소년이 국제적 감각을 갖춘 인재로 성장할 수 있도록 이중언어 도우미(코치)는 180명→210명으로, 언어발달 지도사는 300명→330명으로 확대하여 다문화가정 자녀지원을 강화한다고 하였다. 결혼이민자의 자녀양육의 어려움을 해소하고, 다문화가정 아동 · 청소년의 정서안정과 학력 격차 완화를 위해 올해 신규로 심리상담 · 진로지도, 기초학습지원 사업을 시작하였다. 결혼이민자 송OO 씨는 또래에 비해 읽기 · 쓰기 등 학습활동에 어려움을 겪는 아들 김OO(만 7세) 군과 함께 가족센터에서 운영하는 '기초 한글과 셈하기 학습', '입학 전 학교 알기' 과정에 참여하여 도움을 받았다. 또한, 지난 9월 29일(목)에 열린 '다문화가정 참여회의'에 참석한 결혼이민자들은 한국 학교생활에 대한 정보와 경험이 없어 자녀의 학교생활 지원에 어려움을 겪고 있다는 고민과 함께, 청소년기 자녀에게 자기주도 학습지원과 세심한 진로상담이 필요하다는 의견을 냈다.

여성가족부 가족정책관은 “한국어가 서툴거나 학교생활에 적응하지 못하는 다문화가정 아동 · 청소년이 학교에 잘 적응할 수 있도록 관련 사업을 확대하여 촘촘하게 지원해 나가겠다.”라며, “지난 다문화가정정책위원회(2022년 2월)에서 의결된 ‘학령기 다문화가정 자녀 포용적 지원방안’의 이행상황을 점검하고, 다문화가정 아동 · 청소년이 건강하게 성장할 수 있도록 「제4차 다문화가정 정책 기본계획」을 수립하겠다.”라고 밝혔다.

학부모들은 다문화가정 아동, 청소년 맞춤형 지원 강화 소식에 환영했고 사각지대에 놓이지 않도록 철저한 관리와 지원을 당부했다. 다문화가정 아동과 청소년들도 있지만 실제로 비다문화가정의 아동과 청소년들도 도움이 필요하다며 사각지대에 놓인 사람들이 없도록 해 달라고 주문했다(ENB한국교육뉴스방송, 2022).

CHAPTER **03**

우리나라의 다문화가족 및 영유아 지원정책

Chapter 03 우리나라의 다문화가족 및 영유아 지원정책

학습목표

1. 우리나라 다문화가족 정책의 개념을 이해한다.
2. 우리나라 다문화가족 관련법과 제도를 이해한다.
3. 정부의 다문화가족 및 영유아 지원정책에 대해 이해한다.
4. 다문화가족 및 영유아 지원에 대한 정책요구에 대하여 이해한다.

1. 다문화가족 정책의 개요

1) 다문화가족 정책 대상자

다문화가족 정책의 대상자는 다문화가족이다. 다문화가족은 다문화가정과 혼재되어 사용하고 있다. 본 장에서는 가정 내에서의 다양한 상황을 설명할 때는 다문화가정을 기술하고, 제도와 정책에 대한 부분은 법률상 용어를 사용하여 다문화가족으로 기술하고자 한다.

다문화가족은 넓은 의미에서 국내에 거주하는 모든 외국인가족과 한국인 남자와 외국인 여자 혹은 한국인 여자와 외국인 남자가 국제결혼을 통해 형성된 가족, 외국인근로자가 한국에서 결혼하거나, 본국에서 결혼하여 형성된 가족이 국내에 이주한 외국인근로자 가족, 한국으로 유학을 온 유학생, 북한에서 태어나 한국으로 입국한 북한이탈주민(새터민) 가족을 모두 포함한다.

한편, 다문화가족의 개념은 좁은 의미에서 2020년 개정된 「다문화가족 지원법」

제2조(다문화가족의 정의)에 명시된 된 내용을 의미한다.

① 「다문화가족지원법」에 의한 다문화가족이란

- 「재한외국인 처우 기본법」 제2조 제3호의 결혼이민자와 「국적법」 제2조부터 제4조까지의 규정에 따라 대한민국 국적을 취득한 자로 이루어진 가족
- 「국적법」 제3조 및 제4조에 따라 대한민국 국적을 취득한 자와 같은 법 제2조부터 제4조까지의 규정에 따라 대한민국 국적을 취득한 자로 이루어진 가족
- 해체된 다문화가족의 구성원이었던 자녀에 대하여는 동법 적용(「다문화가족지원법」 제14조의2)

② 「다문화가족지원법」에 의한 결혼이민자란

- 「재한외국인 처우 기본법」 제2조 제3호의 결혼이민자
- 「재한외국인 처우 기본법」 제2조 제3호 "결혼이민자"란 대한민국 국민과 혼인한 적이 있거나 혼인 관계에 있는 재한외국인
- 「재한외국인 처우 기본법」 제2조 제3호 "재한외국인"이란 대한민국의 국적을 가지지 아니한 자로서 대한민국에 거주할 목적을 가지고 합법적으로 체류하고 있는 자

③ 다문화가정 영유아란

다문화가정 영유아는 국제결혼을 통해 형성된 다문화가정에서 태어나 자란 영유아와 외국인 부모로 형성된 가정에서 태어난 영유아 자녀를 모두 지칭한다.

이 외에도 다문화와 관련된 대상과 범위는 법령에 따라 다양해지고 있다. 국제결혼과 관련된 「결혼중개법」, 대한민국에 입국 및 출국하는 사람들에게 적용되는 「출입국관리법」, 국적 취득이나 귀화와 관련된 「국적법」, 외국인 인권 존중과 사회통합을 위한 「재한외국인 처우 기본법」 등이 있다.

〈표 3-1〉 다문화가정 영유아의 유형과 의미

유형	의미	세부유형	의미	국적
국제결혼 가정 자녀	한국인과 외국인이 결혼한 가정에서 태어난 영유아(초혼가정, 이혼가정, 재혼가정 포함)	국내출생	국내에서 태어난 국제결혼가정의 영유아	한국
		중도입국	외국에서 태어나 성장하다 부모의 재혼 및 취업 등으로 부모를 따라 입국한 영유아	외국 또는 한국(귀화 시)
외국인 부모 가정 자녀	외국인과 외국인이 결혼한 가정에서 태어난 영유아(외국인근로자, 유학생, 재외동포 포함)	국내출생	외국인 부부가 국내에서 출생한 영유아	외국
		중도입국	외국인 부모를 따라 국내로 이주한 영유아	

출처: 한국보육진흥원(2019). 다문화보육과정 컨설팅 매뉴얼.

2) 다문화가족 정책의 이념적 접근

다문화가족에 대한 정책적 접근 방향 설정을 위해서는 다양한 다문화이론을 통해 접근해 볼 수 있다. 한 국가 또는 사회 속에서 인종이 다른 형태로 혹은 여러 민족이 함께 문화적 공존을 위해 펼쳐지는 정책은 소수 집단이 가진 문화적 정체성을 생존 권리로서만 이해하는 것이 아니라 사회 전체의 통합적 관점에서 바라보는 이론적 배경이 필요하기 때문이다.

이론적 관점으로는 크게 사문화 상황에서 나타날 수 있는 자국인의 문화 혹은 소수인들의 문화 정책성에 대해 어떻게 받아들일 것인가의 문제적 관점에서 동화주의와 다문화주의로 구분해 볼 수 있다.

(1) 동화주의

동화주의(Assimilation)를 선호하는 '용광로 이론(Melting pot theory)'은 18세기 미국으로 이주한 유럽의 이주민(移住民) 통합을 위한 담론으로 시작되었다. 미국으로 이주한 크레베코르(Crevecoeur)는 '미국은 신이 주조한 용광로 중에서 가장 거대한 용광로이다. 이곳에서 새로운 종류의 사람으로 용해되고 다시 주조된다'라는 표현을 통해 다문화사회에 대한 희망과 가치를 말하였다(성기욱, 2021). 즉, 한국에서 이민자와 다른 문화적 배경을 가진 사람이 살게 되면 한국어와 한국문화를 배우고 익혀 적응하면서 한국인으로 살 수 있도록 돕는 데 그 목적을 가지게 된다. 동화주의 관점은 접촉－경쟁－동화의 과정을 통해 이민자들을 주류사회로 동화시키는 입장으로 소수민족 언어의 사용을 억압하고 자국의 언어사용을 의무화하는 정책 등을 실시한다(이정휘, 2011).

(2) 다문화주의

다문화주의(Multiculturalism)는 '샐러드 볼 이론(Salad bowl theory)'으로 표현된다. 샐러드 볼에 담긴 다양한 재료들이 서로 섞이게 된 재료 각각 본연의 모양과 맛을 유지하면서 서로 어우러져 맛을 내는 샐러드처럼 한 사회에서 다양한 인종과 민족의 고유한 특성을 유지하면서 그 사회에 기여하여 적응할 수 있도록 한다는 것이다. 즉, 한 국가 내에서 존재하는 서로 다른 문화의 존재를 그대로 인정하여 그 독자성을 인정하자는 주의다.

우리나라에서도 다문화사회로 접어들면서 다문화 정책의 견해를 밝히고 있는데, 동화주의보다는 다문화주의를 선호하며 비빔밥 문화론으로 표현하기도 한다(이정휘, 2011). 즉, 비빔밥에 들어가는 여러 재료가 서로 잘 어우러져 한국 고유의 맛을 만들어 간다는 측면에서 다문화사회의 완전 통합을 의미한다.

3) 다문화가족 정책의 유형

다문화 정책에 대한 접근방식은 매우 다양하다. 캐슬과 밀러(Castles & Millers)는 다문화 정책의 유형을 차별적 배제 모형, 동화주의 모형, 다문화주의 모형으로 유형화하였다.

(1) 차별적 배제 모형

차별적 배제 모형(differental exclusionary model)은 이주민에게 특정 경제영역에서의 권리만을 인정하는 형태이다. 유입국의 사회는 이민자들에게 더럽고, 어렵고, 위험한 이른바 3D 직종과 같은 노동시장에서만 받아들이고, 복지적 혜택이나 국적 · 시민권, 선거권 · 피선거권 부여와 같은 사회적 · 정치적 영역에서의 참여는 허용하지 않는 형식이다(Castles & Millers, 2003). 이주민을 사회의 구성원으로 여기기보다는 '손님' 정도로 여겨 정책에서는 소외시한다.

과거 독일에서 이주노동자를 받아들일 때의 '손님 노동자 제도(guest worker system)'와 일본을 비롯하여 우리나라의 생산기능직 외국인력 제도인 고용허가제도는 대표적인 사례가 된다(이정휘, 2011). 그러나 현대사회에서의 노동력은 경쟁적으로 전문기술 인력을 유치하고자 하는 과정으로 변화하면서 차별적 배제 모형은 점차 줄어들고 있다. 또한 차별적 성격이 인권의 보편성을 지지하는 일반적 견해와 배치되는 측면이 많아 이 모형을 이주민 통합정책의 전문에 내세우는 국가는 점차 줄어들고 있다(이선애, 백인경, 이로미, 2021).

(2) 동화주의 모형

동화주의 모형(Assimilation model)은 이민자에게 출신국의 언어, 문화, 사회적 특성을 포기하고 주류사회의 구성원들과 차이가 없도록 문화에 적응하는 것을 이상적 목표로 하는 정책 기반 모형이다. 동화주의 모형은 이주민이 기존사회에 일방적으로 동화되는 것을 생각하게 되지만 동화과정에서 자신의 고유문화를 버리고 주류문화에 흡수될 때 기존사회와 이주민이 모두 새로운 환경에 적응해야 하는 양방향 과정을 강조한다(Martikainen, 2005). 따라서 유입국 정부는 이주민이 사회에 빠르게 적응할 수 있도록 언어습득 교육과 문화교육, 이민자 자녀의 공교육 지원 등을 함으로써 동화가 이루어질 수 있도록 한다. 이것은 '용광로 이론(melting pot theory)'에서 설명하듯 유입국이 다수를 차지하고 있는 커다란 용광로에 섞여 결국은 이민자는 출신국별 고유성은 인정하지 않고 단일한 성격의 국민으로 융해되도록 한다는 것이다.

동화주의 모형을 채택한 사회에서는 이민자의 언어 · 문화 · 생활 습관을 보호하고, 또 직업이나 교육의 기회에서 인종차별금지 등 정책적으로 이민자를 지원함과 동시에 사회 참여를 유도한다. 대표적으로 1960년대까지 미국 학교에서 '오직 영어만 사용(english only)'하게 했던 '용광로 이론' 정책과 2000년대 프랑스에서 공공장소에서 히잡(hijab) 사용을 금지한 법안이 통과된 '공화주의 모형'의 사례가 있다. 이러한 사례들은 동화주의 모형이 이민자들을 일방적으로 유입국의 '국민'으로 합류하는 것을 허용하고 통합시키는 정책이지만 이주민의 고유적 언어와 문화를 인정하지 않는 일면의 문제점을 볼 수 있다.

(3) 다문화주의 모형

다문화주의 모형(multiculturalism model)은 다문화사회의 통합 과정에서 이주민들의 언어나 문화 등 자신의 다양성을 버리거나 완전한 참여를 제한받지 않으면서 주류사회에 구성원들과 동등한 권리를 가질 수 있는 사회를 지향하는 모형이다. 1970년대 이후 캐나다, 오스트레일리아, 미국 사회는 동화주의 모형을 추구하다 다문화주의 모형으로 이민자 통합 방식을 변경하였다. 다문화주의 모형은 이민자들의 개별적 언어와 습관들을 그대로 한 나라 속에서 공존시키며 그 정체성을 인정함으로써 사회의 분열과 갈등을 극복하고 통합을 이룰 수 있다고 본다.

다문화주의 모형은 흔히 '샐러드 볼(salad bowl)'에 비유한다. 각기 다른 샐러드 재료들이 모여 한 사회라는 커다란 볼에서 본인의 맛을 유지하며 잘 어우러져 맛을 낸다는 것이다. 우리나라에는 이주민을 수용하는 정책으로 비빔밥에 비유한 다문화주의 모형을 사회통합정책의 근간으로 채택하고 있다.

이민자가 유입된 다른 사회에서도 다문화주의 모형을 채택하고 있다. 그러나 한편 많은 사회에서 다문화 모형에 기반한 정책들은 경제 침체나 난민들의 유입으로 인한 사회적 갈등을 야기하며 반감을 불러일으키고 다양한 어려움을 호소하고 있다. 최근 유럽을 몇몇 국가들이 '다문화주의의 실패'를 거론하고 있는 것에서 볼 수 있다(이선애, 백인경, 이로미, 2021).

다문화 정책을 논의할 때 뉴먼(Newman)의 동화, 융합, 다문화주의의 개념을 공식화하여 비교하면 다음과 같다.

뉴먼(1973)의 동화, 융합, 다문화주의 모형 공식 비교

- 동화 A+B+C=A
- 융합 A+B+C=D
- 다문화주의 A+B+C=A+B+C

※ A는 주류 집단, B, C는 서로 다른 사회 집단, D는 새로운 집단

출처: 구정화, 박윤경, 설규주(2021)에서 재인용.

4) 다문화가족 지원법 및 규정

우리나라 다문화가족 지원 관련 법령은 법제처 국가법령정보센터를 통해 확인해 볼 수 있다. 대표적인 다문화가족 지원 관련 법령에는 국적 취득이나 귀화와 관련된 「국적법」, 외국인이나 결혼이민자가 대한민국에 적응하는 것을 도울 수 있는 「재한외국인 처우 기본법」, 국제결혼과 관련된 「결혼중개업의 관리에 관한 법률」, 국제결혼가정을 대상으로 하는 「다문화가족 지원법」, 「건강가정기본법」 등이 있다. 2023년 현재 법제처 홈페이지(https://www.law.go.kr/2023.04.10. 인출)에서 제공하는 주요 법률 내용을 설명하고자 한다.

(1) 국적법

「국적법」은 「대한민국 헌법」 제2조에 의거 대한민국의 국민이 되는 요건을 법률로 제정한 것이다. 국적을 취득하기 위해서는 출생에 의한 국적 취득(제2조), 인지에 의한 국적 취득(제3조), 귀화에 의한 국적 취득(제4조) 요건을 포함하고 있다. 동법 제5조에 의하면, 외국인이 우리나라에 귀화허가를 받기 위해서는 5년 이상 계속하여 대한민국에 주소를 가지고 있어야 하며, 자신의 자산(資産)이나 기

능(技能)에 의하거나 생계를 같이하는 가족에 의존하여 생계를 유지할 능력이 있을 것, 국어능력과 대한민국의 풍습에 대한 이해 등 대한민국 국민으로서의 기본 소양(素養)을 갖추고 있을 것, 귀화를 허가하는 것이 국가안전보장 · 질서유지 또는 공공복리를 해치지 아니한다고 법무부 장관이 인정할 것 등 요건을 갖추어야 한다.

2017년 개정된 「국적법」 제6조에는 간이귀화 요건이 추가되어 그 대상을 확대하고 있다. 즉, 배우자와 혼인한 상태로 대한민국에 2년 이상 계속하여 주소가 있는 사람, 배우자와 혼인한 후 3년이 지나고 혼인한 상태로 대한민국에 1년 이상 계속하여 주소가 있는 사람, 그 밖에 배우자와 혼인한 상태로 대한민국에 주소를 두던 중 그 배우자의 사망이나 실종 또는 그 밖에 자신에게 책임이 없는 사유로 정상적인 혼인 생활을 할 수 없었던 사람, 배우자와의 혼인에 따라 출생한 미성년의 자(子)를 양육하고 있거나 양육하여야 할 사람 등을 포함했다.

(2) 재한외국인 처우 기본법

「재한외국인 처우 기본법」은 재한외국인에 대한 처우 등에 관한 기본적인 사항을 정함으로써 재한외국인이 대한민국 사회에 적응하여 개인의 능력을 충분히 발휘할 수 있도록 하고, 대한민국 국민과 재한외국인이 서로의 이해를 존중하는 사회환경을 만들어 대한민국의 발전과 사회통합에 이바지함을 목적으로 한다(제1조).

특히 다문화가족과 관련하여 2010년 개정된 제12조에서는 결혼이민자에 대한 국어교육, 대한민국의 제도 · 문화에 대한 교육, 결혼이민자의 자녀에 대한 보육 및 교육 지원, 의료 지원 등을 통해 결혼이민자 및 그의 자녀가 대한민국 사회에 빨리 적응할 수 있도록 지원할 수 있다고 되어 있다. 2017년에는 국가와 지방자치단체는 결혼이민자와 그 자녀, 재한외국인 및 그 자녀에 대하여 건강검진을 시행할 수 있는 항목을 추가하였다. 이 외에도 동법 제18조, 제19조에는 국민과 재한외국인이 더불어 살아가는 환경조성을 위해 다문화에 대한 이해 증진, 세계인의 날 행사에 대해 필요한 국가 및 지방자치단체가 지원할 수 있는 사항을 규정하고 있다.

(3) 결혼중개업의 관리에 관한 법률

「결혼중개업의 관리에 관한 법률」은 국내 결혼(대한민국 국적을 가진 사람을 대상) 및 국제결혼(대한민국 국적을 가진 사람과 외국인을 대상)을 통해 결혼중개업을 건전하게 지도 · 관리하고 결혼중개업 사용자의 피해를 예방하여 그 이용자를 보호함으로써 건전한 결혼문화 형성에 이바지함을 목적으로 하는 법률이다.

국제결혼을 통한 긍정적 결혼문화 형성을 위해 2012년 개정된 사항에는 제10조의4에 결혼중개업자가 국제결혼 개인신상정보 확인서(상대방 언어 번역본 포함) 및 관련 증빙서류를 작성 · 보존토록 하고, 결혼중개업자가 이용자나 상대방이 결혼 중개계약서, 국제결혼 개인신상정보확인서, 그 밖의 혼인 관련 서류 기록의 내용 확인을 요구한 때에는 이에 응해야 함을 추가하였다. 제10조의5에는 부정한 방법의 모집 · 알선 등의 금지항목이 제12조의2에는 미성년자 소개 금지 조항이 신설되었다.

2016년 개정된 10조의2를 통해 국제결혼중개업자는 이용자와 결혼 중개의 상대방에게 신상정보를 받도록 하고 있다. 세부적으로 신상정보에는 혼인경력, 건강 상태(후천적 면역결핍증, 성병 감염 및 정신질환 여부를 포함), 직업, 성폭력, 가정폭력, 아동학대, 성매매 알선 및 강요 관련 범죄경력과 최근 10년 이내의 금고 이상의 형에 해당하는 범죄경력 등을 상대방이 이해할 수 있는 언어로 작성하여 인증을 통해 제공할 수 있도록 보완하였다. 이를 통해 결혼중개업을 통해 불이익을 얻는 이용자나 결혼 중개 상대방 각각의 부정적 사안을 예방하고 건전한 결혼생활을 할 수 있도록 지원하는 법적 근거가 마련되었다.

(4) 다문화가족 지원법

「다문화가족 지원법」은 현재 다문화 정책 중 가장 큰 비중을 차지하고 있는 법률로서 다문화가족구성원들의 안정적 생활을 위해 마련된 사회의 안전장치를 말한다.

2008년 제정된「다문화가족 지원법」은 국가와 지방자치단체가 다문화가족구성원이 안정적인 가족생활을 영위하고 사회구성원의 역할과 책임을 다할 수 있도록 함으로써 필요한 제도와 여건을 조성하고, 이들의 삶의 질 향상과 사회통합에 이바지함을 목적으로 한다. 다문화가족의 삶의 질 향상과 사회통합에 관한 중요한 사항은 국무총리 소속으로 다문화가족 정책위원회를 통해 심의·조정할 수 있다.

- 동법 제5조에는 국가와 지방자치단체가 다문화가족에 대한 사회적 차별과 편견을 예방하고 사회구성원이 문화적 다양성을 인정하고 존중할 수 있도록 다문화 이해 교육의 시행해야 함을 포함하고 있으며, 제6조에는 결혼이민자 등이 대한민국에서 생활하는 데 필요한 기본적 정보(아동·청소년에 대한 학습 및 생활지도 관련 정보를 포함)를 제공하고, 사회 적응 교육과 직업교육·훈련 및 언어소통 능력 향상을 위한 한국어 교육 등을 받을 수 있도록 규정하고 있다.
- 동법 제7조, 제8조, 제9조, 제10조에는 평등한 가족관계 유지를 위한 조치로 가족 상담, 부부교육, 부모교육, 가족생활 교육 등을 추진하고, 가정폭력 피해자에 대한 보호·지원, 의료 및 건강관리를 위한 지원, 아동·청소년 보육·교육 등 국가와 지방자치단체는 각 대상에 맞는 지원정책을 추진하여 결혼이민자를 위한 다양한 서비스를 제공할 수 있는 정책적 범위를 제시하고 있다.
- 동법 제11조와 제12조에는 '다문화가족 종합정보 전화센터'와 '다문화가족지원센터'를 설치할 수 있도록 하고 있다. 2020년 개정된 다문화가족지원센터의 주요 업무(제12조 근거)는 다음과 같다.

다문화가족지원센터 업무

1. 다문화가족을 위한 교육·상담 등 지원 사업의 실시
2. 결혼이민자 등에 대한 한국어 교육
3. 다문화가족 지원 서비스 정보제공 및 홍보
4. 다문화가족 지원 관련 기관·단체와의 서비스 연계
5. 일자리에 관한 정보제공 및 일자리의 알선
6. 다문화가족을 위한 통역·번역 지원 사업
7. 다문화가족 내 가정폭력 방지 및 피해자 연계 지원
8. 그 밖에 다문화가족 지원을 위하여 필요한 사업

(5) 건강가정기본법

「건강가정기본법」은 건강한 가정생활의 영위와 가족의 유지 및 발전을 위한 국민의 권리·의무와 국가 및 지방자치단체 등의 책임을 명백히 밝히고, 가정 문제의 적절한 해결방안을 강구하며 가족구성원의 복지 증진에 이바지할 수 있는 지원정책을 강화함으로써 건강가정 구현에 기여하는 것을 목적으로 한다.

제34조의2에는 '한국건강가정진흥원'의 설립을 통해 다양한 가족의 삶의 질 제고 및 강화를 위한 가족정책을 효율적이고 체계적으로 지원할 수 있도록 명시하고 있다. 2020년 개정된 한국건강가정진흥원의 주요 사업은 다음과 같다.

한국건강가정진흥원 주요 사업

1. 가족 상담 및 가족 교육 사업
2. 가족 친화 사회 환경 조성사업
3. 아이 돌봄 및 자녀양육지원 사업
4. 「양육비 이행확보 및 지원에 관한 법률」에 따른 양육비 이행 전담 기관 운영
5. 다문화가족, 한부모가족, 조손가족 등 취약 가족의 역량강화 지원 사업
6. 다문화가족의 사회통합지원 사업
7. 제35조의 건강가정지원센터, 「다문화가족 지원법」 제12조의 다문화가족지원센터 및 「가족친화 사회환경의 조성 촉진에 관한 법률」 제19조의 가족 친화 지원센터의 사업 관리 및 종사자 교육훈련
8. 가족 사업 관련 대내외 교류 및 협력 사업
9. 가족정책 및 사업개발을 위한 조사, 연구
10. 제1호부터 제9호까지의 사업에 부수되는 사업 또는 이와 관련하여 국가기관 등으로부터 위탁받은 사업
11. 그 밖에 진흥원의 목적 달성을 위하여 정관으로 정하는 사항

2. 다문화가족 및 영유아 지원 관련 기본계획

우리나라는 2000년대 이후 국제결혼이 급증하기 시작하였다. 노동 현장에서의 근로자를 필요로 하는 상황이었으며, 농촌지역을 중심으로 국제결혼의 요구가 높아지면서 국제결혼은 증가하였다. 이에 정부는 '여성 결혼이민자 가족의 사회통합 지원방안(2006.04.26.)'을 마련[1]하였다. 같은 해인 2006년 시 · 군 · 구별로 '결혼이민자 가족지원센터(현 다문화가족지원센터)' 21개소를 지정 · 운영[2]하기로 하였으며, 2007년부터 관련 법 제정으로 정책 추진 기반을 구축하였다. 「재한외국인 처우기본법」 제정(2006.05.17.), 「결혼중개업의 관리에 관한 법률」 제정(2007.12.14.), 「다문화가족 지원법」을 제정(2008.03.21.)하여 법률적 체계를 갖추었다.

다문화가족 및 영유아 지원 관련 중부 계획안을 살펴보면, 2008년 제정된 「다문화가족 지원법」과 「건강가정기본법」에 명시된 다문화가족을 대상으로 한 「다문화가족지원정책 기본계획」과 「건강가정 기본계획」이 대표적이다.

다문화 영유아 지원정책은 「다문화가족 지원법」에 속한 보육지원 대상자를 중심으로 여성가족부에서 추진된 「중장기보육 기본계획」과 「아동복지법」에 따른 「아동정책 기본계획」이 있다.

1) 범부처 차원에서 2006년 4월 26일 대통령 주재로 국무총리와 여성가족부 · 보건복지부 · 법무부 등 관계부처 장관, 빈부격차 · 차별시정위원회 위원 등이 참석한 가운데 「여성 결혼이민자 가족의 사회통합 지원대책」을 확정하였다. "여성 결혼이민자 가족의 사회통합 지원대책"의 주요 내용은 '국제결혼중개업을 관리하는 내용을 담은 법률을 2007년까지 제정', '가정폭력피해자의 안정적인 체류 지원 강화 및 인권 증진을 위해 혼인 파탄 입증책임 완화하고 외국인 전용 쉼터 확대', '여성 결혼이민자의 한국사회 조기적응 및 정착지원을 위해 EBS 언어문화교육프로그램 등 운영', '여성 결혼이민자에 대한 기초생활 보장 및 보건 서비스 지원, 정책에 다문화 관점 확산 및 다양한 문화 · 가치관의 공존 지원', '여성 결혼이민자 가족에 대한 포괄적 지원체계 구축' 등이다(KDI 경제정보센터 최신자료, 2006.04.27.).

2) 「건강가정기본법」, 「다문화가족 지원법」에 따라, 시 · 군 · 구 건강가정 · 다문화가족지원센터를 설치 · 운영, 통합을 추진 중이며. 2021년 기준 건강가정 · 다문화가족지원센터 203개소, 건강가정지원센터 18개소, 다문화가족지원센터 25개소이다(여성가족부, 2021).

1) 다문화가족지원정책 기본계획

「다문화가족지원정책 기본계획」은 여성가족부에서 주관, 다문화가족지원정책 기본계획의 기본방향과 발전시책을 담아 5년마다 수립되는 법정계획으로, 2023년 새롭게 발표된 다문화가족지원정책 기본계획을 포함하여 총 4차 기본계획을 수립하였다. 「제1차 다문화가족지원정책 기본계획(2010~2012)」은 첫 다문화가족지원 정책으로서 2011년~2012년까지 총 3,200억 원 이상의 예산이 투입되었으며, 결혼이민자를 대상으로 한 정착과 자립 역량을 지원하는 서비스에 집중되었다. 「제2차 다문화가족지원정책 기본계획(2013~2017)」은 1차 기본계획이 결혼이민자의 성공적인 한국 정착을 집중적으로 제공하였다면, 다문화사회 구현, 다양한 문화가 있는 다문화가족 구현, 다문화 영유아의 성장과 발달지원, 안정적인 생활 기반 구축 등 다양한 문화를 존중하고 경제적인 기반을 마련할 수 있도록 지원하는 정책을 중심으로 지원이 이루어졌다. 「제3차 다문화가족지원정책 기본계획(2018~2022)은 지난 1차, 2차 기본계획의 성과를 중심으로 초기 적응의 집중 지원의 형태를 벗어나 장기적 관점으로 한국에서의 안정적 정착과 자녀양육지원 방향에 중점을 두었다. 특히 다문화가정 영유아들이 사회에서 부당한 차별을 경험한 사례조사를 통해 자녀들의 학업과 언어학습지원 등 프로그램의 다양화가 이루어졌다.

정부는 제3차 기본계획까지는 결혼이민자의 안정적인 정착에 더 신경을 쓴 반면, 지난 2023년 1월 「제4차 다문화가족지원정책 기본계획(2023~2027)」 수립을 위한 공청회를 통해 제시된 제4차 기본계획부터는 다문화가족 영유아가 건강하게 성장하여 우리 사회의 인재로 발돋움할 수 있도록 성장단계별 맞춤형 지원을 강화하는 데 중점을 두었다(여성가족부 보도자료, 2023.1.17.).

「제4차 다문화가족지원정책 기본계획(안)은 '다문화가족과 함께 성장하는 조화로운 사회'라는 비전 아래 '다문화가족의 안정적 생활환경 조성', '다문화 청소년의 동등한 출발선 보장'을 목표로 하고 있다. 주요 과제로는 '정착 주기별 맞춤형 지원', '자녀 성장단계별 학업 · 진로 지원', '인권 보호 및 차별 해소', '다문화가족 지원 기반 강화' 등으로 다문화가족 영유아가 영유아기부터 초 · 중 · 고등학교를 거쳐 대학교 등 사회로 진출하는 성장단계별 맞춤형 지원을 하는 것에 더 집중적인 지원이 제공될 예정이다.

2) 건강가정 기본계획

「건강가정 기본계획」은 「건강가정기본법」 제15조에 의하여 여성가족부 장관이 관계 중앙행정기관의 장과 협의하여 「건강가정 기본계획」을 5년마다 수립하고 있다.

2021년 여성가족부는 그동안 가족 정책의 성과를 기반으로 하면서 가족 변화 등 정책 환경에 따라 「제4차 건강가정 기본계획(2021~2025)」을 수립하였다. 제1차(2006~2010), 제2차(2011~2015), 제3차(2016~2020) 건강가정 기본계획은 가족 형태의 다양화, 결혼 · 가족에 대한 관점 변화 등 급격한 가족환경 변화에 대응하고, 평등한 가족관계 정립, 다양한 가족 포용 등 핵심 국정과제를 반영하였다(여성가족부, 2021).

「제4차 건강가정 기본계획("2025 세상 모든 가족 함께")」은 '모든 가족, 모든 가족 구성원을 존중하는 사회' 구현이라는 비전 아래 '가족 다양성 인정'과 '평등하게 돌보는 사회'를 목표로 설정하고, ① 세상 모든 가족을 포용하는 사회 기반 구축, ② 모든 가족의 안정적 생활 여건 보장, ③ 가족 다양성에 대응하는 사회적 돌봄 체계 강화, ④ 함께 일하고 돌보는 사회 환경 조성의 4개 영역별 추진계획을 마련하였다.

3) 다문화가정 영유아 관련 기본계획

다문화가정 영유아 관련 기본계획의 대상은 「다문화가족 지원법」 제10조 3항에 있는 보육 지원 대상자를 중심으로 이루어진다.

다문화가정 영유아 지원 관련법은「다문화가족 지원법」 제2조에 따른 다문화가족의 정의 명시된 다문화가족 대상으로 한다. 동법 제10조 3항과 4항에는 다문화가정 영유아의 언어발달을 위한 한국어 및 언어능력 제고를 위해 필요한 지원을 할 수 있도록 명시하고 있으며, 2015년 신설된 동법 10조 4항을 통해 어린이집 원장이 다문화가족 구성원인 아동에게 차별받지 않도록 필요한 조치를 취해야 함을 명시하고 있다. 동법 제14조에는 다문화가족 자녀의 범주에 대해 명시하고 있다.

〈표 3-2〉 다문화가족 지원법

「다문화가족 지원법」	
제2조	제2조(정의) 이 법에서 사용하는 용어의 뜻은 다음과 같다. 1. "다문화가족"이란 다음 각 목의 어느 하나에 해당하는 가족을 말한다. 가. 「재한외국인 처우 기본법」 제2조 제3호의 결혼이민자와 「국적법」 제2조부터 제4조까지의 규정에 따라 대한민국 국적을 취득한 자로 이루어진 가족 나. 「국적법」 제3조 및 제4조에 따라 대한민국 국적을 취득한 자와 같은 법 제2조부터 제4조까지의 규정에 따라 대한민국 국적을 취득한 자로 이루어진 가족 2. "결혼이민자 등"이란 다문화가족의 구성원으로서 다음 각 목의 어느 하나에 해당하는 자를 말한다. 가. 「재한외국인 처우 기본법」 제2조 제3호의 결혼이민자 나. 「국적법」 제4조에 따라 귀화허가를 받은 자
제10조	제10조(아동 · 청소년 보육 · 교육) ① 국가와 지방자치단체는 아동 · 청소년 보육 · 교육을 실시함에 있어서 다문화가족 구성원인 아동 · 청소년을 차별하여서는 아니 된다. 〈개정 2015. 12. 1.〉 ③ 국가와 지방자치단체는 다문화가족 구성원인 18세 미만인 사람의 초등학교 취학 전 보육 및 교육 지원을 위하여 노력하고, 그 구성원의 언어발달을 위하여 한국어 및 결혼이민자 등인 부 또는 모의 모국어 교육을 위한 교재지원 및 학습지원 등 언어능력 제고를 위하여 필요한 지원을 할 수 있다. 〈개정 2013. 3. 22., 2015. 12. 1.〉 ④ 「영유아보육법」 제10조에 따른 어린이집의 원장, 「유아교육법」 제7조에 따른 유치원의 장, 「초 · 중등교육법」 제2조에 따른 각급 학교의 장, 그 밖에 대통령령으로 정하는 기관의 장은 아동 · 청소년 보육 · 교육을 실시함에 있어 다문화가족 구성원인 아동 · 청소년이 차별을 받지 아니하도록 필요한 조치를 하여야 한다. 〈신설 2015. 12. 1.〉

「다문화가족 지원법」	
제14조	제14조(사실혼 배우자 및 자녀의 처우) 제5조부터 제12조까지의 규정은 대한민국 국민과 사실혼 관계에서 출생한 자녀를 양육하고 있는 다문화가족 구성원에 대하여 준용한다. 제14조의2(다문화가족 자녀에 대한 적용 특례) 다문화가족이 이혼 등의 사유로 해체된 경우에도 그 구성원이었던 자녀에 대하여는 이 법을 적용한다. [본조신설 2013. 8. 13.]

어린이집 보육서비스의 근거 법령이 되는 「영유아보육법」 제26조와 시행규칙 제28조에 의해 다문화가정 영유아들은 취약 보육의 대상자가 되며, 취약 보육의 대상자는 우선적인 보육서비스를 받을 수 있다.

〈표 3-3〉 영유아보육법

「영유아보육법」	
제26조	제26조(취약 보육의 우선 실시 등) ① 국가나 지방자치단체, 사회복지법인, 그 밖의 비영리법인이 설치한 어린이집과 대통령령으로 정하는 어린이집의 원장은 영아·장애아·「다문화가족지원법」 제2조제1호에 따른 다문화가족의 아동 등에 대한 보육(이하 "취약 보육"이라 한다)을 우선적으로 실시하여야 한다. 〈개정 2008. 12. 19., 2011. 6. 7.〉
시행규칙 제28조	제28조(취약 보육의 종류) ① 법 제26조 제1항에 따른 취약 보육은 다음 각호의 보육을 포함한다. 〈개정 2019. 12. 31., 2020. 9. 1.〉 1. 영아 보육: 만 3세 미만의 영아를 대상으로 보육 서비스를 제공하는 것 2. 장애아 보육: 「장애인복지법」 제32조에 따라 장애인으로 등록된 영유아 등에게 보육 서비스를 제공하는 것 3. 다문화아동 보육: 「다문화가족 지원법」 제2조 제1호에 따른 다문화가족의 영유아 등에게 보육 서비스를 제공하는 것 4. 그 밖의 연장형 보육: 별표 8에 따른 어린이집의 운영일 및 운영시간 외에 시간을 연장하여 보육 서비스를 제공하는 것 ② 취약 보육의 정원 책정 등 취약 보육에 대한 구체적인 사항은 보건복지부 장관이 정한다. 〈개정 2010. 3. 19.〉 [전문개정 2009. 7. 3.]

(1) 중장기보육 기본계획

2021년 전국 보육실태조사(보건복지부, 육아정책연구소, 2021)에 따르면, 어린이집 이용 다문화가정 영유아는 15,823명으로 전체 보육 영유아 중 1.3%를 차지한다. 지속적으로 증가하는 다문화가정의 영유아를 지원하기 위해 정부는 다문화 보육 정책을 기반으로 2006년부터 현재까지 「중장기보육 기본계획」을 4차까지 수립하였다.

2006년 최초의 「중장기보육 기본계획」은 1차 '새싹플랜(2006~2008)'으로 보육업무의 여성가족부 소관 시기에 수립되었다. 1차 기본계획은 '함께 키우는 건강한 아동'의 비전으로 여성의 사회진출 증가에 대응한 보육 서비스 공급에 중점을 두었다. 이후 '아이사랑플랜(2009~2012)'으로 보육업무의 복지부 이관으로 새정부의 국정철학에 맞춰 기본계획의 수정 · 보완이 이루어져 국가책임 강화를 강조하고 보육 서비스를 '영유아' 중심으로 설정하며 '아이와 부모가 행복한 세상'을 비전으로 보완되었다. 「제2차 중장기보육 기본계획(2013~2017)」은 '아이는 행복하고 부모는 안심할 수 있는 세상'의 비전 수립과 함께 무상보육 도입을 통한 함께 보육 서비스의 질 강화 중점을 두어 추진되었다. 「제3차 중장기보육 기본계획(2018~2022)」은 '영유아의 행복한 성장을 위해 함께하는 사회'의 비전을 세웠으며, 보육의 공공성 강화, 효과적 보육 서비스 제공을 위한 보육체계 개편, 보육 서비스의 품질 향상, 부모 양육지원 확대의 4대 목표 및 전략을 수립하였다. 정부의 보육 서비스 지원에 대한 부모 체감도를 더욱 높일 수 있도록 보육 · 양육에 대한 사회적 책임 강화, 특히, 공공성 제고와 보육 서비스 질 강화방안 집중 추진과제를 포함하고 있다.

2023년 수립된 「제4차 중장기보육 기본계획(2023~2027)」은 보육 · 양육 서비스의 질적 도약으로 모든 영유아의 행복한 성장 뒷받침을 비전으로 하고 영유아 성장 발달단계별 적합한 촘촘한 양육 · 보육 지원체계 구축과 미래 대응 보육 서비스의 품질 향상으로 부모의 신뢰도 제고, 모든 영유아에게 격차 없는 동등한 출발선 보장을 목표로 하고 있다(보건복지부, 2022).

(2) 아동정책 기본계획

가장 최근 수립된 관련 기본계획으로 「아동복지법」에 따른 「제2차 아동정책 기본계획(2020~2024)」을 살펴보면 정부의 전반적인 아동정책 기조를 파악할 수 있다. 당정정책조정위원회 심의를 거쳐 수립된 「제2차 아동정책 기본계획(2020~2024)」은 아동이 행복한 나라를 위한, 권리주체로서 아동권리 실현, 건강하고 균형 있는 발달지원, 공정한 출발을 위한 국가책임 강화, 코로나19 대응 아동정책 혁신 등 4대 전략을 추진하고 있다.

또한 아동복지 측면에서 미등록 이주민 자녀에 대한 의료비 지원을 추진하고, 지원 사업과 관련하여 시범도시를 운영하겠다는 내용이 포함되어 있다. 그러나 「제2차 아동정책 기본계획(안)」에는 취약계층 아동에 대한 지원 분야에서 다문화 아동이라는 용어 대신 이주 배경 아동이라는 용어를 사용하고 있다(박은정, 박창현, 조혜주, 2020).

3. 다문화가족 및 영유아 지원정책

1) 다문화가족 및 영유아 지원 사업

다문화가족 및 다문화가족 자녀(영유아) 지원정책은 여성가족부, 보건복지부, 교육부 등 여러 부처에서 시행하고 있으며, 지자체별로도 다문화 정책 기본계획을 수립하여 사업을 하고 있다.

중앙부처별 주요 내용을 살펴보면 다문화에 대한 인식 등 다문화 수용성 제고를 기반으로 추진된 내용이 지속적으로 추진되고 있으며, 다문화가족 영유아의 성장과 더불어 가족의 역량강화사업, 가족성장주기에 따른 맞춤형 프로그램이 포함됨을 확인할 수 있다. 또한 어린이집 원장 및 보육교사의 보수교육과정에 대한 지원 등도 포함되었다.

〈표 3-4〉 중앙부처 다문화 정책(다문화가족 및 자녀 대상 지원)

구분	시행계획 주요 사업
교육부	• 상호존중에 기반한 사회적 다문화 수용성 제고
외교부	• '한–베함께돌봄센터' 등을 통해 귀환여성들의 법률지원, 직업훈련 협력 및 그 자녀들에 대한 신분 안정, 체류비자 연장 지원 지속
법무부	• 결혼이민자의 한국사회 자립과 국민과 다문화가족이 공존하는 사회 환경 조성
보건복지부	• 현직 어린이집 원장 및 보육교사 보수교육과정에 다문화가정 영유아 보육 및 지원내용 포함하여 연중 교육 실시 • 베트남 귀환 여성 자녀가 현지에서 건강하게 성장하여 자립할 수 있도록 지속적인 의료서비스 지원을 유지 및 북동부 지역 확대
고용노동부	• 다문화가족 자녀의 안정적 성장과 역량 강화를 위한 진로 준비 및 사회진출 지원
여성가족부	• 결혼이주여성 인권 보호 및 안정적인 가족생활 지원 • 다문화가족 자녀 역량 제고 및 정서 지원을 통해 동등한 출발선 보장 • 상호존중에 기반한 다문화 수용성 제고를 위한 환경 조성 노력 • (대책과제) 귀환여성과 한국국적 자녀의 안정적 체류, 의료 · 교육 등 기본권 보장을 위한 현지 인프라 구축 및 맞춤형 프로그램 확대 * 북부지역 한–베함께돌봄센터 건립 및 귀환 결혼이민자 대상 현지 법률지원, 상담 등 확대
국토교통부	• 다문화가족 및 한부모가족에 대한 주택 특별공급 제도를 지속 운용하고, 이에 대한 정보안내 지속 실시

출처: 여성가족부(2022a). 제3차 다문화가족정책 기본계획(2018~2022) 2022년도 시행계획.

여성가족부 「제3차 다문화가족 정책 기본계획(2018~2022)」에 따라 수립된 '2022년도 지방자치단체 시행계획' 중 다문화가족 및 다문화가족 영유아가 포함된 사업을 중심으로 주요 내용을 살펴보면 다음과 같다. 대부분 다문화가족 자녀의 성장주기에 맞는 보육, 교육 연계 방안 등이 포함되어 있다.

〈표 3-5〉 지자체별 다문화 정책(다문화가족 및 자녀 대상 지원)

구분	시행계획 주요 사업
서울특별시	• 의료통역 서비스, 모성 건강검진 등 임신 · 출산 관련 맞춤형 서비스 제공 등 다문화가족 임신, 출산, 보육 지원 강화

구분	시행계획 주요 사업
부산광역시	• 다문화가족 학령기 자녀 비율이 증가함에 따라 건전한 성장과 역량 강화 지원을 통한 미래인재 육성
대구광역시	• 학령기 다문화 자녀의 건강한 성장을 위한 기초학습지원, 정서적 상담, 진로 · 취업 정보제공 등 글로벌 인재 양성 역량 강화 • 다문화가족의 강점을 활용한 사회진출 및 경제적 자립 역량 강화
인천광역시	• 취학 전, 초등입학 자녀에 대한 한글 교육, 학령기 자녀의 학습 동기 부여, 청소년기 진로 탐색 · 취업지도 등 자녀의 성장기 학교생활 적응을 위한 맞춤형 프로그램 확대 추진
광주광역시	• 다문화가족 자녀성장 프로그램 확대 운영 및 다문화 도서 확충 등, 중도 입국 청소년 한국어 · 체험활동 · 진로지도 과정 운영, 이주 배경 청소년 상담 및 심리치료 지원 등
대전광역시	• 취약 · 위기 상황 대응을 위한 맞춤형 사례관리가 확충(2명 → 4명) 및 건강한 가정을 위한 교육, 가족관계 증진을 위한 문화 프로그램 다양화 • 이중언어 가정환경 조성, 자녀 언어발달, 한국어 및 자녀 생활 서비스, 자녀 돌봄 및 기초학습 능력 강화
울산광역시	• 다문화가족 자녀 문화 프로그램 및 다문화가정 자녀 공부방 운영으로 자녀 역량 강화
세종특별자치시	• 다문화가족 자녀 학습지원, 찾아가는 한국어 교실 등 기초학력 성장과 심리 · 정서적 지원 확대 • 이중언어 교육 확대 운영 및 다문화 자녀의 잠재 능력을 키우는 등 인재 양성 및 중도입국자녀를 위한 맞춤형 진로 및 한국어 교육 운영으로 안정적 정착 강화 • 다문화가족 자녀 1:1 멘토링을 통한 학습지원, 찾아가는 한국어 교육 서비스 등 기초학력 성장과 심리 · 정서적 지원 확대 • 인식 개선 사업 확대 추진으로 시민의 문화적 다양성 존중 환경조성 및 다문화가족 자녀를 위한 학교 교육과정과 연계한 다문화 이해 교육 실시
경기도	• 다문화가족 서포터즈 운영, 다문화가족 캠프 및 다문화가족 한국문화 체험 등으로 다문화가족 안정적 정착지원 및 가족관계 증진 • 기초학습(언어교육 포함) 및 심리지원, 학습지도와 학부모 상담을 통해 자녀 학습 능력 강화 지원, 비다문화가족 청소년과 멘토-멘티가 되어 학습 및 정서 지원 • 취학 전 아동과 한글이 부진한 초등학생 '한글', '국어' 교육 지원 및 중도입국 청소년 한국어 교육, 학교생활 준비에 필요한 교육과 문화체험
강원도	• 다문화가족 특성화 사업추진을 통해 지역사회 통합서비스 지원, 취학 전 자녀(만 5~6세) 한국어 학습지 지원 등 다문화가족 자녀의 안정적 성장지원
충청북도	• 다문화 학생의 학교생활 및 기초학습을 지원하기 위해 1:1 대학생 멘토링 제공, 결혼이민자 부모 모국 학교의 전문적인 프로그램 연계하여 이중언어 학습 강화

구분	시행계획 주요 사업
충청남도	• 다문화어울림사업을 통해 시 · 군별 결혼이민자 및 그 가족의 특성에 맞는 맞춤형 지원프로그램 운영 • 다문화 축구교실 운영으로 글로벌 사회에 따른 비언어적 소통 창구를 만들고, 글로벌 유소년 성장 발달 주기에 따른 신체 증진 활동 지원
전라북도	• 다문화 자녀 인성 · 적성 교육 및 스피치 아카데미 운영을 통해 다문화 청소년의 올바른 의사소통 기술 습득 기회 제공 및 긍정적 또래 관계 형성 증진 • 엄마 나라 문화 바로 알기 지원 사업, 아빠와 자녀가 함께하는 힐링데이 등을 통해 부모-자녀 관계 등 가족관계 증진
전라남도	• 취학 전 아동 대상 다문화 수용성 제고를 위한 찾아가는 어린이집 다문화 이해 교실 프로그램 운영
경상북도	• 출산 또는 출산 예정 다문화가정에 출산 도우미 파견을 통한 출산에 따른 심적 부담을 덜어 한국사회의 조기 정착지원 • 기초학습 능력이 낮거나 향상이 필요한 다문화가족 자녀들에게 예비교사의 멘토링, 방학 중 집중캠프 운영, 진로지도 특강, 부모교육 특강 등 진로지원
경상남도	• 지역아동센터 원어민 강사 파견사업, 다문화가족지원센터 인턴 채용 · 파견사업, 결혼이민자 취업지원창구 운영 및 여성새로일하기센터 등 취업 지원기관 간 네트워크 체계 구축하여 결혼이민자 사회 참여 지원
제주특별자치도	• 미취학 아동 · 학령기 자녀가 증가함에 따라 안정적 성장을 위한 부모교육, 언어발달 교육, 자녀 생활교육 확대하고, 다문화가족 학령기 자녀의 비율이 높아지고 있으므로 안정적 성장을 위한 자녀 역량 강화 및 위기관리 지원 확대

출처: 여성가족부(2022b; 2022c). 제3차 다문화가족정책 기본계획(2018~2022) 2022년도 지방자치단체 시행계획Ⅰ, Ⅱ.

여성가족부 산하 기관인 가족센터, 다문화가족지원센터에서는 해마다 가족사업을 실시하는 계획을 수립한다(여성가족부, 2023). 2023년 가족사업 중 다문화가정 자녀와 관련된 주요 사업 중 대표적인 사업은 '다문화가족 방문교육 사업'과 '다문화가족 자녀 언어발달지원사업', '이중언어 가족 환경조성 사업'이다.

방문교육 사업은 「건강가정기본법」 제21조(가정에 대한 지원) 및 제21조의2(위기 가족 긴급 지원), 「청소년복지 지원법」 제18조의2(청소년 부모에 대한 가족지원 서비스)에 근거를 두며, 취약 · 위기 가족이 가진 복합적 문제 해결 및 욕구 해소를 위해 지속적인 사례관리를 통해 가족기능 회복과 정서 · 경제적 자립 역량 강화 도모를 목적으로 한다(여성가족부, 2023). 방문교육 사업 시 비용은 본인부담금 차등 적용된다.

〈표 3-6〉 방문교육 사업 주요 내용

구분	다문화가족 방문교육 서비스		
	한국어 교육	부모교육	자녀 생활 서비스
대상	최초 입국 5년 이하 결혼이민자, 중도입국자녀	생애주기별 각 1회 지원(총 3회 지원) ① 임신 · 출산 · 영아기(임신 중~생후 12개월 이하) ② 유아기(12개월 초과~48개월 이하) ③ 아동기(48개월 초과~만 12세 이하)	만 3세~만 12세 이하 다문화가정 자녀 · 중도입국자녀
지원 내용	• 한국어 교육 1~4단계 • 어휘, 문법, 화용, 문화	• 자녀양육지원을 위한 부모교육(부모성장, 부모-자녀 관계 형성, 영양 · 건강관리, 학교 · 가정생활지도) • 가족 상담 및 정서 지원 서비스 • 기타 한국 생활에 필요한 정보제공	• 인지 영역: 독서 코칭, 숙제 지도, 발표토론 지도 • 자아 · 정서 · 사회영역: 자아 · 정서 · 사회성 발달을 위한 지도 • 문화역량강화 영역: 문화인식, 정체성 확립, 공동체 인식 지도 • 시민교육영역: 기본생활습관, 건강 및 안전, 가정생활, 진로지도
제공 기간	1회(80회) 원칙	1회(40회) 원칙, 생애주기별 3회 지원	1회(80회) 원칙
수업 형태	개별 또는 그룹 개별수업: 지도사와 대상가정 1:1 수업 그룹수업: 2가정 이상을 1개 반으로 그룹화하여 수업(대상자 최대 3명까지)		
교재	2019년 국립국어원 발간 교재 • 다문화가정과 함께하는 즐거운 한국어 초급 1, 2/중급 1, 2 • 다문화가정과 함께하는 정확한 한국어 초급 1, 2/중급 1, 2 • 중도입국자녀 다문화가정 유아 대상 한국어 방문학습 프로그램(국립국어원)	다문화가족 방문교육사업 부모교육서비스 임신 · 신생아기, 유아기, 아동기 매뉴얼 및 워크북(여성가족부, 한국건강가정진흥원)	다문화가족 방문교육사업 자녀생활서비스 유아기 1, 2단계, 학령기 1, 2단계 매뉴얼 및 워크북(여성가족부, 한국건강가정진흥원)

출처: 여성가족부(2023). 2023년 가족 사업안내 2권.

'다문화가족 자녀 언어발달지원사업'은 체계적이고 전문적인 언어발달지원 서비스 제공을 통해 다문화가정 자녀들이 건강한 사회구성원, 나아가 글로벌 인재로 성장할 수 있는 초석 마련, 다문화가정 자녀의 언어발달 상태를 평가하고, 의사소통에 어려움을 가진 아동에게 적절한 언어교육을 함으로써 원만한 발달이 이루어지도록 함, 다문화가정 자녀의 언어교육과 더불어 다문화 부모에게 상담 및 교육 방법을 제공함으로써 일상생활에서도 아동의 언어발달 촉진을 도모함을 목적으로 한다.

〈표 3-7〉 다문화가족 자녀 언어발달지원사업

구분	언어발달지원사업
대상	언어평가 및 언어교육이 필요한 다문화가족 자녀(만 12세 이하) ※ 다문화가족을 우선적으로 지원하되, 지역 상황에 따라 외국인가족, 북한이탈주민 가족 등 지원 가능
지원내용	• 다문화가족 자녀 언어평가 - 대상 아동에게 적합한 평가도구를 활용하여 아동의 언어발달 정도를 평가 • 다문화가족 자녀 언어교육 - 언어발달 평가 결과 교육이 필요한 아동을 대상으로 어휘 · 구문 발달 촉진, 대화 · 사회적 의사소통 능력 향상, 읽기 및 이야기하기 등의 발달 촉진을 위한 언어교육 실시 • 부모 상담 및 교육 - 대상 아동 부모와의 공감대 형성을 위한 부모 상담 및 자녀의 언어발달을 지원하기 위한 부모교육
제공기간	1월~12월
서비스 형태	• 언어교육: 개별수업(1:1), 모둠수업(2인 이상) • 부모 상담: 개별상담(1:1) • 부모교육: 2인 이상

출처: 여성가족부(2023). 2023년 가족 사업안내 2권.

'이중언어 가족 환경조성사업'은 다문화가정 자녀가 가정 내에서 영유아기부터 자연스럽게 이중언어로 소통할 수 있는 환경조성으로 자녀의 정체성 확립 및 글로벌 인재로의 성장지원, 체계적이고 전문적인 부모교육 및 부모-자녀 상호작용 서비스 제공으로 부모의 역량을 강화함으로써 부모와 자녀 간의 의사소통과 정서적 유대감 강화를 목적으로 한다.

〈표 3-8〉 이중언어 가족 환경조성사업

구분	이중언어 가족 환경조성사업
대상	만 12세 이하 자녀를 둔 다문화가족 ※ 예비 부모 및 중도입국자녀를 둔 다문화가족 포함
지원내용	• 이중언어 부모 코칭(20시간) • 부모-자녀 상호작용 프로그램(120시간, 그룹당 20시간, 1그룹당 2가정 이상) • 이중언어 교실(상반기: 자율 운영, 하반기: 10시간) • 이중언어 활용프로그램(10시간) • 가족 코칭(자율 운영)
제공기간	1월~12월
서비스 형태	개별 또는 그룹(온라인 · 비대면 수업 가능)
교재	• 부모-자녀 상호작용 프로그램: 동요 · 동화 등 교구 교재 활용 • 이중언어 교실: 다문화가족 자녀의 이중언어 능력을 개발하기 위하여 다양한 교재 활용

출처: 여성가족부(2023). 2023년 가족 사업안내 2권.

2) 다문화가족 영유아 보육료 지원 사업

보건복지부와 한국사회보장정보원은 내 상황에 맞는 다양한 복지혜택을 찾을 수 있도록 '복지로(https://www.bokjiro.go.kr)' 홈페이지를 운영하고 있다.

서비스 목록에는 생애주기에 맞춰 임신 · 출산, 영유아, 아동, 청소년, 청년, 중장년, 노년을 선택할 수 있고, 가구 상황에 따라 저소득, 장애인, 한부모 · 조손, 다자녀, 다문화, 북한이탈주민, 보훈대상자로 구분 · 선택할 수 있다. 관심 주제에 따라서는 신체건강, 정신건강, 생활 지원, 주거, 일자리, 문화 · 여가, 안전 · 위기, 임신 · 출산, 보육, 교육, 입양 · 위탁, 보호 · 돌봄, 서민금융, 법률 등에 맞춰 복지혜택을 찾을 수 있다. 「영유아보육법」 제34조에 따르면, 다문화가족 자녀를 보육하는 데 필요한 어린이집의 설치 · 운영에 대한 사항과 무상보육의 대상이 됨을 명시하고 있다.

보건복지부가 지원하는 만 0~5세 보육료 지원 사업은 어린이집을 이용하는 영유아에 대한 보육료 지원을 통해 부모가 자녀양육 부담경감 및 원활한 경제활동을 지원하기 위해 실시하고 있는 대표적인 사업이다.

〈표 3-9〉 만 0~5세 보육료 지원 사업

구분	만 0~5세 보육료 지원 사업
대상	다문화가족 자녀 중 초등학교 취학 전 만 0세~만 5세아 ※ 대한민국 국적 영유아에 한해서 적용
지원내용	• 다문화가정 취학 전 자녀(정부지원 단가)는 연령별 보육료 정부 지원단가와 동일하게 지원 • 다문화가정 영유아 보육료 지원
제공유형	전자바우처(바우처)
지원주기	월
선정기준	• 보호자의 소득수준에 관계없이 지원 • 다문화가족의 결혼이민자(인지신고 또는 귀화허가를 받은 자 포함)와 대한민국 국적을 취득한 자 사이에서 출생한 자녀는 동일세대 여부와 상관없이 지원[3)] • 예외적 지원 범위: 다문화가족의 결혼이민자(인지신고 또는 귀화허가를 받은 자 포함)와 대한민국 국적을 취득한 자 사이에서 출생한 자녀가 아닌 전처 또는 전남편과의 사이에서 출생한 자녀는 다문화가족과 동일 세대원으로 생계를 같이 하는 경우 지원 가능(※단, 대한민국 국적인 아동에 한해 지원) • 취학대상 아동이 취학을 유예하는 경우 만 5세아 보육료 재지원 가능
신청방법	• 해당 읍/면/동 주민센터에 직접 방문하여 신청 • 처리절차: 초기 상담 및 서비스 신청→대상자 통합조사 및 심사→대상자 확정→서비스 지원

출처: 복지로 홈페이지.

다문화가정 영유아에게 지원되는 보육료지원 단가는 정부 보육료단가와 동일하다. 보육료 신청은 해당 읍 · 면 · 동 주민센터에 직접 신청하며, 관할 시군구에서 신청자 소득 및 재산 산정과 대상자 선정을 통해 보육료를 지급한다.

3) 2022년 보육사업안내에 명시된 보육예산지원의 지원대상은 대한민국 국적 및 유효한 주민번호를 보유한 만 0~5세 영유아(단, 장애아보육료, 다문화보육료 등은 해당 지원 요건을 충족한 자에 한함)
* 「주민등록법」 제6조제1항3호에 따라 주민번호를 발급받거나, 동법 제19조제4항에 따라 재외국민으로 등록 · 관리되는 자는 보육료 · 양육수당 지원대상에 포함(재외국민 출국자는 제외)
* 영아수당 도입에 따라 '22년 이후 출생아는 만 2세부터 가정양육수당 지원

〈표 3-10〉 다문화 영유아 보육료 지원단가(2023년 기준)

자격구분	지원대상	지원비율	연령 (적용시기)	지원단가		
				기본보육	야간	24시
영유아	어린이집 이용 만 0~5세	100%	만 0세반 ('23.1.1~)	514,000원	514,000원	771,000원
			만 1세반 ('23.1.1~)	452,000원	452,000원	678,000원
			만 2세반 ('23.1.1~)	375,000원	375,000원	562,500원
			만 3~5세반 ('23.1.1~2.28.)	280,000원	280,000원	420,000원
			만 3~5세반 ('23.3.1~)	280,000원	280,000원	420,000원

출처: 보건복지부(2023: 346). 보육사업안내.

3) 어린이집 입소 순위 및 연장보육 지원

다문화가정 영유아가 어린이집 이용 시 입소 1순위 자격을 부여받게 된다. 다문화가정 영유아에게 돌봄 우선권을 인정해 주는 것이다(박은정, 박창현, 조혜주, 2020). 입소 1순위 자격을 적용받는 범위는 「다문화가족지원법」 제2조 제1호에 따른 다문화가정 영유아로 결혼이민자 또는 대한민국 국적을 취득한 자로 이루어진 가족만 해당된다. 입소 우선순위 확인 서류와 어린이집에서 연장보육을 신청할 시에 필요한 서류를 반드시 제출해야 한다.

〈표 3-11〉 다문화가정 영유아 보육예산지원 시 필요 서류

확인 서류	구분
• 주민등록등본(결혼이민자 및 귀화자가 등본상 기재) • 가족관계증명서와 외국인등록증 사본 또는 영주증 ※ 결혼이민자 중 「재외동포의 출입국과 법적지위에 관한 법」 제2조 제2호에 따른 외국국적동포: 출입국에 관한 사실 증명(외국에서 15년 이상 거주하였음을 증명) ※ 외국인 등록증이 없는 경우: 외국인등록사실증명서(출입국관리사무소) 또는 외국인 기본증명서 등 다문화가족임을 증명할 수 있는 서류	중 1부 필수
• 연장보육 자격 신청 시 증빙서류 주민등록등본, 기본증명서, 외국인등록증 중 1부	

출처: 보건복지부(2023: 70). 보육사업안내.

외국인 아동의 어린이집 입소

- 대상: 대한민국의 국적을 가지지 않은 영유아
- 입소방법: 시군구에서 직접 외국인 아동 등록
- 입소절차
  - ① 어린이집: 어린이집은 직접 외국인 아동을 등록할 수 없음
    - –외국인 아동의 입소 결정 후 3일 이내에 외국인 아동의 출생을 증명하는 서류* 및 보육아동 등록 신청서 1부를 관할 지역의 시군구에 제출
    - * 예시: 외국인등록증, 여권, 출생증명서 등
  - ② 시군구: 보육통합정보시스템(행정정보시스템)에 아동정보 입력
    - –외국인등록증 소지 아동은 외국인등록번호, 미소지 아동은 고유식별정보를 생성하여 입력
    - 1) 아동등록: [행정지원시스템]→[어린이집 운영]→[아동관리]→[외국인아동등록관리]에서 아동정보 등록 및 저장
    - 2) 어린이집등록: [행정지원시스템]→[어린이집 운영]→[아동관리]에서 어린이집 검색 후 선택하여 등록→외국인등록번호 또는 고유식별번호(임시등록번호) 입력 · 검사 후 저장
  - ③ 어린이집: 시군구의 외국인 아동 등록 내용 확인
    - * 어린이집에서 등록된 외국인 아동의 반 배치는 변경 가능
    - ※ 구체적인 방법 및 절차는 「보육통합정보시스템(행정지원시스템 · 어린이집지원시스템) 업무편람」 참조

출처: 보건복지부(2023: 329). 보육사업안내.

4) 보육교직원 다문화교육 및 컨설팅

보육교직원을 대상으로 한국보육진흥원에서는 보육양육정책 통합지원을 통해 영유아가 행복한 사회 구현을 실현하기 위해 보육에 신뢰와 양육에 가치를 더하는 보육 · 양육정책을 제공하고 있다(한국보육진흥원 홈페이지, 2023.04.15.)

보육서비스의 사각지대를 해소하고 취약 보육의 질적 수준 제고를 위해 보육현장에서 필요로 하는 사업을 발굴하여 다양한 보육 서비스를 지원하고자 취약 보육프로그램으로 다문화가정 아동 담당 보육교직원 전문교육 과정을 운영하고, 다문화보육지침서 개발, 다양한 프로그램 개발 및 보급, 컨설팅 등을 제공하고 있다.

(1) 다문화보육 지침서

다문화에 대한 다양한 문화, 문화 다양성에 대한 이해 등 표준보육 과정에 따른 영유아기 다문화보육에 관한 내용을 통해 '다름'의 의미를 찾을 수 있도록 제시하고 있다(한국보육진흥원, 2021).

(2) 다문화가정 영유아 담당 보육교직원 전문교육과정

영유아 · 놀이중심의 '2019 개정 누리과정'과 '제4차 표준보육 과정'의 인간상과 보육 방향이 반영되면서 취약 보육의 대상인 다문화가정 영유아를 위한 다문화 보육지원을 하고 있다. 다문화성, 인권 감수성 및 세계시민 의식에 대한 미래 사회적 가치를 반영하여 보육교사의 다문화에 대한 인식 개선 및 역량 강화에 중점을 두고 다문화보육에 대한 철학, 이론과 기본 개념을 포함하여 편견 없는 다문화적인 교실을 운영하는 교사가 되어 보는 실천 사례 및 다문화가정 및 비다문화부모를 위한 다문화 감수성에 대한 활동을 일부 소개하고 있다(한국보육진흥원, 2022).

(3) 교사 대상 다문화교육 및 컨설팅

보육교직원의 보수교육 과목명에 '다문화'라는 용어는 2016년부터 사용되었다(박은정, 박창현, 조혜주, 2020). 한국보육진흥원에서는 다문화보육 관련 보육교직원 교육을 다음과 같이 실시하고 있다.

〈표 3-12〉 한국보육진흥원 다문화보육 관련 보육교직원 교육내용

구분	대상	내용	시간
보수교육	교사	일반직무-다문화교육 이해와 실제, 다문화교육과정 심화	4
	원장	일반직무-다문화교육 이해와 실제, 다문화교육프로그램 개발	4
	교사	승급 교육-다문화교육 이해와 실제, 다문화교육프로그램 개발	8
	원장	사전직무-다문화가정 연계한 영유아 지원	4

구분	대상	내용	시간
집합교육	원장 교사	어린이집에서 다문화 이해, 다문화 부모 상담 실제, 다문화 보육의 실제, 현장 적용	4.3
온라인 교육과정	원장 교사	다문화에 대한 기본 소양, 다문화가정 영유아 발달 및 지도법, 다문화 통합교육 프로그램 이해, 다문화가정 영유아의 건강·영양 및 안전, 다문화가정 부모교육 및 상담, 지역사회 연계 영역	20차시
컨설팅 자료	다문화아동 재원 어린이집	다문화보육 기관 교사들의 연수 및 자율적으로 고민하고 문제를 해결하는 자율 컨설팅을 위한 교재개발 1. 다문화사회 이해하기 2. 다문화보육프로그램 운영하기 3. 다문화가정 영유아 지원하기 4. 다문화가정 상담하기	

출처: 박은정, 박창현, 조혜주(2020). 다문화 영유아어린이집 보육실태 및 개선방안 연구.

4. 다문화가족 및 영유아 지원 정책 과제

다문화가족과 영유아를 지원하는 「다문화가족지원법」, 「건강가정기본법」, 「영유아보육법」 등을 토대로 정부와 지자체에서 제공하는 다양한 정책에 대해 살펴보았다. 앞으로 다문화가족과 영유아를 대상으로 하는 지원정책에 대한 정책과제는 박은정, 박창현, 조혜주(2020)의 보고서에 제시된 내용을 토대로 제시해 보고자 한다.

첫째, 다문화가족 및 영유아 지원 정책 대상의 범주를 재설정할 필요가 있다. 「다문화가족 지원법」이 제정되어 있으나, 다문화가족 범주를 상당히 협소하게 설정하고 있어 어린이집 보육 현장에 들어와 있는 다양한 이주 배경의 다문화 영유아를 포괄할 수 없는 실정이다. 「다문화가족지원법」은 국제결혼을 통한 다문화가족만은 대상으로 함으로써 국내에서 경제활동을 하는 외국인노동자, 유학생, 혼외 출생 자녀들을 애당초 배제하고 있기 때문이다. 아동의 인권 및 다문화보육 지원의 근본적인 취지, 어린이집 보육현장을 고려했을 때 다문화가족 및 영유아 지원정책 대상을 확대하여 정책을 재정립할 필요가 있다.

둘째, 다문화가족 및 영유아 지원정책의 방향성을 명확히 하고, 일관된 정책 방향성 안에서 사업 및 서비스가 이행될 필요가 있다. 스웨덴은 다문화 정책의 시행 초기부터 다문화주의를 표방하여 다문화가족 및 아동의 다양한 문화적 배경을 인정하는 동시에 보편적 지원체계 안에서 스웨덴 사회에 적응을 돕는 정책을 시행해 오고 있다. 독일은 혈통주의적 전통이 강했고 이주민에 대한 규제 정책을 폈으나, 1990년대 후반부터 다문화주의를 수용하면서 정책의 방향성을 수정하였다. 다문화가족 및 영유아 지원정책 또한 이러한 다문화 정책의 방향성 안에서 시행되고 있다. 그러나 우리나라의 다문화가족 및 영유아 지원정책을 살펴보면 다문화주의를 지향하고 있으나 일부 지원책에서는 상충된 성격의 정책이 뒤섞여 있다. 현재 시행 중인 「중장기보육 기본계획」, 「다문화가족지원정책 기본계획」, 「건강가정 기본계획」 등에서는 다문화가족 및 영유아 지원을 확대하고 이중언어 사용을 장려하고 있으며, 「제2차 아동정책 기본계획」에서는 이주배경 아동이라는 용어를 사용하면서 미등록 이주민 자녀에 대한 의료비 지원과 지원 사업 내용을 포함하고 있다. 이렇듯 다문화 정책의 새로운 방향성을 제시하면서도 다문화보육료 지원 등에서는 여전히 한국 국적자와의 국제결혼 자녀로 대상을 한정하고 있으며, 이 외에 정부의 아동 지원에서 한국 국적자가 아닌 다문화 영유아는 배제되고 있는 실정이다. 따라서 관련 기본계획과 실질적 지원 간에 간극을 메꾸고 일관성 있는 다문화가족 및 영유아 지원 확대 정책을 추진할 필요가 있다.

셋째, 보편적 지원체계 안에서 다문화 영유아 지원을 고려해야 한다. 독일, 스웨덴 등 이주민 인구가 급증한 대부분의 선진국가들에서는 기존의 보편적 가족지원 체계 내에 이주배경 아동이 편입되어 함께 지원을 받을 수 있도록 지원하고 있다. 우리 사회에는 아직 혈통주의 성격이 강하게 남아 있으며 한국 국적이 아닌 다문화 영유아 지원에 대한 저항성이 있으므로, 조건부 지원을 단계적으로 확장해 나가는 방안을 고려할 수 있을 것이다.

넷째, 다문화 영유아의 언어발달 지원 사업의 확대가 요구된다. 특히 이중언어 지원 사업을 확대할 필요가 있다. 이중언어 지원은 이주민 정책의 성격을 보여 주는 핵심적인 정책이라 할 수 있다. 부모가 능숙한 언어로 자녀를 양육하는 것은 다문화 영유아의 언어발달에 매우 중요하며 다문화가정 자녀들의 정체성 형성과도 연결되기 때문에 이중언어 지원정책이 강조되고 있다고 볼 수 있다.

현재 우리나라에서도 이중언어 환경조성사업이 실시되고 있으나 해당 사업은 매우 제한적인 규모로 실시되고 있어 확대가 요구되며, 다문화가족 부모의 이중언어에 대한 인식 및 역량도 함께 제고될 필요가 있다.

CHAPTER 04

다문화가정 영유아 가족상담과 소통

Chapter 04

다문화가정 영유아 가족상담과 소통

학습목표

1. 다문화가정 상담의 개념을 이해한다.
2. 가족상담의 이론 및 다문화가정의 특성을 이해한다.
3. 다문화가정 상담자의 역할과 역량을 키운다.
4. 다문화가정 상담의 실제를 안다.

1. 다문화가정 상담의 개념

다문화가정 상담의 정의에 있어 페데르센(Pedersen, 2000)은 '서로 다른 문화적 배경 혹은 서로 다른 세계관을 가진 사람들이 상담적 차원의 접근을 통해 개인의 심리적 문제를 해결하고 조력하는 것'으로 정의하였다. 최규련 등(2010)은 '다문화가정에 대한 개인상담 및 가족상담을 통해 결혼이민자와 그 가족들을 심리 · 정서적 지원을 통하여 다문화가정 구성원 및 가족 문제에 대한 예방과 해결 능력을 강화시켜서 건강한 심리적 상태와 행복한 가족관계를 이루도록 돕고자 하는 활동'으로 정의하였다.

다문화가정 상담에 대한 정의에 있어 학자마다 다르지만, 다문화가정 상담이란 한국사회의 다문화가정에 대한 이해와 내담자의 문화적 배경, 생활방식, 가치관에 대한 수용을 바탕으로 하여 가족 체계론적 관점과 접근방식으로 다문화가정에 개입하는 일련의 과정이라고 정의할 수 있다(여성가족부, 2015).

2. 가족상담의 이론

1) 가족상담의 정의와 특성

가족상담(family counseling)은 가족을 하나의 체계로 보며, 그 체계 속의 상호작용에서 발생하는 여러 부적응 현상을 치료하는 집단치료의 일종으로 가족의 생활상의 문제, 가족원의 부적응과 갈등 등의 문제해결을 도움으로써 원만한 가정생활과 가족원의 적응 및 성장을 촉진시키는 활동이다. 가족체계(system)는 개인과 하위체계(관계)로 이루어지며, 사회의 하위체계이기도 하다. 개인과 가족은 서로 영향을 주고받아서 개인의 문제는 가족에 영향을 미치고 가족문제도 개인에게 영향을 미침에 따라 가족상담은 가족원 개인의 문제를 해결하기 위해서 개인이 아니라 가족의 상호작용을 변화시키는 데 초점을 두고 있다(여성가족부, 한국건강가정진흥원, 2015).

가족상담은 접근 방법에 있어 개인상담에서 바라보는 개인 내적인 문제보다는 관계성과 맥락에서의 상호작용, 관계 패턴에 더 관심을 가지게 됨으로써 개인상담과는 다른 세계관에서 출발한 전문분야이며, 개인상담에서 다룰 수 없는 정신건강 문제와 가족 문제를 해결하기 위해 발전한 분야이다. 개인상담과 가족상담은 내담자의 문제해결을 돕는다는 공통점이 있으나 돕는 방법에 있어서는 차이를 보인다. 개인상담은 개인을 단위로 하여 개인의 심리적 · 내적 문제에 관심을 두는 데 반해 가족상담은 개인을 둘러싸고 있는 관계나 환경 속에서 일어나는 문제에 더 많은 관심을 가지며 가족집단을 단위로 한다.

가족상담의 특성은 다음과 같다.

첫째, 가족상담은 접근에 있어 개인이 독립적으로 존재하는 것이 아니라 가족이나 관계에 속해 있다고 보기 때문에 개인의 문제해결을 위해 그가 속한 가족 또는 가족관계의 역기능에 초점을 둔다.

둘째, 가족상담은 문제의 원인 파악에 있어 문제를 둘러싼 환경이나 맥락은 유기적으로 연결되어 있으므로 원인을 정확하게 파악하고 분별하는 것은 어렵다고 보기 때문에 가족원 한 사람을 교정하기보다는 가족의 현재 상호작용을 변화시키는 데 초점을 둔다.

셋째, 내담자에 대한 시각에 있어 개인은 유기체와 같이 선택을 할 수 있는 존재로 보고, 상담과정에서 내담자의 의견을 존중하고 내담자와의 협력 구축을 통해 내담자의 가족환경을 건강하게 구축하는 데 초점을 둔다.

넷째, 가족상담 참여에 있어 모든 가족이 다 참여하는 것이 필요하나, 부부, 가족, 가족구성원 개인이 될 수도 있다. 이유는 가족원 개인이 상담에 오더라도 상담의 초점은 여전히 가족관계와 가족역동의 변화에 있기 때문에 개인상담과 구분된다. 따라서 가족상담은 개인상담, 부부상담, 가족상담, 혹은 여러 형태가 혼합된 특성이 있다. 가족상담의 주제는 〈표 4-1〉과 같다.

〈표 4-1〉 가족상담 주제

상담주제	대표적 문제 유형
아동기 행동문제	왕따, 학대 및 방임, 성학대, 부모의 이혼, 부모의 알코올중독, 자녀의 애착 문제, 자녀의 정신장애, 형제자매 간 폭력
청소년기 행동문제	청소년의 행동문제, 자해, 물질중독, 동성애, 반항성장애, 성충동 관련 문제
부부문제	부부폭력, 남성과 여성의 성문제, 불임, 외도, 이혼과 정상 갈등문제, 부부불화, 결혼준비, 사이버 외도 등
가족단위 문제	노인돌봄, 가족원의 분노조절, 소년범 가족, 가족의 경제 문제, 조손가족, 자녀의 죽음, 다문화가정, 임신과 출산, 계부모가족, 동성애 가족
가족구성원의 신체질환 등 문제	비만, 성인 가족원의 암, 치매, 만성질환, 당뇨, 가족구성원의 HIV 감염, 유전병, 파킨슨병
가족구성원의 중독 문제	가족구성원의 알코올, 게임중독, 성중독, 물질남용
가족구성원의 정서적 문제	성인의 애착관계, 아동과 성인의 ADHD, 아스퍼거 증상, 사별, 아동과 성인의 양극성 장애, 경계선 성격장애, 우울증, 식이장애, 강박성 충동장애, 공포증, 성 정체성 문제, 산후우울증, PDSD, 정신분열증, 자살구상 및 시도, 노인의 자살, 강간외상 등

출처: 여성가족부, 한국건강가정진흥원(2015). 가족상담매뉴얼.

2) 가족상담이론

가족상담은 1950년대 미국에서 시작되었다. 세계대전과 산업화의 영향으로 이혼율 증가, 가정불화, 자녀문제 등이 사회문제가 됨에 따라 가족문제 해결을 위해 가족상담이론이 등장하였다.

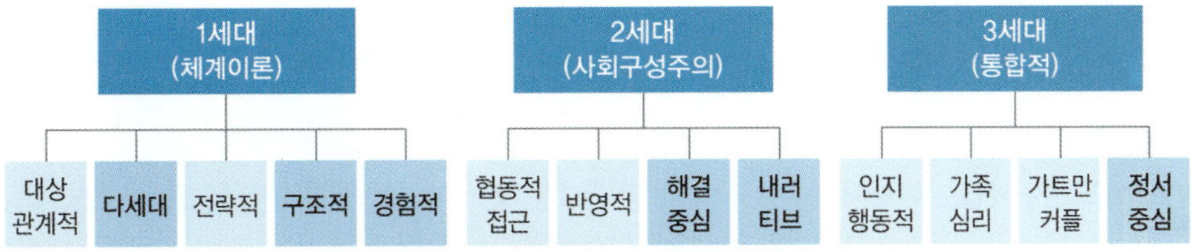

[그림 4-1] 가족상담이론의 역사

출처: 김유숙(2022). 가족상담. 서울: 학지사.

(1) 정신분석적 가족상담이론

정신분석적 가족상담이론은 정신분석이론을 새로운 체계 역동이론으로 전환한 이론이다.

정신분석이론을 가족치료에 접목한 대표적 학자는 애커만(Ackerman, 1966)이다. 그의 저서 『가족생활의 정신역동』에서 '가족은 안정적이고 예측 가능한 경우는 매우 드물며 어려움을 겪는 한 개인을 가족에서 고립시키거나 격리하기보다는 가족 안에서 치료할 때 많은 변화를 할 수 있다고 역설하였다.' 또한 그는 '사람은 혼자 살아가는 존재가 아니기 때문에 개인의 무의식에 대한 정확한 이해를 위해서는 가족상호작용이라는 현실적 맥락에 대한 이해가 선행되어야 한다'고 보았다. 결론적으로 환자를 가족에서 따로 떼어 내어 치료하기보다는 가족과 함께 치료해야 한다고 주장하였다.

그러나 정신역동적 가족상담자의 주된 관심은 어디까지나 개인이다. 가족성원을 무의식적 제약에서 벗어나게 하여 과거의 무의식적 이미지보다는 현실에 기초하여 가족이 건강한 개인으로서 상호작용을 할 수 있도록 돕는 것이다. 정신역동적 가족상담은 현재 나타내고 있는 행동 아래 숨겨진 동기를 표면화하여 통찰력을 키운다.

(2) 다세대 가족치료이론

보웬(Bowen, 1913)은 가족상담이론의 선구자 중 한 사람으로서 기법보다는 이론을 중시하였다. 보웬의 이론은 정신분석학에서 시작되었으며 가족상담 학파 중 인간의 행동과 문제에 대해 가장 포괄적인 관점을 제시하고 있다. 보웬 이론의 핵심 목표는 자아의 분화, 즉 집단으로서의 가족생활에서 비롯되는 강력한 압박 속에서도 자신을 유지시키는 능력을 키우는 것이다. 보웬은 가족 관계망보다는 각 구성원의 사고와 감정을 중시하고 있다.

1940년대 후반 칼 메닝거(Karl Augustus Menninger) 클리닉에서 정신과 의사로 일할 때 정신분열에 관심을 기울이면서 환자와 어머니가 정서적으로 독특하게 민감하다는 사실을 관찰했다. 이것을 '공생'이라 불렀다. 이러한 현상은 어떤 인간관계에서나 볼 수 있는 정서적 반응이 더욱 심화된 것으로 보았다. 정상적인 가족과 병리적인 가족이 따로 있는 것이 아니라 모든 가족이 정서적 융합과 분화라는 연속선상의 한 지점에 놓여 있다는 관점이다. 보웬은 가족을 다세대적 현상으로 보았으며 다세대에 걸친 가족체계의 분석을 통해서 현재 가족의 문제를 파악하려 했다. 주요 개념으로는 자아분화, 삼각관계, 다세대 정서과정, 정서적 단절, 사회적 정서 과정이다.

(3) 구조적 가족상담이론

구조적 가족상담이론은 가족구조의 변화에 초점을 둔다. 가족상담사는 가족을 재구조화해 나가는 과정에 적극적으로 개입하여 가족체계, 위계질서, 규칙, 역할, 협상과 조정으로 변화를 시도하는 이론이다.

구조적 가족상담이론의 대표적 학자는 미누친(Minuch, 1921)이다. 미누친은 사회적 체계로서 가족에 대한 관점을 토대로 가족구조는 변화하고 있는 개방된 사회문화적 체계이며, 가족은 재구조화를 필요로 하는 단계를 거쳐 발달하며 가족 구성원들은 사회심리적 성장 과정을 유지하고 발전시키는 방법으로 환경에 적응하고자 한다는 전제이다.

(4) 대상관계적 가족상담이론

대상관계라는 개념은 프로이트(Freud)가 이미 사용하였으나 이것이 보편적으로 이론화되지는 못했다. 이에 클라인(Klein, 1882) 등은 프로이트의 정신분석이론의 한계를 인식하고 이를 수정 보완하여 대상관계이론을 탄생시켰다.

대상관계이론은 인간들 사이의 상호작용, 즉 대상관계에 강조점을 두는 이론이다. 그러므로 대상관계 가족상담이론은 개인이 관계 상황에서 어떻게 자신과 다른 사람에 대한 표상(representation)을 형성하며, 이러한 표상이 자신과 다른 사람에 대한 지각, 관계 경험과 양식, 정신건강과 병리 등에 어떤 영향을 미치는가를 이해하는 데 매우 중요한 틀을 제공한다.

대상관계이론에서는 인간은 대인관계를 형성하고 유지하고자 하는 욕구를 지니고 있으며, 이러한 관계 욕구는 바로 인간 행동의 동기가 되며 성격 형성의 결정적 요인이라고 보고 있다. 특히 대상관계이론에서는 인생 초기 대상에 대한 관계 경험이 인간의 성격과 행동을 형성하는 데 결정적인 역할을 하는 것으로 보고 있다. 즉, 대상관계이론에서는 초기의 대상과의 관계 경험이 이후 모든 인간관계, 인간행동, 성격을 형성하는 기본 틀이 된다.

(5) 경험적 가족상담이론

경험적 가족상담이론은 1960년대 인본주의적 심리학에서 출발하였다. 개인과 가족의 정서적 경험과 과거 경험보다는 지금-현재 여기에서의 경험에 초점을 두고, 상담자와 가족 사이의 상황 경험을 중시한다. 경험적 가족상담이론의 대표적 학자는 휘태커(Whitaker, 1912)와 사티어(Satir, 1916)이다. 사티어는 정직하고 직접적이며 명확하게 의사소통하는 방법을 발전시켰고, 가족구성원 모두 자존감을 발전시킬 수 있도록 융통적이고 합리적인 가족규칙을 갖게 하는 지침을 만들었다.

경험적 가족상담의 주요 목표는 자아존중감을 높이고, 자기 인생에 대한 스스로 선택권을 갖게 하는 것이다. 그와 더불어 가족규칙을 합리적이고 현실적으로 만들고 내담자의 의사소통 유형을 일치형으로 만드는 것을 목표로 한다.

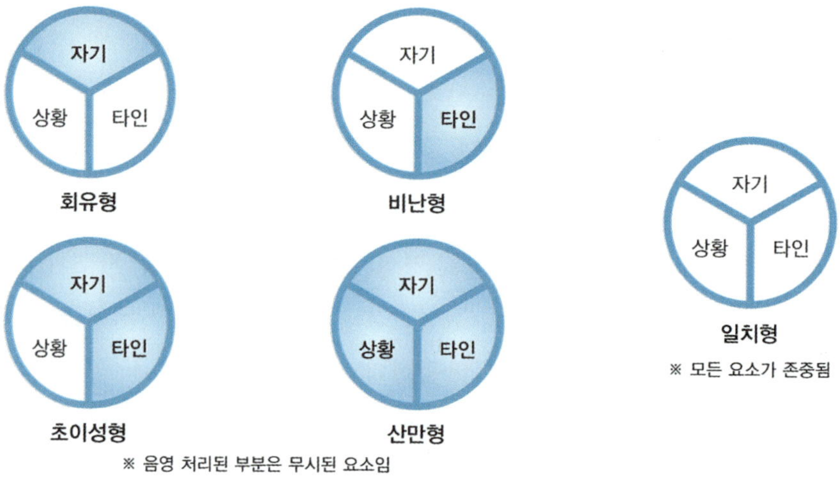

[그림 4-2] 사티어의 의사소통 유형

출처: 정문자 외(2018). 가족치료 이해(3판). 서울: 학지사.

성장에 초점을 두고, 게슈탈트기법, 역할극, 의사소통훈련 등을 활용한 훈련기법 등을 치료과정에 활용하였으며 가족조각, 은유법 등의 기법을 활용하였다.

(6) 전략적 가족상담이론

전략적 가족상담이론은 가족상담 운동과 더불어 시작되었다. 전략적 가족상담이론은 가족의 반복적으로 나타나는 역기능적 행동에 직접적으로 개입하여 변화를 유도한다. 간결한 기법과 단기적이고 효율적인 개입이 이론의 특징이다.

상담의 일차적 목표는 증상 행동의 제거이며, 이차적 목표는 행동을 규제하는 가족체계의 변화이다. 이에 개방형 질문을 통해 내담자 스스로 객관적이며 행동적인 언어로 문제를 분명히 규명시키고 기대하는 구체적인 변화목표를 설정하도록 한다.

대표적 상담기법으로는 증상 처방, 고된 체험기법, 순환 질문, 은유 기법 등이 있다.

(7) 해결중심적 가족상담이론

해결중심적 가족상담이론은 기존의 관점과는 다른 입장에서 문제해결을 시도하였다. 20세기 초 대부분의 사람들이 관심을 가졌던 질문은 '무엇이 문제의 원인인가?'였다. 이러한 질문의 핵심에는 '분명한 문제가 있고 그 문제에는 원인이 있다.'는 인과론적 관점을 전제로 한다. 그러나 해결중심 가족상담가는 문제가 무엇인지 파악하기보다는 가족이 원하는 해결이 무엇인가에 초점을 두어 가족을 도우려 하였다. 왜냐하면 문제를 해결하는 데 반드시 문제가 무엇인가를 밝힐 필요가 없다고 생각했기 때문이다. 그보다는 치료를 통해 가족이 기대하는 미래가 어떤 것인가를 분명하게 하는 것이 가족에게 더욱 도움이 된다고 보았다.

해결중심적 가족상담이론의 핵심 인물로는 드세이저(Deshazer, 1940)와 김인수(Berg, 1934) 부부이다. 그들은 MRI에서 쌓은 훈련과 치료 경험을 근거로 해결중심적 가족상담이론을 발달시켰다.

해결중심적 가족상담의 목표는 도움을 받으러 온 가족의 만족한 생활을 지원하기 위해, 현재 하고 있는 것과는 다르게 생각하게 하여 현재 가족문제를 해결하는 데 있다. 즉, 성공하지 못한 해결방안보다는 과거에 이미 성공했던 해결방안에 관해 다루면서, 효과가 없는 것에 몰두해 있는 가족의 생각을 바꾸게 하는 것이다.

3. 다문화가정의 특성

1) 다문화가정 어머니의 특성

다문화가정 어머니는 이주와 결혼이라는 생활상의 커다란 변화를 동시에 겪는다. 한국이라는 낯선 사회에 대한 문화적응뿐만 아니라 한국사회의 가족구성원으로서 결혼생활 등 일상생활의 변화에 따른 고도의 재적응이 필요하다. 또한 한국에 입국한 지 얼마 지나지 않아 자녀를 출산한 다문화가정 어머니일 경우 적응에 대한 무게가 더 해지고 있다.

영유아기 다문화가정 어머니들이 겪는 공통적인 어려움은 다음과 같다(이정은, 2014).

첫째, 영유아기 다문화가정 어머니는 문화적응에 어려움을 겪는다. 다문화가정의 어머니들은 출신국과 한국에서의 여성 지위가 달라 갈등과 혼란을 경험하는 경우가 많다. 한국사회의 가부장성 가정 분위기, 고정된 성 역할, 여성들의 과중한 가사 노동과 자녀양육에 대한 부담 때문에 부부갈등을 빚게 된다.

둘째, 영유아기 다문화가정 어머니는 어린이집과의 의사소통이 거의 되지 않으며, 실제로 모국에서 어린이집을 경험한 사례도 많지 않다. 어린이집에 대한 경험이라고는 먼저 온 고향 친구들이나 선배들에게 들은 이야기가 전부이다. 따라서 다문화가정 어머니들은 자녀를 어린이집에 보내면서 여러 가지 고충을 겪고 있다. 특히 의사소통의 기본적인 도구인 언어가 공유되지 않는 상황이기 때문에 다문화가정의 어머니와 교사는 의사소통의 기회가 줄게 됨에 따라 심리적 거리감이 생길 수밖에 없는 현실이다.

셋째, 영유아기 다문화가정 어머니는 자녀양육과 관련하여 어려움을 겪는다. 다문화가정 어머니들은 한국어에 대한 이해 부족, 자녀 문제행동에 대한 이해 부족, 남편이나 가정에서의 지원 부족으로 인하여 자녀양육에 큰 어려움을 겪고 있다. 이러한 다문화가정 어머니들의 자녀양육에 대한 어려움과 불안감은 심리적 위축과 자녀교육에 대한 자신감 부족으로 이어져 또 다른 문제를 발생시키기도 한다. 이는 결국 자녀교육의 효율성을 저해하며, 자녀와 어머니의 상호작용에서 자녀들이 보이게 되는 무시와 불신으로 나타나 장기적으로 다문화가정 자녀의 성장에 부정적인 영향을 미치게 된다.

다문화가정 어머니들은 결혼과 동시에 새로운 문화에 적응해야 하고, 한국에서의 자녀교육에 대한 정보 부족과 경험 부족, 자녀를 양육하는 과정에서 가정의 지원 부족과 경제적인 어려움으로 인해 삼중의 생활고를 겪고 있다. 이에 다문화가정 어머니들의 삶이 긍정적으로 변화될 수 있도록 부모교육, 부모상담 지원이 필요하다.

2) 다문화가정 아버지의 특성

최예지(2016)의 연구에 의하면 국제결혼을 선택한 다문화가정 아버지들 다수는 경제적 어려움을 겪고 있는 것으로 나타났다. 경제적, 사회적 기반의 취약성은 충분히 좋은 아버지로서의 역할을 수행하기 어렵고, 아버지로서의 역할에 대한 교육 기회 부족과 외국인 아내와의 문화적인 갈등으로 인해 어려움을 겪게 된다. 다른 문화의 두 사람이 만나 하나의 가정을 이끌어 가면서 나타나는 문화적 차이들은 각자에게 스트레스로 다가올 수 있으며, 주변의 부정적인 시선 등에서 느끼는 스트레스는 여성 배우자뿐 아니라 남성 배우자에게도 가족관계 유지에 있어서 중요한 요인으로 작용할 것이다. 이는 자녀를 양육하는 과정에서 문제 요인으로 작용할 수 있다.

영유아의 발달에 있어 가장 중요한 환경은 가정이며, 가정환경 내에서도 부모는 영유아의 발달에 있어 가장 영향력 있는 요소이다. 따라서 아버지는 영유아의 모델이 되고, 영유아의 또래와의 사회성 관계 형성에 중요한 역할을 하여야 한다. 램(Lamb, 1975)은 아버지가 자녀양육에 참여하는 정도가 많을수록 영유아의 지적, 사회적 발달이 촉진되며, 감정이입 능력이 발달하고, 정형화된 성 고정관념에서 탈피하게 된다고 하였다.

여성가족부(2021)의 실태조사에 의하면 다문화가정 아버지의 가족 돌봄 시간은 어머니에 비해 현저히 낮은 것으로 나타났다. 그리고 다문화가정 아버지도 육아에 참여는 하지만 주로 '놀아 주기'에 한정되며 이를 제외한 대부분의 육아 활동은 어머니들이 수행하는 것으로 나타났다. 따라서 아버지 교육상담을 통해 양육에 적극적으로 참여할 수 있는 기회를 제공함이 필요하다.

3) 다문화가정 조부모의 특성

보건복지부(2018)의 전국 보육실태 조사에 의하면 '영유아를 낮 시간 동안 가장 많이 돌보는 사람', 즉 '주양육자'에 대해 조부모가 돌보는 비율이 5.5%로 나타났다. 또한 외조부모가 돌보는 비율은 3.3%로 다소 높은 것으로 나타났다.

결혼이민자 여성들은 한국에 와서 자신에게 일어난 가장 좋은 일을 자녀의 출생이라고 한다. 자녀는 결혼이민자 여성들이 한국 생활을 하는 데 심리적 거점이 되고, 희망이 되기도 한다. 그렇지만 자녀양육을 위한 외부 지원에 있어서는 제한적이다. 비다문화가정의 경우, 손자녀양육에 있어 외조부모의 비율이 높지만, 다문화가정은 최근에는 친정 부모님을 초청하여 자녀돌봄을 지원받고 있는 가정이 증가하고는 있으나 친정 부모님의 한국어 실력 부족으로 완전한 돌봄자 역할 수행에는 제한이 있다.

이러한 상황에서 결혼이민자 여성의 시부모의 양육지원은 매우 중요한 요소이다. 실제로 다문화가정의 경우 내국인 간의 결혼에 의한 가정과 비교할 때 시가족과 동거하는 확대가족의 비율이 높다. 특히 결혼이주여성이 시부모와 동거하는 가족의 형태는 도시지역에 비해 농촌 지역이 3배 이상 많은 것으로 나타나고 있다(강혜경, 어성연, 2015).

그러나 시부모와의 동거는 상대적으로 마찰 비율이 높은 것으로 나타난다. 이유는 아직 한국사회는 가부장적 문화가 여전히 잔존해 있기 때문이다. 또한 문화적 차이와 가치관 차이로 인해 자녀양육 방법에 있어 갈등이 발생된다. 게다가 내국인 간 결혼에서 나타나는 며느리-시모의 연령 차보다 훨씬 큰 나이 차이로 인해 세대적 갈등이 심화되고 있다.

영유아의 성장발달에 있어 양육자의 일관적인 양육태도는 매우 중요한 요소이다. 어머니와 다른 가족구성원의 양육방식이 다른 경우 안정적인 애착을 형성하기 어렵고 성장하면서 불안과 혼란을 겪게 된다. 이에 다문화가정 자녀를 양육하고 있는 조부모 대상 교육과 상담 등 다각적 차원의 지원이 필요하다.

4. 다문화가정의 가족상담

1) 다문화가정 부모상담의 이해

일반적으로 상담이란 도움을 필요로 하는 사람(내담자)과 도움을 줄 수 있는 사람(상담자) 사이의 상호작용을 통하여 내담자의 문제를 해결해 나가는 과정을 말한다. 누구나 살아가면서 스스로 해결할 수 없는 문제에 직면하게 되는데, 이러한 문제를 해결하고자 전문적인 지식과 상담 훈련을 받은 사람과의 상담을 통해 문제를 해결한다. 부모상담이란 영유아의 문제를 해결하기 위해 부모나 교사가 전문가와 자녀 문제를 가지고 대화를 통해 조언을 구하는 것을 말한다. 즉, 영유아의 문제로 인해 도움을 필요로 하는 부모가 전문적 훈련을 받은 교사나 부모상담 전문가와 대면 관계를 통해 자녀의 문제해결 및 사고, 행동, 정서 성장을 위해 노력하는 과정을 말한다. 영유아는 아직 자신의 문제를 스스로 해결할 수 없기 때문에 부모와의 상담에 의존할 수밖에 없다. 영유아기 자녀의 문제행동 해결 및 개선을 위해 부모상담은 필수적이다.

다문화가정 부모상담이란 문화적 배경이 다른 내담자에게 서구적 사고나 생활 습관을 동일하게 적용한 획일적 상담기법에서 벗어나 부모들이 자녀를 양육하는 데 매우 큰 영향을 미치고 있음을 인식시키고, 다문화가정 부모로서의 문화적응 문제와 한국어 습득 문제, 경제적인 어려움과 육아 및 자녀 교육문제, 사회적 연계와 지지망의 결핍 등의 문제들을 세밀하게 다루어 주는 것을 말한다. 이에 다문화가정 부모상담사는 편견과 차별 없이 자연스럽게 수용해야 하고, 이중문화 정체성을 긍정적으로 발달할 수 있도록 도와야 하며, 상호문화 존중의 관용적인 태도를 지녀야 한다. 또한, 다문화가정의 가족, 지역사회, 문화, 가족 안에서 나타나는 발달 수준 등 다양한 부분을 고려해야 한다. 그들의 사고와 신념 그리고 경험을 이해할 수 있는 상담자의 능력과 문화적 민감성 등은 다문화가정 상담자에게 요구되는 매우 중요한 요소이다(여성가족부, 2015).

2) 다문화가정 부모상담의 필요성

부모는 영유아의 성장과 발달에 가장 큰 영향을 미칠 뿐 아니라 부모는 영유아를 양육하고 교육하는 핵심적인 역할을 한다. 부모의 양육 태도와 삶의 방식은 영유아의 일상적인 행동과 성격 형성에 영향을 미치며, 아버지가 자녀양육에 참여하는 정도가 많을수록 영유아의 지적, 사회적 발달이 촉진되며, 감정이입 능력이 발달하고, 정형화된 성 고정관념에서 탈피하게 된다고 하였다. 영유아의 자아상이나 가치관에 영향을 주게 된다. 특히 영유아기에 나타나는 문제행동이나 심리 정서적인 문제들은 부모의 심리적인 문제와 연관이 있으며, 영유아의 문제를 해결하기 위해서는 부모의 협력과 도움이 절대적으로 필요하다. 이에 부모 대상 정서적 지원과 부모자녀 관계 증진을 돕기 위한 부모상담이 필요하다.

다문화사회가 진행되면서 어린이집에 다양한 배경을 가지고 있는 가정의 자녀가 재원하게 되면서, 다문화가정의 인종, 민족, 생활양식 등과 같은 문화적 요인을 고려한 다문화가정 부모상담에 대한 필요성이 활발히 제기되고 있다. 다문화가정 대다수는 결혼이민자 여성 가정으로 이들이 겪는 대표적인 문제점은 인종차별, 경제적 문제, 문화 차이, 자녀교육 그리고 언어소통 등이 있다. 특히 언어소통으로 인한 문제는 자녀의 보육 및 교육에 있어서 스스로 할 수 있는 역할이 없다고 생각하면서 무능력한 어머니가 되어 자존감이 저하될 수 있다. 또한, 문화 차이로 인한 문제로 인해 가족 내부에서부터 긴장과 갈등이 발생하게 되고, 앞서 제시하였지만 대부분의 결혼이주여성들은 한국문화에 적응도 하기 전에 임신과 출산을 경험함으로써 부모됨의 준비가 부족하다. 이는 사회 적응에 스트레스가 되고 자녀양육 부담으로 이어진다. 게다가 결혼이민자 어머니들은 비다문화가정의 어머니에 비해 전반적인 양육 능력이 부족하고, 특히 학습지도 능력이 낮은 것으로 나타나고 있다(채경란, 2023). 이는 심한 경우, 자신에 대한 무력감으로 발전할 수 있고, 자녀양육에도 부정적인 영향을 미치게 된다. 영유아의 개인차와 민감기 안내, 일관적 양육 방법 안내, 영유아의 행동을 지지하는 방법 안내를 위한 부모상담의 필요성이 제기된다.

3) 다문화가정 상담 방법 및 기법

(1) 다문화가정 상담 방법

다문화가정을 위한 상담 방법은 다음과 같다(여성가족부, 2015).

첫째, 다문화가정은 이중문화의 존재로 인해 갈등이 빚어지기 쉽기 때문에 상담사는 문화를 기반으로 하는 상담을 하여야 한다.

둘째, 문제의 원인보다 체계적 조망이 필요하다. 다문화가정이 제시한 현실적인 문제와 해결보다는 가족과 가족을 둘러싼 환경에 대한 체계적인 조망이 필요하다.

셋째, 다문화가정의 가족발달주기를 고려한 상담이 필요하다. 다문화가정의 거주기간과 결혼기간이 길어지면서 가족발달주기가 변화하고 이에 따라 가족유형과 가족구조에도 많은 변화가 일어나고 있다.

넷째, 다양한 상담적 접근 방법이 필요하다. 다문화가정 상담은 내담자 혹은 내담자 가족의 언어능력이 상대적으로 부족하기 때문에, 놀이치료, 미술치료, 음악치료 등 다양한 치료기법으로 접근함이 필요하다.

다섯째, 상담 외에 교육, 정보제공 등을 제공한다. 다문화가정 상담은 내담자의 정서문제, 부적응 행동, 정신과적 병리 등의 상담도 중요하지만, 다문화가정의 문제 예방과 성장을 도울 수 있는 교육상담, 정보제공 및 서비스 연결도 중요한 요소이다.

여섯째, 통합적 서비스개념이 요구된다. 다문화가정이 필요한 서비스(의료, 법률, 학습, 사회복지서비스)를 지역사회 내에서 안전하게 받을 수 있도록 다문화 네트워크를 구축하고 연계자원을 활용하는 활동이 필요하다.

(2) 상담 기법

① 공감적 이해

공감적 이해는 상담자가 다문화가정 부모의 입장이 되어 다문화가정 부모의 세계를 이해하는 것을 말한다. 다문화가정 부모가 지니고 있는 생각과 느낌의 틀로 다문화가정 부모의 생각과 감정을 이해하는 마음과 자세를 지니는 것을 말한다. 상담자가 내담자와 대화할 때 공감적 이해의 태도와 행동을 보여 주면 내담자는 자신이 이해받고 있다는 느낌을 갖게 되어 상담자를 보다 신뢰하게 되어, 자신을 깊이 드러내 보이며 결과적으로 상담자와 다문화가정 부모 간에 촉진적인 관계가 형성될 수 있고, 다문화가정 부모는 자신을 더욱 깊게 탐색할 수 있게 된다.

② 존중

존중은 상대방을 전적으로 믿고 신뢰하는 것이다. 인간의 행동은 때로는 좋은 결과를 낳기도 하고, 때로는 그렇지 않은 결과를 낳기도 한다. 존중은 행동 결과에 따라 그 사람의 가치를 정하는 것이 아니라 그 사람에 대한 한결 같은 믿음으로 그 사람의 존재를 인정해 주는 것을 말한다. 존중을 받은 내담자는 자신을 귀중하게 바라보는 자세를 취하게 된다.

③ 순수성

순수성은 일치성이라고도 하며, 상담관계에서 상담자가 순간순간 경험하는 자신의 감정이나 태도를 있는 그대로 진솔하게 인정하고 개방하는 것을 말한다. 내담자 앞에서 순수성을 유지하면서도 내담자의 성장을 촉진하기 위해서 상담자는 높은 수준의 자각, 자기수용, 자기 신뢰, 그리고 인간에 대한 애정을 갖추는 것이 무엇보다 중요하다.

④ 질문

질문은 상담과정에서 문제, 내담자의 상황, 변화 가능성을 탐색하기 위해 사용한다. 같은 내용을 묻는 질문이라 하더라도 개방적인 질문으로 하느냐 폐쇄적인 질문으로 하느냐에 따라 내담자의 대답과 자기 탐색 그리고 그 질문으로 인해 내담자가 받는 영향이 달라진다.

개방적 질문은 상담과정에서 내담자의 내면세계를 탐색하는 데 필요한 질문이고, 이에 비해 폐쇄적 질문은 정확한 정보를 얻거나 확실한 의사결정을 이끌어 내고 싶을 때 사용한다.

- 개방적 질문의 예: 부모님이 이혼하시게 되었군요. 그것으로 인해 아이의 마음은 어떠했을까요?
- 폐쇄적 질문의 예: 부모님이 이혼하시게 되어, 아이가 슬퍼했나요?

출처: 교육과학부(2013). 교사를 위한 다문화 학부모 상담 길라잡이.

(3) 다문화가정 부모상담 과정

다문화가정 부모상담 절차는 상담일정 안내, 상담자료 수집, 상담실 환경 준비, 상담, 상담일지 작성의 과정으로 진행된다.

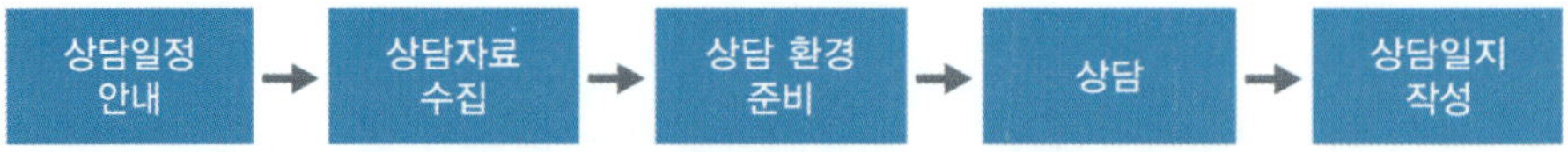

[그림 4-3] 다문화가정 부모상담 과정

출처: 어린이집안전공제회, 한국보육진흥원(2019). 다문화보육과정 컨설팅 매뉴얼.

① 상담일정 및 안내

- 상담이 가능한 날짜와 상담방법(방문상담, 전화상담 등)을 의논한다.
- 필요시 영유아 양육에 참여하는 다른 가족상담 참여를 권유한다.
- 한국어 수준을 사전에 점검하여 상담 시 통역 필요 여부를 파악한다.

② 상담자료 수집

- 입학원서, 가정환경 등 영유아 관련 서류를 사전 점검한다.
- 영유아의 신체, 언어, 인지, 정서, 사회성 발달 등 각 영역의 내용을 정리한다.
- 영유아의 교우관계도 등을 작성해 보고 교우관계를 파악한다.
- 다문화가정의 종교 및 문화 관련 자료를 수집한다.

③ 상담실 환경 준비

- 편안하고 안정감 있는 분위기 조성과 필요한 물품(음료, 휴지 등)을 점검한다.
- 상담실 공간을 정리한다.
- 상담자료를 점검하고 필요시 영유아의 작품이나 사진 등을 준비한다.
- 상담 안내문(상담장소, 일시) 등을 번역하여 입구에 게시한다.
- 통역사가 함께 참여하는 경우 사전에 확인 점검한다.

④ 상담

- 상담실에 들어오면 가족원 각자 원하는 대로 자리를 잡도록 한다.
- 다문화가정 부모 나라의 간단한 언어(인사말 등)가 가능하면 천천히 이야

기한다.

- 상담의 취지 및 진행순서를 안내하며 영유아의 최근 이야기, 관심거리 등으로 상담을 시작한다.
- 통역이 필요하면 상담사가 먼저 이야기한 후 통역하도록 한다.
- 원내에서의 생활, 문제가정, 가정에서의 생활, 궁금한 사항, 가정연계가 필요한 사항 등을 이야기 나눈다. 이때 상담자는 진정성, 공감적 이해, 무조건적 존중의 태도를 보인다.

⑤ 상담일지 작성

- 상담 시 나눈 이야기 기록 및 향후 방향을 모색한다.
- 다문화가정 부모의 요구 및 지원이 필요한 부분이 있으면 기록하고 보다 전문기관의 연계가 필요하면 전문기관과의 연계를 도모한다.

4) 다문화가정의 부모상담에서 유의점

다문화가정 부모상담에 있어 유의할 점은 다음과 같다.

첫째, 다문화가정을 상담하기 전 상담사의 다문화 인식을 다시 한번 점검해 보아야 한다. 상담사들이 특정 문화나 국가에 대한 편견이 있으면 상담의 효과는 없다. 다문화 관련 교육을 받은 상담사는 그렇지 않은 상담사에 비해 다문화에 대한 편견과 고정관념이 적고, 다문화가정에 대해 긍정적으로 인식하므로 상담사를 대상으로 하는 다문화교육을 지속적으로 받는 것이 필요하다.

둘째, 해당 국가의 양육문화에 대한 기초지식 습득해야 한다. 다른 나라의 양육방식을 상담사가 미리 조사한 뒤 부모와 이야기를 나누면 쉽게 라포가 형성되어 소통이 용이해질 수 있다.

셋째, 구체적이고 실제적인 정보를 제공한다. 가정 내 양육을 위해 육아종합지원센터를 이용하는 방법, 번역기 사용 방법, e 알림장 사용법 등 다양한 정보를 제공한다.

넷째, 부모의 양육방식에 대해 긍정적인 태도를 갖는다. 대부분의 부모는 자기 자녀의 작은 문제를 큰 문제로 지각하는 경우가 있다. 모든 부모가 자녀 양육에 대한 어려움을 가지고 있는 것을 인식시켜 주고, 부모가 잘하고 있는 부분을 격려해 준다. 이를 통해 다문화가정 부모는 자신감이 향상된다.

다섯째, 모든 종류의 질문을 허용한다. 다른 문화권에서 살다가 온 사람들은 어린이집 결제 방법, 어린이집 준비물 챙기기, 옷 입히기, 한글맞춤법 공부하기 등 모든 것을 다 모를 수 있기 때문에 상담사는 먼저 모든 질문을 수용하겠다는 자세를 가지고 있어야 한다.

5) 다문화가정 상담의 비밀유지

상담사의 윤리에 있어 비밀보장의 원칙은 매우 중요한 요소이다.

'비밀'의 사전적인 의미는 '숨기어 남에게 드러내거나 알리지 말아야 할 일 또는 밝혀지지 않았거나 알려지지 않은 내용'을 말하며, '보장'은 '어려움 없이 이루어지도록 조건을 마련하여 보증하거나 보호함'을 뜻한다(국립국어원, 2018).

상담에서의 비밀보장은 상담자가 내담자의 사생활을 존중해 주어야 할 의무를 뜻하며, 상담자가 상담 중 알게 된 내담자에 대한 정보를 존중하여 알려지지 않도록 보호하는 것을 말한다. 내담자가 상담을 받고 있다는 것 자체와 내담자가 상담에서 이야기한 내용을 내담자에게 동의를 얻지 못할 경우 제3자에게 공개하지 않겠다는 약속을 의미하는 것이 상담에서의 비밀보장이다.

비밀보장이 상담에서 중요한 이유는 상담 중에 알게 된 내담자의 정보를 상담자가 비밀보장해 줄 것을 내담자가 확신할 때, 내담자는 솔직하게 자신의 이야기를 상담자에게 털어놓을 수 있기 때문이다. 만약 상담자가 상담을 통해 알게 된 내담자에 관한 정보를 제3자에게 누설할 경우, 내담자는 상담자에게 신뢰를 잃고 자신의 이야기를 솔직하게 이야기하지 않을 것이며, 그렇게 되면 효과적인 상담과 치료를 기대하기 어렵게 된다.

상담자가 상담 내용에 대해 비밀을 지켜 주는 것은 내담자가 상담자에 대해서 신뢰를 형성하고 내담자의 문제해결을 촉진하는 데 필수적인 요소이다. 상담자가 내담자의 상담 내용에 대해 비밀을 보장해 주지 않는다면 상담을 통해 도움을 받으려고 했던 내담자는 오히려 더 큰 정신적 피해와 심리적 충격을 받을 수 있다.

이처럼 상담자가 내담자의 사생활을 보호해 주고 비밀을 보장해 주는 것은 상담자가 기본적으로 지켜야 할 원칙이자, 윤리적이고 법적인 의무이다. 따라서 상담자는 특별한 비밀보장 예외 상황을 제외하고는 내담자의 상담 내용을 절대로 누설하지 않아 내담자의 사생활을 보호할 수 있도록 최선의 노력을 다해야 한다.

5. 다문화가정 상담자의 역할과 역량

1) 역할

다문화가정 상담자의 역할을 다음과 같다(여성가족부, 2015).

① 다문화가정과 다차원적인 신뢰관계를 형성하라.

내담자 가족과 신뢰관계 형성은 일반상담에서도 매우 중요한 요소이다. 그러나 다문화가정 상담자와 내담자, 상담자와 내담자 가족과의 관계 형성도 중요하다.

② 다문화가정의 역량 강화와 자립에 초점을 둔다.

다문화가정 상담의 특성은 단 회기 상담으로 문제해결 중심의 상담이 될 수 있다. 상담사 혹은 상담 기관이 문제해결사로 기능할 수 있다. 다문화가정 스스로

가 제시된 문제를 해결하고 역량을 강화하고 문제해결 능력을 키워 나가도록 상담의 목표를 설정하는 것은 중요하다.

③ 비밀보장에 대한 준수와 한계를 명확히 하라.

상담자는 내담자의 정보와 상담 내용에 대한 비밀보장의 의무가 있다. 그러나 다문화가정 상담의 특성상 통번역과 함께 상담을 진행하거나, 기관 내 교육을 병행하는 경우가 많아 비밀보장에 대한 준수가 쉽지 않다. 그럼에도 상담 구조화를 통해 비밀보장의 윤리 원칙에 대해 공지하고 이에 대한 범위와 한계를 명확히 하도록 한다.

④ 성숙하지 않은 조언은 피하라.

다문화가정 상담의 많은 경력은 유능한 상담자가 될 수도 있지만, 상담자의 상담 경험과 선입견 때문에 섣부른 충고와 해결책을 제시하는 경우가 있다. 정보제공, 생활지도, 멘토의 역할이 중복되는 다문화가정 상담의 특성으로 인해 상담자로서의 역할보다는 코칭, 훈계, 조언하려는 경향이 있다.

⑤ 지나친 의욕은 오히려 독이 될 수 있다.

다문화가정 대다수는 사회경제적으로 취약계층이 많다. 상담자는 누구보다도 어려운 처지에 있는 사람을 도와주려는 욕구가 강하다. 이로 인해 다문화가정 상담자는 지나친 의욕이 앞서는 경우가 있다. 상담자는 자신의 한계와 능력을 알고 그 범위 안에서 상담을 할 수 있어야 한다.

2) 역량

역량이란 사전적 의미로는 '어떤 일을 해낼 수 있는 힘'을 말한다. 다문화가정은 한 가족 내에서 다양한 문화가 공존하고 있다는 의미로 해석할 때 그 범위는 매우 넓고 다양하다. 따라서 다문화가정 상담사는 문화 수용 능력, 사회 · 문화 · 역사에 대한 관심, 융통성(유연성), 독특성과 공통성의 가치, 선입견 배제, 타 문화에 대한 관심과 지식, 일상의 의미 통찰 등의 역량이 필요하다.

문화수용 능력이란 상담자 자신의 문화적 특징을 유지하면서도 내담자의 세계관을 환영하고 이해하고 칭찬할 수 있는 능력을 말한다. 상담자는 스스로의 개성을 존중하되 내담자가 자신과 다른 사고방식을 보일 경우에도 긍정적인 태도로 수용하며, 좋은 점을 찾아낼 수 있는 열린 자세가 필요하다. 사회 · 문화 · 역사에 대한 관심은 개인과 상황에 영향을 주는 사회적, 역사적, 종교적, 정치적, 경제적인 영향에 대하여 인식할 수 있어야 한다는 것이다. 다문화가정 상담에서는 개인을 사회체제 속의 한 유기체로서 본다. 사회와의 상호작용 속에서 개인은 자신의 행동을 선택하고, 행동은 사회의 영향을 많이 받는다. 다문화가정 부모가 호소하는 문제 속에 이러한 인종 · 민족, 그리고 사회경제적인 배경으로 인한 차별과 억압이 있는지 민감하게 감지해야 한다.

융통성(유연성)은 특정한 사람의 삶의 상황에 융통성 있게 반응할 수 있는 능력을 말한다. 다문화가정 부모를 상담할 때, 상담이론에 의존적이기보다는 현재 문제를 호소하는 부모의 상황을 일차적인 자원으로 여겨서 기존의 상담이론들을 활용하는 것이다. 이론보다 사람을 먼저 보려는 태도가 필요하다. 독특성과 공통성의 가치는 다문화가정 부모는 각자의 고유한 특성을 가지고 있으며, 공통적 특성도 보인다는 것이다. 독특성과 공통성의 가치를 인정하는 자세 필요하다. 선입견 배제는 주류문화의 잘못된 편견을 발견하고 버릴 수 있는 자세를 지녀야 한다는 것이다. 상담사는 수시로 다문화가정에 대하여 자신이 가졌던 생각이나 선입견의 타당성을 의문시하며 기꺼이 버릴 줄 알아야 한다.

타 문화에 대한 관심과 지식은 다른 사람들의 역사적 전통에 대한 가치를 탐구하고, 자신의 전통에 적용해 볼 수 있는 자세를 지녀야 한다는 것이다. 다문화가정 사람들의 문화, 역사를 공부하면서 거기에서 발견되는 가치관을 자신의 가치관과 비교 분석하고 탐구하는 자세가 필요하다. 일상의 의미 통찰은 일상생활이나 상담을 통해 새롭게 발견되는 것들을 환영하고, 그 의미를 통찰한다는 것이다.

6. 다문화가정 상담의 실제

1) 상담일지

(1) 다문화가정 상담 접수(Intake)

다문화가족 상담인테이크 면접지

1-1. 주사례 개요

가구번호	15-○○○	국적		의뢰일시	년 월 일
성명		성별	□ 남 □ 여	주민등록번호	(만 세)
주소				연락처	
결혼상태	□ 미혼 □ 기혼 □ 이혼 □ 재혼 □ 사별 □ 기타 ( )			최종학력	
의뢰사유	국적취득 문제			의뢰기관	

사례 담당자		사례분류	유형	
			정보제공	□ 단순정보 □ 기관연계
			심리 · 정서지원	□ 개인 □ 가족 □ 기타

1-2. 가족관련 정보

세대주	성명		성별	□ 남 □ 여	
	주소		전화번호	(집) (H.P)	
	방문/연락 가능시간		비상 연락처	(성명)	(관계)
				(전화번호)	

가족사항	연번	관계	성명	생년월일	직업	학력	장애/질병 유무	동거 여부	비고
	1								
	2								
	3								
	4								
	5								

세대 유형	□ 수급자 □ 조건부수급자 □ 차상위 □ 기타 저소득( )	종교	
	□ 건강보험 □ 의료급여 1종 □ 의료급여 2종 □ 기타( )		

소득현황	총월소득		지출현황	총월지출	
	주요 소득원			주요 지출내역	

1-3. 자녀양육 관련 정보

구분	항목	내용
자녀 양육 환경	자녀의 성별/연령	성별 남( ) / 여( ) / 연령 (학년)
	주양육자	□ 모 □ 부 □ 조모 □ 조부 □ 친척( ) □ 기타( )
	주양육자 취업형태	□ 가사 □ 취업 □ 기타( )
	자녀의 가정생활습관	1. 매우 좋음 2. 좋음 3. 보통 4. 나쁨 5. 매우 나쁨
학교 생활	학교 적응상태	1. 매우 좋음 2. 좋음 3. 보통 4. 나쁨 5. 매우 나쁨
	학업수행능력	1. 매우 좋음 2. 좋음 3. 보통 4. 나쁨 5. 매우 나쁨
	문제경험	□ 없음 □ 상습결석/지각 □ 성적 부진 □ 수업태도 불량/산만 □ 폭력(피해/가해) □ 도벽 □ 집단따돌림(피해/가해) □ 인터넷/게임중독 □ 기타( )
자녀양육 관련 원하는 도움/특이사항		

1-4. 가족건강 관련 정보

구분	항목	내용
가족의 현재 건강 상태	※ 가족구성원들의 현재 전반적인 건강상태에 대해서 작성하시고 특이사항이 있는 가족에 대해서는 구체적으로 작성해 주세요.	
	가족의 전반적인 건강상태	□ 매우 양호 □ 양호 □ 보통 □ 나쁨 □ 매우 나쁨
원하는 건강 관련 도움/특이사항		

출처: 여성가족부(2015). 다문화가족상담 매뉴얼.

(2) 가족환경 사정지

■ 가구번호: 20 – ■ 내담자번호: 20 –

작성일지	20○○년 ○○월 ○○일			작성자(상담자)	
성명		성별		연령	

위험도사정	가족 · 환경 관련 위험도 평가			
	□ 위기개입	□ 고위험	□ 중위험	□ 저위험

	문항	문제 없음	주의 요망	문제 있음
가족 구조	결혼형태(□ 기혼 □ 이혼/별거 □ 재혼 □ 기타)			
	소견: 특이사항 없음			
	문항	문제 없음	주의 요망	문제 있음
가족 문제	가족(배우자, 자녀, 부모 등)에 대한 구타와 욕설 등 신체적, 정서적 학대가 있다.			
	배우자(자녀)에 대한 신체적, 의료적, 교육적 방임이 있다.			
	부부갈등이 심각하다.			
	소견: 특이사항 없음			
	문항	문제 없음	주의 요망	문제 있음
장애와 질환	배우자(보호자)가 정신분열증이나 정신지체 등 같은 정신장애가 있다.			
	배우자(보호자)가 신체장애가 있다.			
	배우자(보호자)가 신장병, 당뇨병 등 만성적인 신체질환이 있다.			
	소견: 특이사항 없음			
	문항	문제 없음	주의 요망	문제 있음
주거 환경	가정환경의 위생상태가 불량하다.			
	주거의 안전상태가 불량하다.			
	안정적인 주거가 없다.			
	소견: 특이사항 없음			
가족의 강점				
기타	〈상기 내용 이외에 가족 관련 중요 문제와 욕구가 있을 경우 기록〉			

출처: 여성가족부(2015). 다문화가족상담 매뉴얼.

(3) 초기상담 기록지

초기상담 기록지

사례번호	00–000	상담일자	년 월 일	상담 시간		오전/오후 00:00~00:00	
이름		연령		성별		상담자	
직업		학력		국적		종교	
주소							
연락처				비상연락처			
결혼상태	□ 미혼 □ 기혼 □ 별거 □ 이혼 □ 재혼 □ 기타( )						
상담형태	□ 정보제공 상담 □ 심리정서지원 상담						
상담유형	□ 가족상담 □ 개인상담 □ 부부상담 □ 부모–자녀 양육상담 □ 부모상담						

가족사항				
이름	연령	관계	직업	동거유무
○○○				
○○○				
○○○				

현재 가족 또는 개인이 경험하고 있는 주요문제

현재 나타나고 있는 문제들의 경과

상담경험 유 □ 무 ■		
실시기관	상담기간	상담이유

상담 시 가족의 참여여부	■ 예 □ 아니요
참여할 수 없다면 그 이유는?	

출처: 여성가족부(2015). 다문화가족상담 매뉴얼.

(4) 상담동의서

상담동의서

- 상담자와 내담자 ○○○는(은) 상담기간 동안 성실하게 상담에 참여할 것을 다짐합니다.
- 상담내용에 관해서 상담자와 내담자의 동의 없이는 어떤 내용도 발설하지 않도록 비밀보장을 약속합니다.
- 내담자 ○○○는(은) 상담 내용에 대해서 내담자의 동의하에 (녹음, 녹화)할 것을 허락합니다.
- 내담자 ○○○는(은) 현재 가족이 가지는 문제해결을 방해하는 행동은 가능한 하지 않을 것입니다. 또한 상담자와의 약속을 지키며, 나 자신의 발전을 위해 노력합니다.
- 사전 연락이 없이 상담 시간에 늦을 경우에는 약속된 상담 시간에 한해서 상담을 받을 수 있습니다. 부득이한 사정에 의하여 상담 시간을 변경해야 하는 경우 24시간 전에 미리 연락을 해야 합니다.
- 상담자는 내담자가 자신과 타인을 상해할 여지가 있다고 판단되는 경우 이 사실을 가족에게 알릴 수 있고, 법원 기관을 통해 자료 제출 요청이 있을 시 상담과정에 대한 정보를 제공할 수 있음을 동의합니다.

________년 ________월 ________일

상담자 ○○○ (서명)

내담자 ○○○ (서명)

출처: 여성가족부(2015). 다문화가족상담 매뉴얼.

(5) 상담과정 기록지

상담과정 기록지

상담자: ________

<table>
<tr><td>상담일시</td><td>20 년 월 일</td><td>상담시간</td><td>오전/오후
00:00 ~ 00:00</td><td>회기</td><td></td></tr>
<tr><td>상담 참석자</td><td colspan="5"></td></tr>
<tr><td rowspan="2">상담형태</td><td>정보 제공</td><td colspan="4">□ 대면(기관내방)상담 □ 방문상담 □ 전화상담 □ 기타( )</td></tr>
<tr><td>심리정서지원</td><td colspan="4">□ 대면(기관내방)상담 □ 방문상담 □ 전화상담 □ 기타( )</td></tr>
<tr><td>회기
상담 목표</td><td colspan="5"></td></tr>
<tr><td>상담내용
(핵심사건)</td><td colspan="5"></td></tr>
<tr><td>상담사의
상담 개입</td><td colspan="5"></td></tr>
<tr><td>상담사 평가</td><td colspan="5"></td></tr>
<tr><td>다음 회기
과제 및 개입
계획</td><td colspan="5"></td></tr>
</table>

출처: 여성가족부(2015). 다문화가족상담 매뉴얼.

(6) 상담종결 보고서

<table>
<tr><th colspan="5">상담종결 보고서</th></tr>
<tr><td>사례번호</td><td colspan="2">00-000</td><td>담당 상담자</td><td></td></tr>
<tr><td rowspan="2">상담기간
(첫째 날과 마지막 날)</td><td colspan="2" rowspan="2">20 - ,00, 00-00,00</td><td>내담자 성명</td><td></td></tr>
<tr><td>국적</td><td></td></tr>
<tr><td>작성일</td><td colspan="2"></td><td>총 상담횟수</td><td>회기</td></tr>
<tr><td>상담문제</td><td colspan="4"></td></tr>
<tr><td>상담유형</td><td colspan="4">□ 가족상담 □ 개인상담
□ 부부상담 □ 부모-자녀 양육상담 □ 부모상담</td></tr>
<tr><td>상담목표</td><td colspan="4"></td></tr>
<tr><td>상담전략</td><td colspan="4"></td></tr>
<tr><td rowspan="2">상담 종결사유</td><td colspan="4">□ 상담계획 완료
□ 내담자의 종료 희망(또는 지속적 불참여)
□ 내담자의 타 기관 연계
□ 기타</td></tr>
<tr><td>구체적
내용</td><td colspan="3"></td></tr>
<tr><td colspan="5">상담과정 요약</td></tr>
<tr><td colspan="5"></td></tr>
</table>

출처: 여성가족부(2015). 다문화가족상담 매뉴얼.

2) Test/자가척도

결혼만족도 척도

▪ 문항을 읽고 해당하는 빈칸에 V표 하십시오.
(1: 전혀 그렇지 않다 2: 가끔 그렇다 3: 다소 그렇다 4: 자주 그렇다 5: 항상 그렇다)

	문항	전혀 그렇지 않다	가끔 그렇다	다소 그렇다	자주 그렇다	항상 그렇다
1	나는 결혼생활에 대해 근심, 걱정이 많다.					
2	나의 결혼생활에 대해 배우자가 나에게 무엇을 기대하고 있는지 잘 모르겠다.					
3	만약 내가 다시 결혼한다면 배우자와 같은 사람과는 결혼하지 않겠다.					
4	현재의 결혼생활은 나를 너무 구속한다.					
5	나는 결혼생활이 따분하게 느껴진다.					
6	나의 결혼생활은 건강에 나쁜 영향을 미치고 있다.					
7	나는 결혼생활 속에서 벌어지는 일들 때문에 화가 나고 짜증이 난다.					
8	나는 결혼생활을 잘할 수 있는 능력이 모자란다고 생각한다.					
9	지금의 결혼생활이 영원히 지속되기를 바라지 않는다.					
10	배우자는 나를 매우 화나게 만든다.					
11	나는 결혼생활을 잘해 보려고 노력하는 데 지쳤다.					
12	나는 배우자에게 별로 관심을 기울이지 않는다.					
13	나는 배우자와 사이가 좋지 못하다.					
14	나는 배우자와 의견이 일치하지 않는다.					
15	나는 배우자를 신뢰하기 어렵다.					
16	나는 성생활에 만족하지 않는다.					
17	나는 배우자와 애정과 친밀감에 불만족스럽다.					
18	나의 결혼생활은 결혼 전에 세웠던 목표를 이루는 것을 방해하고 있다.					
19	나는 역할 분담으로 배우자와 자주 싸운다.					
20	나는 확실히 결혼생활에 불만족스럽다.					

자료: 이인수(1986)의 문항을 수정, 보완함.

출처: 여성가족부(2015). 다문화가족상담 매뉴얼.

3) 사례

(1) 사례 1

① 사례 개요

- 제목: 효자 남편 때문에 외로워요.
- 가족관계: 시어머니 ○○○(73세), 부 ○○○(43세), 모 ○○○(필리핀 29세),
  아들 ○○○(6세), 딸 ○○○(2세)
- 필리핀 국적의 아내와 결혼하여 6년이 된 부부로, 시어머니를 모시고 두 자녀와 함께 살고 있다. 결혼 초부터 부부는 언어소통의 어려움과 시댁 식구에 대한 무조건적인 수용과 복종을 강요하는 남편의 태도로 인해 싸움이 잦았다. 시어머니는 며느리 역할에 대한 과도한 요구와 손자녀양육에 대한 간섭으로 고부갈등이 지속되고 있는 상황이다. 자녀의 양육은 시어머니에 의해 이루어지고 있으며, 아들은 엄마의 말은 무시하고 동생을 때리거나 물건을 던지는 행동을 반복하고 있다. 자녀의 훈육 과정에 시어머니가 손자를 감싸고 며느리를 혼내거나 욕을 하는 등 며느리가 자녀들 제대로 돌보지 못하는 것에 대해서 원망하거나 비난하면서 가족의 갈등이 반복되고 있다.

출처: 여성가족부(2015). 다문화가족 상담 매뉴얼.

② 주요 문제

- 시어머니의 간섭과 잔소리
- 남편과 잦은 말다툼
- 어린 자녀가 엄마를 무시하고 할머니만 따름
- 남편은 아내가 현명하지 못해서 고부갈등이 있다고 믿음

③ 초기단계

- 치료적 관계형성
  - 부부가 함께 상담에 참여한 것에 대해 지지하고, 부부 각자가 경험하는 어려움에 경청하고 공감함.
  - 상담과정에서 주의해야 할 점에 대해 안내함.
  - 상담을 통해 변화되고자 하는 욕구와 용기를 격려하여 상담에 대한 동

기를 부여함.

- 가족역동(기능) 탐색
  - 부인은 한국에서의 생활이 너무 힘들고 시어머니와 남편이 자신을 이해하기보다는 한국적인 방식을 일방적으로 강요하기 때문에 스트레스가 많다고 함. 남편은 부인이 항상 불만족스러운 표정과 말대답을 하고 너무 느리며 어머니에게 효도하지 않는 것에 불만이 있다고 함.
  - 가계도 작업을 통해 핵가족의 역동을 파악함. 시어머니와 아들의 밀착관계가 조모와 손자의 밀착으로 세대 전수되고 있으며 자녀의 문제행동(엄마에 대한 무시)으로 나타나고 있음을 확인함.
- 상담목표 설정
  - 부인은 남편과 아이들과 분가해서 따로 살기를 원했고, 남편은 아내가 시어머니 말씀을 잘 따르고, 많이 웃고, 애교가 많아지기를 바란다고 함.
  - 배우자의 변화를 위해서 부부 각자가 무엇을 할 수 있는지 확인하여 구체적이고 행동으로 표현 가능한 것을 목표로 정하는 것을 합의함.
  - 장기적인 목표는 화목한 가정을 만드는 것이며, 단기적인 목표는 부부가 친구처럼 친해지기, 부모역할 잘하기로 설정함.
- 문제유형 분류
  - 상담목표를 통해 부부의 친밀감을 회복하고, 자녀의 양육과 관련하여 부모의 역할을 분명하게 하는 것이 필요함을 알게 됨.
  - 부부체계와 부모-자녀체계를 명확히 하고, 가족구성원의 상호교류 체계를 변화시키기 위해서 시어머니를 포함한 가족상담의 진행이 중요함을 전달하고 합의함.
  - 아내의 우울감에 대한 정확한 진단과 향후 치료가 필요한 경우가 발생할 수 있음을 전달함.

④ 중기 단계

• 치료적 개입
  – 부인은 자신에게 무관심한 남편과 모든 것을 자신의 잘못으로 돌리는 시어머니에게 서운한 감정을 표현함.
  – 남편은 다른 집 며느리들처럼 어머니에게 잘하지 못하는 아내를 비난하고, 시어머니는 자녀양육과 가사 생활에 과대 기능을 하고 있음. 아들은 할머니 뒤에서 엄마를 무시하고 있음.
  – 부인은 가족 내에서 자신의 권리를 빼앗기고 소외되는 듯한 감정을 느끼고 있으며, 아내 남편에게 자신의 어려움을 호소하지만 남편의 부정적인 반응에 우울감이 커지고 있음 .

• 문제해결 방식 검토
  – 부부가 지금까지 불편함을 해소하기 위하여 어떤 방식을 취했는지 인형을 사용하여 가족 간 거리감을 나타낼 수 있도록 함.
  – 부부가 표현한 가족의 모습을 확인한 후의 감정을 표현하고 그 경험을 함께 나눔.
  – 부부가 희망하는 가족의 모습을 표현하도록 요청하여 부부가 함께 손잡는 모습을 취함.

• 가족상담을 통해 부부가 관계를 회복하고 친밀해지고 싶은 마음을 확인함. 현재 가족구조에서 드러나는 문제를 어떻게 해결할 수 있는지 구체적으로 생각해 오기로 함.

⑤ 종결 단계

• 가족자원 발굴
  – 시어머니와의 상담에서 지금까지 힘들게 살아온 어머니의 삶을 수용하며 지지해 줌. 아들에 대한 기대와 외국 며느리에 대한 불만과 실망감 그리고 가족에 대한 걱정과 불안을 다룸.

– 아들이 결혼조차 못 할 것에 대한 걱정으로 언제나 불안했고, 현재는 며느리가 있음에도 여전히 불안해하는 자신을 자각하도록 함. 아들과 손자를 과보호하려 함으로써 과대 기능을 봄.

- 역량강화
  - 가족구성원 각자의 삶의 의지와 살아갈 수 있는 능력을 모두 가지고 있음을 수용할 수 있도록 하고 어머니가 아들과 며느리에 대한 걱정보다는 신뢰를 가지고 아들 부부의 조력자가 되어야 함을 인식하도록 함.
  - 며느리의 장점을 찾아서 표현하도록 하여 불안을 낮추도록 돕고 며느리에 대한 왜곡된 지각을 변화시키도록 함.
- 기타 가족이 모두 참여하는 상담을 계획하여 가족들의 긍정적인 자원을 찾고 서로에 대한 사랑의 마음을 확인할 수 있도록 함.
- 상담장면에서 부정적인 평가를 받고 있는 가족구성원의 행동에 대해 긍정적 의미를 부여함으로써 그 대상에 대해 새로운 지각체계를 형성할 수 있도록 도울 수 있음.
- 가족의 상호작용에 대해서도 긍정적 의미로 새롭게 해석함으로써 가족의 변화를 촉진할 수 있음.

(2) 사례 2

① 사례 개요

- 제목: 모든 것이 서툴러요.
- 우웬 씨는 아직 한국말도 서툽니다. 동네에 친하게 지내는 사람도 별로 없습니다. 남편과 있을 때는 괜찮은데, 남편이 트럭 운전을 하다 보니 서로 얼굴 볼 시간이 없습니다. 갓 낳은 아이를 혼자서 돌보려고 하니 너무 힘들고, 괜히 슬프고, 친정엄마도 너무 보고 싶습니다. 아이가 잘 자고, 잘 놀 때는 괜찮은데 아기가 울고 보채면 더 힘들어집니다. 시어머니는 저와 말이 잘 통하지 않으니 제가 애를 자꾸 울린다고 저에게 화를 냅니다.

출처: 보건복지부(2018). 다문화보육프로그램.

② 부모 적응 Tip

- 남편에게 남편의 사랑과 지지가 중요하다는 것을 이야기하고 남편의 도움을 청하세요.
  (남편이 오랜 시간 밖에 있을 때는 전화라도 자주 해 달라고 요청하세요).
- 시어머니에게 애기를 키우는 것이 서툴러서 힘들다는 것을 솔직히 이야기하고 '도와주세요.' 혹은 '도와주셔서 감사합니다.'라는 긍정적 메시지를 전해 주세요.
- 아기는 울음으로 의사 표현을 합니다. 우는 이유를 잘 찾아보세요.
- 주변에 있는 다문화가정지원센터에 도움을 청하세요. 양육과 관련된 다양한 서비스를 받을 수 있어요

7. 다문화가정과 소통방법

우리나라는 대부분의 가정에서 자녀에 대한 양육과 교육은 어머니가 담당하지만, 의사소통에 어려움이 있는 다문화가정 어머니는 적극적으로 자녀양육에 개입하지 못하고, 자녀의 어린이집 입학 이후 어린이집과의 소통에 어려움이 있다. 의사소통의 어려움은 부부관계, 가족관계에도 문제가 되지만 자녀양육, 자녀와의 상호작용에도 많은 어려움이 야기되므로 반드시 해결되어야 한다. 다문화가정과 원활한 소통을 위해서는 언어장벽 보완, 효과적인 상담기법 발견과 활용, 상담방법의 융통성 추구, 타 문화 전문가와의 접촉 유지 등이 필요하다. 언어장벽 보완을 위해서는 상담 회기에서 언어적 장벽을 해결하는 방안을 마련해야 한다. 상담 시 언어적 장벽이 존재할 때 다문화가정 상담자는 통역자를 구하거나 다양한 매체 또는 행동적 기법 등을 사용하여 언어에 대한 의존 비율을 줄일 수 있는 기법을 적용하도록 노력한다.

다문화가정에 대한 효과적인 상담기법 발견과 활용이 필요하다. 예를 들어, 질문에 있어 '자녀들이 학교에서 어려움을 겪을 때, 베트남에서는 부모가 어떻게 하시나요?', '아이들이 남의 물건을 훔칠 때, 필리핀 선생님들은 어떻게 하세요?' 등의 질문을 통해 융통성을 발휘한다.

상담 방법의 융통성 추구는 문화적으로 다른 내담자에게 정서적으로 초점을 둔 상담회기보다 좀 더 구조적이고 지시적이며 행동 요법적 접근이 더 효과적이라는 것이다. 따라서 다문화가정 상담자는 적극적이고 지시적인 접근을 사용하고 이러한 기법을 적용할 수 있는 기술들을 익히는 데 개방적이어야 한다. 타 문화 전문가와의 접촉 유지는 다른 문화에 대한 지식을 충분히 가지기 어려움을 인정하고, 상담과정을 효과적으로 만들어 가기 위해 자신에게 문화적인 정보를 줄 수 있는 인물들과 꾸준히 접촉할 필요가 있다는 것을 말한다.

8. 다문화가정과 협력을 위한 보육프로그램

어린이집에서 다문화가정과 협력을 위한 프로그램으로는 부모교육, 한국 양육문화 적응에 대한 부모 안내, 자녀의 생활지도 및 문제행동 지도 등과 관련된 부모상담 등을 진행한다.

어린이집에서는 부모교육을 통해 다문화가정 어머니들에게 자녀양육 방법이나 부모-자녀관계 향상에 관한 적절한 정보를 제공해 주고, 이들이 자녀양육에 대한 올바른 가치관을 형성할 수 있도록 도와주도록 한다. 부모 안내는 부모교육보다는 덜 체계적인 것으로, 다문화가정 어머니에게 한국의 자녀양육과 관련된 정보를 제공해 주는 것이다. 부모상담은 다문화가정 자녀가 보다 특수한 상황에 놓여있거나 개별적인 접근이 필요하고 전문 상담기관과 연계해야 할 필요가 있을 때 필요하다. 영유아기 자녀를 둔 다문화가정 어머니들끼리 자조모임을 형성할 수 있도록 지원해 주는 것도 바람직하다.

다문화가정 어머니를 대상으로 교육, 안내, 상담을 하게 될 때 사전에 미리 체크해 보면 더욱 도움이 될 수 있다.

〈표 4-2〉 다문화가정 어머니와 면담 전 체크리스트

고려해야 할 점	예/아니오
1. 교사 자신이 다문화가정 어머니의 문화에 대한 편견을 갖고 있는지 점검한다.(예, 종교가 다른 것에 대한 편견 없는지 등)	
2. 다문화가정 어머니에게 구체적이고 실제적인 자료를 제공하는지를 점검한다.(예, 학원을 등록할 때 주의해야 하는 사항: 학원비, 학원시간, 학원 버스 운행 여부 등)	
3. 다문화가정 어머니가 태어난 나라의 양육문화에 대해 미리 알아 둔다.(예, 러시아에서는 갓 태어난 아이도 따로 재운다)	
4. 다문화가정 어머니가 양육에 대한 자신감을 높일 수 있도록 격려한다.	
5. 다문화가정 자녀의 행동이 문제행동인지 아닌지에 대한 판단을 도와준다.(예, 자녀가 혼자 노는 행동이 발달적인 측면에서 보았을 때 적절한지 여부 등)	
6. 다문화가정 어머니의 양육과 관련된 질문에 개방적인 태도를 갖는다.	

출처: 보건복지부(2018). 다문화보육프로그램.

9. 문화존중을 위한 방법

영유아를 지도하는 교사들의 문화존중과 다문화 감수성은 교육과정의 계획 및 실행뿐 아니라 영유아와의 상호작용에도 중요한 영향을 미친다.

다문화교육자료를 선정할 때 고정관념이나 편견이 없는 교재교구를 준비하며, 무엇보다도 교사 자신의 다문화에 대한 고정관념이나 편견이 없는지를 우선적으로 점검하는 것이 필요하다. 다문화의 기초는 자신 및 다른 사람에 대한 이해 및 존중이라는 점을 고려해 볼 때, 영유아가 또래들과의 상호작용을 통해 다름을 이해하고 인정하는 기회를 가질 수 있도록 격려한다. 다문화 상황이 아니더라도 교사는 항시 다른 사람에 대한 존중을 지도하고, 다양성을 통한 협력을 지도하며 다름의 합은 단순한 합 이상의 의미가 있음을 인식하도록 한다.

10. 문화 간 교류와 다양성 수용을 위한 활동

문화 간 교류와 다양성 수용을 위한 활동을 다음과 같이 제시한다(보건복지부, 2019).

1) 구성원칙

- 누리과정과의 연계를 통한 다문화보육프로그램을 구성함으로써, 본 프로그램에 제시된 생활주제별 보육프로그램과 상황별 보육프로그램은 누리과정의 각 영역별 활동들과 연계가능하게 제시한다.
- 영유아들의 일상생활에서 다양한 문화를 접할 수 있는 물리적 환경을 구성하고, 일과 속에서 자연스럽게 다양한 문화를 접할 수 있도록 활동을 구성함으로써 영유아들의 경험이 의미 있는 학습이 될 수 있도록 연계한다.
- 비다문화가정 영유아들에게도 적용될 수 있는 상황을 제시함으로써, 영유아가 다문화에 대해 관심을 갖고 존중할 수 있는 상황들로 구성하여 제시한다.
- 다문화가정 영유아들의 특성을 고려한 상황과 구체적인 지도방안을 제시함으로써 다문화가정 영유아들을 지도하는 보육교사들을 위한 맞춤형 보

육을 제공한다. 또한 연령연계, 영역연계, 가정연계를 통해 보육교사들이 보다 용이하게 확장할 수 있도록 한다.

2) 내용

- 다문화보육의 내용은 여섯 가지 영역으로 구성하되, 문화, 협력, 편견, 정체성, 평등성, 다양성 등의 내용이 주제 활동 내에 적절히 포함될 수 있게 고려한다.

3) 보육 계획

- 다문화보육의 목적이 영유아가 다양한 문화에 대해 이해하고 문화의 차이를 존중하며, 다양한 문화의 사람들과 더불어 살아가야 함을 알고 실천하게 하는 것이라는 점을 고려하여 제시한다.
- 다문화보육의 목표가 달성될 수 있는 환경구성 및 교수학습 방법을 선택한다. 예를 들어, 점심식사 시간이나 간식 시간에 다른 나라 고유 음식을 제공하는 등의 계획을 한다.
- 친근한 소재를 중심으로 문학, 음악, 표현, 토의와 같은 다양한 활동을 통하여 어린이집의 일상 활동 주제와 자연스럽게 통합되도록 한다.
- 다문화보육프로그램의 운영은 국가 수준의 표준보육과정, 누리과정을 토대로 어린이집에서 연령별 또는 학급별로 계획한다.
- 보편적인 보육과정을 진행하면서 상황에 따라 요구되는 활동을 다문화보육프로그램에서 선정하여 진행할 수 있도록 한다.
- 다문화가정지원센터 등 지역자원을 활용한 보육프로그램을 계획한다.

4) 환경구성

- 일회성 교육이 아니게 진행하도록 하여, 영유아가 생활하고 있는 공간, 가지고 노는 놀잇감, 교재교구 등 모든 곳에서 문화적 다양성을 체험할 수 있도록 환경을 구성한다.
- 한국어뿐 아니라 다른 나라의 언어를 통한 표시판을 만들어 놓거나, 다양한 나라의 전통놀이를 경험할 수 있는 놀잇감을 준비하여 영유아가 직접 다양한 문화를 상시 체험하게 한다.
- 발달적 특징을 고려해 볼 때, 영유아가 직접 보고 느낄 수 있는 다문화 관련 소품, 사진, 그림 등을 충분히 제공해 주도록 한다. 예를 들어, 손이 쉽게 닿는 곳에 지구본, 여러 나라의 역할놀이 소품, 여러 나라의 상징물들을 배치해 놓고, 벽면에 여러 나라의 사진, 옷 등을 붙여 둔다.
- 다문화활동이 특정 영역 안에서만 이루어지기보다는 언어, 수, 과학, 음률 영역 등 거의 모든 영역에서 이루어질 수 있도록 환경을 구성한다.

11. 다문화가정의 문제해결을 위한 지원방안

다문화가정의 영유아들은 이중문화 속에서 성장하면서 다양한 문화에 대한 이해와 경험이 풍부해질 수 있다. 반면, 이중문화와 이중언어 환경 안에서 성장하면서 다문화가정의 영유아들은 자아정체감의 혼란, 언어발달 지연, 또래 관계의 어려움, 교육기관 적응 등 많은 문제가 나타나기도 한다. 따라서 다문화가정의 문제 및 지원 방안을 다음과 같이 제안한다.

첫째, 영유아 보육 현장에서 교사 및 상담사는 다문화가정 영유아의 문제나 어려움 등에 대한 이해와 관심이 각별히 요구된다. 다문화가정의 영유아들이 겪고 있는 정서, 사회성, 언어, 기본생활습관 및 문화적인 갈등이나 어려움 등에 대한 이해가 선행되어야 하고, 지원에 있어서는 가정, 지역사회와 협력하여 자원을 활용하도록 한다.

둘째, 교사는 다문화가정 영유아에 대한 상담을 통해 영유아에 대한 이해를 증진하고, 교사와 부모와의 소통을 통하여 협력적인 관계를 형성하여 영유아의 긍정적인 성장을 지원할 수 있는 상담역량이 필요하다. 따라서 다문화가정 상담을 위한 교사의 상담역량을 강화하도록 한다.

셋째, 한국인은 경제적인 기준에 따라 이주민을 차별하는 경향이 높다고 한다. 이주민의 출신국이 한국보다 경제적으로 낙후된 경우 이주민을 무시하는 경향이 있다. 이러한 한국사회의 편견은 다문화가정 어머니의 한국사회 적응과 부모역할에 부정적 영향을 미치고 다문화가정 자녀들에게까지 부정적 영향을 미치게 된다. 국제적 우리나라뿐 아니라 전 세계적인 현상이다. 비다문화가정 영유아 및 모든 국민 대상 문화 다양성 이해 교육을 확대 실시하도록 한다. 문화적 편견을 낮추고, 문화 감수성을 향상시키는 다문화 인식개선 교육의 필요성을 제안한다.

CHAPTER 05

다문화가정과 지역사회의 연계 프로그램

Chapter 05 다문화가정과 지역사회의 연계 프로그램

학습목표

1. 다문화가정과 지역사회 연계 프로그램을 이해한다.
2. 다문화가정 지원을 위한 정책 프로그램을 이해한다.
3. 다문화가정과 어린이집과의 연계 프로그램을 이해한다.
4. 다문화가정과 어린이집 연계 프로그램의 실제를 이해한다.

1. 다문화가정과 지역사회의 연계 프로그램

1) 부모 및 지역사회 연계의 필요성

(1) 부모의 역할

모든 인간이 추구하는 궁극적인 목적은 행복이다. 아리스토텔레스(Aristoteles)는 행복을 인간이 추구하는 '목적의 전부이자 궁극'으로, '최고의 좋음'으로, '이성에 의해 인격적 덕성이 최상으로 지향된 삶'으로 표현하며 모든 사람이 행복에 이르러야 함을 강조한다(Aristoteles, 1988: 권석만, 2008). 현대인들은 웰빙(Well-being), 삶의 질(Quality of life), 행복(Happiness)에 대한 관심이 증가하고 있으며, 인간의 행복을 결정짓는 요인이 무엇인지, 행복한 삶을 살기 위해 어떤 노력이 필요한지 등 행복에 대해 고민하고 있다.

인간 행복의 정도를 나타내는 행복지수가 사회경제 지표의 한 영역으로 새롭게 급부상하게 되면서 최근 유럽 및 미국 등의 여러 선진국가에서 핵심 국가 정책으로 크게 강조되고 있으며, UN과 OECD 국제기구에서는 삶의 질을 GDP(국내총생산)나 1인당 GDP(GDP per capita)로 측정하는 데서 벗어나 국민 행복지수를 지표로 만들어 측정하며 국민의 행복 증진에 노력을 기울이고 있다(이신영, 류철선, 2016).

여성가족부(2015)에서 실시한 가족실태조사에서 '자녀의 성장을 지켜보는 것은 인생에서 가장 큰 즐거움이다'라는 문항에 68.9%가 동의하였으며 부모들은 자녀의 성장으로 행복감을 경험하고 있음을 알 수 있다. 우리나라 행복지수에 관한 설문 조사에서 응답자 중 44.2%가 행복하기 위해 가장 필요한 것으로 '가족'이라고 답하여(KSURVEY, 2014) 우리나라 사람은 행복한 삶을 행복한 가정에서부터 출발한다고 생각하는 것으로 나타났다(서성종, 2018). 그리고 가정의 행복 중 자녀의 출산과 양육의 과정에서 경험하는 부모됨은 중요한 행복의 요소라고 보고되고 있다(문무경, 조숙인, 김정민, 2016: 조원주, 2020).

부모가 자녀를 키우면서 얻을 수 있는 심리적, 사회적, 경제적 행복감과 부담감은 부모됨(Parenthood)이다(권용은, 김의철, 2004: 이훈희, 2011). 부모됨이란 심리적 하나의 동기로 실제로 부모가 되기 이전에 작용하는데, 획득의 의미로 본다(김선형, 2017). 라빈(Rabin, 1965)은 부모됨의 동기를 숙명적, 이타주의적, 자기도취적, 도구적 이유로 보았으며, 비버스(Veevers, 1973)는 도덕적 의무, 시민의 책임을 수행, 본능성, 성 인식과 신체적 성숙, 결혼의 의미부여, 정상적인 정신위생 등의 요소들을 통해 부모됨을 설명했다(김연진, 이상희, 2012 재인용). 부모됨은 여러 동기들과 수많은 요인들의 영향에 의해 결정되는 사항이며 라빈과 비버스의 부모 동기의 유형을 비교하여 다음과 같이 설명하였다.

〈표 5-1〉 부모 동기의 유형비교

<table>
<tr><th>구분</th><th>Rabin(1965)</th><th>Veevers(1973)</th></tr>
<tr><td rowspan="6">부모
동기
유형</td><td rowspan="2">숙명적</td><td>본능성</td></tr>
<tr><td>시민의 책임을 수행</td></tr>
<tr><td>이타주의적</td><td>도덕적 의무</td></tr>
<tr><td rowspan="2">자기도취적</td><td>결혼이 의미 부여</td></tr>
<tr><td>성 인식과 신체적 성숙</td></tr>
<tr><td>도구적</td><td>정상적인 정신위생</td></tr>
</table>

가족이라는 울타리 안에서 부모와 자녀는 상호작용을 통해서 서로 애착과 신뢰감을 쌓으며, 자녀는 사회에서 필요한 기초적인 정서 · 사회 능력을 형성한다(정대현 외, 2014). 한국인들은 특히 가족에서 부모님을 공경하고 가족구성원들과 화목하게 지내는 원활한 관계를 통해서 개인의 행복을 느끼며 부모와 호의적인 관계 형성을 한 자녀는 행복을 느낀다(구재선, 김의철, 2006).

아버지의 양육 참여가 증가하였으며, 출산율이 감소하는 등 여러 변화와 함께 부모-자녀 관계도 다양한 변화들이 일어나고 있다(정계숙 외, 2015; 최소선, 최은실, 2019). 그러나 가족의 규모가 달라진 지금의 사회에서 부모가 된다는 것은 선택으로 얻은 상황이지만, 어느 상황보다 부모의 역할이 중요한 것은 변함이 없다.

인간이 만나는 최초의 환경인 가정에서의 물리적, 인적 환경은 개인의 성격 형성은 물론, 가치관, 태도, 행동에까지 많은 영향을 미치며 특히 가정환경의 요인 중에서 인적 환경으로 가장 중요한 부모(Parent)의 어원은 라틴어 'parents'에서 온 것으로 '출산하다(Give birth)'라는 의미이며, 부모란 자녀를 출산하면서 얻게 되는 지위이다(유계숙 외, 2002).

최근 가족의 구조나 가족에 대한 가치 및 가족 간의 관계가 과거와는 다른 양상으로 변화하고 있고, 특히 전 세계적으로 국가들이 민족, 종교, 언어, 인종 등 다민족, 다인종 사회로 거대한 시대적 흐름을 영성하고 있으며, 다문화 시대를 맞이하고 있다. 이러한 국제화 추세와 함께 한국 내 국제결혼은 매우 빠르게 급증하고 있다(박진옥, 2011; 이성언, 최유, 2006).

전통적으로 내려오던 생활양식이 전반적으로 크게 변화함에 따라 가족구조가 변화하거나, 남녀 성비의 불균형과 저출산, 고령화 시대 등으로 결혼이민자여성이 늘어나는 현상이 두드러지게 되었다. 2020년 기준 한국에 거주하는 외국인은 1,695,643명으로 우리나라 전체 인구(51,829,136명)의 3.27%를 차지하고 있다. 외국인노동자는 917,000명, 결혼이민자는 166,612명, 다문화가정 자녀는 275,990명으로 조사되었다(통계청, 법무부, 2020; 행정안전부, 2021). 2014년부터 결혼이민자(F-6)의 법무부 결혼이민 사증 요건이 강화됨에도 불구하고, 결혼이민자는 지속적으로 증가하고 있는 추세이며, 2021년 기준 혼인귀화자(간이귀하자)는 6,345명으로 전체 귀화자(10,895)의 58.2%를 차지하고 있는 것으로 보고하였다(법무부출입국, 외국인정책본부, 2022). 이러한 실태는 우리나라가 더 이상 단일국가가 아닌 다양한 문화가 함께 공존하는 다문화사회임을 반영하고 있다. 그러나 다문화가정 부모는 한국인의 단일민족지향성과 그들의 '다문화'라는 특수한 환경으로 인해 부모역할 수행과 양육태도에 어려움을 겪고 있다.

자녀를 양육함에 있어 부모가 어떤 태도를 갖고 있는지는 자녀에게 매우 중요하며, 자아개념, 자아존중감, 성격, 심리적 안정감에 영향을 주어 영유아의 감정을 조절하고 행동하는 데 있어 결정적인 영향을 주기도 한다(김희연, 2011). 다문화가정의 경우, 한국인이 아닌 다른 문화 가정의 사회적 편견과 차별을 겪는 다문화가정 부모입장에서는 부모로서의 올바른 양육이 우선되기보다는 한국이라는 사회에 적응해 나가는 것이 우선일 것이다. 특히, 다문화가정 아버지의 경우는 어머니보다 오하려 사회적인 차별, 편견, 나의 가정의 가장으로서 다른 문화의 아내와 그 속에서 태어난 이중문화의 자녀에 대한 양육 책임에 대한 인식이 더 높을 수밖에 없을 것이다. 다문화가정의 아버지가 겪는 다문화가정의 가장으로서의 양육에 대한 책임은 비다문화가정의 아버지보다 책임의식이 더 강할 수도 있다.

부모는 가정 안에서 자녀의 바람직한 성장과 발달에 대해 일차적인 책임과 역할을 하는 좋은 부모가 되기 위한 노력을, 임신임을 확인한 순간부터 부모로서 할 수 있는 모든 것을 뒷받침하려고 한다. 부모가 되는 것은 부모 개인의 삶에 있어서 이전까지와는 다른 새로운 가치와 태도를 필요로 하므로 외부의 지원이 없이는 성공적인 역할을 수행하기 어렵다. 전통사회에서는 가족이나 친지, 또는 마을과 같은 지역사회의 정신적, 물리적 도움을 받으며 부모로 성장하였다. 그러나 현대사회의 가족구조의 변화 특히, 국제결혼의 증가로 인한 다문화가정의 자녀 수 증가는 한국사회에 커다란 영향력을 미치게 될 것이다. 가족 내 지원은 감소한 반면 자녀양육에 대한 관심이 증가함에 따라 부모를 돕는 다양한 지원이 절실하다.

다양한 문화에 대한 수용과 다양한 관점에 대한 이해가 요구되는 다문화 시대가 도래되면서 다문화가정 부모에 대한 서비스가 실시되어야 함이 강조되고 있다. 그러나 뿌리 깊은 단일 민족의식으로 외국인에 대한 배타적인 성향이 여전히 강하므로 한국사회에서 다문화가정 부모와 영유아에 대한 이해와 교육환경 적응을 위한 다문화교육지원서비스는 필연적이며 중앙단위에서의 협력뿐만 아니라, 지역단위에서도 여러 기관 간의 협력이 보다 긴밀하게 이루어질 수 있도록 하였다(교육부, 2016).

(2) 부모와 지역사회 연계

부모의 역할은 여러 가지 요인에 따라 끊임없이 도전을 받는다. 예컨대, 부모의 역할은 자녀의 연령, 자녀의 장애나 질병, 부모의 개인적 성향 등 부모와 자녀의 개인적 특성에 영향을 받는다. 또한 가족의 경제적 여건, 가족이 거주하는 지역사회의 환경, 가족 내 문화적 차이, 부모의 취업형태 등 가족 내외의 조건과도 관련이 있다.

현대 산업사회의 빈번한 이직과 이주로 인하여 부모가 성장했던 지역사회 공동체와는 단절된 환경에서 자녀를 양육하게 되었다. 또한 대가족관계의 해체로 인하여 자녀양육에 대한 안정적인 가족지원을 받을 수 없는 문제 등의 어려움을 겪는다(Bogan, 2004). 이러한 사회적 환경 변화에 적합한 부모역할을 할 수 있도록 지원되어야 함에도 불구하고 부모들이 희망하는 서비스가 적재적소에 제공되지 못함으로써 양육 공백의 문제와 돌봄에 대한 불안이 지속되고 있다(정민자, 정지영, 조성은, 한지수, 김은희, 2009).

일반적으로 부모는 자녀를 출산한 순간부터 부모라는 위치에서 자녀양육에서 기대되는 특정한 행동인 부모역할을 통해 심리적, 육체적 스트레스를 경험하는 반면, 행복이나 기쁨 등의 긍정적인 정서적 경험, 즉 만족감을 경험하게 된다. 자신의 역할에 대해 얼마나 만족하는냐에 따라 상황과 맥락에 적절한 부모역할을 수행할 수 있는데, 이는 부모역할에 대해 만족하면 자녀양육에서 경험하는 스트레스를 완화시킬 수 있어 자녀와의 상호작용에 적극적이며, 관심과 애정을 많이 보이는 등 자녀의 성장 및 발달에 영향을 준다(노지영, 황혜신, 2012; 백경숙, 운지영, 2003; 안숙영, 홍달아기, 김태희, 2017). 따라서 부모역할 만족도는 자녀의 긍정적인 성장, 발달을 도모하고 자신의 일상적 긴장과 스트레스를 감소시킬 수 있는 요인으로 다문화가족의 긍정적인 부모역할 및 자녀지원을 위해 매우 중요한 요소라고 할 수 있다.

특히 다문화가정의 기능을 강화하기 위하여 인사 및 식사 등의 가정예절, 문화차이 이해와 존중뿐만 아니라 인터넷 중독 지도 방법, 위생 및 건강관리 등의 한국사회 특수성 이해와 가족폭력 예방, 자녀학교 및 생활이해, 미래사회 직업탐색 방법, 바람직한 성생활, 글 쓰는 방법, 독서 훈련 방법, 인권 등의 프로그램이 제공되어야 한다. 또한 한국문화 이해와 관계 극복과 다문화가정 부부의 의사소통방법 등 다문화가정의 기능 강화를 위한 프로그램 제공을 위하여 설계 및 개발이 이루어져야 한다.

가정의 기능을 강화하기 위해서는 부모와 자녀 등 가족 내부의 개선만으로 되는 것이 아니라 외부의 환경이 영향을 끼친다. 가족의 역량에 영향을 끼치는 중요한 환경요소는 병원, 어린이집, 학교, 사회적 네트워크, 이웃, 지역사회, 공공정책 등 부모와 자녀가 살아가는 지역사회 환경 전반이다(Bronfenbrenner, 1986). 지역사회 환경은 공공 · 비영리 · 민간조직 등 형식적 자원과 가족, 친구, 이웃, 동료, 교회 교인들, 지역의 원로들, 자원봉사자 등 비형식적인 자원이 있는데 형식적 자원과 비형식적 자원이 연계적으로 제공되었을 때 프로그램의 궁극적인 목적을 얻을 수 있다(Cox, 2005). 즉, 현대적으로 부모와 가족을 지원하는 관점은 지역사회에 공존하는 인적 물적 자원 간의 연계를 통하여 부모와 가족이 그 수혜를 얻을 수 있도록 하는 것이다.

지역사회와의 상호 접촉은 자발적이며 어느 지역환경에서나 존재 가능하고, 도움을 주고받아 지역사회 활동 중 만난 이웃과 새로운 삶 속에서 친밀한 관계를 유지할 수 있다. 비다문화가정의 지지를 통해 문화적 차이와 사회적 고립 등에서 벗어나고 한국생활에서의 사회적 기술 및 적응능력 등을 키우고 자신도 한국인이라는 소속감을 느끼게 되고, 개인의 사회적응과 지역사회와의 유대를 증가시키는 역할을 하고 있다(양순미, 2009).

(3) 각 부처의 자녀양육프로그램 연계

교육부의 경우 유아교육 발전의 일환으로 육아지원정책을 수립하고 지방자치단체 중심으로 유아교육진흥원을 설치하였다. 지역에 따라 차이는 있으나 부모가 심신이 건강한 자녀를 양육할 수 있도록 자녀교육역량 강화 및 자기성장을 위한 다양한 부모교육을 제공하고 있다(부산광역시 유아교육진흥원, 2015; 서울특별시 유아교육진흥원, 2015).

여성가족부는 제2차 건강가정기본계획(2011년~2015년)에서 건강가정 지원센터를 통한 생애주기별 부모교육, 부모자녀 의사소통 증진을 위한 맞춤형 서비스, 위기아동 · 청소년의 부모교육 강화 등을 강조하고 있다(관계부처 합동, 2011). 보건복지부는 영유아기 자녀를 둔 부모에 대한 상담 및 교육을 제공함으로써 가정양육지원 기능을 담당하는 지역 내 기관으로 육아종합지원센터를 설치하고 있다(보건복지부, 2015). 이와 같은 정부의 노력은 어린 자녀를 둔 부모의 자녀양육 스트레스가 다른 연령에 비해 상대적으로 더 높고(보건복지부, 한국보건사회연구원, 2012) 미취학 자녀의 부모를 대상으로 한 교육이 취학 자녀의 부모를 대상으로 한 교육보다 자녀의 변화에서 더 효율적인 점을(이재림, 김지애, 차동혁, 이향희, 2013) 반영하는 정책이라고 할 수 있다.

육아종합지원센터는 1991년 「영유아보육법」에서 고시한 이후 1993년 최초로 설치되었으며 당시 명칭이 보육정보센터였다. 초기에는 시설 보육아동에 대한 건강관리, 영양관리 등의 기능에 국한되어 있거나(김종해, 1993) 보육정보지 발간, 보육시설 종사자 교육, 교재교구 전시회 개최, 보육정보망 운영이 주 사업이었다(이대균, 1999). 2000년대 이전까지는 보육정보 제공 중심의 사업이 이루어졌으며 센터 간에 정보가 중복되어서 비효율적이었고(변용찬, 2001), 보육정보센터에 대한 인지도가 낮아 주민들은 보육정보를 제대로 획득하지 못하였다(허선, 이재완, 2000).

2004년 '고령화 및 미래사회위원회'는 제46회 국정과제회의 보고에서 육아종합지원정책을 국가적 과제로 추진하겠다고 밝혔다. 자녀양육의 문제를 가정 내 부모의 역할에 한정하지 않고 사회와 국가가 적극적으로 해결하고 지원해야 할 문제로 인식하기 시작한 것이다. 이후 아이사랑플랜(2009)에 이어 제2차 중장기보육 기본계획(2013)에서 점차 부모교육을 포함한 가정 내 양육지원에 대한 정책이 가시화되었다.

이와 같은 변화는 가정의 자녀양육기능이 약화되고 있는 추세에 따라 자녀양육을 더 이상 개별 가정의 책임으로만 돌릴 수 없다는 정책적 관점을 반영한 것이라고 볼 수 있다(한유미, 양연숙, 곽혜경, 2006). 따라서 2004년 '고령화 및 미래사회위원회' 보고서와 2009년 아이사랑플랜을 계기로 가정양육에 대한 국가적 관심이 정책으로 나타나기 시작하였다고 할 수 있다. 보육시설 지원을 목적으로 설치되기 시작한 육아종합지원센터의 기능이 시대가 지날수록 점차 가정양육 지원이 강조되는 점과 맥락을 같이 한다.

부모들에게 자녀양육이나 교육을 함께 나누고 지원을 받을 수 있는 육아 및 교육에 대한 지식과 정보, 상담서비스 지원 시스템 등 사회적 고립감을 해소할 수 있는 시회적 지지나 사회적 지원서비스가 요구됨에 따라 사회적 지원서비스가 포괄적이고 효과적으로 제공되기 위해서는 네트워크를 구축해야 한다는 필요성을 인식하게 되었다(이명순, 2008).

육아종합지원센터를 중심으로 한 지역연계는 지역사회 홍보, 지역사회 참여, 지역사회 봉사 등의 모형으로 제시되었으나(양연숙, 2003) 단순한 병행적 연계에 머물렀다. 지역 내에 건강가정지원센터, 다문화가족지원센터, 사회복지관이 공존하고 있으나 자원연계가 미흡한 실정이며 그나마도 육아종합지원센터에서는 지역자원 연계에 대한 고려가 더 부족하다(유해미, 2012).

정리하면 지역자원 연계란 다양한 프로그램을 연계함으로써 가족과 프로그램이 효과적으로 작업하는 것에 대한 철학과 가치를 공유하는 것이다. 지역자원을 연계하여 다문화가정 부모에게 자원과 정보를 지원함으로써 부모의 양육역량을 강화하고 다문화가정 자녀의 성장과 발달을 촉진하고자 하는 데 목표를 둔 포괄적 개념이다(Dunst & Trivette, 2005). 즉, 다문화가정 부모를 수동적인 학습자로 보는 것이 아니라 개별적 욕구에 따라 다양한 서비스를 선택할 수 있는 주체자로 보며 다문화가정 부모 개인의 지식과 기술에 의해 이루어지는 것이 아닌 지역사회 차원에서 다문화가정 전체의 복지를 지원함으로써 가족의 역량과 자신감이 회복되는 것이라는 인식이 강조되고 있다.

2) 부모 및 지역사회와 연계방법

(1) 지역사회의 개념

지역사회는(community)는 지역사회의 지리적 특성을 의미하는 지역(region)성과 지역사회 구성원 간의 관계성을 의미하는 공동체 성격(common feeling)이라는 두 가지 개념을 모두 포함하고 있는 개념이다(홍숙희, 2010). 또 지역사회는 사람들이 일정한 생활을 영위해 나가는 생활공동체로서 지역적 공간 또는 지역적 집단생활 그 자체를 의미하기도 하지만 인간생활과 밀접한 관련이 있기 때문에 지리적 공간보다는 지역적 생활 그 자체가 지역사회의 핵심적인 부분이 되며 교육활동에 있어서 중요한 역할을 하면서 실생활과 연계된 학습을 가능하게 한다(최돈민, 2013). 지역사회에 대한 의미를 지리적, 물리적 영역의 좁은 테두리가 아닌 지역 구성원들 간의 상호관계와 그들의 삶에 중점을 두는 사회란 것이다. 특히 지역사회를 구성하는 핵심요소라 할 수 있는 지역구성원들의 공동체 의식은 지리적 물리적 영역을 뛰어넘어 현대사회에서 더욱 적합한 의미의 정의를 지역사회에 부여한다고 할 수 있다. 이 공동체 의식은 공동사회의 일원이라는 의식이나 감정을 말하며 사람들은 특수한 계기에 의해 공동체 의식이 생성되어 지역사회에 결부되어진다(이정희, 2019).

오혁진(2006)은 지역사회를 지역공동체로 보면서 세 가지로 제시하고 있다. 첫째, 현대인들이 직접 만나 서로 소통할 수 있는 면 대 면의 인간적인 만남이 이루어지는 물리적 공간, 둘째, 근접한 지역에 살고 있으므로 보다 결속력이 강한 공동체를 만들 수 있는 장, 셋째, 교통, 환경, 교육, 지역경제 문제 등 같은 문제를 해결하기 위한 사회단위로 보는 것이다. 또 다른 연구에서는 지역사회는 사람, 지리적 영역의 공유, 사회적 상호작용, 공동 유대감 등의 4가지 요소가 포함되어 있다고 보고 있다(정수연, 2012). 그러므로 지역사회는 일정한 생활을 영위해 나가는 생활공동체로서 서로 소통하고 교류하면서 공동체 의식을 갖게 되는 개념이라고 할 수 있다.

(2) 지역사회연계학습

지역사회연계학습이란 영유아들의 삶이 이루어지는 지역사회에 대한 학습 및 이에 대한 책임감을 강조하는 과정이 중시되는 수업으로 학습을 위한 다양한 사회자원의 활용이 부각되는 수업이라 할 수 있다(권유진, 전세경, 2009). 교실이라는 공간에 한정될 수 있는 교육의 의미를 지역사회라는 공간의 확장을 통해 다시 생각해 보게 하는 것이다. 지역사회연계학습은 영유아들이 스스로 지역사회와 연결되어 있다는 것을 느끼면서 동시에 영유아들이 일상생활 속에서 직면하는 쟁점들에 관하여 인지하고 실천하기 위한 다양한 지식과 탐구방법을 체득할 수 있는 맥락을 제공한다.

지역사회 연계는, 첫째, 지역사회로의 공간적 확장을 통한 사회적 맥락 속에서 개인의 삶을 이해하고, 지역과 자연, 사람이 어떻게 관계 맺으며 소통하는지 이해할 수 있다. 둘째, 개인의 삶 전반에 필요한 자기개발 역량을 균형 있게 배워 갈 수 있다. 지역사회 연계는 안정적이고 지속적이며 더욱이 실제 삶과 밀접한 환경을 제공함으로써 과제를 수행하면서 역량 개발의 효과를 최대화할 수 있다. 셋째, 지역사회 연계교육은 지역교육공동체 형성에 기여할 수 있다. 지역사회 수준에서 건강한 지역주민을 길러 냄으로써 그 결과가 지역사회로 환원되는 선순환적 관계 형성에 기여할 수 있다는 것이다(김위정, 임지선, 임병호, 2015).

지역사회연계학습이 가장 활발하게 이루어지는 분야는 마을교육공동체로 볼 수 있다. 즉, 마을교육공동체는 마을과 학교가 교육공동체의 교집합을 이루는 영역으로 보는 것으로 '마을이 곧 학교'이며, '한 아이를 키우려면 온 마을이 필요하다'는 말과 그 흐름을 같이 한다. 마을교육공동체의 핵심은 공동체와 교육의 목적을 기반으로 학교와 지역사회가 긴밀하게 관계를 맺음으로서 공동체의 특성에 발맞춰 변화와 성장의 추진력을 얻는 것이다. 마을교육공동체를 학교와 지역사회의 공동체적 실천을 도모하면서 영유아의 교육력을 높이고, 협력을 통한 가치 확산을 이루어 어린이집과 지역사회의 발전과 상생을 영위하는 실천적 행동으로 정의하는 것이다(배현순, 2019).

〈표 5-2〉 마을교육공동체의 개념

구분	내용
① 공교육에 대한 권한과 책임 지역사회로의 확장	• 학교교육에 지역이 좀 더 적극적으로 참여할 수 있게 함으로써 학생들에게 의미 있는 교육을 가져올 수 있다는 신념이 내포되어 있음
② 마을 또는 지역사회의 교육적 활용	• 지역사회는 삶이 이루어지는 공간임과 동시에 역사적, 문화적 공간 • 지역사회는 일상적인 문제 상황이 끊임없이 일어나며 공공기관, 시장, 기업 등의 장면에서 실제적으로 문제해결이 이루어지는 곳 • 사회구성원으로서 살아가는 데 필요한 실제적 지식이 내포되어 있다는 것을 의미함
③ 지역사회에 기여하는 인재(마을주체)의 양성	• 영유아들을 지역 인재로 길러 내어 지역사회의 공동체 형성과 유지를 위함 • 모든 구성원들이 교육의 테두리 안에서 소외되지 않고 개인적인 성장과 삶의 질 향상을 이루어 공동체 의식이 높아짐
④ 지역공동체의 성장	• 개인 성장을 통한 지역공동체의 발전이 함께 이루어져야 함

출처: 김위정, 김성식, 이은정(2016: 146-148).

지역사회연계학습은 영유아들이 지역사회에서 경험과 학습을 통해 의미 있는 배움을 얻어 내고, 다양한 사람들의 삶을 체험해 보면서 다른 사람에 대한 관심과 이해를 증진시킬 수 있다. 영유아들로 하여금 자신의 생활과의 연관성뿐만 아니라 자신의 의사결정이 가족, 그리고 지역사회공동체로 점점 범위가 확장되어 영향을 미친다는 점을 알아 가게 하는 것이다. 즉, 영유아들이 다양한 문제의식과 문제를 해결하기 위한 활동에 참여하면서 특정 이슈에 대한 다른 사람의 가치와 태도를 존중하고 의사소통하는 등 다양한 활동 등을 통해 성장하게 한다. 지역사회연계학습은 어린이집 안에서도 이루어질 수 있지만, 어린이집 밖에서도 이루어질 수 있으므로 공간적 제약에서 벗어나도록 하면서 영유아들이 창의적이고 발전적인 사회를 만들어 가는 구성원으로 성장할 수 있도록 그들에게 실제적인 지식을 제공할 수 있다는 것이다(이현정, 2017).

다문화가정에서 자라는 영유아들은 한국어와 외국인 부모의 언어를 모두 습득해야 하고, 한국문화와 외국인 부모의 문화를 모두 이해하고 존중해야 한다. 이를 위해 어린이집이나 지역사회에서는 많은 지원과 관심이 필요하다. 지역사회연계학습은 영유아들이 어린이집 내부뿐만 아니라 주변 지역사회와 연계하여 활동하는 학습방법을 말한다. 지역사회의 다양한 문제를 직접 경험하고 해결하면서 영유아들은 더 넓은 시야와 더 깊은 인간성을 기를 수 있다.

지역사회연계학습은 다음과 같은 효과가 있다.

- 영유아들의 문제해결 능력과 자신감을 강화한다.
- 지역사회의 문제를 직접 체험하면서 사회적 책임감을 길러 준다.
- 지역사회와 더불어 살아가는 커뮤니티 시민의식을 함양해 준다.

따라서 다문화가정에서 자라는 아이들을 지역사회연계학습에 참여시켜 주는 것은 매우 중요하다. 이를 통해 다문화가정과 지역사회 간의 상호이해와 존중이 증진될 수 있다.

(3) 다문화가정과 지역사회 연계

다문화가정과 지역사회 연계는 지역 내에 다양한 문화가 존재하는 다문화사회에서 상호적인 이상적 교류, 협력, 자영제 등을 통한 지역사회에 대한 적극적인 참여를 위해 중요하다.

지역사회와 다문화가정 간 연계에 대한 사례를 살펴본다.

첫째, 지역 문화체험 프로그램을 운영한다. 지역 문화체험 프로그램에 다문화가정을 초대하여, 지역 내의 문화를 함께 체험하고 이를 통해 상호적인 이해와 참여를 촉진할 수 있다. 둘째, 영유아 대상 다양한 문화교육을 실시한다. 지역

내의 다문화가정 영유아를 대상으로 다양한 문화교육 프로그램을 운영하여, 서로 다른 문화와 사람에 대한 경험과 이해를 쌓아 가도록 돕는다. 셋째, 다문화가정 자영제 지원제도를 활성화한다. 다문화가정들이 자영기업을 시작할 수 있도록 기존 지역상인과 함께 자영제 프로그램을 만들어 지원하거나 공동 프로젝트를 진행할 수 있다. 넷째, 지역의 소통 증진을 위한 방안을 마련한다. 지역 내 소통 증진을 위한 다문화 커뮤니티 센터나 다문화가정 어머니와 아이들 참여를 유도할 수 있는 서포터즈 활동 등을 통해 지역사회에서 다문화가정들과 소통할 수 있는 인프라를 구축한다.

이런 지역사회 연계를 통해 다문화가정은 지역사회에 적극 참여할 수 있으며, 지역사회는 다문화가정과 함께 성장할 수 있는 환경이 조성된다.

2. 다문화가정 지원을 위한 정책 프로그램

1) 다문화가정과 지역사회의 연계 프로그램

(1) 지방자치단체의 지원정책

지방자치단체에서 다문화가정을 지원하는 정책은 중앙부처의 정책을 현장에서 직접 실행하고 이를 지역의 상황과 여건에 맞게 자체적인 정책을 수립하고 추진하는 역할이다. 일반적으로 지역의 다문화가족지원센터를 통하여 교육, 상담, 자녀양육, 역량강화, 문화 · 정서적 지원, 홍보 · 네트워크 형성 사업 등을 추진하고 있다. 지방자치단체의 다문화가족 지원사업은 다음과 같다.

〈표 5-3〉 지방자치단체의 다문화가족 지원사업

사업 분류	세부 사업
교육 지원 (방문교육 서비스)	• 한국어교육—국적별반, 찾아가는 한국어교실 한국어강사(도우미) 양성, 한국어능력시험 대비반 등 • 가족통합교육(결혼이민여성, 배우자, 시부모 대상 프로그램, 부부, 부모자녀 대상 프로그램, 가족캠프 등)
상담 지원	• 개인상담, 가족상담, 집단상담, 부부관계 증진 상담
자녀양육 지원	• 산전 · 후 도우미, 아동양육지원, 공부방 운영, 심리 · 정서 치료, 자녀 일시 돌봄서비스, 엄마나라 문화언어 배우기
역량강화 지원	• 정보화 교육, 직업(취업)교육, • 다문화 · 원어민 · 강사 양성, 통 · 번역사 양성
문화 · 정서 지원	• 친정어머니 및 후원 가족 매칭(멘토링) • 결혼이민자 자조모임 육성 • 문화교육, 문화체험, 문화행사 참가
홍보 네트워크 형성	• 출신국 문화의 지역사회 홍보 • 지역 내 다문화 축제, 캠페인, 각 관련 단체 다문화교육 강화 • 다문화가족 지원 사업수행기관 및 단체와 네트워크 형성

출처: 모선희 외(2008: 45). 다문화가정의 문제점과 정책적 지원방안 연구.

다문화가족지원체계에서 핵심적인 역할을 담당하고 있는 것은 다문화가족지원센터이다. 현재 다문화가족지원센터는 일반센터와 통합센터로 구분되고 있다. 일반센터는 다문화가족에 필요한 전문인력과 시설을 갖춘 법인 · 단체 중 다문화가족지원센터로 지정되어 국비 · 지방비를 지원받아 운영되는 센터를 의미한다. 그리고 통합센터는 2014년부터 건강가정지원센터와의 통합 추진계획에 따라 「건강가정 기본법」에 의하여 설치 · 운영되고 있다. 통합센터의 설치이유는 건강가정지원센터와 다문화가족지원센터로 가족유형에 따라 이원화되어 있던 가족서비스 전달체계를 가족유형과 상관없이 다양한 가족에 대한 보편적이고 포괄적인 서비스를 한곳에서 제공하고자 시 · 군 · 구 단위로 센터를 운영하는 것이다(인천시 다문화가족 서비스 전달체계 개편에 따른 정책대안_건강가정 다문화가족지원센터를 중심으로, 인천여성가족재단, 2017).

각 센터 유형별 사업은 일반센터의 경우 다문화가족을 대상으로 사업을 진행하고,

통합센터는 일반가족과 다문화가족 모두를 대상으로 사업을 진행한다. 그리고 거점센터의 경우는 관할지역의 일반센터와 통합센터 사업을 지원하고 네트워크 구축과 더불어 지역의 특성화 사업을 개발하는 역할을 담당한다. 다문화가족지원사업은 기본프로그램 사업과 별도지원(특성화) 사업으로 나누어 운영하고 있다.

〈표 5-4〉 다문화가족지원센터 운영 사업 개요

사업 구분	사업 영역
기본사업	가족영역
	성 평등 · 인권영역
	사회통합영역
	상담영역
	홍보 및 자원 연계
특성화사업	다문화가족 방문교육사업
	다문화가족 자녀 언어발달지원사업
	결혼이민자 통번역서비스 사업
	다문화가족 사례관리 사업
	결혼이민자 멘토링 사업
	다문화가족 성장지원사업

다문화가족지원센터는 다문화가정 및 자녀 교육, 상담, 통 · 번역 및 정보제공, 역량강화 지원 등 종합적인 서비스를 제공하여 다문화가족의 한국사회 조기적응 및 사회, 경제적 자립을 지원하고자 하는 사업 목적을 가지고 있다. 또한 결혼이민자, 귀화자와 대한민국 국적취득자로 이루어진 가족과 이혼으로 가정이 해제된 다문화가정과 그 자녀들을 지원하고 있다. 가족교육, 부모교육 등을 통하여 성 평등교육, 문화이해교육, 「다문화가족지원법」, 제도교육 등을 실시하고 있다. 또한 인권교육, 취업지원 및 자립기반 모임 등을 운영하고 사회통합교육 및 상담, 방문교육지원, 자녀언어발달 지원사업, 통 · 번역 서비스지원 사업 등 지역사회와 수요자의 특성을 감안하여 다양한 형태로 사업을 실시하고 있다. 다음 표는 다문화가족지원센터 기본사업의 세부내용을 정리한 것이다.

〈표 5-5〉 다문화가족지원센터 기본사업 개요

<table>
<tr><th rowspan="2">사업 구분</th><th rowspan="2">사업 영역</th><th colspan="2">내용</th></tr>
<tr><th>공통필수</th><th>선택</th></tr>
<tr><td rowspan="28">기본 사업</td><td rowspan="10">가족</td><td rowspan="10">• 다문화가족 이중언어 환경조성 프로그램
• 다문화가족 학령기 자녀입학 및 정보 제공</td><td>가족의사소통 프로그램</td></tr>
<tr><td>가족관계 향상프로그램</td></tr>
<tr><td>결혼과 가족의 이해</td></tr>
<tr><td>가족의 의미와 역할</td></tr>
<tr><td>아버지 교육</td></tr>
<tr><td>부모-자녀관계 및 자긍심향상프로그램</td></tr>
<tr><td>자녀교육 프로그램</td></tr>
<tr><td>부모역할교육, 자녀건강지도</td></tr>
<tr><td>자녀생활지도</td></tr>
<tr><td>자녀성장지원사업 등</td></tr>
<tr><td rowspan="4">성평등 · 인권</td><td rowspan="4">• 가족 내 성평등 교육
• 다문화이해교육
• 인권 감수성 향상교육</td><td>이주여성 대상 프로그램</td></tr>
<tr><td>이주여성과 한국인 대상 프로그램</td></tr>
<tr><td>다문화가족 관련법과 제도</td></tr>
<tr><td>이주민과 인권</td></tr>
<tr><td rowspan="8">사회 통합</td><td>• 취업기초소양교육
• 취업훈련 전문기관 연계 (워크넷, 새일센터)</td><td>–</td></tr>
<tr><td rowspan="7">• 다문화가족 나눔봉사단 소양교육
• 다문화가족 나눔봉사단 활동</td><td>한국사회적응교육</td></tr>
<tr><td>소비자 · 경제교육</td></tr>
<tr><td>학업지원반(검정고시반 등) 운영 및 연계</td></tr>
<tr><td>다문화가족 자조모임</td></tr>
<tr><td>다문화인식개선</td></tr>
<tr><td>결혼이민자 멘토링프로그램</td></tr>
<tr><td>결혼이민자 정착단계별 지원패키지 등</td></tr>
<tr><td rowspan="5">상담</td><td rowspan="5">• 가족상담</td><td>개인상담</td></tr>
<tr><td>집단상담</td></tr>
<tr><td>사례관리</td></tr>
<tr><td>위기가족 긴급지원</td></tr>
<tr><td>외부상담기관 연계 등</td></tr>
<tr><td>홍보 및 자원 연계</td><td colspan="2">• 지역사회 홍보
• 지역사회 네트워크
• 홈페이지 운영 등</td></tr>
</table>

별도 지원(특성화)사업은 다문화가족 방문교육 지원사업, 다문화가정 자녀 언어발달 지원사업, 다문화가족통번역서비스 지원사업으로 나누어 운영한다. 그 외 지역사회특성 및 수요를 감안하여 센터 고유사업을 실시할 수 있다. 다문화가족지원센터의 특성화사업은 다음과 같다.

첫째, 방문교육사업으로서 경제적 어려움 및 지리적 접근성의 문제로 집합교육에 참여하기 어려운 결혼이민자 및 그 가족 대상으로 전문지도사(한국어 지도사 혹은 아동양육지도사)를 결혼이주여성의 가정으로 직접 파견하여 교육서비스를 제공하는 것이다, 그 내용을 살펴보면 다문화가정에 대한 한국어교육은 다문화가정이 언어소통의 어려움으로 인해 한국생활에 조기 정착하는 데 어려움을 겪는 것을 해소하기 위해 한국어교육지도사를 파견하여 전문상담을 통한 맞춤형 서비스를 지원하는 것이다. 다문화가정 아동양육지원은 2세 미만의 영아를 양육하는 결혼이주여성들에게 자녀양육 전반에 걸친 교육 및 상담서비스를 제공함으로써 이들의 자녀양육과 능력을 제고하고, 이를 통한 가족통합을 지원하는 것이다. 임심 · 출산을 앞둔 결혼이주여성들에게 산전 준비 및 산후 자녀양육에 필요한 단기간의 출산 전후 서비스를 제공하는 것이다.

둘째, 다문화가정 자녀 언어발달 지원사업은 다문화가정의 자녀에 대한 체계적이고 전문적인 언어발달 지원을 통해 이들이 건강한 사회구성원이 될 수 있도록 지원하는 것이다. 사업내용에는 다문화가정 자녀 언어발달 전문 인력인 다문화언어지도사를 다문화가족지원센터로 파견하여 서비스를 제공하며, 센터 인근 보육시설로 파견하여 다문화가정 자녀에 대한 언어교육을 실시한다.

셋째, 통 · 번역 서비스사업은 결혼이민자를 통 · 번역 전문인력으로 채용하여 의사소통이 어려운 결혼이민자에게 통 · 번역 서비스를 제공하는 것이다. 사업내용에는 입국 초기상담, 정착지원 및 국적 · 체류, 가족 간 의사소통 지원 및 위기대응을 위한 통역 파견, 유치원 · 초등학교 등 알림장 번역과 학교상담 시 통역 파견, 정부기관 및 병원 진료 등에 필요한 통역 파견,

기타 위기 상황 발생 시 및 전화 · 이메일 통 · 번역업무 등을 포함하고 있다.

넷째, 다문화가정 사례관리 사업은 다문화가정의 복잡하고 다양한 문제해결 및 욕구해소를 통해 다문화가족의 심리 · 정서적 안정과 경제적 자립역량을 강화하려는 사업이다. 가정폭력 등 위기 상황에 처해 있거나 가족관계 갈등으로 인한 가족해체 위기에 있는 가정을 지원함으로써 가족 기능회복을 도모하고 사회통합의 관점에서 결혼이주여성, 외국인근로자, 다문화가정 자녀 및 중도입국 자녀의 한국사회 적응 및 정착지원을 위한 것이다.

다섯째, 한국어교육 사업이다. 결혼이민자, 중도입국자녀가 한국어를 학습하여 안정적인 초기정착 및 한국의 일상생활과 사회생활에 적응할 수 있도록 지원하는 것이다. 다문화가정의 의사소통 능력 향상으로 다문화가정 내 갈등이나 어려움을 예방하여 가족기능 강화지원을 하는 사업이다(한국건강가정진흥원, 2018; 다문화가족지원센터 별도지원사업 연간실적보고서, 2019).

다음은 다문화가정을 포함한 모든 가족을 대상으로 하는 통합센터가 수행하는 사업을 살펴본다.

첫째, 가족관계영역으로 부모역할 강화, 가족관계 개선, 가족 의사소통, 가족구성원의 역량강화를 위한 맞춤형 서비스 지원, 가족형태 · 생애주기 · 문제유형별 가족 갈등과 문제해결, 성 평등 · 인권의식 고취를 위한 교육 · 상담 · 문화프로그램을 제공한다.

둘째, 가족돌봄영역으로 가족구성원의 일시적 · 장기적 부재, 상황적 위기 등으로 가족기능이 약화된 가족에 대한 돌봄서비스 지원, 가족 유형 특성에 따른 맞춤형 가족기능 강화서비스를 제공한다.

셋째, 가족생활영역으로 가족특성에 따른 고충상담, 생활정보 제공, 초기정착지원 등 맞춤형 가족생활프로그램을 운영한다.

넷째, 가족과 함께하는 지역공동체 영역으로 양성평등 가족문화, 지역사회공동체 문화, 가족 친화 사회환경 조성, 다문화인식 개선 등 가족과 지역사회를 연계하는 프로그램을 운영한다.

다섯째, 상담영역으로 생애주기에 따라 발생되는 가족 내 다양한 갈등과 문제상황을 면접상담, 전화상담, 사이버상담, 집단상담 등의 방법으로 문제해결을 유도하고 개인 및 가족의 역량을 강화시키는 데 목적을 두고 있다.

(2) 다문화가정과 정부기관 연계 프로그램

다문화가족정책의 주관부처인 여성가족부는 각 부처와 연계하여 다문화가족지원정책을 실무적으로 총괄하고 있다. 한국건강가정진흥원는 2015년 여성가족부 산하 특수법인으로 출범하여 다양한 가족의 삶의 질을 향상시키고 가족역량 강화를 위한 가족정책을 효율적이고 체계적으로 지원하며, 건강한 가정생활의 영위와 가족의 유지 및 발전을 위해 노력하고 있다. 한국건강가정진흥원이 설립된 배경은, 첫째, 가족정책 요구의 증가이다. 가족형태의 다양화와 지원 요구가 증가하였고 일 가정 양립에 대한 요구 및 가족정책 요구에 맞춘 정책사업 개발의 필요성이 증가하였기 때문이다. 둘째, 가족사업기관의 전문성 강화를 위함이다. 기족 정책 개발, 추진을 위해 전담기관이 필요하고 가족정책사업 관련 조사 및 실적분석, 성과관리, 홍보, 대외협력 업무 수행 중심기관이 필요하였기 때문이다. 셋째, 가족정책전달체계 역할 강화를 위함이다. 가족지원센터가 증가함에 따라 중앙관리기구의 지속적 적극적 정책추진에 있어 민간위탁방식의 한계를 극복할 필요가 있었기 때문이다. 마지막으로 가족정책사업 관리의 효율성을 증대시키기 위함이다(한국건강가정진흥원, 2022).

한국건강가정진흥원에 따르면 주요사업은 가족서비스 지원사업, 양육비이행지원사업, 가족다양성 수용증진사업이 있으며 이 중 가족서비스 지원사업의 세부내용은 가족서비스 운영기관 지원, 가족서비스 전문인력 교육, 가족친화지원사업, 지속가능 가족사업 연구 및 확산 등이 있다.

〈표 5-6〉 가족 정책서비스 전달체계 중앙관리지원 주요업무

구분	주요업무
사업개발 및 조사	• 연구 및 프로그램 개발 및 보급 • 서비스 만족도 및 성과조사 • 우수사업 및 우수사례 발굴 • 이혼 전후상담 우수기관 인증 등
인적자원 역량강화	• 센터 종사자 역량강화 교육 • 다문화 전문인력 양성 교육 • 다문화 전문인력 역량강화 교육 • 온라인 콘텐츠 개발 및 관리
센터관리 및 지원	• 사업홍보 및 패밀리넷 운영 • 자원연계 및 협력 • 다문화가족 네트워크 대회 • 가족통계 및 가족실적시스템 관리 등
특성화사업 관리	• 가족역량강화 지원사업 • 공동육아나눔터 사업 • 다문화가족 방문교육 사업 • 결혼이민자 역량강화 지원사업 • 다문화가정 사례관리 사업 • 이중언어가족환경조성 사업 • 결혼이민자 통 · 번역서비스 사업 • 다문화가정 자녀 언어발달지원사업 등

출처: 한국건강가정진흥원(https://www.kihf.or.kr).

한국건강가정진흥원은 모든 가족의 역량을 강화하여 건강하고 행복한 대한민국을 실현하기 위해 가족정책서비스 전달체계인 '건강가정지원센터', '다문화가족지원센터', '가족센터'를 관리 · 지원하고 있다. 세 가지 유형의 센터의 사업방향과 주요사업을 살펴보면, 건강가정지원센터의 사업방향은 다양한 가족지원, 이용자 참여 확대를 통한 가족기능 지원강화 및 생애주기별 부모교육 등 가족교육 활성화에 있으며, 주요사업으로는 가복돌봄나눔, 가족교육, 가족상담, 가족문화, 지역사회 연계 등이 있다. 다문화가족지원센터의 사업방향은 다문화가족의 한국사회 조기적응 및 사회 · 경제적 자립지원 도모를 목적으로 한다. 주요사업으로는 가족사업, 성평등 · 인권, 사회통합, 상담, 홍보 및 자원연계로 구성되어 있다. 가족센

터의 사업방향은 가족유형과 상관없이 다양한 가족에 대한 보편적이고 포괄적인 서비스 제공에 있으며 다문화가족을 위한 종합적 서비스를 제공하여 다문화가족 한국사회 조기적응 및 사회 · 경제적 자립지원을 도모한다. 주요사업으로는 가족관계, 가족돌봄, 가족생활, 가족과 함께하는 지역공동체, 1인 가구 사회적관계망 형성지원, 다문화가족자녀 사회포용안전망사업 등이 있다(한국건강가정진흥원, 2022). 내용을 정리하면 다음과 같다.

〈표 5-7〉 가족지원센터 현황

기관명	건강가정지원센터	다문화가족지원센터	가족센터
법적근거	•「건강가정기본법」 제34조 건강가정지원사업전담 수행 제35조 건강가정지원센터의 설치	•「다문화가족지원법」 제12조 다문화가족지원센터의 설치 · 운영	•「건강가정기본법」 제21조 가정에 대한 지원 제35조 건강가정지원센터의 설치 •「다문화가족지원법」 제6조 생활정보 제공 및 교육지원 • 제12조 다문화가족지원센터의 설치 · 운영 등
연혁	• '05년 건강지원센터 본격실기 시군구 센터 15개소 신규 설치 및 확대 • '13년 건강가정지원센터 전국 151개소 설치 • '16년 통합서비스 설치	• '06년 결혼이민자 가족지원센터 지정 · 운영 • '08년「다문화가족지원법」 제정 및 '다문화가족지원센터'로 명칭 변경 • '13년 다문화가족지원센터 전국 211개소 설치 • '16년 통합서비스 실시	• '14년~'15년 통합서비스 시범사업(22개소) • '16년도 통합서비스 운영기관(78개소) • '21년도 확대(203개소) • '22년도 유지(207개소)
설치현황 (2022년)	14개소	23개소	207개소
주요사업	• 가족돌봄나눔 모두가족봉사단 – 모두가족품앗이 등 – 아버지, 자녀가 함께하는 돌봄 프로그램 • 가족교육	• 가족 – 이중언어 가족환경조성사업 – 다문화가족 학령기자녀 입학 및 입시 정보 제공 • 성평등 · 인권	• 가족관계 – 부모, 부부 역할 지원 – 이혼 전후가족 지원 – 다문화가족 관계 향상 – 이중언어가족환경조성 – 다문화가족 자녀 성장

기관명	건강가정지원센터	다문화가족지원센터	가족센터
	– 생애주기별 가족교육 – 남성 대상 교육 등 • 가족상담 • 가족문화 – 가족 사랑의 날 – 가족친화 문화프로그램 지역사회 연계	– 가족 내 성평등 교육 – 다문화이해 교육 – 인권감수성 향상교육 – 다 함께 프로그램, 폭력피해 대처 및 예방교육 • 사회통합 – 취업기초 소양교육 새일센터 연계 – 다문화가족 나눔 봉사단 • 상담 • 홍보 및 자원 연계	– 가족상담 – 조부모 역할 지원 – 가족돌봄 – 가족역량강화 지원 – 다문화가족 방문교육 – 면접교섭권 • 가족생활 – 다문화가족 초기 정착 – 결혼이민자 취업 지원 – 일 가정 양립 지원 – 결혼이민자 통번역 • 가족과 함께하는 지역공동체 – 다문화가족 교류 소통 공간 운영, 공동육아나눔터, 가족친화프로그램 – 결혼이민자 정착 단계별 지원 패키지 – 찾아가는 결혼이주여성 다이음사업 – 가족봉사단, 다함께 프로그램 • 1인가구 사회적 관계망 형성 지원 및 다문화가족 자녀 사회포용 안전망

출처: 한국건강가정진흥원(https://www.kihf.or.kr).

2) 다문화가정과 비다문화가정 연계 프로그램

다문화가정의 자녀가 점차 증가하고 있는 현재 우리나라에서, 결혼이주여성 가정의 영유아 양육에 관한 여러 가지 부분은 아주 중요한 가정적, 사회적 문제로 대두되고 있다. 영유아기는 아동기, 청소년기에 이르기까지 건강한 성장과 이후 성공적인 사회적 역할을 수행하는 데 중요한 영향을 미친다. 어머니와 함께 생활하면서 언어적 자극과 사회의 가치와 규범을 습득하고 부모님과의 긍정적인 상호작용으로 사회적 발달을 형성시키는 데 가장 중요한 시기이다. 결혼이주여성은 결혼을 시작하고 얼마 되지 않아 영유아의 양육과 관련되어서 아무런 준비 없이 자녀를 출산하게 되어 육아정보의 부족으로 가정적, 개인적인 양육의 어려움을 갖게 되고 그와 함께 아기를 키우는 시기가 결혼이주여성의 문화적응 시기와 겹쳐져 자녀육아에 대한 고충과 불안감, 두려움 등을 갖게 된다(김민정, 2009). 2005년부터 외국인노동자, 결혼이민여성 등 다문화가정이 많이 형성되고 다문화가정의 자녀 출산과 양육이라는 삶의 과제를 접하게 되면서 자녀양육과 더불어 다문화가정 자녀들의 언어교육, 환경개선 등에 대한 연구들이 시작되었다(안미숙, 2015).

다문화가정의 자녀들 또한 부모들의 상이한 가치관과 문화로 인해 많은 갈등과 혼란을 경험하며 서로 다른 언어와 개인적인 차이로 인한 양육방식으로 언어발달이 늦어지고 외부로는 편견으로 인한 놀림과 따돌림, 소외 등과 같은 불평등 문제를 경험하므로 다문화가정 자녀들은 비다문화가정 자녀들과는 다른 극복해야 할 과제를 안고 출발한다(정몽순, 2010). 충분한 언어습득, 기초 생활습관에 대한 교육, 정서적, 심리적 안정감, 사회성을 가정이 제공해 주지 못하게 됨에 따라 다문화가정 영유아들은 비다문화가정 영유아들에 비해 여러 부분에서 성장발달이 지연될 위험성이 훨씬 높다. 다문화가정 영유들은 어머니와 언어적 의사소통이 적고 원활하지 못하여 건강상의 왜소한 체격, 영양적 결핍을 보여 주기도 하고 신체적인 발달과 더불어 언어 소통 장애로 인한 심리적인 불안까지 겹치게 된다.

또한 다문화가정 자녀로서 자신이 혼혈이라는 이유로 자신의 정체성에 부정적인 영향을 미칠수 있으며 다문화가정에 대한 한국사회의 환경적 인식 부족과 차별과 편견으로 쉽게 집단에서 또래들의 따돌림에 노출될 수밖에 없으며, 정서적 상처를 겪을 수 있다(홍영숙, 2007). 다문화가정의 언어적, 문화적 차이를 최소화하고 성공적 적응을 지속시킬 수 있는 방안으로 다문화가정과 비다문화가정이 함께 참여할 수 있는 다양한 프로그램 등의 개발이 필요하다.

다문화가정과 비다문화가정이 서로 연계하고 협력할 필요성은 다음과 같다.

(1) **문화적 다양성 존중**: 한국은 이민을 통해 다양한 문화가 유입되어 있으며, 이에 대해 존중하는 사고와 태도가 필요하다. 연계 프로그램을 통해 다른 문화와의 교류를 증진하면서 문화적 다양성을 존중할 수 있는 기반을 마련할 수 있다.

(2) **소통 증진**: 언어, 문화, 관습 등 서로 다른 배경을 가진 가정끼리는 커뮤니케이션 요소들에 있어서 소통의 어려움이 존재한다. 연계 프로그램을 통해 서로 간의 소통 능력을 향상시키면서 더욱 원활한 커뮤니케이션을 이룰 수 있다.

(3) **사회통합**: 다문화가 가속화되는 현대사회에서는 소수집단과 다수집단 간의 연계가 필요하다. 연계 프로그램을 통해 서로 다른 배경을 가진 가정들끼리의 소셜 네트워크가 확대되면서 사회적 통합도 이룰 수 있다.

(4) **자아 개발**: 다문화가정과 비다문화가정 모두 능력 발휘와 인간관계 형성 등에 어려움을 겪는 경우가 많다. 연계 프로그램을 통해 성공적인 협력 경험을 할 수 있으면 더욱 자신감을 키우며, 개인적인 자아 개발에도 도움이 될 수 있다.

따라서, 다문화가정과 비다문화가정 간의 문화교류와 연계는 그동안 무시되어 왔던 서로에 대한 이해도가 높아짐으로써 사회적 및 개인적인 이점이 많이 나타날 것이다. 다문화가정과 비다문화가정의 연계는 상호 이해와 존중에 기반한 서로 간의 상호작용을 통해 이루어진다. 이를 위해서는 양쪽 가정의 문화권을 존중하고, 서로의 문화를 적극적으로 이해하고 수용해야 한다. 예를 들어, 다문화가정과 비다문화가정이 함께하는 커뮤니티에서는 상호적으로 문화를 공유하고 이해하는 시간을 갖는 것이 좋다. 이를 위해서는 언어를 배우는 노력이 필요하며, 문화 간의 차이점을 이해하고 존중하는 태도가 필요하다. 또한, 다문화가정의 경우 기존 사회구성원들이 어려워하는 행사나 행동에 대해서도 적극적으로 참여하고 이해할 필요가 있다.

이렇게 서로 간의 문화 이해와 존중을 통해 연계가 이루어지면, 다문화가정뿐만 아니라 비다문화가정에게도 새로운 문화를 경험하게 되어 문화적 다양성에 대한 이해가 높아지고, 서로 간의 편견이 줄어들어 같은 지역사회가 하나로 뭉치는 데 기여할 수 있다.

다문화가정과 비다문화가정의 연계를 돕기 위해 많은 지역사회에서는 다음과 같은 연계 프로그램을 운영하고 있다.

(1) **언어교환 프로그램**: 다문화가정과 비다문화가정이 서로의 언어를 배우고 교환하는 프로그램이다. 이를 통해 서로 간의 언어 이해도를 높이고 커뮤니케이션 능력을 향상시킬 수 있다.
(2) **문화교류 회식**: 서로 다른 문화를 가진 가정이 함께 식사를 하면서 문화를 공유하고 이야기할 수 있는 자리를 마련하는 프로그램이다. 각 가정이 자신들의 문화를 소개하고 이해할 수 있는 기회가 된다.
(3) **문화체험 프로그램**: 서로의 문화를 체험하고 이해할 수 있는 문화체험 프로그램으로, 대체로 다문화가정의 문화를 체험하는 비다문화가정과 비다문화가정의 문화를 체험하는 다문화가정 등이 참여한다.
(4) **여가활동 프로그램**: 다문화가정과 비다문화가정이 함께 취미나 운동 등을 통해 여가를 즐길 수 있는 자리를 마련하는 프로그램이다.

위와 같은 연계 프로그램들은 서로 간의 문화 이해와 존중을 높이며 지역 내 문화적 다양성을 존중할 수 있는 기반을 마련하는 데 큰 도움이 된다.

3) 부모 및 지역사회 연계 시 유의할 사항

(1) 다문화가정 부모교육

다문화가정의 자녀들은 학교폭력 피해 경험뿐만 아니라 말로 하는 협박 및 욕설, 집단 따돌림, 강제 심부름 같은 괴롭힘, 돈이나 물건을 빼앗김, 맞거나 갇힘,

성적인 행동 등을 경험하고 있다. 친구 또는 선생님과의 관계의 어려움, 어려운 가정형편, 어려운 학교 공부로 인한 학업중단, 가족 문제로 인한 학업중단, 학교생활 문화가 달라서, 한국어를 잘 몰라서, 질병 또는 사고로 학업을 중단하는 사례가 증가하고 있다(통계청, 2015). 다문화가정의 부모들은 자녀의 성장발달, 안전사고 예방과 관리, 응급처치에 대한 교육 요구가 높으나, 이와 관련한 교육을 받아 본 경험은 거의 없는 실정이다(이내영, 2018).

다문화가족을 위한 지역사회의 부모교육프로그램은 자녀양육 효능감 향상과 양육스트레스 감소로 자녀의 성장, 발달에 영향을 주고(민성혜, 김경은, 김리진, 2011; 한경님, 2013), 양육태도에 긍정적 변화를 주며(이경숙, 2015; 임은미, 김종운, 2014; 조일현), 부모로서의 책임김과 역할에 대한 자신감을 향상시킨다(강기정, 2009). 따라서 다문화가정의 부모역할 이해, 스트레스 극복 방법, 자녀와의 대화 방법, 자녀학습지도 방법, 성폭력 안전지도 등의 부모 역할 및 자녀 지원을 위해 결혼이주민인 어머니의 역할도 중요하지만 한국인 아버지의 역할이 매우 중요하다. 뿐만 아니라 이들의 문화적, 언어적 특성을 반영한 다양한 지역사회 부모교육 프로그램의 개발과 제공이 필요하다.

다문화가정 부모교육과 관련한 연구에서 김인영(2013), 임은미(2013) 등은 국제결혼이민자 여성을 대상으로 어머니의 역할에 대해 이야기를 나누고 어머니 자신의 장점을 찾아보는 활동을 통하여 자아존중감과 사회성이 향상되었음을 나타냈다. 대부분의 가정에서의 의사결정권은 아버지들이 갖고 있으므로 다문화가정의 어머니만 대상으로 하는 부모교육은 가정 내 교육에 있어 한계를 가져올 수 있다.

벨스키와 반드라(Belsky & Vondra, 1989)에 의하면 부부가 서로 부족한 부분을 지원해 줌으로써 좋은 부부관계를 유지할 때 부모양육 효능감이 증진되어 부모역할기술에 긍정적인 영향을 끼치게 된다고 했다. 대부분의 연구에서 부모교육을 통해 부모의 자기인식과 양육효능감이 증진되었음을 보고하고 있다.

1980년대 중국 조선족 여성과의 결혼을 시작으로 1990년대부터 급속도로 국제결혼이 증가하면서 다문화가족의 부모역할과 부부관계, 부모 양육, 자기계발과 사회적 관계 등의 다양한 문제가 부각되면서 다문화가정을 위한 부모교육 프로그램이 필요하게 되었다. 따라서 우리나라의 중앙부처 및 지방자치단체와 시·도 교육청에서 다문화교육프로그램이 이루어지고 있다. 이 중에서 2008년 5월 발표한 여성가족부의 결혼이민자와 자녀 등 다문화가정 생애주기별 맞춤형 서비스와 다문화가족지원센터 운영이 가장 대표적이다. 여성가족부의 다문화가정 생애주기별 맞춤형 서비스는 다문화가정을 위한 가족교육, 상담, 문화이해 프로그램 등 서비스 제공을 통해 결혼이민자의 한국사회 조기적응 및 다문화가정의 안정적인 가족생활을 지원한다(김의준, 2014).

그러나 지역사회 부모교육에 부모들의 요구가 충분히 반영되지 못하고 있고, 가족구성원 중 일부 구성원만을 대상으로 진행되었으며, 프로그램 회기 또한 단기간의 회기로 마무리되어 교육의 효과가 지속되지 않음이 나타났다. 또한 부모와 교사의 관계는 교사가 부모에게 부모교육을 가르치는 방식으로 진행되고 소규모 부모교육은 연구자의 의도에서나 교육기관에 의해서 조직된 경우와 결과적으로 부모들은 교육기관이 계획한 프로그램에 단순히 참여하여 수동적으로 강의를 듣기만 하는 경우가 대부분이었다.

따라서 각 가정의 구성원 특성이 다르고 정보나 지원의 요구가 다른 부모들이 자녀양육 부담을 덜고, 주체적인 삶을 살기 위한 다양한 지역사회 부모교육이 활성화되어야 하며 부모들이 자발적으로 형성한 부모교육에 부부와 자녀가 함께 참여하여 자신들의 요구가 반영된 교육내용으로 프로그램이 운영되는 지역사회 부모교육 모임이 되도록 해야 할 것이다.

(2) 다문화가족 대상 지역사회 박물관 교육프로그램

다문화교육이 처음 우리나라에 도입되었을 때는 동화주의에 입각한 일방적인 '한국화'프로그램이 다문화교육의 주류였다. 하지만 이제 다문화교육은 개방적이고, 상호 이해와 변화가 중심이 되는 관점으로 변해 가고 있다. 우리 문화를 그들에게 주입시키고 주류사회의 유지와 통합을 위한 방향에서 상호작용과 공감을 불러일으켜 학습자들과 사회를 변화시키는 방향으로 변하였으며, 소수자 대상의 교육에서 모두를 위한 다문화교육으로 변화되었다.

박물관은 여러 가치관과 문화자료가 만나는 공간으로 모든 연령과 모든 계층 사람을 대상으로 하며 내국인은 물론 외국인 등 다양한 배경을 지닌 사람들이 모이는 곳으로 사회적 상호작용이 일어나는 교육 공간이다(신혜원, 2016). 교육의 방향과 내용은 변해 가지만 여전히 다문화교육을 다른 나라에 대해 배우는 국제 이해교육의 일환으로 보는 것은 다문화교육프로그램이 부정적 영향을 미치므로, 다문화 시대에 문화의 풍부함을 배우고 함께 살아가기 위한 방향의 일환인 지역사회의 박물관 다문화교육은 공존과 국민적 통합을 이루어 큰 공동체 사회로 발전해 가는 과정에서 핵심적인 역할을 하고 있다.

빠른 속도로 진행되는 다문화사회에서의 박물관을 발전시킬 가능성을 모색하기 위해 다음과 같이 다문화가족 대상 박물관 교육프로그램의 문제점을 살펴보았다.

① 차별화되지 못한 교육프로그램 적용

관람객들은 박물관의 전시물과 전시회 등으로 다양하고 풍부한 경험을 하게 되고, 교육적 가치를 지니고 있어서 일반적인 이해에서부터 전문적인 교육내용까지 제공받는다. 이러한 교육적 가치, 기능 또한 그 의도가 분명하게 전달되는 것이 중요하다. 즉, 박물관에서 체계적이고 명확한 교육적 역할을 잘 수행하기 위해서는 신중한 교육과정과 방법에 대한 연구가 필요하다. 이러한 신중한 절차와 과정 연구가 되지 않고 단순히 제공되는 교육적 기능 및 교육프로그램은 관람객에게 자칫 혼란스러운 내용 전달의 우려가 있다. 일회적인 내용보다는 학습자에게 지속적인 학습경험이 가능한 구체적인 내용접근이 필요하고, 다문화의 환경을 직시한 프로그램 적용과 평생교육의 연장선이 되도록 하는 것이 중요하다. 즉, 다문화가정 및 이주노동자의 학습대상 박물관 교육프로그램은 그들만의 가치와 자긍심을 줄 수 있는 유의미한 내용이 필요하다.

② 다문화가족에 국한된 내용

외국의 박물관 다문화교육프로그램은 교육대상, 교육내용, 교육내용의 활용에 따른 분석기준에 의하여 볼 때, 다양화하고 세분화하여 교육프로그램 자체가 다양성의 견해를 도출하도록 하고 있다. 복잡성을 지니는 문제들을 통해서 구체적인 학습활동이 되도록 하고, 이를 교과단원과 연계하여 학습의 효과를 더욱 강화시켜 주고 있다. 다문화교육을 특정 영역으로 구분 짓거나 특정 계층에게만 운영되는 것이 아니라 일반적으로 누구든지 언제든지 제공받을 수 있도록 하고 있다. 또한 다루는 문제내용은 국내의 경우와 달리 다양한 소재와 사례를 제시하며 다각적인 견해를 이끌어 내고 있다.

우리 사회 내의 다문화가족과 외국인 거주가 점차 증가되는 현실에서 비다문화가정 학습자와 다문화가정 학습자가 다 같이 학습함으로써 함께 활동하는 것 자체만으로 다양성을 지니고 있어 학습자들 간의 활발한 다문화교육이 될 수 있는 환경이다. 하지만 지금까지는 일회성으로 단발적인 학습형태로 다문화가정만을 위한 다양하고 세분화된 교육프로그램의 다양성을 원하고 있다.

또한 학습 대상이 특정 대상에만 국한되어 있다. 모든 대상에게 필요한 교육이며, 경우에 따라서는 학교교육과의 연장선에서 이루어져야 한다. 다른 국가의 박물관 다문화교육프로그램은 우리 사회가 인식하는 다문화가정 등의 특수한 계층을 위한 다문화교육이 아니라 다문화가정을 포함하여 비다문화가정 학습자들 모두에게 다문화교육이 이루어져 공동체로서의 삶을 인식하도록 한다.

③ 주변 환경을 배려하지 못한 프로그램 적용

유물을 활용한 교육이 우리나라 문화 알리기에 집중되어 있다. 우리 문화유산의 유물과 유적의 보존 및 계승에 큰 의미를 두고 교육프로그램을 개발하면서 조금 더 구체적인 다양성을 내포하는 교육적 기능의 제시가 요구된다. 유물들의 지역별 특성 및 차이 등의 구체적인 접근으로 다양한 견해를 경험하기도 하고, 관련 유물과 유사한 다른 문화와 연결하는 체계적인 박물관 교육프로그램 개발이 필요하다. 박물관 교육프로그램의 학습목표는 다른 집단, 문화, 민족 등의 다양성과 가치를 알 수 있도록 지속적인 접근을 시도하는 것이다.

또한 학습내용이 동화적이고 국제 이해 수준의 체험이 대부분을 차지하고 있다. 학습활동 중에서 탈 만들기와 한지 만들기, 아시아의 쌀로 밥상문화체험 등은 다양한 문화에 대한 관습과 역사를 알고 가치와 존중을 깨닫기에는 미흡하고, 일회적 활동이 될 수 있다. 궁극적으로 서로 다른 문화, 계층들을 의미하는 다양한 문화 요소와 연결하여 학습내용이 진행되며 학습자에게 다양성에 대한 가치와 관점을 이끌어 낼 수 있는 문제를 수행하도록 하고, 교육기관과 연계하여 다문화교육의 중요성을 체계적으로 운영해야 한다.

④ 미흡한 학습자료

학습자료 제공이 미흡하다. 교육프로그램의 학습내용이 언제든지 누구나 이용하고 사용될 수 있도록 충분한 학습도움 자료의 제공이 필요하다. 학습자료 제공을 활발히 하여 온라인을 통해 어느 지역에서도 활용이 쉽도록 박물관교육의 장소, 지역 간의 교육적 접근이 필요하다. 이에 온라인사이트에서 교사용, 학습자용, 학교단체, 학부모 관람객 등 다양한 대상으로 풍부한 학습자료 및 도움 자료가 제공되어 교육프로그램이 종료된 후에도 관련 자료를 이메일 및 온라인 사이트에서 접근이 가능하도록 해야 한다. 예를 들어, 국립중앙박물관과 국립민속박물관의 문제점을 도출해 보면 국립중앙박물관의 다문화교육프로그램 활용은 박물관 방문으로만 체험이 가능하고, 다문화교육프로그램이 아닌 일반 교육프로그램에서는 학교교육 연계, 방학기간을 활용한 학습자료가 꾸준하게 제공되고 있으나, 다른 기관 및 학교와 연계되는 학습자료나 오픈소스가 미흡하여 활성화가 되지 않고 있다. 또한 영유아, 청소년, 가족 대상에는 다문화교육 제공이 미흡하여 지역사회프로그램 중 하나인 박물관 다문화교육프로그램의 문제점을 알아보고 보완, 개선하여 문화기관으로서의 다양성을 기반으로 한 교육적 역할이 중요하다.

다양성을 기초로 하는 박물관 다문화교육프로그램은 다른 문화, 민족, 인종, 계층 등을 수용하는 긍정적인 태도와 바람직한 다문화교육에 대한 근본적인 개념을 알게 되고 나아가 현재 우리 사회의 다문화에 대한 인식변화가 가능할 것이다.

3. 다문화가정과 어린이집과의 연계 프로그램

1) 가정과 어린이집의 연계 방법

(1) 가정연계의 의미와 중요성

인간의 발달과정 중에서 영유아기는 발달의 결정적 시기가 집중되어 있는 시기로, 이때 가장 영향을 주는 환경으로는 크게 가정, 유아교육기관(어린이집), 지역사회로 볼 수 있다. 자정, 교육기관, 지역사회 이 세 가지 환경이 서로 연계되어 톱니처럼 맞물려 조화를 이룰 때 영유아에게 적절한 교육환경을 제공하게 되고, 그 효과가 더욱 증진된다. 특히 가정은 영유아가 태어나면서 먼저 접하게 되는 사회로, 영유아에게 있어 가장 많은 영향을 미치는 중요한 요인이며, 부모와의 관계는 영유아발달에 직접적인 영향을 미치는 요인이라 할수 있다. 즉, 영유아의 전인발달을 위해 가정과 어린이집이 서로 함께 협력하고 소통하는 양육과 교육의 동반자가 되어야 한다(소영란, 2019).

가정연계란 어린이집과 가정이 연계되어 함께 실시하는 교육활동으로 부모참여 또는 부모교육, 부모 연계 등의 내용을 포함하고 있다. 정미애(2012)는 가정연계를 부모와 어린이집이 동반자적 협력 관계를 유지하며 자녀 교육에 대한 책임을 나누어지고 영유아의 교육과 발달을 위해 노력하는 모든 과정을 의미한다고 하였다. 가정연계는 영유아에게 영향을 미칠 뿐만 아니라 부모와 교사에게도 긍정적인 영향을 주는데 교사는 부모의 관심과 지원에 감사하게 되고, 영유아를 보호하고 가르치는 일이나 그 밖의 어린이집 일에 대해서는 긍정적 감정을 가지게 되므로 부모도 어린이집에 대한 신뢰감을 가지게 된다(Epstein & Dauber, 1991). 가정연계를 통해 부모와 교육기관이 협력체제를 유지하고 의사소통할 수 있으며 부모와 교사가 동반자적 입장에서 교육과정을 함께 운영할 때 교육의 질은 향상되고 시너지 효과를 기대할 수 있을 것이다(김희정, 2009).

(2) 가정연계 활동의 유형

가족의 형태가 변화하면서 부모가 자녀 관련 일에 적극적으로 참여하는 것이 중요시되었다. 그러면서 유아교육기관의 부모참여, 즉 가정연계 형태와 종류는 다양화되고 있다. 또한 교육기관에서 실시하는 부모참여 형태와 학자에 따라 부모참여의 유형은 다양하다.

엡스타인(Epstein, 1986)은 가정연계의 유형으로 다음과 같이 여섯 가지를 들었다. 첫째, 부모가 자녀양육을 위해 의식주 제공과 같은 기본적인 의무를 이행하는 것과 더불어 자녀가 속해 있는 교육기관에서의 생활과 학습을 지원할 수 있는 가정환경을 조성하는 것이다. 둘째, 교육기관이 부모에게 기관의 교육과정과 영유아의 발달상황을 알려 주는 등, 어린이집과 가정 간에 의사소통을 하는 것이다. 셋째, 부모가 직접 어린이집의 활동에 보조교사나 지원자로 봉사함으로써 참여하는 것이다. 넷째, 부모가 자녀에게 대화기술이나 문제해결, 언어활동, 수학활동 등을 가정에서 교육시킴으로써 자녀의 교육활동에 참여하는 것이다. 다섯째, 부모가 교사협의회에 참여하여 어린이집의 운영에 의사결정자로서 역할을 담당하는 것이다. 여섯째, 영유아가 속해 있는 지역사회와도 협력관계를 갖는 것이다.

다음은 어린이집에서 교사를 중심으로 이루어질 수 있는 부모교육과 부모참여 형태로 나누어 살펴보고자 한다.

① 전화면담
② 장난감 대여 프로그램, 운영
③ 부모들이 정기적 또는 비정기적으로 집단으로 모이는 부모회
④ 교사가 각 부모와 유아의 교육에 대한 의견을 교환할 수 있는 개인면담
⑤ 교사가 직접 가정에 가서 유아의 가정환경이나 부모의 양육태도 등을 관찰할 수 있는 가정방문
⑥ 교사와 부모가 서로의 생각이나 의견을 서신으로 교환하는 가정통신
⑦ 부모가 유아의 교육기관 생활과 교사의 교수활동을 눈으로 직접 볼 수 있는 수업참관

⑧ 부모가 일정한 훈련을 받은 후 교육활동에서 교사를 보조하는 역할을 담당하는 보조교사

정미애(2012)는 가정연계 방법은 그림책 대여, 교구 대여, 가정으로부터의 자원 협조, 가정통신문 배부, 홈페이지 활용, 개별상담, 전화상담, 개별면담, 집단토론, 의사표시 및 의사결정하기, 보조교사, 부모회 참여, 행사 참여, 수업참관 등을 포함하였고, 나혜선(2016)은 어린이집에서 실시한 관련된 활동을 이야기 나누기, 그림 그리기, 배려실천내용 기록하기 등과 같은 다양한 형태로 부모님과 함께 가정에서 적용하고 실천하는 것으로 제시하였다. 모용희(2014)는 어린이집을 바람직한 방향으로 변화시키기 위해 어린이집 운영위원회와 같은 형태에 부모가 능동적 · 주도적으로 참가하여 의사를 결정하는 것 등으로 분류하였다.

그린우드와 힉먼(Greenwood & Hickman, 1991)은 부모참여의 유형을 첫째, 교육기관 방침과 연간교육계획에 대한 설명을 들을 수 있는 부모모임의 참여, 둘째, 유아에 대한 지식이나 기타 자녀양육에 필요한 기술이나 정보를 얻게 되는 부모교육 시간 참여, 셋째, 교사와의 상담 및 교육기관에서 사용하는 교육 자료제작에 대한 자원봉사자로서의 참여, 넷째, 교육기관을 위한 여러 가지 교육 행사 참여, 다섯째, 교육기관 운영 및 관리에 대한 의사결정자로서의 참여 등으로 구분하였다.

신옥순(2001)은 학부모회, 교사와의 개인면담, 가정방문, 가정통신, 수업참관, 보조교사로서의 참여 등의 형태로 구분하여 교육기관에서 교사를 중심으로 이루어질 수 있는 부모교육과 부모참여 형태로 나누었다. 또 유안진과 김연진(1997)은 전화통화 이외에 장난감 대여 프로그램, 교육기관 운영 참여 등을 첨가하였다.

한편 부모참여를 증가시킬 수 있는 방법으로 교육활동과 운영 전반에 지속적으로 부모를 참여시키기(Comer & Hayner, 1991), 부모를 환영하는 풍토 조성하기(Landerholm & Lowenthal, 1993), 행정가와 교사 및 부모로 구성된 협력 팀을 조직하여 부모의 요구가 반영되는 가정-학교 연계 프로그램을 운영하기(Sander, 1996) 등이 가능하며, 교육기관과 교사는 부모가 자녀들과 함께 가정 내에서 계속

적으로 교육적 활동들을 할 수 있는 다양한 방법과 기술, 정보를 제공하는 것이 바람직하다(Henderson, 1987).

이상에서 살펴본 바와 같이 부모참여 및 교육을 포함하는 가정연계의 유형으로 어린이집 행사 참여, 면담, 가정방문, 가정통신, 전화 등을 통한 의사소통활동 참여, 보조교사로서 봉사, 워크숍, 강연회, 토론회, 역할극, 비디오 감상회, 독서 좌담회 등의 부모회 참여, 장난감 및 교구 가정 대여, 어린이집 운영계획 수립 참여 등의 다양한 형태가 있음을 알 수 있다.

〈표 5-8〉 부모참여의 유형

<table>
<tr><th colspan="2">유 형</th><th>개 념</th></tr>
<tr><td rowspan="2">운영 참여</td><td>오리엔테이션</td><td>신입원아 학부모에게 어린이집 교육의 전반적인 운영방침을 소개하는 입학 전 사전교육의 개념</td></tr>
<tr><td>학부모운영위원회</td><td>어린이집의 학부모 중 대표로 기관운영에 관한 의결을 진행할 수 있는 중요한 기능을 담당함.</td></tr>
<tr><td colspan="2">부모교육 및 강연회</td><td>어린이집 또는 부모교육 장소에 부모가 직접 방문하여 전문강사 1인이 초빙되어 주제와 관련된 강연을 전달함.</td></tr>
<tr><td colspan="2">부모회 · 토론회 · 워크숍</td><td>어린이집의 학부모들로 구성된 모임으로 자유로운 참여로 이뤄지며 직접 활동을 경험해 보거나 특정 주제에 관련된 정보를 공유함.</td></tr>
<tr><td colspan="2">부모도서대여</td><td>어린이집에 부모를 위한 도서를 비치하고 부모에게 책을 빌려 주는 것</td></tr>
<tr><td rowspan="9">의사 소통</td><td>가정통신문</td><td>어린이집에서 부모에게 영유아의 교육이나 생활 전반에 관련된 정보를 제공하기 위해 정기적으로 발간하는 소식지</td></tr>
<tr><td>생활이야기</td><td>교사는 어린이집에서 영유아의 생활을 기록하고 부모는 이에 대해 가정에서의 생활을 기록하는 형식</td></tr>
<tr><td>홈페이지 · 카페 · 블로그</td><td>어린이집에 관한 정보 및 영유아의 생활 사진을 온라인상에서 부모가 확인하고 그에 대한 댓글을 작성할 수 있음.</td></tr>
<tr><td>전화상담</td><td>영유아의 결석 사항 및 방문상담이 어려운 경우 전화로 부모와 의사소통을 함.</td></tr>
<tr><td>등 · 하원 시 대화</td><td>어린이집에 영유아가 등 · 하원 시 부모와 교사의 짧은 대화</td></tr>
<tr><td>개별면담</td><td>교사와 학부모가 개별적으로 만나 영유아 개인의 세부적인 사항에 대한 정보를 나누고 공유함.</td></tr>
<tr><td>집단면담</td><td>학년 초 학급단위로 담임교사 및 원장의 주도하에 실행하는 것</td></tr>
<tr><td>가정방문</td><td>교사가 영유아의 가정을 방문하여 부모와 영유아에 대해 이야기를 나눔.</td></tr>
<tr><td>학부모 설문조사</td><td>어린이집에서의 운영에 관한 부모의 의견을 수렴함.</td></tr>
</table>

유 형		개 념
보육활동	신입원아 적응	어린이집을 처음 올 때 영유아가 보육활동에 잘 적응하도록 부모가 함께 적응활동을 함.
	부모참여수업	어린이집이 주최하는 행사로 원아와 부모가 함께 참여하는 형태
	부모참관수업	교사가 진행하는 수업을 학부모가 비참여적으로 보는 형태
	재롱잔치 및 학습발표회	어린이집의 주최로 주제나 행사에 관련된 활동을 준비하고 부모를 초청하여 영유아가 발표함.
부모자원봉사	대청소	부모가 어린이집의 대청소를 도와줌.
	급식모니터링	부모가 어린이집의 급간식 검수 및 조리, 배식과정에 참여하여 급식발전을 위해 피드백 함.
	수업진행보조	부모가 교사의 수업에 보조교사의 역할을 함.
	교구교재제작	부모가 수업에 필요한 교구교재를 제작함.
	행사 및 견학진행보조	부모가 어린이집의 행사 및 견학에 진행을 보조함.

(3) 가정연계의 효과

여러 유형의 가정연계 활동의 효과를 살펴보면, 엡스타인과 다우버(Epstein & Dauber, 1991)는 교사가 자신의 수업활동에 부모가 참여할 수 있도록 계획할 때 부모는 가정에서 그들의 자녀와 보다 많은 상호작용을 할 수 있게 되고, 자녀를 돕는 능력에 대해 스스로 긍정적으로 느낄 수 있으며, 자녀의 학습 태도와 성과를 증진시킬 수 있다고 하였다. 이를 통해 교사는 부모의 관심과 지원에 감사함을 느끼게 되고, 유아를 보호하고 가르치는 일에 긍정적 감정을 갖게 되므로 부모도 어린이집을 보다 신뢰할 수 있게 된다는 것이다. 가정과 교육기관의 연계는 최근 이루어진 연구들을 볼 때 가장 긍정적인 교육적 발전들 중의 하나라고 여겨 온 것으로서 새로운 것은 아니지만, 가정과 교육기관 간에 신뢰가 형성된 동반자적 관계를 형성하는 것과 부모와 교사 간의 상호 의견일치에 도달하도록 기능하는 과정을 찾는 것에 대한 욕구는 지속적으로 높아지고 있다.

가정과 교육기관과의 연계활동 중 부모참여활동은 부모와 기관의 상호 신뢰를 높이고 소통할 수 있는 기회를 제공하며 자녀와 지내는 시간을 즐겁게 경험하려는 부모의 인식과 부모와 자녀 간 양방향적인 의사소통방식을 지향하게 하고 영유아기에 요구되는 수용적인 부모와 자녀 관계 맺기 경험을 제공한다(이기숙, 김순환, 김민정, 2010). 또한 자녀를 잘 키울 수 있는 기회를 제공하는 것이며, 영유아의 교육에 공동주체자의 기회를 가진다고 볼 수 있다(김은희, 김경철, 홍순옥, 임영심, 정수경, 2007). 뿐만 아니라 부모가 유아교육기관을 보내면서 다양한 걱정과 두려움, 교사에 대한 불신에서 점차 신뢰를 형성해 가는 과정 가운데 부모참여는 교사와 부모 간의 신뢰감 형성에 중요한 역할을 한다(김지혜, 2012).

(4) 가정연계에서 부모의 역할

부모의 역할이나 자녀를 양육, 보호, 지도하는 일련의 활동으로 자녀의 올바른 인성 함양을 위해 우리 전통사회에서는 다음과 같은 부모역할을 수행하였다. 나쁜 습관이 형성되기 전에 좋은 습관을 지닐 수 있도록 자녀를 교육하는 역할, 자녀의 능력과 자질을 알아 계발할 수 있도록 도와주는 역할, 배워 아는 것을 실천하도록 돕는 역할, 성현의 가르침이 들어 있는 고전을 읽게 하여 바른 마음, 바른 몸가짐을 지닐 수 있도록 돕는 역할 등이다(김경미, 2013).

교육인적자원부(2002)에서는 부모의 역할로, 일상생활 속에서 자녀와 많이 대화하고 적극적으로 놀아 주며 다양한 경험을 제공하는 역할, 자녀와 함께 즐거운 시간을 보내는 동안 적극적으로 참여하고 긍정적 분위기를 유지하는 역할, 자녀의 감정, 생각, 행동에 민감하게 반응하며 적절한 수준의 통제를 하는 역할, 자녀의 능력, 생각, 선택을 믿고 기다려 주는 역할, 일상생활 중에 기초적인 사회질서와 관련된 자녀의 태도와 습관이 형성된다는 것을 이해하고 올바른 모델링이 되는 역할을 제안하고 있다.

가정에서 부모들은 의식적, 무의식적으로 영유아에게 자신이 속한 사회의 고유한 문화를 전달할 뿐만 아니라 그 가족구성원의 독특한 윤리적 태도나 가치관도 자연스럽게 전달하게 된다. 부모–자녀 간의 초기 관계는 초기 몇 년 동안 부모와 상호작용한 경험이 일생 동안 영유아의 성장과 발달에 지속적인 영향력을 행사하기 때문에 매우 중요하다(교육인적자원부, 2002). 따라서 어린이집에서는 부모들이 자녀와 긍정적 부모-자녀 관계를 맺어 영유아를 인격적으로 잘 교육할 수 있도록 가정연계 교육을 통해 지식이나 정보를 안내할 필요가 있다.

2) 다문화가정과 어린이집 연계 프로그램

(1) 가정과 어린이집의 연계 필요성

다문화가정은 다문화사회에 기여할 만한 강점자원과 필요한 취약자원을 모두 가지고 있다. 이를 효과적으로 활용하기 위해서도 가정과 어린이집의 연계가 필요하며 또 다문화가정의 자녀의 교육을 위해 가정과 어린이집의 연계는 영유아의 바른 사회화를 위해서 매우 중요하다(박찬옥 외, 2011).

바이버(Biber)는 '부모의 참여 없이 유아반을 교육한다는 것은 좌절만을 부를 뿐이다'라고 하여 영유아 교육에 부모의 적극적인 참여가 반드시 필요하다는 것을 강조하였다. 국내 연구 또한 부모교육프로그램에 참여한 결과 어머니의 자녀양육 스트레스 감소와 자녀양육 효능감 증진에 효과적이고(김혜자, 2010), 영유아의 언어 및 인지능력(오현숙, 1993), 발달에 효과적이며 또 교육관이 가정에서 부모와 풍부한 학습환경을 제공하거나 관심을 가지도록 도와줄 때 영유아의 성취와 행동이 긍정적으로 개선되고 부모 역시 자녀와 어린이집과 교사에게 긍정적인 태도를 가지게 되었다. 배지희(2002)는 교육 현장에서 실시되어 온 부모참여 관련 연구들은 가정연계를 통하여 자녀교육에 참여하는 부모는 그렇지 않은 부모들에 비해서 자녀의 학습과 발달을 더 잘 지원해 주며, 이러한 부모의 지원은 영유아의 바람직한 성장과 발달에 긍정적인 영향을 준다는 사실을 입증하였다. 또한 어린이집이 공동 책임임을 인식할 때 어린이집에서는 영유아에 대한 전반적인 지식과 정보를 부모에게 제공해 주는 것이 필요하며, 이러한 맥락에서 가정과 어린이집의 연계활동이 활성화되어야 한다고 강조하였다(정미애, 2011).

어린이집과 가정연계 교육활동의 효과에 관한 연구를 살펴보면 가정연계 동화활동과 영유아의 언어활동이 영유아의 언어능력 및 감정이입에 긍정적인 것으로 보고 있으며(오정미, 2005), 가정과 연계한 유아의 책읽기 프로그램이 영유아의 책읽기 습관형성 능력 및 언어발달을 증진시킨다고 하였다(김성자, 2007). 실제로 교육기관 연계 프로그램에 참가한 부모들은 이후 자녀들과 언어적으로나 사회적으로 상호작용하기 수월해졌으며 그 결과 자녀들의 성취도 향상에 긍정적인 영향을 주는 것으로 나타났다.

(2) 다문화가정과 어린이집의 연계 방법

다문화가정과 어린이집이 연계할 수 있는 부분은 어떤 것이 있는지 살펴보면, 어린이집은 다문화가정 어머니의 강점 자원인 자국의 언어와 문화를 전할 수 있는 기회를 제공함으로써 다문화가정 어머니는 사회의 책임 있는 구성원으로 자긍심이 고취될 것이다. 그리고 다문화가정은 한국사회 적응문제, 언어문제, 자녀양육 문제 등 여러 가지 어려움이 있기에 영유아의 첫 사회기관인 어린이집이 다문화가정 부모들에게 문화적응을 돕는 조력자 역할을 할 수 있도록 도움을 줄 수 있다.

이와 함께 가정과 어린이집의 연계 프로그램에서 교육적 효과를 달성하기 위해 부모뿐만 아니라 교사의 역할도 매우 중요하다.

어린이집과 가정의 효율적인 연계교육이 이루어지기 위해 교사가 고려해야 할 사항은 다음과 같다(Kokoski & Downing-Leffler, 1995).

첫째, 가정연계 활동은 영유아 외 부모 모두가 함께 즐길 만한 활동을 선정해야 한다.

둘째, 부모나 가족이 정규적으로 기관을 방문하게 하여 어린이집에서 진행하고 있는 활동을 잘 알도록 배려해야 한다.

이를 위해 교사는 다양한 지식과 경험을 바탕으로 구체적인 활동을 계획하고 다문화가정의 여러 가지 상황을 잘 고려하여 자료를 연구하고 가족이 함께 효율적인 방향으로 연계활동이 이루어질 수 있도록 노력해야 한다. 이와 같이 가정연계 활동의 관련 연구결과들을 종합해 보면 어린이집과 가정이 연계하여 함께 활동을 진행하였을 때 보다 긍정적이고 교육적인 결과를 얻을 수 있다는 것을 알 수 있다.

3) 다문화가정의 부모교육프로그램

(1) 다문화가정의 부모교육프로그램의 필요성

다문화와 관련된 사회적 · 문화적 · 교육적 담론이 활성화되고 있는 시점에서 이제는 각 분야에서 노력을 기울이고는 있지만 떼려야 뗄 수 없는 것이 부모와 영유아 교육이 동시에 이루어져야 한다는 것이다. 영유아에게 가장 큰 비중을 차지하는 요인은 다름 아닌 부모이고, 부모는 자녀를 바르게 양육하고 교육해야 할 책임이 있다. 영유아를 둘러싸고 있는 체계 중 거시체계는 영유아의 양육이 이루어지는 문화와 하위문화를 말한다. 다문화가정이 성공하기 위해서는 어린 시절 부모와 자녀의 관계가 아름답고 행복할 수 있도록 도와야 한다.

오늘날 우리 사회는 핵가족화와 맞벌이 부부의 증가, 급증하는 이혼율로 자녀의 가정교육이 제대로 이루어지지 않고 있으며, 인스턴트와 기계의 발달, 물질만능주의와 지식위주의 교육으로 개인주의와 이기주의를 만들어 가고 있다. 이로 인하여 많은 사회문제와 범죄가 발생하고 있는 실정이다.

다문화가정과 관련한 문제가 발생하는 경우는 대부분 비다문화가정 부모 또는 전 국민의 다문화에 대한 인식이 부족한 데서 기인하는 경우가 많다. 일반적으로 겉으로 드러내고 다문화가정에 대한 부정적 인식을 표현하지는 않지만 특정 사건이 발생하거나 자신의 자녀에게 피해가 조금이라도 생길 경우 다문화가정에 대하여 부정적으로 표출하는 사례를 볼 수 있다. 즉, 다문화가정에 대한 편견을 갖고 대하는 경우가 있으며, 비다문화가정 부모의 사회적 편견은 그들의 자녀에게 부정적 영향을 미쳐 아이들도 피부색이나 인종에 따라 편견을 가지게 된다(곽민영, 2014). 이러한 문제를 해결하기 위하여 보육시설에서는 부모교육을 통해 다문화에 대한 편견을 줄여 나가도록 지속적인 교육이 필요하며, 영유아를 둔 학부모가 보육시설을 통해 자연스럽게 교류할 수 있도록 도움을 주어야 한다.

그러기 위하여 다문화가정이 거주하는 지역사회 내에 다양한 인적 · 물적 자원과 기관들이 함께 네트워크를 형성하여 다문화가정 부모와 유아를 보다 통합적으로 연계하고 네트워크를 형성하여 다문화가정 부모와 영유아, 지역사회 내 비다문화가정 부모와 영유아를 보다 포괄적이고 통합적인 지원으로 도와야 할 것이다. 또한 가정 연계 프로그램으로 꾸준히 다문화가정을 위한 지원과 교육이 필요하겠다. 부모교육은 실제적이고 접근이 용이한 활동으로 다문화가정 부모의 역량을 강화하는 방안을 모색하여야 하며 부모지원 활동 또한 자녀양육에 필요한 정보를 주고 다문화 프로그램(요리활동, 놀이, 문화체험) 등으로 서로의 문화를 이해하는 데 도움을 주어야 한다. 현재 다문화가정 부모의 경우에는 새로운 문화에 대한 적응이라고 하는 과제를 갖고 있으면서 동시에 보육의 문제로 다양한 고민을 하고 있는 상태이다(현정환, 2008). 다문화가정 부모들에 대한 지원 방법으로 실시된 부모들 간의 교류는 부모들과 친밀감이 형성되면서 자연스럽게 다문화가정 부모들의 심리적 안정만이 아니라 부모들 간의 교류가 아이들 간의 교류로 이어지면서 육아 불안 해소에도 긍정적 영향을 미치고 있음을 확인할 수 있었다(현정환, 2012).

해외이주 여성들이 한국 남성과 결혼하여 형성한 다문화가정은 다문화 시대로 변화되고 있는 미래 사회구성원으로 부각되고 있다. 많은 다문화가정 어머니들은 차이와 한국어 이해 부족 등으로 인하여 자녀양육과 교육에 많은 어려움을 겪고 있다(김민화, 신혜은, 2008). 그리고 대부분의 어머니들은 남편과의 연령 차가 많이 나고, 남편의 학력과 월 소득수준이 비교적 낮아 경제적인 어려움이 가중된 현실 속에서 생활하고 있는 경우가 많다(김경옥, 2013). 이러한 다문화가정 어머니들의 상황은 부모로서의 역할을 하는 데 저해요인으로 작용하며 더 나아가 양육태도와 사회적응에 부정적인 영향을 미치고 있다(홍달아기, 채옥희, 2006).

영유아기 자녀를 둔 다문화가정 어머니들이 생각하는 부모교육의 의미와 부모교육에 대한 어려움, 다문화가정 어머니의 부모교육에 대한 요구사항은 무엇인지를 알아보고자 한다.

(2) 다문화가정 어머니들이 생각하는 부모교육의 의미

영유아기 자녀를 둔 다문화가정 어머니들이 생각하는 부모교육의 의미는, 첫째, 어린이집에서 실시하고 있는 부모교육의 의미에 대하여 자녀의 학습지도에 대한 방법에 대한 교육, 자녀양육의 기술에 대해 부모에게 알려 주는 것으로 인식하고 있었다. 그러나 일부 다문화가정 어머니는 부모가 자녀를 가르치는 교육이라고 이야기하거나 부모교육에 대한 의미를 제대로 모르는 경우도 있었다. 이는 어린이집에서 실시하고 있는 부모교육의 의미에서 자녀의 양육과 교육에 대해 부모가 배우는 교육으로 소극적인 개념, 즉 협의의 의미만을 부모교육으로 이해하고 있는 것으로 나타났다. 더욱이 부모교육의 의미에 대해 제대로 인식하지 못할 수밖에 없는 이유는 한국어 이해의 부족으로 어린이집의 전반적인 운영에 대해 이해가 부족하게 됨으로 인해 다문화가정 어머니들은 자녀의 주양육자로서 역할을 시행해야 함에도 불구하고 자녀의 양육과 교육적인 측면에서 상당 부분 어린이집에 의존하게 되는 경향성을 보이고 있다. 다문화가정 부모들이 자녀의 발달과 성장에 대하여 어린이집에 일임하는 경향이 있는 것이다(왕한석, 한건수, 양명희, 2007: 전홍주, 배소연, 곽금주, 2008). 따라서 어린이집은 다문화가정 부모를 대상으로 부모교육을 진행함에 있어서 부모교육을 실시하기 전 부모교육의 의미에 대해 올바르게 인지할 수 있도록 사전교육이 이루어져야 하며, 부모교육에 대한 체계적인 전달체계를 알리는 부모교육 매뉴얼을 개발하여 부모교육에 대해 효율성을 높일 수 있다.

둘째, 다문화가정 어머니들은 어린이집에서 실시하는 부모교육의 참여에 있어서 여러 어려움을 겪고 있다고 하였다. 그중에서도 한국어의 이해의 부족에서 오는 부모교육 내용에 대한 인지의 어려움은 다문화가정 어머니들이 겪고 있는 가장 큰 어려움으로 나타났다. 결혼이민가정 어머니가 미숙한 한국어 실력으로 인해 자녀양육과 한국적응에 어려움을 겪고 있다는 것이다(이승은, 서현, 2008; 이애리, 2011).

그리고 자국의 부모교육과 한국의 어린이집에서 실시하고 있는 부모교육에 대한 인식의 차이에서 오는 어려움이 있다고 밝혔는데, 특히 중국의 경우는 어린이집에서 부모교육을 진행하지 않고 일부 부모의 필요에 의해서 학원이나 문화센터와 같은 곳에서 진행되고 있는 부모교육에 참여하고 있다. 그러므로 여러 나라에서 온 다문화가정 어머니들의 교육문화를 이해하고 우리의 교육문화와 교류할 수 있는 부분에 대한 문화수용이 필요하다.

또한 한국 어머니들과의 교류에서 외국인에 대한 차별적 시각에 부담을 느끼기 때문에 위축되어 어린이집에서 실시하는 다양한 행사나 부모교육에 참여를 꺼리게 되는 원인이 된다고 하였다. 이는 비다문화가정 어머니들의 차별적 시선에서 오는 자신감의 결여에 대한 어려움으로 선행연구(조미영, 2011)와 결혼이주여성의 다문화가정 어머니들은 자신감 결여와 심리적으로 위축감을 느끼다는(고은, 2006; 전홍주 외, 2008) 연구와 다른 사람과의 관계에서 회피적이고 소극적인 행동을 보인다는(김경숙, 공진희, 이민경, 2007; 박미경, 2007) 선행연구 결과와 맥락을 같이한다.

일부 다문화가정 어머니는 어린이집에서 실시하는 부모교육에 참여한 후 다문화가정 엄마를 둔 자녀의 또래로부터 무시나 따돌림을 받고 어린이집에서 적응하지 못할 것이라는 두려움을 가지고 있다. 결혼이주여성의 자녀들은 부모와의 상이한 언어와 외모 등이 외부의 편견, 놀림과 따돌림, 소외 등과 같은 불평등을 겪는 원인(이선미, 이경아, 2010)이 되고, 다문화가정 자녀는 교육기관에 어머니가 외국인이라는 것이 알려지면서 놀림의 대상이 되는 경우가 많다는 연구결과도 있다(설동훈, 이혜정, 조성남, 2006; 오성배, 2006).

셋째, 남편의 부모교육 참여 의식 부족에서 오는 어려움이다. 남편의 조력과 정서적인 지지가 높을수록 어머니들은 자녀들과 긍정적인 관계를 갖게 되고, 아버지의 지지적인 양육태도는 영유아의 전인적인 발달에 긍정적인 영향을 주게 된다(Tamis-Lamonda, Shannon, Cabrera & Lamb, 2004). 이처럼 다문화가정 아버지의 역할이 중요하므로 '가족공동체', '공동양육자'로서 다문화가정 아버지들이 다양한 부모교육에 참여할 수 있도록 프로그램 개발과 지원이 필요하다.

(3) 다문화가정을 위한 어린이집 부모교육 방향

다문화가정 어머니들에게 어린이집에서 실시하고 있는 부모교육의 방향으로 자녀의 연령별 학습지도 방법에 대한 부모교육에 관한 내용을 제공해 주며, 자녀 양육에 대한 다양하고 적극적인 방법을 통해 소개한다. 예를 들어, 자국의 언어로 된 소책자, 자녀를 위한 건강식 만들기, 천천히 쉬운 단어를 사용하여 상담하기, 강연회에서 통역할 수 있는 자원봉사로 활동하기 등을 제안할 수 있다.

다문화가정 어머니들은 자녀양육에 있어서 아버지들의 관심이 적으며 어린이집에서 실시하는 부모교육에 있어서 어머니들에 비해 상대적으로 아버지들의 참여가 저조하기 때문에 아버지들을 위한 부모교육의 기회를 많이 제공하기를 희망한다. 이는 다문화가정 어머니가 인식한 남편의 양육태도가 어머니 자신의 양육태도보다 낮다는 연구결과(서문희, 양미선, 조혜주, 정은미, 2011)와 맥락을 같이하며, 다문화가정의 남편들이 자녀양육 및 교육에 대하여 아내가 양육하는 방법을 그대로 행한다는 수동적인 태도를 보인다는 연구결과(김이선, 종혜숙, 이미화, 2009)와 일치한다. 더욱이 아버지의 적극적인 부모교육의 참여가 다문화가정 어머니들로 하여금 자녀양육에 대해 가지는 부담을 덜어 주고 자녀발달의 전반에 긍정적인 효과가 있음을 밝힌 선행연구의 결과(이진숙, 2007)에서 알 수 있듯이 어린이집에서는 다문화가정 아버지의 적극적인 부모교육 참여의 기회를 제공해야 한다.

또한 다문화가정 어머니들 간의 모임을 통한 자녀양육과 교육 그리고 어린이집의 운영에 대한 전반적인 정보제공 및 정보 교류의 기회를 제공하고 구체적인 실현방안으로 자모회 구성을 제안하기도 한다. 그러나 현실적으로 다문화가정 어머니들을 위한 부모교육을 제공하기에 한계가 있을 수 있다. 이는 다문화가정 어머니들이 자녀의 양육에 대한 강한 열망에도 불구하고 어린이집에서의 실제적이고 직접적인 지원에는 한계가 있음을 선행연구(송미경, 지승희, 조은경, 임영선, 2008; 이진숙, 2007; 전홍주 외, 2008; Cooper, Jackson, Azmitia, Lopez & Dunbar, 1995)에서 보여 주고 있기 때문이다. 그러나 다문화사회가 확산되고 있는 한국의 현실에 비추어 볼 때 다문화가정 어머니의 역할이 계속적으로 강조될 것이다.

다문화가정 어머니들과 아버지들이 한국사회에서 자녀의 발달과 성장을 위해 부모로서 역할을 수행할 수 있도록 다문화가정의 요구가 무엇인지 파악하여 어린이집에서 실시하고 있는 부모교육에 다양하게 참여할 수 있도록 지원하여야 한다.

4. 다문화가정과 어린이집과의 연계 프로그램의 실제

어린이집에서의 부모참여 및 가정연계의 중요성이 부각되면서 다각도의 연구가 이루어지고 있다. 다문화가정 부모가 교육에 참여한 결과 영유아의 언어 · 인지적 발달 및 학문적 성취 능력이 보다 개선되었으며, 사회 정서적 발달에 긍정적인 영향을 미쳤다. 대부분 사회적으로 혜택받지 못한 저소득층 부모를 대상으로 하는 부모교육 프로그램에 참여한 어머니의 자녀들과 참여하지 않은 어머니들의 자녀들을 비교해 볼 때 언어 · 인지적 발달에 의미 있는 차이가 나타났다(오완숙, 1993).

사회적으로 혜택받지 못한 가정의 영유아들을 위해 취학 전 강화된 교육을 실시하면서 매주 부모참여 프로그램을 실시한 결과 영유아들이 언어적 기능과 지적 기능이 향상되었다. 또한 부모교육에 참여한 부모의 자녀들이 참여하지 않은 부모의 자녀들보다 지능지수가 상승하였다.

고든(Gordon, 1968)은 훈련받은 부모가 지역사회의 여러 가정을 방문하여 부모교육을 실시한 결과, 1세 영아의 경우 발달 척도뿐 아니라 과제 수행에 있어서도 우수한 결과를 보였다고 하였다(한국행동과학연구소 편, 1983 재인용). 부모교육에 참여하는 부모는 자녀들의 학업 성취에 기여할 뿐 아니라 부모역할에 자신감을 가지게 되어 자신을 유능한 부모로 인식하게 되기 때문에 긍정적인 영향을 주게 된다(Hoover-Dempsey, & Burow, 1995). 그리고 부모교육의 부모참여는 자녀의 학습에 대한 긍정적인 태도 형성(Epstein, 1996), 전반적인 학업 수행 능력 향상, 언어 발달 향상 등의 효과를 가져온다.

이처럼 가정과 연계한 부모참여 교육은 어린이집에서 반드시 필요하며, 그 효과도 긍정적임을 알 수 있다. 부모들이 더불어 사는 지혜와 올바른 자녀교육을 위한 정보입수를 위하여 부모참여 교육의 기회를 적극적으로 활용할 수 있을 때, 그리고 지역사회기관, 지역사회와 연계망을 형성하여 가정연계의 개념을 지역사회로 확대할 수 있을 때, 가정과 교육기관, 지역사회가 영유아 교육을 위해 서로 유대 강화, 지지적 관계로 협력할 수 있고 영유아발달의 결실을 기대할 수 있다.

다음으로 가정과 연계한 다문화교육활동의 연간계획안과 1일 활동계획안을 소개한다. 부모교육을 실시한 후 가정연계 활동이 잘 이루어질 수 있도록 매주 가정통신문으로 안내하고, 필요시에 담임교사가 어머니와 전화통화를 하여 어려운 점이나 질문사항에 대해 상담을 하며 진행하였다. 가정연계 활동 중 자원협조에 대해 구체적으로 안내하며 체험활동 과정에서 상호작용 방법에 대해 소개하였다.

〈표 5-9〉 부모교육 내용

목적	가정과 연계한 다문화교육에 대한 이해 가정과 연계한 다문화교육 활동 방법
교육내용	• 유아기에 다문화교육이 어떤 가치가 있고 어떤 교육적 효과를 기대할 수 있는지 소개한다. • 어린이집에서 이루어지는 다문화교육 활동에 대해 주제계획안을 토대로 자세히 소개한다. • 어린이집에서 이루어지는 다문화교육 활동이 가정과 연계될 때 기대할 수 있는 교육적 효과에 대해 설명한다. • 가정과 연계한 다문화교육 방법에 대해 자세히 설명한다. – 매주 가정으로 보내질 통신을 함께 읽어 본다. – 활동보고서 작성 방법에 대해 구체적으로 안내한다. – 체험 활동 과정에서 상호작용 방법에 대해 소개한다. – 사진이나 동영상과 같은 자료를 남기고 활용하는 방법에 대해 구체적으로 소개한다.

출처: 양영자(2011). 가정연계 다문화 교육활동이 유아와 어머니의 다문화 인식에 미치는 영향.

〈표 5-10〉 가정과 연계한 다문화활동 연간계획안

주	생활 주제	소주제	활동명	활동목표	활동 영역	활동 유형	가정연계 활동
1	소중한 가족	가족의 구조와 역할	우리는 모두 가족 입니다.	가족과 함께 나누는 사랑의 의미를 안다.	사회, 언어	동화	다양한 인종 사진으로 가족 구성하기 세계 여러 나라 사람 인형 만들어 보고 역할놀이 하기 같은 그림 찾기
			가족 명화 조각 꾸미기	다양한 가족 구조에 대해 알고 명화를 활용하여 세계 여러 나라 가족의 모습을 다양하게 구성한다.	사회, 표현	조형	
			우리 가족은 달라요.	여러 나라의 다양한 가족 형태를 알고 이해하며, 가족의 유형에 대해 자신의 생각을 말할 수 있다.	사회, 언어	이야기 나누기	
			모습은 다르지만 같아요.	다양한 피부색을 가진 가족의 생활 모습에 관심을 갖는다.	건강, 사회	신체	
2		가족의 소중함	우리 집 별미를 만들기	우리 가족이 좋아하는 음식에 관심을 가지고 지점토를 이용해 다양한 음식을 만들고 꾸민다.	사회, 표현	조형	우리 가족이 좋아하는 음식이에요. 자원협조 (엄마 아빠의 결혼사진, 성장과정 사진) '아이티'친구들에게 편지를 써요.
			내가 아기였을 때	아기의 특징을 알고 나이가 들어 되는 할아버지, 할머니에 대해서도 관심을 갖는다.	사회, 언어	이야기 나누기	
			오늘은 다 지울 수 있을까?	형제간에 사랑하는 마음을 가지고 가족을 위해 할 수 있는 일을 알아보고 실천한다.	사회, 언어	동화	
			집이 없는 사람들이 있어요.	집은 우리들의 몸과 마음을 편안하게 해 주는 소중한 곳임을 안다.	표현, 언어	조형	
3		특별한 날	행복한 결혼식	엄마, 아빠의 결혼에 관심을 가지고 세계 여러 나라의 결혼 형태와 풍습을 알아본다.	사회, 언어	이야기 나누기	세계 여러 나라 얼굴 만들기 수화배우기 여러 나라의 전통 놀이 조사하기
			결혼 행진곡 감상	가족은 서로 돕고 나누며 살아간다는 것을 이해한다.	표현, 사회	음악	
			케이크에 초 꽂기	세계 여러 나라의 생일잔치에 대해 안다.	건강, 탐구	수	
			여러 나라의 전통놀이	우리나라와 비슷한 여러 나라의 전래놀이를 경험해 본다.	건강	신체	
4	지역사회	다양한 시장	화폐 박물관 견학	여러 나라의 화폐를 직접 보고 경험하며, 공공장소에서 지켜야 할 규칙을 알 수 있다.	사회, 탐구	현장 체험	부모님과 함께 우리 동네 시장을 둘러보아요.

주	생활주제	소주제	활동명	활동목표	활동영역	활동유형	가정연계 활동
			세계의 화폐에는 무엇이 있을까?	여러 나라의 화폐에 관심을 가지고 화폐의 특징을 글과 그림으로 표현할 수 있다.	사회, 표현, 언어	조형	자원협조– 세계 여러 나라의 화폐, 그림자료 우리 집에 있는 다른 나라 물건
			세계 여러 나라의 특산물	세계 여러 나라의 특산물에 관심을 가지고 관찰할 수 있다.	탐구, 언어	과학	
			나라끼리 물건을 사고팔아요.	여러 나라 사람들이 필요한 물건을 서로 사고판다는 것을 안다.	사회, 언어	이야기 나누기	
5		여러 가지 교통 기관	와! 신나는 세계 여행	동화를 듣고 다른 나라에 관심을 가질 수 있다.	사회, 언어	동화	내가 여행하고 싶은 나라 조사하기 전문가 초청 우리 함께 놀아요
			여행	노래를 통해 다른 나라의 생활환경에 관심을 가질 수 있다.	사회, 표현	새 노래	
			다양한 교통수단	지역이나 나라마다의 독특한 이동 방법을 이해할 수 있다.	사회, 언어	이야기 나누기	
			함께 살아간다면?	남과 북의 분단으로 인해 생긴 이산가족의 아픔에 대해 관심을 가진다.	사회, 표현	조형	
6		도움이 필요한 사람이 있어요.	우리에게 권리가 있어요.	권리를 보호받지 못하는 사람이 있음을 알고 도움을 줄 수 있는 방법을 안다.	언어, 사회	이야기 나누기	자원봉사단체(한국 해비타트) 사이트 활용하기 알고 싶은 다른 나라 소식 조사하여 스크랩하기 '내 친구 푸지에' 동화책 표지 만들기
			집을 지어요.	집은 우리들의 몸과 마음을 편안하게 해 주는 소중한 곳임을 알고 집이 없는 친구들에 대해서도 생각해 볼 수 있다.	표현, 사회	조형	
			세계의 소식을 전해요.	세계의 소식에 관심을 갖고 각 나라별 소식을 알아볼 수 있다.	탐구, 언어	조사 활동	
			내 친구 푸지에	우리나라에 살고 있는 다문화가정의 친구들의 어려움을 이해할 수 있다.	사회, 언어	동화	
7		우리 동네 이웃	왜, 내가 이상하니?	자신과 다른 사람, 특히 장애를 가진 사람에 대한 편견을 갖지 않을 수 있다.	사회, 표현	동화	장애 체험하기 외국인에게 초대장 만들기 세계의 인사말 알아보기
			우리 동네에 외국인이 살아요.	우리 주변에는 다양한 외국인이 산다는 것을 알 수 있다.	사회, 건강	게임	

주	생활주제	소주제	활동명	활동목표	활동영역	활동유형	가정연계활동
			세계 인사말	세계 여러 나라의 인사말을 알아보고 인사할 수 있다.	사회, 표현, 언어	새 노래	가족들과 평화롭게 지내요
			내 마음에 평화가 있어요.	평화의 다양한 의미를 알고, 평화롭게 살아가는 방법을 실천할 수 있다.	표현, 사회	조형	
8	문화와 생활	의상	우린 모두 친구예요	동화를 듣고 민족의 차이점과 공통점을 인식한다.	사회, 언어	동화	세계 여러 나라 옷 조사하기
			여러 나라의 전통 옷	세계 여러 나라의 전통 옷을 소중히 여기고 우리나라 전통 옷의 아름다움을 안다.	사회, 언어	이야기 나누기	자연협조–세계 여러 나라의 민속의상, 그림자료, 사진, 책
			여러 나라 전통 문양의 옷 양식	여러 나라의 전통 문양으로 옷을 장식해 본다.	표현, 사회	조형	
			나는 카우보이예요	다른 나라 사람이 되어 보는 경험을 한다.	건강, 사회	신체	카우보이 모자 만들기
9		음식과 놀이	어떻게 먹을까?	동시를 즐겨 읊으며 여러 나라의 음식 먹는 방법과 도구에 관심을 가진다.	언어, 표현	동시	맛있는 월남 쌈을 만들어요.
			여러 나라의 신나는 축제	여러 나라의 기쁨과 슬픔을 나누는 다양한 방법을 이해한다.	사회, 언어	이야기 나누기	그림 속의 즐거운 놀이
			여러 나라의 탈	다양한 탈에 관심을 가진다.	사회, 표현	조형	내가 경험하고 싶은 축제를 여는 나라를 조사해요.
			신기한 악기가 있어요.	다른 나라의 악기에 관심을 가진다.	사회, 표현	음률	
10		집	여러 나라의 집	기후에 따른 다른 집 모양을 찾아본다.	사회, 언어	이야기 나누기	세계 여러 나라의 집 특징 조사하기
			집 짓는 재료가 달라요.	여러 나라의 집의 재료가 다양하다는 것을 알고 여러 가지 재료를 이용하여 집을 만든다.	사회, 표현	바깥 놀이	자원협조–상자, 스티로폼, 지푸라기, 찰흙 등 동극 소품
			새터민 친구야 환영해	새터민에 대하여 친근감을 가진다.	사회, 표현	언어	
			집안일을 서로 도와요	가족구성원들이 서로 협력하는 태도를 기른다.	사회, 표현, 언어	동극	북한 친구들에게 궁금한 것이 있어요.

출처: 양영자(2011). 가정연계 다문화 교육활동이 유아와 어머니의 다문화 인식에 미치는 영향.

〈표 5-11〉 가정과 연계 다문화활동계획안의 예 1

<table>
<tr><th colspan="2">활동명</th><td>7주-우리 동네 이웃</td><th>생활주제</th><td>지역사회</td></tr>
<tr><th colspan="2">활동목표</th><td colspan="3">• 자신과 다른 사람, 특히 장애우에 대해 관심을 갖는다.
• 세계 여러 나라의 인사말을 알아보고, 우리 주변에서 만나는 외국인에 대해 관심을 갖는다.</td></tr>
<tr><th>활동
영역</th><th>활동
유형</th><th colspan="2">활동 방법</th><th>활동자료</th></tr>
<tr><td>사회
관계

예술
경험</td><td>언어</td><td colspan="2">▶ 왜 내가 이상하니?
1) 언어영역에 '왜, 내가 이상하니?' 그림 동화를 비치하여 유아가 동화의 내용에 익숙하게 한 후, 대·소집단 시간에 '왜, 내가 이상하니?' OHP 동화를 유아에게 들려 준다.
- 몸이 불편한 친구들을 본 적이 있니?
2) 동화를 다 들려 준 후 동화를 회상하며 유아들과 함께 장애아에 대한 이야기를 나눈다.
- 몸이 불편한 친구들은 친구들이 놀릴 때 어떤 기분이 들었니?</td><td>OHP 동화</td></tr>
<tr><td>건강

사회
관계</td><td>게임</td><td colspan="2">▶ 우리 동네 외국인이 살아요.
1) 게임 판을 보며 어떻게 하는 게임인지 예측해 본다.
2) 게임 방법에 대해 설명해 준다.
- 게임 말을 출발선에 세운 후에 주사위를 던져 주사위에서 나온 숫자만큼 간다.
- 이웃 집에 도착하면 그 이웃에 사는 외국인 카드를 한 장씩 받을 수 있다.
- 모든 유아가 출발했던 곳에 도착하면 가지고 있는 외국인 카드의 수를 센다.
3) 게임을 진행한다.
4) 모든 말이 다 도착하면 유아가 가지고 있는 외국인 카드의 수를 같이 세어 본다.</td><td>우리 동네 게임판, 게임 말 3~4개, 외국인 카드가 담긴 상자</td></tr>
<tr><td>예술
경험

의사
소통

사회
관계</td><td>새
노래</td><td colspan="2">▶ 세계 인사말
1) 여러 나라의 인사말을 알아본다.
- 노래 속에 나오는 나라를 지도에서 찾아본다.
- 노래 속에 나오는 나라의 인사말로 해 본다.
- 학급에 다문화가정의 유아가 있을 경우 그 나라 말로 인사를 해 본다.
2) '세계의 인사' 노래를 배운다.
- 가사(노랫말)을 따라 불러 본다.
- 가사 속에 나오는 나라별로 팀을 나누어서 해당 인사말을 하게 한다.</td><td>세계의 인사 악보, 나라별 인사말, 세계지도, 노래CD</td></tr>
</table>

		– 나라마다 인사할 때 하는 특별한 행동이 있으면 노래와 함께 해 본다. – 여러 나라 인사말로 바꾸어 불러 본다. 3) 언어는 달라도 인사하는 마음은 같음에 대해 이야기 나눈다. 4) 음악에 맞추어 신체로 표현한다. – 음악에 맞추어 앞에 있는 친구와 인사를 나눈다. – 익숙해지면 인사말이 나올 때마다 안에 있는 유아가 왼쪽으로 한 칸씩 돌면서 새로 만난 친구와 인사한다.	
사회관계 예술경험	조형	▶ 내 마음에 평화가 있어요. 1) 타이스 명상곡(Taais Mekitation)을 듣는다. 2) 음악을 들은 후 느낌을 이야기한다. – 이 음악을 들으니 어떤 느낌이 드니? (조용하고 부드럽고, 평화로운 분위기) 3) 음악을 들은 후 작곡가와 곡명에 대해 소개한다. 4) 명상을 하며 음악을 감상한 후 머릿속에 떠오르는 평화로운 장면에 대해 이야기 나눈다. 5) 평화로운 음악의 느낌을 그림으로 표현해 본다.	음악CD – 타이스 명상곡
가정연계 활동		▶ 장애 체험하기 1. 안대 쓰고 물건 찾기 1) 안대를 쓰고 상대방이 지정한 집안 물건을 찾는 게임을 한다. 2) 물건을 찾고 나면 안대를 바꿔 활동한다. 3) 안대를 쓰고 물건을 찾는 동안 어떤 점이 불편하고 어려웠는지 느낀 점을 서로 이야기한다. 4) 모습을 찍은 사진을 붙이거나 그림과 글로 느낀 점을 표현한다. 5) 눈이 불편한 장애우에게 어떤 도움을 줄 수 있는지 생각해 본다. ▶ 장애 체험하기 2. 한쪽 팔게임 1) 작은 네트를 설치한다. 2) 부모님과 마주 앉아 풍선을 넘기는 게임을 한다. 3) 처음에는 두 손을 가지고 풍선을 넘기고, 다음에는 한쪽 팔을 리본 끈으로 허리에 묶고 풍선을 넘기는 게임을 한다. 4) 활동지에 활동하는 모습을 찍은 사진을 붙이거나 그림과 글로 느낀 점을 표현한다. 5) 한쪽 팔이 없는 경우 어떤 점이 불편할지 생각해 보고 이야기 나눈다.	
		▶ 외국인 조사하기 1) 주변에 살고 있는 외국인을 찾아본다. 2) 외국인에게 줄 초대장을 가족과 함께 만든다. 3) 외국인을 우리 집으로 초대한다. 4) 우리나라의 문화와 다른 나라의 문화에 대해 이야기 나눈 후 활동지에 기록한다.	

	▶ 세계의 인사말 알아보기 1) 가족과 함께 유치원에서 배운 '세계의 아침인사' 노래를 부른다. 2) 노래에 나오는 나라 그 외의 나라는 어떤 것들이 있을까? 이야기를 나눈다. 3) 인터넷, 서적 등을 이용하여 다른 나라를 찾아보고 그 나라의 인사말을 찾아 본다. 4) 가족들과 함께 다양한 언어로 인사해 본다. 5) 활동한 모습을 찍은 사진을 활동지에 붙인 후 느낌을 그림이나 글로 표현해 본다.
	▶ 가족들과 평화롭게 지내요. 1) "가족들과 평화롭게 지내기 위해 내가 할 수 있는 일은 무엇이 있을까?" 가족들과 자유롭게 이야기하는 시간을 가진다. 2) 이야기가 끝나면 글로 적어 보고 큰 소리로 읽어 본다. 3) 내용이 적힌 종이를 잘 보이는 곳에 붙여 두고 실천한다. 4) 실천을 잘한 유아는 부모님께서 보상으로 스티커를 준다. 5) 부모님께 받은 스티커로 실천 카드를 다 채우면 어린이집으로 가져온다.

출처: 양영자(2011). 가정연계 다문화 교육활동이 유아와 어머니의 다문화 인식에 미치는 영향.

〈표 5-12〉 가정과 연계한 다문화활동계획안의 예 2

<table>
<tr><th colspan="2">활동명</th><td colspan="2">세계의 인사말</td><th>생활주제</th><td colspan="2">우리 동네 이웃</td></tr>
<tr><th colspan="2">활동목표</th><td colspan="6">• 세계 여러 나라의 인사말을 알아보고 인사할 수 있다.
• 가족과 함께 세계 여러 나라 인사말을 알아본다.</td></tr>
<tr><th>활동 영역</th><th>활동 유형</th><th colspan="4">활동 방법</th><th>활동자료</th></tr>
<tr><td>예술 경험

의사 소통

사회 관계</td><td>새 노래</td><td colspan="4">▶ 세계 인사말
1) 여러 나라의 인사말을 알아본다.
－(노랫말을 보며) 어떤 나라 인사말이 나왔니?
－이 나라의 지도는 어디에 있을까?
－노래 속에 나오는 나라를 지도에서 찾아본다.
－노래 속에 나오는 나라의 인사말로 해 본다.
－학급에 다문화가정의 유아가 있을 경우 그 나라 말로 인사를 해 본다.
2) '세계의 인사' 노래를 배운다.
－노래 가사를 들려 준다.
－유아는 교사를 따라 가사를 함께 읽어 본다.
－손뼉으로 리듬치기 하면서 가사를 읽어 본다.
－선율을 따라 불러 본다(라라, 음음 등으로...)
－가사(노랫말)를 따라 불러 본다.</td><td>세계의 인사 악보, 나라별 인사말, 세계지도, 노래 CD</td></tr>
</table>

		– 가사 속에 나오는 나라별로 팀을 나누어서 해당 인사말을 하게 한다. – 나라마다 인사할 때 하는 특별한 행동이 있으면 노래와 함께 해 본다. – 여러 나라 인사말로 바꾸어 불러 본다. 3) 언어는 달라도 인사하는 마음은 같음에 대해 이야기 나눈다. – 왜 서로 인사를 할까? – 인사를 하면 마음이 어떠니? – 다른 나라 사람들은 인사할 때 어떤 마음일까? 4) 음악에 맞추어 신체로 표현한다. – 유아들이 두 개의 원형을 만든 후, 서로 마주 보고 선다. – 음악에 맞추어 앞에 있는 친구와 인사를 나눈다. – 익숙해지면 인사말이 나올 때마다 안에 있는 유아가 왼쪽으로 한 칸씩 돌면서 새로 만난 친구와 인사한다.
가정연계 활동		▶ 세계의 인사말 조사하기 1) 가족과 함께 유치원에서 배운 '세계의 아침인사' 노래를 부른다. 2) 노래에 나오는 나라 그 외의 나라는 어떤 것들이 있을까? 이야기를 나눈다. 3) 인터넷, 서적 등을 이용하여 다른 나라를 찾아보고 그 나라의 인사말을 찾아 본다. 4) 가족들과 함께 다양한 언어로 인사해 본다. 5) 활동한 모습을 찍은 사진을 활동지에 붙인 후 느낌을 그림이나 글로 표현해 본다.
가정연계 후 활동		▶ 세계 인사말 가정연계 후 소개하기 〈도입〉 • 세계의 인사 노래를 불러 본다. • 가정에서 활동한 것에 대해 이야기를 나눈다. 〈전개〉 • 유아들이 가정에서 활동한 것을 순서대로 소개한다. 〈마무리〉 • 발표 후 궁금한 것 질문하기 • 느낀 점 이야기하기

출처: 양영자(2011). 가정연계 다문화 교육활동이 유아와 어머니의 다문화 인식에 미치는 영향.

CHAPTER 06

어린이집에서의 다문화가정 영유아 교육

Chapter 06 어린이집에서의 다문화가정 영유아 교육

학습목표

1. 어린이집에서 다문화가정 영유아의 교육적 특성을 이해한다.
2. 다문화가정 영유아의 사회 · 정서 발달의 특징을 이해하고 보육교사의 역할과 지원 방법을 안다.
3. 다문화가정 영유아의 인지 · 언어발달의 특징을 이해하고 언어발달을 위한 환경을 지원한다.
4. 다문화가정 영유아의 교육을 위한 사례별 다양한 지도방법을 이해한다.

1. 다문화가정 영유아 교육의 특성

우리나라는 급격한 국가 간 교류 확대로 외국인 유입이 증가함에 따라 다문화가정 영유아의 언어, 인종, 문화적 배경 등이 다양해지면서 서로의 문화를 이해하고 건강한 사회구성원으로 성장할 수 있도록 보육현장의 변화도 가속화되고 있다. 이에 다문화가정 영유아의 전인적인 성장을 위해서는 문화적 다양성을 이해하고 조화롭게 어울리는 다문화 친화적인 교육환경 조성과 다문화가정 영유아의 발달 특성을 이해하고 지원하여 다문화가정 영유아의 동등한 출발점을 보장하기 위한 맞춤형 교육을 계획하여 지원하고 있다(교육부, 2023). 생애 초기 경험이 이후 발달에 결정적인 영향을 미치는 것을 고려할 때, 다문화가정 영유아의 발달이 지연되지 않도록 발달 특성에 맞는 맞춤형 교육을 실시하여야 한다. 이 장에서는 어린이집에서의 다문화가정 영유아 교육의 특성과 사회 및 정서 발달, 인지 및 언어발달에 대해 살펴보고자 한다.

1) 다문화가정 영유아 교육의 특성에 대한 이해

전국 다문화가족 실태조사에 따르면(2021년), 자녀양육 시 만 5세 이하는 한국어지도, 만 6세 이상은 학습지도가 가장 큰 어려움으로 나타나고, 다문화가족을 차별한 사람은 친구가 69.2%, 모르는 사람 23.7%, 선생님 20.2% 순으로 편견과 차별을 경험하고 있다. 이는 다문화가정 영유아가 언어학습, 정체성 형성, 대인관계 형성 과정에서 비다문화가정 영유아에 비해 문제점이 나타나고, 초등학교를 진학하면서 학업 결손, 편견 및 차별로 인해 학교 부적응 문제를 겪을 수 있다는 것이다. 다문화가정 영유아는 이중문화 속에서 성장하기 때문에 보편적으로 다음과 같은 특성을 보인다(한국보육진흥원, 2019).

(1) 다문화가정 영유아는 이중문화 환경 속에 있다.

다문화가정 영유아는 서로 다른 국적 · 인종과 문화를 가진 부모 사이에서 성장하면서 다른 문화를 적응하는 이중문화 적응을 필수적으로 경험하게 된다. 이는 출생 직후 자연스럽게 다문화 환경에 노출됨으로써 유연하게 두 문화에 맞는 행동을 하고, 각각 다른 이중문화 속에서 자부심을 느끼며, 문화적으로 풍요롭게 성장할 수 있는 긍정적 가능성도 있다. 서로 다른 문화를 가진 부모 곁에서 생활한다는 것은 둘 중 하나의 문화를 선택하는 것이 아니라 두 가지 가치관을 수용해야 하는 것이므로 이러한 과정에서 영유아는 혼란을 겪을 수도 있다(신예진, 2017). 베리(Berry, 1997)는 이중문화의 적응으로 인한 문화적응 스트레스는 우울과 불안을 유발하며 나아가 소외감, 열등감, 불신, 정체성 혼란 등 심각한 심리적 문제가 발생할 수 있다고 하였다.

이는 다문화가족으로서의 자긍심과 자아존중감이 점차 하락하면서 자아정체성 혼란으로 이어지며 또래 관계뿐 아니라 보육교사와의 관계에도 어려움을 경험하게 되므로 다문화가정 영유아는 성장에 따른 생애주기별 지원이 필요하다.

(2) 다문화가정 영유아는 이중언어에 노출되어 있다.

다문화가정 영유아는 서로 다른 언어를 사용하는 부모 사이에서 자연스럽게 두 개 이상의 언어에 노출되면서, 이중언어 교육을 받을 수 있다. 이처럼 다문화가정 영유아가 두 언어를 배우게 되면 가족 내에서 부모와 의사소통을 효과적으로 하게 되고 한국뿐 아니라 또 다른 나라에 대한 이해가 쉬워지고 학습도 용이해진다. 다문화가정에서 이중언어를 구사하는 영유아는 단일언어를 사용하는 또래보다 집중력, 창의성, 문제해결 능력 등이 더 높다(박순희, 2009 재인용). 반면 언어능력이 부족하게 되면 부모와 자녀 혹은 타인과의 의사소통까지 어려움을 발생시킬 수 있다. 자유롭지 못한 의사소통은 자신의 생각이나 감정을 표현하고 다른 사람을 이해하기 어렵게 하여 대인관계의 질을 떨어뜨리고 소극적인 영유아로 자라게 할 우려가 있다(박순희, 2009).

여성가족부의 실태조사(2021)에서 이중언어 교육은 영어권과 일어 및 중국어에 제한되어 있어서 여전히 한국말이 서툰 외국인 부모를 둔 영유아는 의사소통에 어려움을 경험한다. 또한 다문화가정을 대상으로 5세 이하 자녀가 있는 경우 한국어 가르치기(26.8%)를 가장 큰 어려움이라고 응답하고 있어 여전히 한국어 교육의 필요성을 알 수 있다.

2010년에 「제1차 다문화가족정책기본계획」에서 이중언어 교육 관련된 지원을 명시하면서 이후 여성가족부와 교육부를 중심으로 이중언어 지원사업 실시에도 불구하고 다문화가족 내 이중언어 상황이 개선되지 못하고 있으며, 영유아기 시기에 대한 집중적인 지원이 필요한 상황이다(육아정책연구소, 2022).

(3) 다문화가정 영유아들은 편견과 부정적 인식의 대상이 될 가능성이 있다.

다문화사회로 변화되면서 새로운 문화에 대한 인식이 변화되고 있지만 오랜 시간 단일민족을 강조한 한국사회에서는 여전히 다문화가정에 대한 편견이 남아 있다. 다문화가정 영유아는 외모와 말투 그리고 언어의 미숙함, 학습 부진 등을 이유로 대인관계에서 어려움이 발생할 수 있으며, 또래로부터 놀림이나 따돌림을 받을 경우 자신감의 결의, 대인관계의 폐쇄적 형성, 학업성취도의 저하로 이어질 수 있다(박순희, 2009). 다문화가정 학생의 2.1%가 단지 다문화가정 자녀라는 이유만으로 사회적으로 차별을 당한 경험이 있고, 외국계 부모의 출신 국적에 따라서 남부 아시아, 필리핀, 러시아/중앙아시아, 몽골, 베트남 순으로 차별 경험이 있었다(여성가족부, 2021).

우리나라는 다문화라는 용어 자체가 또 다른 낙인이자 차별로 인식되고 있으며 서양인과 결혼한 가정은 '글로벌 가정'으로, 아시아인과의 결혼한 가정은 '다문화가정'으로 인식되고 있어 앞으로 편견이나 인식의 개선이 꾸준히 필요함을 알 수 있다. 따라서 다문화가정 영유아에 대한 편견과 차별은 다문화가정 영유아의 정체성 확립에 부정적 영향을 미치므로, 다양한 방법으로 인권 존중과 문화의 다양성에 대한 교육이 제공되어야 한다.

(4) 가족, 친구, 학교, 이웃 등 주변에서 상호작용하는 사람들과 긍정적 관계가 중요하다.

다문화가정 영유아라는 이유로 차별한 사람은 친구가 69.2%, 모르는 사람 23.7%, 선생님 20.2%, 이웃 18.7%로 보고되었다(여성가족부, 2021). 다문화가정 영유아 및 양육자에 대한 고정관념, 편견, 선입견을 많은 보육교직원이 다문화가정 영유아 및 양육자의 개별적 특성을 '다문화적 특성'에 과잉 일반화하거나, 자산(asset)과 강점(strength)으로 인지되어야 할 이중언어에 대해서도 언어 차이를 유발하는 부정적 요소로 인식하는 등 다문화가정 영유아 및 양육자에 대한 부정확한 정보와 고정관념, 편견, 선입견으로 이들을 '어려움을 유발하는 존재'로 인식하고 있다(김혜영, 2023).

보육교사와 또래의 지지와 상호작용이 다문화가정 영유아에게 긍정적인 영향을 미치기 위해서는 다문화가정에 대한 인식개선으로 또래, 어린이집, 이웃 등의 긍정적인 관심과 지지를 받는 사회적 환경을 조성하여야 한다. 이에 따라 다문화가정 영유아가 다문화 친화적 사회 환경 속에서 한 구성원으로 부모, 보육교사, 친구 등 의미 있는 타인들로부터의 관계를 맺음으로써 긍정적 상호작용을 하면서 성장해 나갈 수 있다.

2. 다문화가정 영유아의 사회 및 정서 발달

다문화가정 영유아는 부모의 양육태도 및 영유아 자신의 외모에 따른 정체성 혼란과 결정적 시기에 원활한 언어적 자극의 부족으로 인한 언어발달의 문제, 또래와의 소극적인 상호작용으로 인한 사회성 및 성격 발달의 문제, 주변 사람들의 편견으로 인한 정신적 고통의 문제를 겪고 있는 것으로 나타났다(김영희, 2015). 소극적인 또래 관계와 자신감 부족, 집단따돌림 등으로 정서적인 충격을 경험하고 심리적으로는 정체성 혼란으로 이어지고 있다. 결국 또래 관계 형성의 미숙함은 초등학교와 그 이후 시기까지 영향을 미쳐 사회 · 정서적 부적응을 가져올 가능성이 높다. 결국 다문화가정 영유아가 경험하는 사회 · 정서적인 어려움은 사회 차별적 인식에서 비롯되며 학령기 이후의 아동들은 이미 또래집단 형성 및 차별적인 인식이 형성된 상태이다.

그러므로 영유아기부터 다문화가정 영유아를 둘러싸고 있는 생태학적 환경인 또래와 보육교사가 문화의 다양성 및 다문화감수성 증진과 더불어 다문화가정 영유아에 대한 이해와 수용능력을 신장시키기 위한 노력이 필요하다.

1) 다문화가정 영유아의 사회·정서 발달에 대한 이해

다문화가정 영유아의 사회 · 정서 발달은 크게 다음과 같이 살펴볼 수 있다(육아정책연구소, 2011).

(1) 다문화가정 영유아의 내면화 문제와 외현화

영유아의 일반적인 심리적 적응을 통한 사회 · 정서 발달을 살펴보면, 다문화가정 영유아는 언어발달 지연과 의사사통에 제한을 받아 문화 부적응으로 이어져 어린이집 적응에도 어려움이 있다. 이러한 언어발달의 지연은 취학 후 학습 부진으로 이어지고 우울 및 공격성 행동과 연관되며, 취학 전 언어발달의 취약성이 이후 다문화가정 영유아의 사회정서 발달까지 지속적으로 영향을 미친다. 이러한 어려움은 주변으로부터 집단따돌림이나 놀림, 구타 등에 시달리는 경우가 있고 다문화가정 영유아들은 아동기에 부정적인 정서적 충격을 경험하게 된다.

(2) 다문화가정 영유아의 실제 어린이집 적응

다문화가정 영유아의 실제 어린이집 적응 측면에서 사회정서 발달을 살펴보면, 잘 적응하지 못하거나 소극적인 태도를 취하는 경우가 많이 나타나고 있다. 다문화가정 아동의 영유아기 발달 수준 차이가 이후 학교생활 적응, 학업, 태도, 성격 등의 형성에 영향을 미친다. 다문화가정 영유아가 어린이집 적응과정에서 겪는 어려움은 어린이집에서 또래들과 잘 지내지 못해 혼자놀이를 하거나 일상생활에서의 언어적 표현 부족으로 나타나고 있다.

ㄹ) 다문화가정 영유아의 사회·정서 발달 특징

(1) 낮은 자존감

자존감은 개인이 자신을 유능하고 중요하며 성공적이고 가치 있다고 생각하는 것이다. 다문화가정 영유아는 주변 사람들로부터 지속적으로 외모에 대한 놀림을 받게 되면 자신에 대한 자존감에 부정적인 영향을 가지게 되면서, 사회적 · 정서적 문제로 확장되기도 한다. 외모적 차이로 인해 또래들로부터 놀림을 받게 되면 친구를 피하거나 혼자 있기를 좋아하고, 점점 더 또래 관계 맺기가 힘들어진다. 외모적 차이가 두드러져서 친구들에게 심한 놀림을 받게 되는 경우에는 자신이 외톨이가 된 것처럼 우울감에 빠지기도 하고 매사에 의욕을 상실하며 자기 비하가 심해지기도 한다. 최근 다문화가족 자녀의 자존감은 5점 척도 중 3.63점으로 높은 수준이 아니며 점차 낮아지고 있다(여성가족부, 2021).

다문화가정 부모들은 자녀들이 학교생활과 사회생활에 잘 적응하기를 바라는 마음에 자녀에게 칭찬과 격려보다는 단점을 찾아 꾸중하는 데 집착하게 되고 자녀들은 자신이 무능하다고 생각하게 되어 의기소침해지거나 의욕을 잃고 전반적으로 자존감이 낮아지게 된다(이경원 외, 2016: 542).

(2) 대인관계 문제

다문화가정 영유아들은 이중문화 속에서 성장하면서 다양한 문화에 대한 이해와 경험이 풍부해진다. 그러나 이중문화와 이중언어의 환경 속에서 자아 정체감의 혼란, 언어발달 지연, 문화적 차이 등으로 인하여 또래 관계의 어려움, 어린이집 적응 등 많은 문제가 나타나기도 한다. 농촌지역 국제결혼가정의 자녀들은 또래와의 소극적인 상호작용으로 인해 사회성 및 성격발달의 문제를 경험하고 있다. 어른들과의 관계에 있어서도 가난한 나라에서 온 어머니와 불쌍한 아이라는 주변 사람들의 편견으로 불안해하고 정신적인 고통을 경험하는 것으로 나타났다(한국청소년상담원, 2011).

이러한 불안과 두려움은 사회적 위축을 초래하고 성장하면서 또래문화에 참여하지 못하게 되고 이후 성장 과정에서 언어발달, 학업 · 진로, 심리 정서, 대인관계 등 다양한 측면에서 어려움을 경험하게 될 가능성이 크다. 또한 심리 · 정서적으로 우울, 불안, 낮은 자존감 등의 문제를 드러낼 수 있으며, 대인관계에서도 소외와 배제를 경험할 가능성이 있다.

(3) 다문화가정 내 갈등의 문제

영유아의 건강한 성장을 위해서는 부모의 애착형성과 성장주기에 따른 올바른 양육을 위해 지속적인 의사소통과 상호작용이 필요하지만 다문화가정의 부모들은 부모역할을 수행하는 데 많은 어려움을 겪고 있다. 다문화가정의 어머니들은 한국 문화 적응이 아직 안 되었을 뿐 아니라 자녀 교육에 대한 정보 부족과 의사소통에 대한 어려움은 자녀양육, 자녀와의 상호작용, 부부관계, 가족관계까지 문제가 되어 가족 내 고립되기까지 한다.

다문화가정 영유아와 부모 간 상호작용의 어려움은 또래집단에서 사회적 관계를 형성할 때 부정적인 영향을 미치고 대인관계의 문제로 발전되며, 이는 한국사회에 대한 인식에 부정적인 영향을 미치게 된다. 그러나 언어적 어려움에도 다문화가정 영유아와 부모 간의 상호작용에 있어 애정 표현을 더 많이 하고 대화나 표정 등 다양한 비언어적인 시도가 긍정적 영향을 미칠 수 있다.

(4) 부적응 행동특성

다문화가정 영유아는 주변 환경에서 오는 편견으로 생애 초기부터 정서적으로 불안정한 경험을 하면서 또래와의 건강한 상호작용까지 경험하지 못하는 경우가 많다. 이는 다문화가정 영유아가 언어발달의 어려움까지 정서적 불안정 요인으로 더해지면서 공격성이 높아진다. 언어발달 지연과 의사소통의 제한으로 인한 문화적 부적응이 어린이집의 부적응, 언어발달 지연은 이후 학습 부진으로 이어지며 우울 및 공격적인 사회성과도 연관된다. 다문화가정 영유아의 산만한 부적응 행동은 사회적인 발달 수준에 영향을 미친다. 가정과 사회의 문화적 차이, 언어적인 문제로 인한 의사소통의 어려움 등으로 또래 집단에서 공감대 형성 및 관계 형성에서 겪는 어려움은 결국 사회적인 소외감, 불안감, 자신감 결여 등 심리적인 문제를 유발하게 되고 결국 부적응 행동으로 나타나게 된다.

결국 또래 간 자주 싸움을 하는 등 공격적 행동, 근심과 걱정을 많이 하는 등 불안 행동, 침착하지 못하거나 가만히 있지 못하고 어린이집에서 부적응 행동 등으로 나타난다. 이러한 부적응 행동은 또래 및 보육교사와 갈등적인 관계를 형성할 가능성이 높아진다.

3) 사회·정서 발달에서 보육교사의 역할과 자세

다문화가정 영유아가 의사소통의 불편함으로 소극적인 놀이와 배회, 혼자놀이를 하는 모습이 관찰되면 보육교사는 또래와 관계 형성을 갖기 위해 다문화가정 영유아의 일상생활 이야기하기, 보육교사와 1:1 놀이를 하기, 사교성이 많은 친구와 연결해 주기, 친구와 놀이하는 방법을 알려 주기, 보육교사가 대신 이야기 전달해 주기 등으로 또래 관계를 위한 지원을 하지만 다문화가정 영유아는 본인이 가지고 있는 '다문화', '다름'으로 또래 관계 형성을 어려워해 결국 스스로 조용한 놀이로 안주하는 행동이 반복되는 경향이 있다(정은정, 2019: 108).

따라서 보육교사는 다문화가정 영유아의 사회 · 정서 발달을 위해 또래 간 갈등 문제보다 또래와 긍정적 관계 형성에 보다 큰 비중을 두면서 다음과 같은 점을 고려하여 지도한다(신은희 외, 2012: 100).

(1) 중재자로서의 역할

보육교사는 다문화가정 영유아와 또래와의 접촉을 먼저 주선하고 시작해 주면서 다문화가정 영유아가 같이 놀이할 수 있는 또래를 만나도록 도와주고 놀이 과정을 관찰한다.

(2) 상담자의 역할

다문화가정 영유아가 또래와 상호작용에서 협상하는 방법을 배울 수 있도록 조언해 준다.

(3) 계획자의 역할

보육교사가 먼저 다문화가정 영유아를 위해 다른 친구들과 놀 수 있는 기회를 만들어 지원해 주거나 직접적 또는 간접적으로 지원한다.

(4) 지지자의 역할

다문화가정 영유아와 보육교사가 이야기 나누는 동안 다문화가정 영유아의 의견을 수용해 주면서 또래와 문제가 발생하면 원만히 해결할 수 있도록 정서적 지지와 조언을 해 준다.

(5) 관찰자의 역할

보육교사는 다문화가정 영유아가 누구와 잘 어울리는지, 어떤 놀이에 흥미가 있는지, 무슨 놀이를 주로 하는지 관찰하고 놀이를 지원한다.

4) 다문화가정 영유아의 사회·정서 발달 지원 프로그램을 위한 교육 방법

(1) 사회 · 정서 발달을 촉진하는 프로그램

풍부한 사회적 관계 속에서 다양성을 존중하고, '다양한 차원의 정체성', '사람들이 속한 다양한 공동체와 공동체 간의 상호연계 방식', '차이와 다양성의 존중'을 주제로 운영할 수 있다(교육부, 2020: 6).

① 사회 · 정서 발달을 지원하는 프로그램

주 제	우리 동네
놀 이 명	우정을 키우는 우리들의 시장놀이
교사의 기대	• 다양한 국적의 친구들에 관심을 가지고, 서로 도움을 주고받을 수 있다. • 다양한 문화가 공존하는 우리 원에 자부심을 갖고, 서로 교류할 수 있는 방법을 구체적으로 실천해 본다.
활동주안점	• 시장놀이를 통해 다양한 나라의 물건들에 관심 갖기 • 더 이상 사용하지 않는 물건을 서로 나누는 것의 좋은 점 생각해 보기

<table>
<tr><th rowspan="2">다문화감수성 핵심역량</th><th>다양성</th><th>평등성</th><th>협 력</th><th>정체성</th><th>반편견</th><th>문화이해</th></tr>
<tr><td></td><td></td><td>○</td><td></td><td></td><td>○</td></tr>
<tr><td>도 입</td><td colspan="6">• 활동 전, 가정에 다른 나라의 물건(원산지가 표시된 물건)을 찾아 어린이집으로 보내 달라는 가정통신문을 보낸다.
– 준비자료: 안산다문화 국제거리에 위치한 세계 여러 나라 가게 사진 준비

• 가정에서 가져온 다른 나라 물건들에는 어떤 것들이 있는지 살펴본다.(바나나, 가방, 인형 등)
– 어떤 물건을 가지고 왔는지 살펴보자. 이것은 무엇이니? 언제 사용하는 거니?</td></tr>
<tr><td>전 개</td><td colspan="6">• 가정에서 가져온 물건으로 국제시장놀이를 계획한다.
– 나에게는 필요하지 않은 물건을 필요한 사람이 사용하게 하기 위해서는 어떻게 하면 좋을까? 시장을 열기 위해서는 어떤 것들이 필요할까?

• 인지적 영역: 시장놀이 할 때 필요한 준비물, 환경구성을 정해 본다.
– ○○(이)는 어떤 가게를 꾸밀 예정인가요?
– 가게를 꾸미기 위해 어떤 물건들이 필요할까요?
– ○○(이)는 집에서 어렸을 때 중국에서 산 코끼리 인형을 가지고 왔군요. 이제는 필요하지 않아 동생들에게 주고 싶다고 해요.
– 과일가게는 어떻게 꾸미면 좋을까요? ○○(이)는 필리핀에서 가져온 바나나라고 메뉴판에 쓰고 싶군요.

• 사회 · 정서적 영역: 시장놀이 시 생길 수 있는 문제를 생각해 보고 공감한다.
– 동생들이 우리 시장에 놀러 와 재미있게 놀이할 수 있을까요? 혹시 동생들에게 어려운 점이 있을까요?
– ○○(이)는 동생들이 돈을 세는 것을 어려워할 것 같구나. 그럴 때 우리는 어떻게 하면 좋을까?

• 행동적 영역: 국제시장놀이에서 지켜야 할 약속을 정리한다.
– 돈 세는 것이 어려운 동생들 도와주기, 동생들에게 물건을 친절하게 설명하기
– 사고팔 때 서로 반갑게 인사 나누기, 산 음식들을 사이좋게 나누어 먹기</td></tr>
<tr><td>정 리</td><td colspan="6">• 오늘의 놀이를 평가한다.
– 국제시장을 만들어 보았는데 어땠나요. 다음엔 어떤 물건들을 팔아 보고 싶나요?
– 동생들을 국제시장에서 만나니 어땠나요. 너희들은 물건을 버리거나 낭비하지 않아서 기분이 좋고, 동생들은 필요한 물건들을 찾게 되어 기쁘겠군요.</td></tr>
</table>

출처: 교육부(2020). 교육(누리)과정 연계 다문화교육 수업 도움자료 재구성.

② 다문화교육 활동사례

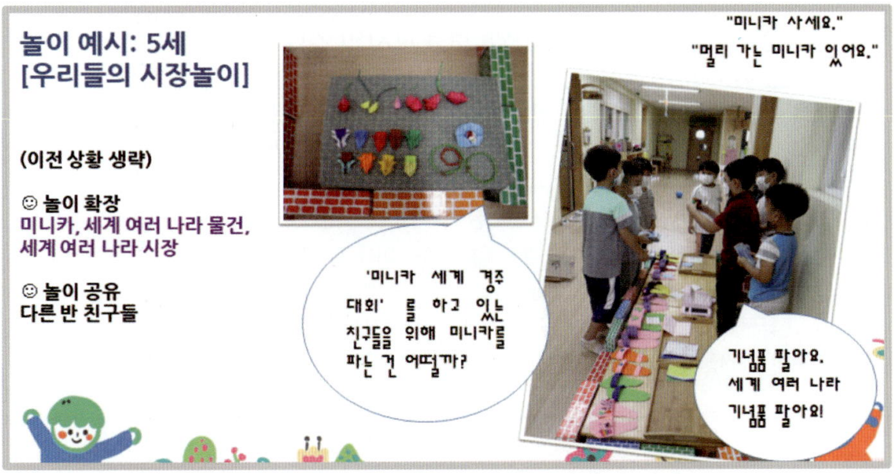

출처: 국가평생교육진흥원(2022a). 2022년 하반기 다문화교육 중앙지원단 워크숍.

출처: 국가평생교육진흥원(2022a). 2022년 하반기 다문화교육 중앙지원단 워크숍.

(2) 사회 · 정서 발달 지원을 위한 상호작용

① 내성적인 다문화가정 영유아와 보육교사의 상호작용

우리는 때때로 다문화가정 영유아의 인종, 언어, 민족, 문화적 배경이 나와 다르다는 이유로 이들을 대하는 것이 어렵다고 느낍니다. 하지만, 다문화가정 영유아 역시 인간 보편의 성격과 개인차에 따른 성격 모두를 가지고 있습니다.
내성적인 성향을 보이는 다문화가정 영유아는 그저 내성적인 성향이 있는 영유아일 뿐입니다. 영유아의 인종, 언어, 민족, 문화적 배경이 다르다는 이유로 편안하게 다가가지 못한다면, 영유아는 놀이실에서 더 소외감을 느끼게 될 것입니다. 더군다나, 내성적인 성향은 단점이 아닙니다. 도전적이고 적극적인 성향에 비해 신중하고 세심한 것뿐입니다. 이런 성향을 가진 영유아는 영유아가 충분한 시간을 가지고 보육교사, 친구, 놀이실 환경, 교구 등을 탐험할 수 있게 기다려 주세요.

"네가 준비가 될 때까지 나는 기다리고 있을게.
네가 준비가 되면 언제든지 나에게 말해 줘."

다양한 신뢰의 표현을 통해 메시지를 주는 것이 중요합니다. 영유아의 장점을 찾고, 영유아를 있는 그대로 존중해 주고, 영유아와 신뢰의 관계를 쌓는 것을 잊지 말아 주세요.

출처: 한국보육진흥원(2021). 모두를 나답게 키우는 어린이집 속 다문화 재구성.

② 다문화가정 영유아가 폭력적인 성향을 보일 때 상호작용

언어적 표현에 한계를 느끼는 영유아는 종종 말보다 몸이 앞서 나가곤 합니다. 친구가 가지고 노는 장난감을 갖고 싶을 때 덥석 장난감을 뺏어 간다든지, 마음대로 되지 않는 상황에서 물건을 던지기도 하지요. 이것은 다문화가정 영유아, 비다문화가정 영유아 모두에게 해당됩니다. 이럴 때는 명확한 언어를 사용한 보육교사의 공감과 모델링이 중요합니다.

"우리 ○○가 친구가 가지고 노는 로봇이 갖고 싶었구나.
그럴 때는 친구에게 '나도 로봇 가지고 놀고 싶어'라고 이야기 해 보자.
선생님 따라 해 볼까? '친구야, 나도 로봇 가지고 놀고 싶어.'"

물건을 빼앗긴 친구에게도 상황 설명이 필요합니다.

"△△야, ○○가 갑자기 로봇을 뺏어 가서 놀랐지?
○○도 로봇을 가지고 놀고 싶었대.
우리 △△는 지금까지 로봇을 가지고 놀았으니
앞으로 5분만 더 가지고 놀다가 ○○에게 주자.
'친구야, 5분 있다가 줄게'라고 이야기 해 보자."

영유아 간의 언어적 의사소통이 원활해질 때까지 꾸준히 모델링을 해 주고, 언어적으로 표현했을 때 격려하다 보면 어느새 갈등 상황이 발생했을 때 몸보다 말을 쓰는 영유아가 되어 있을 것입니다.

출처: 한국보육진흥원(2021). 모두를 나답게 키우는 어린이집 속 다문화 재구성.

3. 다문화가정 영유아의 인지발달

인지발달은 생의 초기부터 진행되는 과정으로 신체발달, 사회정서발달, 언어발달과 상호관련성을 가지고 있기 때문에 보육교사의 통합적인 이해와 발달지식에 대한 이해가 밑바탕이 되어 있어야 한다. 영유아가 가족과 사회맥락 안에서 경험하는 상호작용은 영유아 자신을 둘러싼 환경과 관계하는 방법을 익히는 것으로 이러한 관계능력은 이후 학습능력에 영향을 미친다. 이에 다문화가정 영유아의 발달을 위해 보육교사가 지속적이고 새로운 유용한 환경을 지원할 경우 발달의 변화가 가능하다. 따라서 영유아의 느린 발달이나 문제행동은 조기에 발견하여 적절한 개입이 이루어질 경우 효과를 볼 수 있다.

그중에서 인지발달과 언어능력은 사회적 상호작용과 불가분의 관계를 갖는다(Vygotsky, 1986). 다문화가정 영유아의 인지발달은 비다문화가정 영유아와 마찬가지로 그들의 사회문화적 환경의 맥락 속에서 이루어지며 언어능력이 기초가 되어 인지발달에 영향을 미친다. 다문화가정 영유아의 인지발달과 언어발달을 연관하여 보고한 많은 결과에서는 다문화가정 영유아가 비다문화가정 영유아에 비해 언어와 인지발달이 늦은 것으로 보고되고 있다(신은희 외, 2012 재구성).

1) 다문화가정 영유아의 인지발달에 대한 이해

어린이집에 재원하고 있는 다문화가정 영유아가 어려움을 겪는 주된 이유를 살펴보면, 1순위는 한국어가 원활하지 않기 때문이라는 응답이 63.3%로 가장 높았으며, 2순위에서는 또래와 잘 어울리지 못해서라는 이유가 30.0%, 인지발달이 지연되어서 적응에 어려움을 겪는다는 응답이 23.3% 순이었다(육아정책연구소, 2020). 언어발달의 문제가 가장 큰 것으로 보고되고 있으며, 다문화가정 영유아들은 기본적인 말하기, 듣기 능력의 일상적인 의사소통에는 큰 문제가 없으나, 읽기와 쓰기 능력이 떨어지면서 학업 수행에도 어려움이 나타난다.

다문화가정 영유아는 한국어가 미숙한 외국인 어머니와 함께 생활함에 따라 언어발달이 지체되고 이로 인해 의사소통에 제한을 받는다. 이는 자녀교육에 관심과 열의가 있어도 언어능력 등의 부족으로 다문화가정 영유아를 가르치지 못하기 때문에 학업에 어려움이 발생한다. 취학 전은 어머니와의 언어적 학습의 어려움이 문제로 드러나지 않다가 취학 후 학년이 올라가면서 학습적 이해력이 요구되면서 다문화가정 아동의 학습 부진이 드러난다.

〈표 6-1〉 재원 다문화가정 영유아가 어려움을 겪는 주된 이유 우선순위

구분	1순위	2순위
계	100.0%(60명)	100.0%(60명)
한국어가 원활하지 않아서	63.3%	10.0%
또래와 잘 어울리지 못해서	6.7%	30.0%
부모와의 분리가 힘들어서	6.7%	3.3%
교사와의 친밀한 관계 형성이 어려워서	0.0%	5.0%
어린이집의 기본생활 수칙을 지키기 어려워해서	11.7%	21.7%
인지발달이 지연되어서	10.0%	23.3%
기타	1.7%	6.7%

출처: 육아정책연구소(2020). 다문화 영유아 어린이집 보육실태 및 개선방안 연구.

2) 다문화가정 영유아의 인지발달 특징

(1) 환경적 특성에 의한 영향

다문화가정 영유아들은 문제해결 과정으로 기본적 인지적인 능력에 비해서 그들이 후천적으로 습득하고 학습해야 하는 언어적 개념과 일반 지식의 수준에서 취약함을 보여 준다고 볼 수 있다. 영유아가 가지고 있는 인지적 능력에 비해,

환경적인 맥락으로 인한 지식의 습득 내용과 주의력과 집중력 또는 계열적인 정보를 처리하는 과정에서 어려움이 있다고 이해된다(육아정책연구소, 2011).

(2) 낮은 언어발달 수준의 영향

다문화가정에서 한국어가 미숙한 어머니와 함께 생활하면서 언어발달이 지체되고, 의사소통이 어려워지면서 다문화가정 영유아는 낮은 인지적 발달이 될 수밖에 없다.

다문화가정 영유아는 연령이 증가할수록 일반적 의사소통에서는 큰 차이가 없으나 독해, 어휘력, 쓰기, 작문 등 구체적 언어 활용 능력이 비다문화가정 영유아에 비해서 현저히 떨어지기 때문에 학교 진학 후 학업성취도는 낮아지고 따라서 인지발달도 지연될 수밖에 없다. 다문화가정 영유아의 인지발달에서는 자신의 언어능력이 가장 중요한 영향을 미치며, 아버지 학력과 같은 가족의 사회경제적 특성의 환경과 어머니 양육행동과 같은 양육환경이 중요하다(육아정책연구소, 2011: 201). 이에 2023년 다문화교육지원기본계획에서는 다문화학생 교육기회 보장 및 교육격차 해소를 목표로 맞춤형 한국어교육 제공과 대학생 멘토링 등을 지원하고 있다.

3) 인지발달을 위한 보육교사의 역할과 자세

다문화가정 영유아의 인지발달과 언어발달은 연관되어 있으며 또래 관계, 보육교사와의 관계, 언어 태도 등에 어려움이 있더라도 보육교사와의 상호작용과 어린이집에서 활동에 따라 영유아의 인지발달이 달라질 수 있다(서울시여성가족재단, 2019). 이에 인지발달을 위해 보육교사가 고려해야 할 점은 다음과 같다(국가평생교육진흥원, 2023 재구성).

(1) 어린이집 교실을 다양성이 공존하는 다문화적 공간으로 제공해야 한다. 다

문화가정 영유아는 가족 내에 있을 때에는 특별할 것이 없었던 가족의 문화성이 어린이집에 오면서 독특하게 보여질 수 있다. 이는 어린이집 적응에 어려움을 느끼고 사회적 거리감으로 이어져 이후 발달에도 영향을 미친다. 따라서 보육교사는 다문화가정 영유아의 언어적 적응과 기관의 문화적응을 위해 더 많은 관심을 가져야 한다.

(2) 다문화가정 영유아의 인지발달 수준에 맞는 영역 간의 통합성과 보육 과정의 지속성이 필요하다.

(3) 보육교사는 여러 가지를 나열하고 소개하는 내용보다는, 다문화가정 영유아가 스스로 차이를 발견하고 인식할 수 있는 기회를 제공하고, 긍정적인 이해를 통해 존중하는 태도를 가질 수 있도록 지원해야 한다.

(4) 다문화가정 영유아가 놀이에 능동적으로 참여할 수 있도록 연령, 발달, 배경 등을 고려하여 개별적 특성에 적합한 방식대로 배울 수 있도록 지원하여야 한다.

(5) 보육교사는 다문화가정 영유아가 질문을 끈기 있게 묻고 탐색하고 주도하는 능동적 학습자가 되도록 촉진, 격려해야 한다.

(6) 다문화 놀이활동 진행 시 단순한 체험, 요리 실습 등에 많은 시간을 할애하지 않도록 유의하고, 교육적 의미를 내재화할 수 있는 사전 · 사후 활동 병행이 반드시 필요하다.

4) 다문화가정 영유아의 인지발달 지원을 위한 교육 방법

교육부 「2023년 다문화교육지원계획」에서도 다문화가정 학생의 교육 수요를 고려한 사각지대 없는 맞춤형 지원으로 다문화가정 학생 특성을 고려한 한국어교육 및 학교적응 지원을 통해 다문화가정 학생의 학업 중단율이 감소하고 있는 추세이다.

다문화가정 영유아의 적절한 발달 지원을 위해서는 인간발달의 기초를 형성하는 시기인 영유아기부터 적극적인 지원이 필요할 것이다. 이 시기 발달상 문제가 발생하면 영유아 발달에 부정적인 영향을 미치게 되고, 이후 학습과 성장에도 심각한 문제를 야기할 수 있다. 특히 0~3세는 뇌가 빠르게 발달하는 시기이므로 이때는 충분한 경험을 통해 자극을 제공하여야 한다. 그러나 영유아마다 관심을 두는 상황, 놀잇감, 활동이 다를 수 있으므로 보육교사는 각 영유아의 행동을 관찰하다가 지원이 필요한 상황을 기록한 후 발달지표를 기준으로 발달상 지연이 지속될 경우 조기 개입을 위한 자료로 활용하여야 한다. 발달 지연은 아니더라도 영유아가 본인의 속도에 따라 발달해 나가고 있는지도 관찰하여야 한다. 발달 지연의 현상은 연령이 증가할수록 더욱 심해져서 전형적인 발달과의 차이가 많이 벌어질 수 있기 때문에, 조기 개입을 통하여 전체적인 발달을 지원하여야 한다.

다문화가정 영유아의 인지발달 지원을 위한 보육교사의 역할은 다음과 같다.[1)]

① 감각적 자료를 통해 탐색행동을 지원하기 위한 언어적 또는 비언어적인 상호작용

보육교사는 다문화가정 영유아의 호기심을 유발하기 위해 영유아의 행동을 관찰하며 적절한 시기에 언어적·비언어적으로 제안하여야 한다.

② 다문화가정 영유아의 발달을 증진할 수 있는 비계 설정하기

다문화가정 영유아의 행동 관찰을 통하여 비계 설정이 이루어질 수 있도록 보육교사는 자신의 지원 계획을 수립한다. 영유아가 흥미를 유지하되 좌절되지 않는 수준에서 자료를 제공하여 성취동기를 지원하여야 한다.

③ 일관된 하루일과 유지하기

영유아기는 생활과 밀접한 경험을 통해 기억하기 및 예측하기가 가능하도록 하루일과를 일관성 있게 진행하는 것이 필요하다.

1) 보건복지부(2013). 영유아 문제행동지도를 위한 어린이집 보육교사 지침서 3: 언어·인지 재구성.

④ 분류, 비교 등 인지 개념의 기초를 경험할 수 있는 기회 제공하기

인지발달 과정에서 구분하는 행동은 인지 개념의 기초를 이루므로 생활 속에서 간단한 기준으로 분류하기, 비교하기 등의 경험이 이루어지도록 기회를 제공한다. 대상영속성, 원인과 결과의 이해, 공간의 이해, 도구의 사용 등 영유아의 발달을 파악한 후 관찰하다가 도움이 되는 인지적 발달을 지원한다.

⑤ 조기 개입의 중요성을 인식하고 영유아의 문제행동에 대한 조기 발견을 위해 개별적인 관찰과 발달 과정에 대한 이해가 필요

영유아의 발달 과정에서 나타나는 어려운 행동은 조기 개입이 효과적이므로 교사의 주의 깊은 관심이 무엇보다 중요하다.

(1) 인지발달을 촉진하는 프로그램

① 사고력과 협응력이 쌓여 가는 "쌓기놀이"

- 블록을 운반하는 단계로 시작, 블록을 한 줄로 높게 쌓거나 길게 늘어놓는 등 간단한 구조물을 만들고 이후 정교한 구조물을 만들면서 이를 활용해 역할극까지 발전시킴
- 눈과 손의 협응력, 손과 손가락의 조작능력, 대근육 운동능력이 촉진
- 정교한 구조물을 만들기 위해 블록 등의 놀잇감을 관찰하면서 비교하기, 분류하기, 예측하기 등 사고력 증진
- 전체와 부분의 관계, 수의 많고 적음, 길이, 높이 등의 수학적 개념도 이해
- 영유아가 자유롭게 구조물을 만드는 상상 놀이로 정해진 놀이방법이 없어 친구들과 함께하면서 정서와 사회성 발달

출처: 서울시복지재단(2018). 엄마와 아이의 함께 놀이 재구성.

② 그림책을 활용한 인지발달 촉진 프로그램

다문화 감수성 역량 중에서 관계성은 관계 설정 및 거리감과 관련된 개념으로 서로 다른 문화적 차이를 경험하는 데 있어서 공감, 소통, 협력하는 개인의 경향성 정도를 포함하며, 보편성은 보편적인 가치를 기준으로 다른 문화를 받아들이는 경향을 의미한다(교육부, 2020: 6).

청아는 베이징에 살고 있어요

- **글**: 윤아해, **그림**: 홍우리
- **출판사**: 아람출판사(2017)/교보 eBook
- **내용**: 매년 9월 22일은 〈차 없는 날〉이에요. 대기 오염을 줄이고자, 일 년 가운데 단 하루만이라도 도심에서 자가용을 타지 말자는 시민운동을 벌이고 있어요.

주　제	교통기관					
놀 이 명	청아는 베이징에 살고 있어요.					
교사의 기대	• 교통기관과 공기 오염의 관계를 안다. • 맑은 공기를 위해 세계시민으로서 내가 할 수 있는 일에 대해 관심을 갖는다.					
활동주안점	• 공기를 오염시키는 것들에는 무엇이 있는지 생각해 보도록 한다. • 맑은 공기가 있는 세상을 만들기 위해 내가 할 수 있는 일에 무엇인지에 대해 생각해 보도록 한다.					
다문화감수성 핵심역량	다양성	평등성	협 력	정체성	반편견	문화이해
			○		○	○
배움열기	• '청아는 베이징에 살고 있어요.' 동화책 표지를 탐색한다. – 너희 중에서 베이징에 가 본 친구가 있나요? – ○○(이)는 예전에 베이징 근처에 살다가 **동으로 온 것이구나. – 중국의 베이징에 살고 있는 청아의 표정이 어떤 것 같나요? – 청아의 표정이 왜 좋지 않은 것 같나요? • 준비물: 그림책 '청아는 베이징에 살고 있어요.'(윤아해. 아람출판사. 2017), – 베이징 환경 사진, 마스크 실물 자료, 우리 반 약속 실천판 ※ 관심 가지기: 유아 주도적으로 동화책 표지를 탐색해 보며 동화의 내용에 관심을 가지고 이어질 내용을 예측해 볼 수 있도록 한다.					
전　개	• 동화를 들으며 인지적/사회 · 정서적/행동적 영역의 관점에서 베이징 환경 문제에 대해 이야기 나눈다. – 미세먼지로 마스크를 쓰고 있는 베이징 사람들의 사진					

	※ 비계설정하기: 사진 및 실물 자료를 제시하여, 유아의 생각을 파악하고, 새로운 수준의 능력이나 이해로 나아갈 수 있도록 상호작용한다. • 인지적 영역: 베이징에서 일어나고 있는 미세먼지의 심각성에 대해 안다. – 청아는 비행기에서 내리자마자 무엇을 하였나요? – 왜 청아는 마스크를 썼을까요? – 티엔티엔은 하늘을 무슨 색으로 그렸나요? 왜 회색으로 그렸을까요? • 사회 · 정서적 영역: 미세먼지로 고통받고 있는 사람들의 감정을 알아본다. – 청아네 어린이집 친구들은 바깥놀이를 할 수 있었나요? – 청아네 어린이집 친구들은 기분이 어떨까요? – 계속 기침을 하는 티엔티엔을 보니 어떤가요? – 심해진 기침 때문에 베이징을 떠난 티엔티엔... – 청아와 티엔티엔의 마음은 어떨까요? • 행동적 영역: 맑은 공기를 위한 방법들을 알아보고, 실천 계획을 세워 본다. – 티엔티엔이 다시 돌아오려면 어떻게 해야 할까요? – 나무를 많이 심기, 자동차보다 자전거 타기, 공장의 매연 줄이기, 걷기 • 활동을 통해 우리 반에서 실천할 수 있는 맑은 공기 지킴 약속을 정한다. – 우리 반에서는 어떤 약속을 지켜 볼 수 있을까요? – 여러 가지 방법 중 투표를 통해 우리 반 맑은 공기 약속을 정해 볼까요? – ○○(이)는 우리 반 식물 심기 방법을 생각해 주었군요. – ○○(이)는 걸어서 어린이집 오기 방법을 생각해 주었어요.
정 리 및 평 가	• 우리 반에서 지켜 볼 맑은 공기 지킴 약속을 약속판에 적는다. • 오늘의 이야기 나누기(토의)를 회상해 본다. – 왜 공기는 꼭 필요할까요? – 공기가 나쁘면 어떤 점이 좋지 않나요? – 우리는 공기를 맑게 하기 위해 어떤 방법들을 생각해 보았나요? • 맑은 공기 송을 부르며 활동을 마무리한다. • 평가: 교통기관과 대기 오염에 대해 관심을 갖고, 우리가 할 수 있는 일에 대해 말할 수 있는지 평가한다.

출처: 교육부(2020). 교육(누리)과정 연계 다문화교육 수업 도움자료 재구성.

(2) 인지발달 지원을 위한 상호작용

① 다문화가정 영유아가 여러 번 같은 말을 했는데도 잘못 알아들을 때

기본적으로 보육교사가 영유아와 상호작용이 잘 이루어져야 다양한 놀이 지원이 가능합니다. 영유아 중에는 또래보다 발음이 분명하거나 어휘력이 풍부한 영유아 또는 그렇지 않은 영유아도 있습니다. 하지만 한국어가 모국어가 아닌 영유아가 하는 말을 알아듣지 못할 때는 보육교사는 '언어 차이' 때문이라 생각해서 말이나 행동을 더 조심합니다. 영유아가 하는 말을 이해하기 어려울 때 중요한 것은 "네가(영유아) 말을 잘 못해서 내가(보육교사) 못 알아듣겠어."라는 메시지를 주지 않습니다.

"선생님이 우리 ○○가 하는 말이 너무 궁금한데,
천천히 다시 말해 줄 수 있겠니"

영유아가 다시 말했음에도 알아듣기 어려울 때는, 그림으로 그려 달라고 부탁하거나, 책에 있는 그림으로 알려 달라고 해 보세요. 그래도 알아들을 수 없을 때는 다음에 더 노력해 보겠다는 의미를 전달합니다.

"선생님이 다음에는 꼭 알아들을 수 있게 더 노력해 볼게."

자신의 말을 이해하려고 노력해 주는 보육교사의 모습에 영유아는 신뢰를 갖게 될 것입니다. 이러한 안정적인 신뢰 관계 속에 언어는 시나브로 발달합니다.

출처: 한국보육진흥원(2021). 모두를 나답게 키우는 어린이집 속 다문화 재구성.

4. 다문화가정 영유아의 언어발달

제4차 어린이집 표준보육과정은 영유아 기본 권리의 개별 보장을 중시하며 영유아는 개별적인 특성을 지닌 고유한 존재로 존중받아야 함을 강조하고 있다. 다른 문화적 배경을 가진 영유아들이 보여 주는 언어, 음식문화, 생활 습관 등의 문화적 특성들이 어린이집에서 낯선 환경이라는 이유로 환영받지 못하고, 수용과 배려를 받지 못하면 불안감을 느끼고 위축될 것이다. 2019 개정 누리과정도 문화

적 다양성을 포함시켜 운영하도록 하고 있다. 유아가 성, 신체적 특성, 장애, 종교, 가족 및 문화적 배경 등으로 인해 차별받지 않고 서로 배려하는 마음을 가지도록 편성 · 운영해야 한다. 그리고 유아가 다른 사람을 대할 때 자신과 상대와의 다른 점을 틀린 것이 아니라 다른 특성으로 받아들이고 편견 없이 대할 수 있도록 지원해야 한다. 보육교사는 성별, 신체적 특징 및 장애 유무에 따라 유아를 비교하고 평가하거나 불이익을 주지 말아야 하며 유아에게 고정적인 성 역할과 특정 종교를 강요해서는 안 된다. 또한 유아들에게 다양한 가족 형태 및 문화적 배경을 이해할 수 있는 경험을 제공하여 다양성을 존중하고 배려할 수 있도록 지원하고 운영해야 한다.

이에 다문화보육은 다문화가정 영유아와 비다문화가정 영유아를 같은 공간에서 같은 보육 과정을 운영해야 하며 나아가 모든 영유아가 동일한 가치를 인정받으며 동등한 선택의 자유를 누릴 수 있어야 한다.

1) 제4차 표준보육과정 의사소통 영역과 개정 누리과정 중심의 다문화교육

영유아를 있는 그대로 바라보고 존중하는 제4차 어린이집 표준보육과정과 2019 개정누리과정의 방향과 취지를 수용하되 보육의 정체성을 유지하고 영아보육의 특성을 반영하여, 전체적으로 영유아 중심, 놀이 중심을 추구해야 한다.

(1) 0~1세 의사소통 영역의 목표와 내용

0~1세 영아는 적극적 의사소통자로 비언어와 언어를 이용하여 자신의 생각, 느낌, 감정을 표현하고 상대방의 표현과 반응을 보고 들으며 소통한다. 또한 주변의 그림과 상징에 관심을 갖고, 자유롭게 끼적이기를 즐기며 책과 이야기에도 관심을 갖는다.

의사소통 영역은 일상에서 영아가 자신의 의사를 상대방에게 전달하고, 상대방의 표현을 이해하는 과정에서 다른 사람과 소통하는 다양한 방식을 경험하면서 의사소통의 즐거움을 느끼며 의사소통 능력의 기초를 형성하는 것을 목표로 한다. 이를 위하여 교사는 0~1세 영아가 자유롭고 편안하게 자신의 의사를 표정, 몸짓, 옹알이, 말소리, 말, 끼적이기 등 다양한 방식으로 표현할 수 있도록 하고, 책과 이야기에 관심을 갖고 자유롭게 즐기는 것을 지원하도록 한다.

① 목표 및 내용

내용범주	내용
듣기와 말하기	• 표정, 몸짓, 말에 관심을 갖고 듣는다. • 상대방의 이야기를 듣고 말한다. • 표정, 몸짓, 단어로 의사를 표현한다. • 자신의 요구와 느낌을 말한다.
읽기와 쓰기에 관심 가지기	• 주변의 그림과 상징, 글자에 관심을 가진다. • 끼적이며 표현하기를 즐긴다.
책과 이야기 즐기기	• 책에 관심을 가지고 상상한다. • 말놀이와 이야기에 재미를 느낀다.

(2) 2세 의사소통 영역의 목표와 내용

2세 영아는 의사소통 경험을 통해 일상의 기초적인 어휘를 습득하여 구어로 소통하는 능력이 향상되고 상징과 문자를 읽고 쓰며 문어로 소통하는 방식을 경험한다. 의사소통 영역은 자신의 의사를 다른 사람에게 표현하여 전달하고, 상대방의 이야기를 듣고 말하며, 일상에서 읽기, 쓰기와 관련되는 경험에 관심을 가지며 책과 이야기를 즐기고 상상의 즐거움을 가질 수 있는 경험을 하는 것에 목표를 두고 있다. 교사는 2세 영아가 일상에서 자유롭고 편안하게 상대방에게 표정, 몸짓, 말로 의사를 표현하는 기회를 제공하고, 다른 사람과 소통하는 것을 격려하고, 영아가 읽고 쓰는 데 관심을 가질 수 있는 다양한 그림과 사물의 상징이 담긴 인쇄물 등을 충분히 제공하며, 책과 이야기에서 자유로운 상상을 즐길 수 있도록 지원한다.

① 목표 및 내용

내용범주	내용
듣기와 말하기	• 표정, 몸짓, 말과 주변의 소리에 관심을 갖고 듣는다. • 상대방의 이야기를 들으면서 말소리를 낸다. • 표정, 몸짓, 말소리로 의사를 표현한다.
읽기와 쓰기에 관심 가지기	• 주변의 그림과 상징에 관심을 가진다. • 끼적이기에 관심을 가진다.
책과 이야기 즐기기	• 책에 관심을 가진다. • 이야기에 관심을 가진다.

(3) 3~5세 의사소통 영역의 목표와 내용

유아는 주변 사람들과 소통하며 관계를 맺는 능동적인 의사소통자이다. 유아는 다른 사람의 말을 주의 깊게 듣고 자신의 생각과 느낌을 다양한 방법으로 표현하며 소통하는 것을 즐기고, 책과 이야기에 관심을 갖는다. 의사소통 영역은 유아가 다른 사람과 소통하며, 일상에서 만나는 글자나 상징에 관심을 가지고 책과 이야기를 즐기는 경험과 관련된 내용이다. 교사는 유아가 자신의 느낌과 생각을 적절하게 말하는 경험을 통해 바른 언어생활을 할 수 있도록 돕는다. 또한 유아가 아름다운 우리말이 담긴 책과 이야기에 흥미를 가지고 언어가 주는 재미와 상상을 충분히 즐길 수 있도록 지원한다.

① 목표 및 내용

내용범주	내용
듣기와 말하기	• 말이나 이야기를 관심 있게 듣는다. • 자신의 경험, 느낌, 생각을 말한다. • 상황에 적절한 단어를 사용하여 말한다. • 상대방이 하는 이야기를 듣고 관련해서 말한다. • 바른 태도로 듣고 말한다. • 고운 말을 사용한다.
읽기와 쓰기에 관심 가지기	• 말과 글의 관계에 관심을 가진다. • 주변의 상징, 글자 등의 읽기에 관심을 가진다. • 자신의 생각을 글자와 비슷한 형태로 표현한다.

내용범주	내용
책과 이야기 즐기기	• 책에 관심을 가지고 상상하기를 즐긴다. • 동화, 동시에서 말의 재미를 느낀다. • 말놀이와 이야기 짓기를 즐긴다.

2) 다문화가정 영유아의 언어발달에 대한 이해

언어란 사물, 사건, 생각 등을 표현하고자 임의적으로 사용하는 말, 문자, 몸짓의 상징체계로서 의사소통의 일차적 수단이다. 언어는 구어(spoken language)와 문어(written language)의 언어적 요소와 억양, 강세, 속도의 준언어적 요소, 몸짓, 표정과 같은 비언어적 요소를 모두 포함한다. 언어 사용의 궁극적인 목적은 사람들 간의 생각과 의견과 감정에 따른 의사를 교환하는 것이다. 어휘는 말을 이루는 기본적인 단위로, 어휘의 습득 및 어휘 능력은 타인의 말을 이해하거나 자신이 말하고자 하는 내용을 이루는 기초 능력이다. 어휘의 습득과 발달에는 개인차가 있는데(Bates et al., 1995), 이는 입력된 말의 양, 부모의 사회경제적 지위, 입력된 어휘의 다양성과 질, 어머니와 영유아의 상호작용 정도, 함께 제시되는 문맥의 정보성과 같은 외부적 요인, 영유아의 주의 집중력, 음운 기억력, 그리고 성별과 같은 영유아 내적 요인에 의해 영향을 받는다(김영태 외, 2009 재인용). 구체적으로 책 읽기, 동화 구연 등과 같은 문해 활동의 참여, 영유아의 수준에 맞는 단어의 제공, 음운인식 경험의 제공 등이 영유아의 언어발달과 어휘력 형성에 필요하다(육아정책연구소, 2011: 18).

국내외 여러 선행연구에서 부모와 자녀가 언어적 상호작용을 통하여 정서적 유대감을 형성하며, 양육 과정에서 자녀에게 가치, 신념, 경험의 지혜 등을 전달하기 위해서는 어머니의 모국어 사용 필요성을 강조하고 있기 때문이다. 또한 이중언어가 인지능력, 상위언어 능력, 어휘력, 사고력 등에 긍정적인 영향을 주고, 학업, 직업선택, 승진의 기회 등에서 잠재적으로 유리하다는 것이 밝혀졌으며, 최근 다문화 부모들의 이중언어에 대한 인식 또한 긍정적으로 변화하고 있다. 이중언어는 둘 이상의 언어를 사용하여 의사소통을 할 수 있는 능력을 의미한다. 이중언어는 노출시기, 언어환경 등에 따라 분류하는데, 흔히 두 언어에 노출된 시기에 따라 동시적 또는 순차적 이중언어로 분류한다(황상심, 2018).

(1) 동시적 이중언어

언어 경험 시기에 따라서 두 가지 언어를 출생 직후부터 동시에 접하는 것을 말한다. 출생 직후 혹은 짧은 기간 안에 두 가지 언어를 접하는 경험을 하는 것으로 부모가 가정에서 두 가지 언어를 사용하는 경우이다. 각 부모는 영유아에게 다른 언어를 사용하며, 3세에서 5세 내에 영유아는 적어도 하나의 언어를 단일언어에 준하는 능력으로 구사하며, 많은 경우, 서로 다른 언어 시스템을 사용할 수 있는 여러 기회와 지속적인 입력이 있는 경우, 동시적 이중언어 영유아는 두 언어 모두 잘 발달되어 각 언어의 단일언어 또래에 준하는 정도로 말할 수 있다(육아정책연구소, 2021).

(2) 순차적 이중언어

출생 이후 단일 모국어를 습득하고 이후 제2언어를 습득하는 것을 말한다. 제2언어를 배우는 과정은 제1언어를 배우는 과정과 거의 비슷하고, 제2언어를 배울 때에는 제1언어로부터의 혼동이 약간 일어난다. 이중언어 영유아는 주로 사용하는 언어는 더욱 유창하나 학교에 갈 때가 되면 제2언어가 더욱 유창해진다. 대부분의 학업 수행 시 개념을 설명하는데, 제2언어의 단어나 개념이 도움을 주기 때문에, 비록 제1언어를 더 많이 사용하고 제2언어를 학교에서만 사용하더라도 제2언어의 유창성은 더욱 늘어난다. 제2언어의 구문이나 어휘력은 집이나 친구 간의 대화보다는 학교에 다닐 때 더욱 유창해진다. 이것은 특히 학교에서 쓰는 언어를 빨리 배우기 위해서 집에서 쓰는 언어를 제한할 때 많이 일어난다(황상심, 2018 재인용).

3) 다문화가정 영유아의 언어발달 특징 및 편견

다문화가정 영유아의 언어발달은 연령이 증가할수록 비다문화가정 영유아와의 편차가 더욱 심해지는데, 3세에는 영유아의 생활연령과 큰 차이를 보이지 않다가 4세부터 약간 떨어지기 시작하며 이러한 경향이 5세에 더욱 심각해지는 경향을 보고하는 연구가 있다. 김화수와 이은경(2011)의 연구에서는 다문화가정 영유아의 연령별 언어발달의 추이가 비다문화가정 영유아와 유사했으나 발달의 속도가 느리며 연령이 증가할수록 발달의 격차가 커지는 것으로 나타났다. 다문화가정 영유아의 언어 문제는 어휘뿐만 아니라 구문 이해력이나 읽기에서도 나타나서 3세에서 6세 사이의 다문화가정 영유아가 비다문화가정 영유아보다 구문을 읽고 이해하는 능력이 떨어졌다(이해영, 2007 재인용). 다문화가정 영유아가 언어발달에 어려움을 가지는 것은 어머니의 언어능력이 영향을 미친다. 이에 이중언어 지원의 필요성을 살펴보면 다음과 같다(육아정책연구소, 2021: 54-56 재구성).

(1) 이중언어 지원의 필요성

① 부모-자녀 간 상호작용 및 친밀감

모국어는 서로 다른 세대의 가족구성원들 사이에 긴밀한 가족 관계와 효과적인 의사소통을 촉진하는 데 필수적인 역할을 한다.

② 영유아의 정체성 및 사회 정서적 · 교육적 측면에서의 긍정적 효과

가족구성원이 사용하는 언어를 습득하고 유지하지 못하면 문화적 정체성을 상실하고 주양육자를 포함한 가족구성원과의 접촉이 감소할 가능성이 있다. 다문화가정 영유아들이 부모의 언어를 배운다면 이중언어 사용자들이 단일언어를 사용하는 또래에 비해 더 높은 자존감, 가족과의 더 나은 관계, 더 높은 학업적 동기를 보인다.

③ 모국어 유지가 학업능력에 미치는 영향

영유아의 모국어에 대한 지원이 우세 언어의 학습 및 이를 장기적으로 유지하는 능력을 감소시키지 않으며, 정상발달 영유아의 경우 취학 전 시기에 모국어 지도가 궁극적으로 학업적 성취와 우세 언어의 능숙도를 증진시킨다.

④ 모국어 능력의 제2언어로의 전이효과

하나의 언어에서 기능을 습득하는 것이 다른 언어에서의 언어를 기반으로 하는 기능 습득에 긍정적인 영향을 미친다. 모국어의 메타언어능력(음운인식 능력 포함)은 제2언어 능력의 구체적인 이점일 뿐만 아니라 읽고 쓰는 능력에 있어서도 더 많은 도움을 줄 수 있다.

(2) 이중언어 유지의 어려움

이중언어 유지를 위한 다문화가정 영유아의 어려움은 다음과 같다(신은희 외, 2012: 90-91 재구성).

① 다문화 환경의 취약성으로 언어발달 지연을 초래한다.

다문화가정 영유아의 언어발달 연구는 다문화가정 환경의 취약성에 대한 언어병리학적인 관점에서 다문화가정 영유아의 언어발달 지연을 보고하는 연구가 많이 있다.

② 다문화가정 영유아는 연령이 증가할수록 언어발달의 편차가 생긴다.

다문화가정 영유아의 언어발달은 연령이 증가할수록 비다문화가정 영유아와의 편차가 더욱 심해진다.

③ 다문화가정 영유아는 연령이 증가할수록 언어발달 속도가 비다문화가정 영유아에 비해 느리다.

다문화가정 영유아의 연령별 언어발달의 추이가 비다문화가정 영유아와 유사했으나 발달의 속도가 느리며 연령이 증가할수록 발달의 격차가 커지는 것으로 나타났다(이은경, 김화수, 2011).

④ 다문화가정 영유아의 언어발달은 인지능력에 영향을 미친다.

다문화가정 영유아의 언어발달은 자기 자신의 인지능력이 가장 큰 영향력을 가지며, 그다음으로 어머니의 언어능력으로 나타난다.

⑤ 어머니의 체류 기간이 길수록 유아의 어휘력은 향상됨

영유아의 연령이 많아질수록 어머니와의 언어적 상호작용은 감소되고, 또래들과의 상호작용으로 다양한 어휘를 모방하고, 따라 함으로써 어휘력이 증가할 수 있기 때문이다.

(3) 언어발달적 편견

영유아는 만 2세부터 피부색, 성별과 같은 사람들의 신체적 특징을 인지하기 시작하고, 만 3~4세부터 특정 인종, 문화, 언어에 대한 고정관념을 형성하며, 만 4~7세에 이르면 인종차별적 편견이 높은 수준으로 나타나게 된다. 특히, 영유아기의 자기중심성이라는 발달 특성은 영유아로 하여금 주변 사람들의 가치, 생각, 행동 방식 등을 당연하게 여기고 자신의 잣대로 다른 문화를 비교 판단하게 하는 자문화중심주의의 근간을 마련하기도 한다(김혜영, 2023). 이에 따라 학기 초 교실에서의 교육자료 구비 시 영유아의 특성과 가족 그리고 지역사회를 고려하고 편견 없는 다양한 그림이나 사진 등 다양한 자료를 제공해 주어야 한다. 가족사진이나 친근한 물건 등을 통해 영유아가 안정감을 느끼도록 도울 수 있다. 다양성이 존중되고 편견이 없는 교실을 위해서는, 모든 영유아가 있는 그대로 존중받고 환영받는 교실, 다양성에 대해 긍정적인 태도를 갖게 만드는 교실, 고정관념, 편견, 선입견을 바로잡는 놀이공간을 위해 교사가 지원하여야 한다.

교사는 좋은 의도로 던지는 말도 알게 모르게 다문화가정 영유아에게 대한 편견을 형성하고 선입견을 조장할 수 있다는 것을 기억하고 일상에서 평등한 언어

의 생활화를 위해 노력해야 한다. 예를 들면, 긴 치마를 입고 등원한 아이에게, "오늘 공주님 같구나!"라고 하거나, 다문화가정 영유아에게 "너 한국어 잘하는구나!"라고 하는 것은 무의식중에 열등하다고 인지하고 있는 편견이다.

4) 언어발달에서 보육교사의 역할과 자세

타인에 대한 긍정적인 인식이 형성되기 시작하는 영유아기부터 다문화에 대한 긍정적인 인식을 높이기 위한 노력이 필요하다. 영유아기 다문화교육은 다문화에 대한 지식뿐 아니라 태도와 행동에도 영향을 미치며, 다문화교육에서는 보육교사와 다문화를 위한 교육매체가 매우 중요한 요소이다. 보육교사는 영유아가 다문화에 대한 개념을 형성하는 시기에 처음 만나는 교육자로서, 보육교사의 다문화에 대한 생각, 태도 및 행동은 다문화에 대한 영유아의 인식에 직접적인 영향을 미친다. 따라서 보육교사는 영유아가 긍정적인 시각으로 문화 다양성을 이해하고 존중하며 배려할 수 있도록 지원하여야 한다.

① 낮잠 시간이나 놀이 시간에 다양한 국가의 언어로 노래를 들려 주어 자연스럽게 다양한 언어에 노출이 될 수 있게 한다.

② 다문화가정 영유아의 언어로 간단한 인사말, 네와 아니오 같은 표현을 배워 비다문화가정 영유아와 함께 공유해 보면서, 익숙하지 않은 언어도 의사소통이 가능한 언어라는 것을 알려 준다.

③ 다문화가정 영유아가 개별언어교육에 대한 거부감을 표현할 경우 다양한 접근 방식으로 교육 방법을 수정 · 보완한다.

④ 비다문화가정 영유아가 다문화가정 영유아의 언어능력 및 개별화 교육에 대한 부정적인 태도를 지니는 등 낙인효과가 생기지 않도록 섬세한 접근이 필요하다.

⑤ 개별 언어교육에 외부강사를 활용하는 경우 보육교사가 교육 내용 및 향상도에 대해 관심을 가지고 협업할 수 있도록 노력해야 한다.

⑥ 다문화가정 영유아가 또래들로부터 놀림을 당하거나 위축되지 않도록 보육

교사는 물론 또래들의 이해를 구하여 수용적인 사회적 환경을 조성해 준다.

⑦ 언어적 행동을 자극할 수 있는 발달적으로 적합한 환경을 조성하여 언어적으로 적절한 자극을 지원한다.

⑧ 다문화가정 영유아가 자연스럽게 놀이에 참여할 수 있도록 천천히 상호작용하고 안내한다.

5) 언어지도 접근법

영유아기는 언어발달을 예측할 수 있는 중요한 시기이며 생애 첫 5~7년을 언어발달에 있어서 결정적 시기라고 부른다. 12개월 무렵이 되면 한 단어를 말하기 시작하고 2~3세가 되면 어휘뿐만 아니라 모국어의 형식과 의미를 파악하여 문장으로 의사소통을 하게 된다. 5~6세가 되면 문법의 90% 정도를 습득하게 되고 자신의 느낌을 말하고 복잡한 문장을 사용하여 의사소통을 한다. 이러한 언어발달의 시기는 여러 가지 요인들로 영유아마다 조금씩 다르게 나타난다. 그 요인들 가운데 언어발달이 이루어지는 환경으로 내적 또는 외적 환경은 영유아의 언어발달에 중요한 요소라고 할 수 있다(이은경, 김화수, 2011).

이중언어 환경에 노출된 다문화가정 영유아는 한 가지 언어에 노출된 영유아보다 소화해 내야 하는 단어, 문법, 언어 체계의 양이 절대적으로 많다. 이중언어 환경에 노출된 영유아의 언어발달이 상대적으로 느린 것처럼 보일 수 있다. 따라서 이중언어를 사용하는 영유아 언어발달의 수준을 평가하기 위해서는 다문화가정 영유아 보호자의 모국어와 한국어 발달을 모두 고려해야 한다.

〈표 6-2〉 언어발달 지표

말하기 능력	한 가지 언어에 노출된 영유아	이중언어에 노출된 영유아
첫 단어를 말함	12개월	12개월
하나의 명령어로 된 간단한 지시를 따름 (일어서, 앉아 등)	24~30개월	24~30개월
두 개의 단어를 조합하기 시작	30~36개월	36~40개월
다양한 형태의 동사를 사용하기 시작 (먹고 있어, 먹었어 등)	40~48개월	36~40개월
언제? 어디서? 등과 같은 질문에 대답	36~48개월	56~60개월

출처: 한국보육진흥원(2021). 모두를 키우는 어린이집 속 다문화 재인용.

〈표 6-3〉 어휘발달 지표

월 령	습득 어휘 수
12개월	영유아가 평소 자주 접한 사물, 행동 등과 관련된 첫 단어를 말하기 시작
15개월	4~6개 어휘
18개월	20~50개 어휘
24개월	200~300개 어휘

출처: 한국보육진흥원(2021). 모두를 키우는 어린이집 속 다문화 재인용.

6) 언어발달을 촉진하는 교재 및 기자재

영유아의 일상, 관심사, 문화적 배경, 가족을 바탕으로 영유아가 책의 내용과 그림에 관심을 갖도록 유도해야 한다. 보육교사는 영유아에게 책을 읽어 주는 동안, 책의 내용이나 그림에 대해 다양한 질문을 하고, 우리 반 영유아의 특성과 연결 지어 영유아가 책과 소통할 수 있도록 하여 언어발달을 촉진시켜야 한다. 이때 등장인물의 감정, 책의 내용 등을 이용하여 영유아의 다문화 감수성을 높일 수 있다.

좋은 다문화 그림책을 고르기 위한 체크리스트

1. 작가

□ 작가/삽화가가 이 책의 글을 쓰거나 그림을 그리기에 자격이 충분한 사람인가? 즉, 작가/삽화가가 책의 등장인물과 같은 집단에 소속되어 있는 사람(같은 인종, 국적, 종교 등)이거나 등장인물에 대해 충분히 공부를 한 사람인가?

2. 내용

□ 책의 내용이 영유아에게 흥미로운가?
□ 정확하고 사실적인 언어로 내용을 전달하는가?
□ 역사/사실과 관련된 내용이 정확한가?
□ (다문화와 관련된 내용을 제외한) 전반적인 내용의 질이 좋은 책인가?

3. 등장인물

□ 실제로 존재할 만한 등장인물들인가?
□ 차별, 슬픔과 같은 부정적 경험/감정 외에 다양한 인간 보편의 감정(기쁨, 고민, 즐거움, 행복), 태도, 경험이 반영되어 있는가?
□ 등장인물들이 다양한 문화권의 사람들을 나타내는가?
□ 등장인물의 생활방식이 사실적으로 묘사되어 있는가?
□ 등장인물 중 사회적 다문화가정 영유아도 주류 집단만큼 주도적인 역할을 하는가?

4. 배경

□ 책의 내용 · 삽화가 다양한 시대와 공간을 반영하고 있는가?
□ 도시, 시골 등의 배경이 사실적으로 묘사되어 있는가?
□ 문화 · 지리적인 배경이 정확하게 묘사되어 있는가?

5. 전개 및 구성

□ 실제로 일어날 법한 이야기로 구성되어 있는가?
□ 인종, 언어, 민족, 문화, 종교로 인한 차이가 명확히 드러나 있는가?
□ 영유아가 함께 고민하고 생각을 나눌 만한 갈등 상황이 존재하는가?
□ 갈등이 어떤 방식으로 해소되는가?

6. 주제

□ 영유아가 함께 질문하고, 생각하고, 고려할 만한 상황, 개념, 새로운 생각들을 제공하는가?
□ 새로운 가치관/관점을 탐색할 기회를 주는가?
□ 교훈이 있는가?
□ 다양한 관점과 가치관을 내포하고 있는가?
□ 다양한 사회에 대한 이해도를 높여 주는가?

7. 삽화

□ 다양한 사람들이 묘사되어 있는가?
□ 같은 문화권 사람들 사이에서도 다양성이 반영되어 있는가?
□ 사람들이 현실적이고 사실적으로 묘사되어 있는가?
□ 그림이 고정관념을 강화하지는 않는가?
□ 그림이 다른 문화에 대한 존중을 바탕으로 하고 있는가?

8. 적합성

□ 책의 내용이 영유아 발달 과정에 적합한가?, 영유아가 책의 내용을 이해할 수 있는가?
□ 책의 내용이 개개인 영유아의 문화적 배경에 적합한가?
□ 책의 내용이 영유아가 살고 있는, 혹은 가까이 있는 사회, 언어, 문화적 배경을 반영하고 있는가?
□ 책의 내용이 의미 있는 이야기 나누기를 이끌어 낼 수 있는가?

출처: 한국보육진흥원(2021: 42-51). 다문화보육지침서.

다문화가정 영유아의 언어적 발달을 도모하기 위하여 연령별 발달 특성에 따른 환경을 제공하여 놀이를 지원해야 한다.

연령	발달 특성	환경구성
0~1세	• 주변 사람들의 유사점, 차이점 인식 • 피부색 구별	• 다양한 문화가 반영된 구체적인 인형
1~2세	• 피부색을 언어로 표현 가능함	• 다양한 피부색을 표현할 수 있는 미술 자료 • 다양한 나라의 자동차
3~4세	• 자신과 타인에 신체 특징에 호기심 • 타인의 성, 피부, 신체구조에 관심을 보임 • 다른 사람의 특이한 문화행동 인식	• 인종, 신체 차이를 보여 주는 퍼즐, 그림책 • 다양한 민족과 문화가 반영된 구체적인 인형 • 다양한 나라의 자동차 • 다양한 성, 인종, 신체적 차이에 제시된 그림 • 다양한 인종의 여러 머리 모양 그림이나 사진 • 여러 인종과 다양한 성 역할에 관한 그림 퍼즐

연령	발달 특성	환경구성
4~5세	• 자신과 가족의 문화적 정체성 인식가능 • 성, 연령, 사회계층, 지역, 종교, 능력, 국가 간의 차이점, 유사점에 관심을 보임 • 타인의 정체성, 생활방식, 태도가 있음을 이해하기 시작 • 다른 사람을 놀리거나 거부하는 것이 감정을 해치는 것임을 이해함 • 다른 사람과 다른 문화에 대해 호기심을 갖고 질문함 • 생활 차이에 따른 문제해결 방법을 찾을 수 있음	• 다양한 가족구성원에 대한 내용의 자료 • 여러 가지 공예품이나 작품의 복사본 • 여러 역할을 경험할 수 있는 역할 놀이 소품 • 국가나 국가의 상징 • 지구본, 지도 • 다양한 역할을 경험할 수 있는 소품 • 다양한 배경을 가진 예술가의 작품 • 여러 인종 집단의 종교, 음식, 의상, 가정생활 관련된 자료

출처: 한국보육교사교육연합회(2021: 147). 보육교사 일반직무교육(심화).

7) 언어발달을 촉진하는 프로그램

다문화가정 영유아는 매년 증가하고 있지만 이를 받아들이는 비다문화가정 영유아, 보육교사, 학부모의 인식은 아직 제자리이거나 다문화가정 영유아를 달갑게 생각하지 않고 우리와 다르다는 인식과 편견을 가지고 있기에 다문화가정 영유아를 이해하고, 다름을 자연스럽게 받아들이는 다문화 감수성 교육이 필요한 시점이다. 이에 '다문화 감수성이 자라는 다문화 책놀이 여행'이라는 주제를 가지고 다문화가정 영유아의 언어발달을 촉진하는 프로그램을 살펴보고자 한다(국가평생교육진흥원, 2022b: 64-73).

(1) 다문화 책놀이 여행을 준비해요

① 함께 만들어 가는 다문화 책놀이 교실

다문화 책놀이 교실 구성은 영유아의 의견을 바탕으로 함께 의논하고 생각을 나누고 보육교사가 지원하여 함께 다음과 같이 실시한다.

영유아와 함께 다문화 책놀이 교실 구성	
영유아의 의견	• 친구와 함께 책을 보고 싶은데 소파가 2개뿐이에요. • 제가 좋아하는 책이 없어요. • 저는 글자를 잘 몰라요. 누가 읽어 주면 좋겠어요. • 우리 교실에는 한글로 된 책만 있어요.

↓ ↓

함께 생각 모으기	• 우리가 원하는 공간 설계하고 구성하기 • 우리에게 필요한 책놀이 물건 목록 정하기

↓ ↓

교사의 지원	• 고정관념 NO! 편견 NO! 반편견 · 반차별적인 도서와 교재 교구 제공 • 책보기 영역 확장 및 아늑한 책보기 제공 • 재미가 뿜뿜, 호기심 쑥쑥 다양한 도서 구비 (사운드북, 빅북, 놀이북 등) • 친숙한 외국 작가 다른 언어 도서 제공

↓ ↓

확장된 책보기 영역	아침독서 산책으로 책보기	다문화교육 요소가 녹아 있는 도서 비치	다국어 그림책 비치

때로는 특별한 장소에서 책보기	스마트폰 활용 책보기	다중언어 사운드 책보기	음성펜 활용 다중언어 책보기

② 함께 선정하는 다문화 책놀이 도서

- 다문화 책놀이 도서 선정 기준: 영유아의 관심과 흥미를 반영하여 경험이 확장될 수 있는 다문화교육 요소가 녹아 있는 영유아의 발달 수준에 적합한 도서를 선정한다.

영유아의 관심과 흥미 또는 교사의 기대		선정된 도서	다문화 교육요소	동화책 내용
"선생님 ○○가 저보고 눈 밑이 까맣고, 뚱뚱하대요"친구에게 외모 지적을 받은 유아가 슬퍼하면서 교사에게 도움을 요청함. ⇒ 서로 다른 친구에 대한 이해가 필요함.	➔	그렇게 보지 마세요	정체성 다양성 반편견 평등성	우리는 세상에 단 하나뿐인 존재야. 그래서 우리는 모두 다 달라! 불편한 시선에 상처받는 아이들의 속마음을 솔직하게 담아 낸 동화책
교실에서 씨앗 심기를 활동 중 서로 다른 모습의 씨앗을 관찰하며 어떤 꽃이 피어날지 기대함. ⇒ 서로 다르게 생긴 씨앗이 꼭 교실 속 유아들처럼 서로 다른 꿈을 응원하고 싶음.	➔	너는 어떤 씨앗이니	정체성 다양성 반편견 평등성	저마다 다른 색깔 다른 모양의 꽃을 피울 소중한 아이들을 위한 희망을 이야기하는 동화책
숲 체험 중 안내견과 함께 있는 시각장애인을 보게 됨. ⇒ 우리와 함께 살아가고 있는 장애를 가진 사람들에 대한 이해가 필요함.	➔	캄캄해도 괜찮아	문화이해 다양성 평등성 협력	요리왕! 청소왕! 책읽기 왕인 우리 아빠를 소개합니다! 흰 지팡이를 든 아빠와 딸의 즐겁고 평범한 하루를 그린 동화책
공공도서관 순회 문구의 '염소 4만 원'이라는 책에 있는 QR코드를 열어 달라고 유아가 요청함. ⇒ QR코드를 통해 나온 '염소 4만 원' 노래가 우리반 유행처럼 불러짐.	➔	염소 4만 원	문화이해 다양성 평등성 협력	"너희들은 염소가 얼만지 아니" 4만 원으로 할 수 있는 세상에서 가장 값진 일, 아프리카 친구들에게 희망을 선물하는 이야기를 그린 동화책
다문화가정 어머니 자원봉사로 필리핀에서 오신 어머니께서 동화책과 동요 또는 요리활동을 지원해 주심. ⇒ 우리반 다문화유아의 엄마 나라 필리핀에 대해 관심을 가지고 알아보려고 함.	➔	파인애플의 전설	문화이해 다양성 평등성 협력	필리핀에서 전해져 내려오는 파인애플의 유래와 필리핀 문화생활을 그린 동화책
추석 연휴 전날 다문화가정 영유아가 등원하면서 "우리 엄마가 선생님께 세배하라고 했어요" ⇒ 유아의 말에 순간 당황했지만 다가오는 추석에 대해 유아들과 알아보게 되는 계기가 됨.	➔	추석에도 세배 할래요	문화이해 다양성 평등성 협력	추석에도 세배를 하고 싶어 하는 아이의 귀여운 마음과 추석과 차례의 의미, 음식문화, 민속놀이를 담은 동화책

(2) 다문화 책놀이 여행을 떠나요

- 다문화 책놀이 여행 흐름

영유아의 관심과 흥미 관찰	➔	다문화 책놀이 도서 지원	➔	다문화 책놀이 실행	➔	평가 및 다음 놀이 계획
놀이 관찰 및 평가를 통해 영유아의 관심사와 요구 인식		다문화교육 요소가 포함된 다문화 책놀이 도서 지원		책과 관련된 통합놀이를 영유아와 함께 계획하고 실행		놀이 경험 나누기 다음 놀이 계획 안내

① 다문화 책놀이 활동안 1

<table>
<tr><th>그렇게 보지 마세요</th><td colspan="6">곽체 곽체에르 글/펠린 투르구트 그림/국민서관</td></tr>
<tr><td>주 제</td><td colspan="6">어린이집과 친구</td></tr>
<tr><td>기 간</td><td colspan="6">학기 초 3월</td></tr>
<tr><td>놀 이 명</td><td colspan="6">나를 소개해요</td></tr>
<tr><td>교사의 기대</td><td colspan="6">• 나에 대해 알아보고, 친구에게 나를 소개할 수 있다.
• 나와 다른 친구와 사이좋게 놀이할 수 있다</td></tr>
<tr><td rowspan="2">다문화 교육요소</td><td>문화이해</td><td>정체성</td><td>다양성</td><td>평등성</td><td>반편견</td><td>협력</td></tr>
<tr><td></td><td>○</td><td>○</td><td>○</td><td>○</td><td></td></tr>
<tr><td>놀이열기</td><td colspan="4">• 동화책 만나기
– 동화책 표지와 경험을 연결하여 이야기 나눈다.
– 『그렇게 보지 마세요』 동화책을 듣는다.</td><td colspan="2" rowspan="2"></td></tr>
<tr><td rowspan="3">놀이하기</td><td colspan="4">• 책놀이 계획
– 동화책 내용을 함께 회상하며, 책놀이를 구상한다.
– 동화책과 연계된 책놀이 방법과 규칙을 정한다.

• 책놀이 실행
– 함께 계획한 책놀이를 아래와 같이 해 본다.</td></tr>
<tr><td colspan="2"></td><td colspan="2"></td><td colspan="2"></td></tr>
<tr><td colspan="2">〈나를 소개해요〉
나의 이름을 퍼니콘으로 만든 후 친구들에게 소개</td><td colspan="2">〈친구의 이름 놀이〉
자석 글자, 글자 레고로 친구 이름 만들기, 친구 이름 초성 퀴즈</td><td colspan="2">〈친구와 인형극 놀이〉
다양한 모습의 인형으로 친구와 함께 극놀이</td></tr>
<tr><td>놀이 나눔</td><td colspan="6">• 책놀이 경험 나누기
– 친구들과 함께한 책놀이 경험을 이야기 나눈다.
– 나와 다른 사람이 곁에 있으면 어떻게 행동하니?
– 나와 다른 친구를 보면서 이상하게 쳐다보지 않았니?

• 다음 놀이 계획 및 정리
– 다음 놀이를 안내 및 정리
– 다음에는 어떤 놀이를 친구와 하고 싶나요?

• 놀이 사진을 준비하여 다음 놀이 계획으로 이어지도록 지원한다.</td></tr>
</table>

출처: 국가평생교육진흥원(2022b: 64-73). 제14회 다문화교육 우수사례 공모전 수상작품집.

② 다문화 책놀이 활동안 2

<table>
<tr><th>너는 어떤 씨앗이니?</th><td colspan="6">최숙희 글 · 그림/책읽는 곰</td></tr>
<tr><th>주 제</th><td colspan="6">봄</td></tr>
<tr><th>기 간</th><td colspan="6">4월</td></tr>
<tr><th>놀 이 명</th><td colspan="6">나를 소개해요</td></tr>
<tr><th>교사의 기대</th><td colspan="6">• 나의 꿈에 대해 생각해 본다.
• 서로 다른 친구의 생각을 존중할 수 있다</td></tr>
<tr><th rowspan="2">다문화
교육요소</th><td>문화이해</td><td>정체성</td><td>다양성</td><td>평등성</td><td>반편견</td><td>협력</td></tr>
<tr><td></td><td>○</td><td>○</td><td>○</td><td>○</td><td></td></tr>
<tr><th>놀이열기</th><td colspan="3">• 동화책 만나기
– 동화책 표지와 경험을 연결하여 이야기 나눈다.
–『너는 어떤 씨앗이니?』 동화책을 듣는다.</td><td colspan="3" rowspan="2">
</td></tr>
<tr><th rowspan="3">놀이하기</th><td colspan="3">• 책놀이 계획
– 동화책 마지막 페이지 “너는 어떤 꽃을 피울래” 물음에 서로의 다양한 생각을 이야기해 본다.
– 동화책과 연계된 책놀이를 계획하고 방법과 규칙을 정한다.

• 책놀이 실행
– 함께 계획한 책놀이를 아래와 같이 해 본다.</td></tr>
<tr><td colspan="2"></td><td colspan="2"></td><td colspan="2"></td></tr>
<tr><td colspan="2">〈나의 꿈 소개하기〉
나의 꿈을 생각해 보고
친구들에게 소개</td><td colspan="2">〈나의 반려 식물 기르기〉
내가 원하는 씨앗을
심어 가꾸어 보기</td><td colspan="2">〈봄의 꽃과 꽃가게〉
다양한 봄의 꽃을 관찰하고
친구와 꽃가게 놀이</td></tr>
<tr><th>놀이 나눔</th><td colspan="6">• 책놀이 경험 나누기
– 친구들과 함께한 책놀이 경험을 이야기 나눈다.
– ○○반 친구들은 어떤 꿈들을 가지고 있었나요?
– 친구가 심은 씨앗이 어떻게 자랄 것 같나요?

• 다음 놀이 계획 및 정리
– 다음에는 어떤 놀이를 친구와 하고 싶나요?

• 놀이 사진을 준비하여 다음 놀이 계획으로 이어지도록 지원한다.</td></tr>
</table>

출처: 국가평생교육진흥원(2022b: 64-73). 제14회 다문화교육 우수사례 공모전 수상작품집.

③ 다문화 책놀이 활동안 3

<table>
<tr><th colspan="2">캄캄해도 괜찮아!</th><td colspan="6">이지현 글/임영란 그림/재능출판</td></tr>
<tr><th>주 제</th><td colspan="7">우리동네</td></tr>
<tr><th>기 간</th><td colspan="7">5월</td></tr>
<tr><th>놀 이 명</th><td colspan="7">만약 앞이 보이지 않는다면…</td></tr>
<tr><th>교사의 기대</th><td colspan="7">• 장애를 가진 사람들에 대해 알아본다.
• 시각장애인을 간접 체험해 본다.</td></tr>
<tr><th rowspan="2">다문화교육 요소</th><th>문화이해</th><th>정체성</th><th>다양성</th><th>평등성</th><th>반편견</th><th colspan="2">협력</th></tr>
<tr><td></td><td></td><td>○</td><td>○</td><td>○</td><td colspan="2">○</td></tr>
<tr><th>놀이열기</th><td colspan="5">• 동화책 만나기
– 이 책 표지를 보니 어떤 이야기가 펼쳐질 것 같나요?
– 『캄캄해도 괜찮아!』 동화책을 듣는다.</td><td colspan="2" rowspan="2"></td></tr>
<tr><th rowspan="3">놀이하기</th><td colspan="5">• 책놀이 계획
– 동화책 내용을 함께 회상하며, 책놀이를 구상한다.
– 동화책과 연계된 책놀이 방법과 규칙을 정한다.

• 책놀이 실행
– 함께 계획한 책놀이를 아래와 같이 해 본다.</td></tr>
<tr><td colspan="2"></td><td colspan="2"></td><td colspan="3"></td></tr>
<tr><td colspan="2">〈만약 앞이 보이지 않는다면…〉
시각장애인 간접체험</td><td colspan="2">〈친구를 도와줘요〉
시각장애인 친구에게 길을 안내하여 반환점 돌기</td><td colspan="3">〈점자책 만들기〉
점자책에 대해 알아보고 만들기</td></tr>
<tr><th>놀이 나눔</th><td colspan="7">• 책놀이 경험 나누기
– 친구들과 함께한 책놀이 경험을 이야기 나눈다.
– 앞이 캄캄하게 보이지 않았을 때 어떤 느낌이 들었나요?
– 손끝으로 작은 점을 읽을 수 있었나요?

• 다음 놀이 계획 및 정리
– 다음에는 어떤 놀이를 친구와 하고 싶나요?

• 놀이 사진을 준비하여 다음 놀이 계획으로 이어지도록 지원한다.</td></tr>
</table>

출처: 국가평생교육진흥원(2022b: 64-73). 제14회 다문화교육 우수사례 공모전 수상작품집.

④ 다문화 책놀이 활동안 4

<table>
<tr><th>염소 4만 원</th><td colspan="6">옥상달빛 노래/조원희 그림/그린북</td></tr>
<tr><th>주 제</th><td colspan="6">우리 동네</td></tr>
<tr><th>기 간</th><td colspan="6">6월</td></tr>
<tr><th>놀 이 명</th><td colspan="6">지구촌 친구에게 선물하자</td></tr>
<tr><th>교사의 기대</th><td colspan="6">• 다른 곳에 살고 있는 지구촌 친구에게 관심을 가진다.
• 다른 사람에게 나누는 기쁨을 경험한다.</td></tr>
<tr><th rowspan="2">다문화교육 요소</th><td>문화이해</td><td>정체성</td><td>다양성</td><td>평등성</td><td>반편견</td><td>협력</td></tr>
<tr><td></td><td>○</td><td>○</td><td>○</td><td>○</td><td></td></tr>
<tr><th>놀이열기</th><td colspan="4">• 동화책 만나기
– 동화책 표지와 경험을 연결하여 이야기 나눈다.
– 책의 표지를 보니 어떤 이야기가 펼쳐질 것 같나요?
– 『염소 4만 원』 동화책을 듣는다.</td><td colspan="2" rowspan="2">
</td></tr>
<tr><th rowspan="3">놀이하기</th><td colspan="4">• 책놀이 계획
– 동화책 내용을 함께 회상하며, 책놀이를 구상한다.
– 4만 원으로 우리는 무엇을 할 수 있을까?
– 동화책과 연계된 책놀이 방법과 규칙을 정한다.

• 책놀이 실행
– 함께 계획한 책놀이를 아래와 같이 해 본다.</td></tr>
<tr><td colspan="2"></td><td colspan="2"></td><td colspan="2"></td></tr>
<tr><td colspan="2">〈나눔장터를 준비해요〉
나눔장터 계획 및 물건 수합, 홍보물 제작</td><td colspan="2">〈나눔장터를 운영해요〉
나눔장터 역할을 분담하여 운영</td><td colspan="2">〈나눔장터를 마무리해요〉
희망편지 쓰기 및 기부하기</td></tr>
<tr><th>놀이 나눔</th><td colspan="6">• 책놀이 경험 나누기
– 친구들과 함께한 책놀이 경험을 이야기 나눈다.
– 나눔장터를 친구들과 함께해 보니 어떤 느낌이 들었나요?

• 다음 놀이 계획 및 정리
– 다음에는 어떤 놀이를 친구와 하고 싶나요?

• 놀이 사진을 준비하여 다음 놀이 계획으로 이어지도록 지원한다.</td></tr>
</table>

출처: 국가평생교육진흥원(2022b: 64-73). 제14회 다문화교육 우수사례 공모전 수상작품집.

⑤ 다문화 책놀이 활동안 5

<table>
<tr><th>파인애플의 전설</th><td colspan="6">바두아 로이다 글/김민아 그림/정인출판사</td></tr>
<tr><th>주 제</th><td colspan="6">여름</td></tr>
<tr><th>기 간</th><td colspan="6">7월</td></tr>
<tr><th>놀 이 명</th><td colspan="6">나를 소개해요</td></tr>
<tr><th>교사의 기대</th><td colspan="6">• 나에 대해 알아보고, 친구에게 나를 소개할 수 있다.
• 나와 다른 친구와 사이좋게 놀이할 수 있다</td></tr>
<tr><th rowspan="2">다문화교육 요소</th><th>문화이해</th><th>정체성</th><th>다양성</th><th>평등성</th><th>반편견</th><th>협력</th></tr>
<tr><td></td><td>○</td><td>○</td><td>○</td><td>○</td><td></td></tr>
<tr><th>놀이열기</th><td colspan="4">• 동화책 만나기
– 책의 표지를 보니 어떤 이야기가 펼쳐질 것 같나요?
–『파인애플의 전설』 동화책을 듣는다.</td><td colspan="2" rowspan="2">
</td></tr>
<tr><th rowspan="3">놀이하기</th><td colspan="4">• 책놀이 계획
– 동화책 내용을 함께 회상하며, 책놀이를 구상한다.
– 피나는 어떤 친구였나요
– 동화책과 연계된 책놀이 방법과 규칙을 정한다.

• 책놀이 실행
– 함께 계획한 책놀이를 아래와 같이 해 본다.</td></tr>
<tr><td colspan="2"></td><td colspan="2"></td><td colspan="2"></td></tr>
<tr><td colspan="2">〈열대과일 꽂이〉
다양한 열대과일을
탐색하고 맛보기</td><td colspan="2">〈필리핀 전통의상 체험〉
필리핀 전통의상을
알아보고 입어 보기</td><td colspan="2">〈필리핀 놀이〉
코코넛 밟기, 록송티닉,
티닝틀링 놀이</td></tr>
<tr><th>놀이 나눔</th><td colspan="6">• 책놀이 경험 나누기
– 친구들과 함께한 책놀이 경험을 이야기 나눈다.
– 필리핀 전통의상을 입어 보니 어떤 느낌이 들었나요?
– 우리나라에서는 코코넛 대신 무엇으로 게임을 할 수 있을까요?

• 다음 놀이 계획 및 정리
– 다음에는 어떤 놀이를 친구와 하고 싶나요?

• 놀이 사진을 준비하여 다음 놀이 계획으로 이어지도록 지원한다.</td></tr>
</table>

출처: 국가평생교육진흥원(2022b: 64-73). 제14회 다문화교육 우수사례 공모전 수상작품집.

⑥ 다문화 책놀이 활동안 6

<table>
<tr><th colspan="2">추석에도 세배 할래요</th><td colspan="5">김흥신, 임영주 글/조시내 그림/노란우산</td></tr>
<tr><th>주 제</th><td colspan="6">우리나라</td></tr>
<tr><th>기 간</th><td colspan="6">9월</td></tr>
<tr><th>놀 이 명</th><td colspan="6">세계 문화놀이 마당</td></tr>
<tr><th>교사의 기대</th><td colspan="6">• 다양한 나라의 문화에 관심을 가진다.
• 다양한 나라의 전통놀이를 친구와 사이좋게 즐긴다.</td></tr>
<tr><th rowspan="2">다문화교육 요소</th><th>문화이해</th><th>정체성</th><th>다양성</th><th>평등성</th><th>반편견</th><th>협력</th></tr>
<tr><td></td><td>○</td><td>○</td><td>○</td><td>○</td><td></td></tr>
<tr><th>놀이열기</th><td colspan="4">• 동화책 만나기
– 동화책 표지와 경험을 연결하여 이야기 나눈다.
–『추석에도 세배할래요』 동화책을 듣는다.</td><td colspan="2" rowspan="2">
</td></tr>
<tr><th rowspan="3">놀이하기</th><td colspan="4">• 책놀이 계획
– 동화책 내용을 함께 회상하며, 책놀이를 구상한다.
– 추석에는 어떤 놀이를 할까요
– 동화책과 연계된 책놀이 방법과 규칙을 정한다.

• 책놀이 실행
– 함께 계획한 책놀이를 아래와 같이 해 본다.</td></tr>
<tr><td colspan="2"></td><td colspan="2"></td><td colspan="2"></td></tr>
<tr><td colspan="2"><전통 놀이 마당>
산가지, 딱지치기,
제기차기, 윷놀이, 팽이치기</td><td colspan="2"><세계 놀이 마당>
일본–켄다마, 몽골–샤가이
중국–콩주, 베트남–쭈온쭈온</td><td colspan="2"><세계 어린이 패션쇼>
다양한 나라의
전통의상 패션쇼</td></tr>
<tr><th>놀이 나눔</th><td colspan="6">• 책놀이 경험 나누기
– 친구들과 함께한 책놀이 경험을 이야기 나눈다.
– 전통놀이 중 어떤 놀이가 가장 즐거웠나요?
– 동생들 앞에서 패션쇼를 해 보니 기분이 어땠나요?

• 다음 놀이 계획 및 정리
– 다음에는 어떤 놀이를 친구와 하고 싶나요?

• 놀이 사진을 준비하여 다음 놀이 계획으로 이어지도록 지원한다.</td></tr>
</table>

출처: 국가평생교육진흥원(2022b: 64-73). 제14회 다문화교육 우수사례 공모전 수상작품집.

8) 영유아에게 적절한 책

(1) 영아용 그림책

영아용			
 **간질간질** **글 · 그림** 헬린 옥스버리 시공주니어	다양한 신체활동을 동일한 어미, 어구의 반복사용, 의성어 · 의태어로 표현한다. 인종, 민족, 성별이 다양한 아이들의 모습을 보고, 듣고, 따라 한다.	 **괜찮아** **글 · 그림** 최숙희 웅진주니어	영유아에게 친숙한 동물들의 생태 특징을 통해 우리 모두 생김새는 다르지만 각자만의 장점이 있다는 메시지를 전달한다.
 **엄마를 잠깐 잃어버렸어요** **글 · 그림** 크리스 호튼 보림큐비	책 속 동물들의 모습을 통해 다양한 동물들의 생김새, 털 색깔, 사는 곳과 먹이를 배울 수 있다. 비슷한 특징을 가지고 있지만 서로 다른 동물들의 모습을 통해 다를 수 있다는 것을 배울 수 있다.	 **친구친구** **글 · 그림** 김복태 보림	엉금엉금 거북이와 깡충깡충 토끼. 큰 코끼리와 작은 다람쥐. 까만 곰과 하얀 곰. 서로 달라도 즐겁게 함께 노는 동물들의 모습을 통해 세상은 다양하고 나와 다른 친구들이 많다는 사실을 자연스럽게 알려 줄 수 있다.

출처: 한국보육진흥원(2021). 모두를 키우는 어린이집 속 다문화 재구성.

(2) 유아용 그림책

유아용	
	**깜장병아리 글** 이기규, **그림** 고은채 여우고개 푸름이네 농장에서 병아리들이 태어났다. 그런데 노란 병아리들 사이로 단연 검은 석탄 덩어리처럼 시커먼 깜장 병아리가 있다. 깜장 병아리의 등장에 깜짝 놀란 노란 병아리들이 넌 누구냐고 묻자 깜장 병아리가 무척 당연하다는 듯이 대답한다. "나? 나는 병아리야." 노란 병아리들은 혼란에 빠지지만 우여곡절 끝에 깃털 색깔은 달라도 모두 같은 병아리라는 사실을 깨닫게 된다.

살색은 다 달라요 글 · 그림 캐럴카츠/보물창고
레나의 살색은 계피 같은 적갈색이다. 레나는 화가인 엄마에게 갈색이면 다 똑같은 갈색이지 적갈색은 무엇이냐고 묻는다. 엄마는 여러 가지 물감을 섞으면 레나의 살색과 같은 적갈색을 만들 수 있다고 알려준다. 레나는 엄마와 산책하면서 수많은 이웃과 친구들을 만난다. 그리고 그들의 살색이 땅콩버터 잼 같은 연한 황갈색부터 생일 파티에서 먹었던 초콜릿빛 갈색 등 모두 다른 아름다운 빛깔을 띠고 있다는 사실을 깨닫게 된다.

야, 그거 내공이야! 글 · 그림 조 캠블/후즈갓마이테일
축구를 좋아하는 소녀 앨리스는 마당에서 공을 너무 세게 차는 바람에 공을 잃어버리고 만다. 앨리스는 공을 찾아 공원, 해변, 시내까지 나가게 되고, 앨리스의 공을 봤다는 아이의 말을 따라 커다란 경기장으로 향하게 된다. 이 책은 남녀노소 모두가 좋아하는 축구에 대해 이야기하고, 축구를 즐기는 다양한 문화를 보여 준다.

보이거나 안 보이거나 글 · 그림 요시타케신스케/토토북
온갖 별을 조사하고 다니는 일을 하는 우주 비행사. 그가 도착한 별들은 당연한 '나'가 당연하지 않은 온통 낯선 세계이다. 내가 살던 공간에서 '정상'이었던 나는 다른 세상에서는 드문 존재이다. 서로 '다른' 세상을 사는 사람이지만, 닮은 점을 보면 반갑고, 다른 점을 만나면 신기해하면서, 우리 모두 서로를 존중하는 좋은 친구로 지낼 수 있다는 걸 깨닫는다.

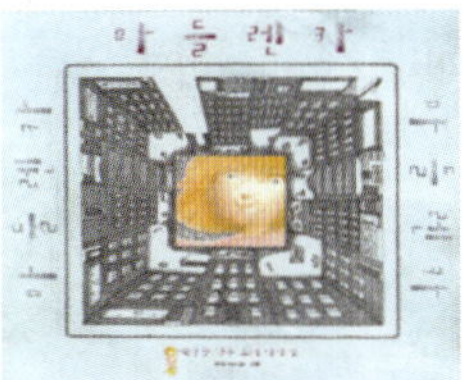

마들렌카 글 · 그림 피터시스/베틀북
뉴욕에 살고 있는 마들렌카. 태어났을 때부터 줄곧 같은 집에 살고 있는 마들렌카는 어느 날 앞니가 흔들리는 걸 느끼고, 이 기쁜 소식을 세계의 모든 사람들에게 알리고 싶어 집을 나선다. 마들렌카는 동네 골목에 모여 있는 가게를 찾아다니며, 주인 아저씨와 아주머니에게 기쁜 소식을 전한다. 모두들 마들렌카에게 각 나라의 언어로 축하의 인사를 전한다.

스파이더맨 가방을 맨 아이 글 조르지아 베출리, **그림** 마시밀리아노 디라우로/머스트비
책가방을 사 준다는 이모의 말에 스파이더맨 가방을 고르는 클로에. 하지만 이모는 클로에의 엄마, 아빠한테 차례로 전화를 걸어 진짜 스파이더맨 가방을 사 줘도 되는지 거듭 묻는다. 가방 가게 아저씨도 묻는다. "네가 남자애들 가방을 산다는 거니" 여기에 클로에는 "스파이더맨은 우리 거예요!"라고 대답한다.

출처: 한국보육진흥원(2021). 모두를 키우는 어린이집 속 다문화 재구성.

(3) 다문화 내용에 따른 연령별 그림책2)

① 만 3세용 그림책

연번	다문화 내용	제목	글/그림 국가	내용
1	정체성	혼자 할 수 있어요.	파올로프리츠 스위스	어른들의 도움 없이 스스로 생각해서 문제를 해결하고자 하는 의지와 과정을 보여 준다.
2	공동체 협력	우리 같이 놀자	이모토 요코 일본	같이 나누고 함께 놀이하는 것이 더 재미있음을 알게 한다.
3	공동체 협력	나 먼저, 나 먼저,	엄미랑 한국	나밖에 모르는 주인공이 위험에 빠졌을 때 친구들의 도움으로 위기를 벗어나게 되고 친구들을 먼저 배려하게 된다.
4	정체성	울지 말고 말하렴.	이찬규/최미나 한국	모든 일을 울음으로 대처하는 주인공이 상황에 적절한 언어 표현을 배우며 자신감과 문제해결 능력을 기르게 된다.
5	정체성 반편견	짧은 귀 토끼	다원시/탕탕 대만	다른 토끼들과 다르게 귀가 짧은 아기 토끼가 자신의 콤플렉스를 이겨 내려 노력하는 과정에서 자신의 장점을 발견하며 성장하게 된다.
6	다양성 반편견	우리는 한 가족이야	핌판헤스트 /닌케 탈스마 네덜란드	작가가 입양을 하며 겪은 이야기. 직접 낳지 않았어도 피부색이 달라도 가족이 될 수 있음을 이야기한다.
7	반편견	난 자동차가 참 좋아	마거릿 와이즈 브라운 /김진화(한국) 한국	여행을 하며 다양한 색, 모양, 쓰임새의 여러 가지 탈것을 마주치는데 느려도, 낡아도, 모양이 달라도 탈것이기 때문에 좋다는 내용을 통해 다양성을 인정하는 태도를 기르게 된다.
8	공동체 협력	돌멩이 스프	마샤 브라운 미국	전쟁 중 군인들이 한 마을에서 돌멩이 스프를 끓이며 마을 사람들에게 함께 힘을 모으면 더 풍성해질 수 있음을 깨닫게 한다.

2) 최유미, 정상우(2018). 유아 다문화교육을 위한 그림책 선정 기준과 내용 분석.

② 만 4세용 그림책

연번	다문화 내용	제목	글/그림 국가	내용
1	정체성	첫 심부름 가요	마스터 유코/니시무리 도시오 일본	처음 할 때는 무엇이든 떨리는 게 자연스러움을 받아들이고 혼자 무언가를 해냈을 때의 성취감을 이야기한다.
2	정체성, 공동체 협력	부릉부릉 트럭 삼형제	정하섭/한병호 한국	덤프, 트레일러, 용달 3형제가 각자의 잘할 수 있는 일이 다름을 알아가고 각자의 능력을 합해 위기를 극복한다.
3	다양성	꼬마 왕의 자동차 경주	김혜선/강영수 한국	프랑스 명소를 배경으로 다양한 자동차의 경주가 이루어진다. 프랑스의 모습을 알 수 있다.
4	정체성	볏짚을 꼬고 엮고 묶고	배유라/김희정 한국	볏짚을 어떻게 이용할 수 있는지를 통해 우리나라의 전통문화를 알 수 있다.
5	다양성	와! 신나는 세계 여행	마들렌 라이델 독일	세계 곳곳의 사람과 풍물을 볼 수 있는 그림책이다.

③ 만 5세용 그림책

연번	다문화 내용	제목	글/그림 국가	내용
1	정체성	행복한 의자나무	랑 슈린 대만	누군가의 칭찬으로 인해 행복해지고 스스로를 가꿔 나가는 이야기를 담고 있다.
2	다양성반편견	나는 나답게 너는 너답게	마띠유 드로리에/카트린 프로토 프랑스	생김새, 피부색, 습관, 행동, 재능 등 일상에서 만나게 될 다양한 '차이'를 긍정적으로 받아들이는 경험을 제공한다.
3	공동체 협력	다른 사람이 말할 때 끝까지 잘 들어 보렴	이찬규/남주현 한국	다른 사람의 말을 귀 기울여 듣는 것의 중요성을 이야기하며 이를 통해 상호작용 능력을 기를 수 있는 경청을 경험하게 한다.
4	정체성 공동체 협력	화가 나는 건 당연해	미셸린느 먼디/R.W. 앨리 한국	'화'라는 감정의 올바른 처리 방법을 이야기함을 통해 나의 감정을 받아들이고 나아가 타인의 감정에 대해서도 경험하며 올바른 소통 방법에 대한 경험을 제공한다.

연번	다문화 내용	제목	글/그림 국가	내용
5	정체성	**사랑스러운 까마귀**	베아트리스 퐁따넬/앙트완 기요빼 프랑스	자신의 모습이 남과 다름을 고민하는 까마귀를 통해 스스로의 모습을 더 깊이 들여다보며 자신을 긍정적으로 바라볼 수 있게 한다.
6	반편견	**돼지책**	앤서니 브라운 영국	여성 문제와 가사노동에 대해 다루고 있다. 성 역할에 대한 고정관념을 비판적으로 바라볼 수 있게 한다.
7	공동체 협력	**화내지 말고 예쁘게 말해요**	안미연/서희정 한국	정확하고 효과적인 의사전달 방법 경험하게 하여 올바른 언어습관을 기를 수 있게 도와준다.
8	다양성 반편견	**아빠가 너를 얼마나 사랑하는지 아니**	김미경/이희연 한국	가시고기는 아빠가 양육을 담당한다. 가시고기를 통해 다양한 가족형태가 있을 수 있음을 알고 성 역할이 고정적이지 않음을 알게 한다.
9	다양성	**미술관에서**	가브리엘 뱅상 벨기에	다양한 미술 작품을 경험할 수 있다.
10	다양성	**얘들아, 안녕**	소피 퓌로, 피에르 베르부/우버 오메르(사진) 프랑스	각 나라의 역사, 문화, 지리적 특징을 알 수 있다. 사진을 통해 전 세계 친구들에게 나라와 가족을 소개하는 편지글 형식의 책이다.
11	공동체 협력	**투발루에게 수영을 가르칠 걸 그랬어**	유다정/박재현 한국	환경오염으로 인한 지구 온난화 때문에 고향을 잃고 아파하는 사람들의 이야기로 환경 문제의 심각성을 알고 해결 방안에 대해 함께 고민해 볼 수 있다.
12	공동체 협력	**야! 우리 기차에서 내려**	존버닝햄 영국	남자아이의 꿈을 통해 환경문제를 알게 하는 내용을 담고 있다. 기차를 타고 여행을 하는 동안 세계 곳곳에서 벌어지고 있는 자연 파괴 상황을 동물들이 겪는 위협을 통해 이야기하고 있다.
13	정체성	**링링은 황사를 싫어해**	고정욱/박재현 한국	황사로 인한 피해와 지구의 사막화의 위험성과 지구를 아름답게 지킬 수 있는 방법에 대해 알게 한다.
14	다양성 정체성	**무지개 물고기**	마르쿠스 피스터 스위스	다양한 모습의 친구들을 무시하고 무지개색 비늘이 있는 자신을 뽐내고 다니는 주인공의 이야기를 통해 다름을 인정하고 진정한 아름다움에 대해 생각해 보게 한다.

9) 다문화가정 영유아의 언어활동을 위한 환경구성

다문화가정 영유아의 언어활동을 위한 보육교사의 지원은 다음과 같다(한국보육진흥원, 2022).

(1) 보육교사의 지원

- 다문화가정 영유아 및 가족의 사진을 전시한다.
- 어린이집 곳곳에 부착된 라벨에 다문화가정 영유아 및 가족의 모국어를 함께 표기한다.
- 다양한 인종, 민족, 문화, 성별, 장애, 직업, 가족 형태가 정확하고 현실적으로 표현되는 그림과 사진을 사용한다.
- 다문화가정 영유아에게 문화적으로 친숙한 그림 · 사진 · 물건을 비치한다.
- 다문화가정 영유아가 속한 문화권의 숫자, 글자를 포함하여 교실을 꾸민다.
- 다양한 기질 · 성향의 다문화가정 영유아가 교실에서 편안함을 느낄 수 있도록 공간을 구성하고, 가구를 배치한다.
- 다양한 색상, 모양, 질감으로 다양한 감각적 자극을 느낄 수 있는 교실 구성한다.

(2) 보육교사가 주의해야 할 사항

- 다양한 인종, 민족, 문화, 성별, 장애, 직업, 가족 형태에 대해 단편적인 그림 · 사진을 제공하는 것은 오히려 고정관념을 형성할 수 있다.
- 다문화가정 영유아가 속한 문화권의 명절이나 국가적인 행사가 있는 날에만 그 문화를 전시하고 이야기하는 것은 오히려 문화적 이질감을 조장할 수 있다.
- 교실 벽면, 선반 등을 지나치게 빽빽하고 혼잡하게 구성하는 것은 영유아에게 오히려 보육교사가 전달하고자 하는 바를 느끼지 못하게 만들 수 있다.

10) 다문화가정 영유아 언어활동의 평가

다문화가정 영유아의 언어활동 평가는 다문화가정 유아의 초기 발달지원으로 다문화가정 유아의 발달이 지연되지 않도록 누리과정과 연계한 통합교육을 제공하거나 발달 특성에 맞는 맞춤형 교육을 실시하기 위해 필요하다. 2023년도 다문화교육 정책학교 사업설명회 자료집에서는 다문화가정 유아의 한국어능력 평가도구를 사용하기 위해 프로그램 구성, 누리과정 연계, 유아에 대한 평가, 교육 방법에 대한 평가, 환경구성에 대한 평가로 나누며, 그 내용은 다음과 같다(국가평생교육진흥원, 2023).

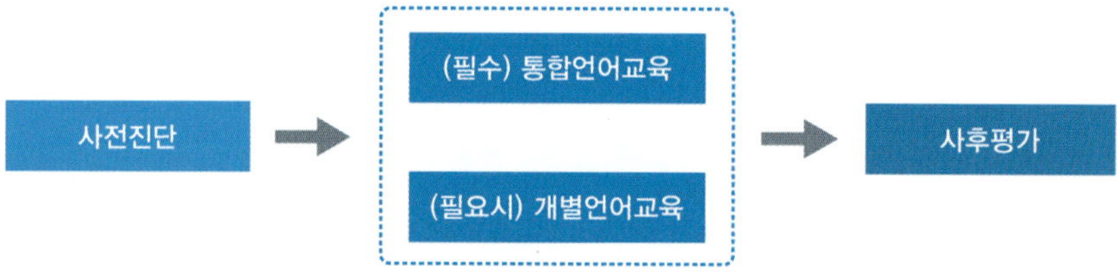

[그림 6-1] 언어교육 프로그램 구성도

(1) 누리과정 연계 유아에 대한 평가

(사전진단) 1:1 또는 모둠 상황에서 유아의 의사소통 및 읽기, 쓰기 등 언어능력 파악

(사후평가) 사전평가와 같은 방법으로 유아의 언어능력 향상도 파악

(평가방법) 자체 평가 및 외부기관 연계 실시

평가자	방안
담임교사	• 누리과정 관찰척도 활용 • 누리과정 연계 다문화가정 유아 한국어능력 평가도구
외부기관	• 언어발달지원 서비스(가족센터) 신청 • '찾아가는 한국어교육'(지역다문화교육지원센터) 신청 • 기타 복지관 및 발달센터 연계
기타	• 어린이집 내 특수교육 담당교사 협조

(누리과정 연계 다문화가정 유아 한국어능력 평가도구)

- 다문화가정 유아의 연령 및 발달 특성을 고려하여 한국어능력 및 성취도를 진단할 수 있는 평가도구
- (영역) 듣기 · 말하기/읽기 · 쓰기/한국 문화
- (구성) 실물형태 평가자료(간이문항카드, 단어 및 그림카드, 상황보드, 손가락가족인형), 매뉴얼, 교사용 평가 기록지, 부모 안내서(1/2수준), 부모 안내서 결과 기록 프로그램, 평가도구 시연 영상(본 평가도구는 다문화교육포털(www.edu4mc.or.kr)에서 다운로드 가능)

(결과활용) 다문화가정 유아의 발달에 적합한 언어교육 프로그램 계획

- 평소 일상생활에서 관찰된 언어적 부진이 없더라도, 다양한 검사를 통해 언어교육지원의 필요성 여부 진단
- 통합언어교육을 기본으로 하되, 평가 결과에 따라 수준별 맞춤형 개별언어교육 지원
- 사전 · 사후 평가결과 및 교육지원 사항을 지속적으로 모니터링하여 추수지도계획을 수립하는 등 환류 노력

(2) 교육 방법에 대한 평가

① 통합언어교육: 누리과정과 연계한 유아 · 놀이 중심의 통합언어교육

- 누리과정의 신체운동 · 건강, 의사소통, 사회관계, 예술경험, 자연탐구의 5개 영역을 연계하여 모든 유아가 함께 어울리는 가운데 그룹 상호작용을 통한 언어능력 향상 도모
- 발달상황 평가 결과에 따라 질문을 통한 표현기회 우선 제공, 지속적인 관찰을 통한 언어발달 지원

② 개별언어교육: 다문화가정 유아의 초기발달 맞춤형 개별언어교육

- 언어평가 등에서 발달 지연이나 부진이 관찰된 경우 맞춤형 개별언어교육 지원

- 놀이활동 · 방과 후 과정 시간을 활용한 담임교사와의 언어적 상호작용의 기회 제공, 필요시 외부강사 활용 보충교육 지원

③ 유의사항

- 다문화가정 유아가 개별언어교육에 대한 거부감을 표현할 경우 다양한 접근 방식으로 교육 방법을 수정 · 보완
- 다른 유아가 다문화가정 유아의 언어능력 및 개별화 교육에 대한 부정적인 태도를 지니는 등 낙인효과가 생기지 않도록 섬세한 접근 필요
- 개별언어교육에 외부강사를 활용하는 경우 담임교사가 교육 내용 및 향상도에 대해 관심을 가지고 협업할 수 있도록 노력

(3) 환경구성에 대한 평가

① 어린이집 환경구성 점검

어린이집 환경 내 편견, 차별의 요소가 포함된 교구를 점검하고, 다문화 친화적 환경조성을 위해 필요한 물품 등을 확인한다.

② 유아의 관심과 흥미, 놀이에 대한 이해를 바탕으로 다문화교육 요소가 포함된 교구 및 도서를 비치하고, 영유아들의 다문화교육 결과물(작품 등)로도 환경구성을 한다.

③ 영역별 구성

어린이집의 상황을 고려하여 자율적으로 구성하되, 가능한 한 영역에만 치우치지 않고 다양한 영역에서 다문화교육 관련 교구를 접할 수 있도록 구성한다.

④ 기타 공간 활용

어린이집의 현관, 복도 등 기타 공간을 활용하여 어린이집 구성원 전체가 다문화교육 관련 자료를 접할 수 있는 기회를 제공한다.

5. 언어발달 지원을 위한 교육 방법

영유아의 언어발달 지원을 위한 다문화교육 방법과 초기발달지원, 언어발달을 다음과 같이 살펴보고자 한다(국가평생교육진흥원, 2023).

1) 다문화교육

(1) 영유아의 흥미와 관심을 고려한 놀이를 통해 다문화교육 실시하기

영유아가 흥미와 관심을 가지는 놀이에 다문화교육 요소(평등성, 반편견, 정체성, 다양성, 문화이해, 협력)를 연계하여 다문화교육을 실시할 수 있다. 예를 들어, 생일에 흥미를 가지는 영유아들을 대상으로 세계 여러 나라의 생일축하 방법과 의미에 대해 이야기 나누고 관련된 노래를 통하여 '다양성'을 경험하는 기회를 제공한다.

(2) 누리과정 연계 다문화교육 수업 도움자료 활용하기

교육부 · 중앙다문화교육센터에서 보급한 누리과정 연계 다문화교육 수업 도움자료를 활용하여 다문화교육을 실시한다. 만 3~5세 연령별 다양한 그림책을 활용한 놀이활동 교수학습과정안과 세계 여러 나라 전통놀이 관련 자료가 제시되어 있다.

(3) 친숙한 사물 활용하기

신호등, 모자, 전통 놀이도구, 우체통 등 영유아가 일상생활에서 친숙한 사물이 나라나 지역별로 서로 다른 형태를 하고 있지만 기능이나 쓰임이 같은 점을 비교해 보면서 다양성을 인식할 수 있다. 영유아들이 비교적 발견하기 쉬운 차이점 탐색하기로 시작하되 공통점, 의도(의미)의 유사성에 대해서도 충분히 이해할 수 있도록 제공한다.

2) 다문화가정 영유아 초기발달 지원

(1) 가족센터, 복지관 등 외부기관을 통한 전문적인 진단받기

인근의 가족센터 또는 복지관에 '언어발달평가 서비스'를 신청한 후 언어발달지도사를 연계할 수 있다. 언어발달지도사는 전문적인 진단도구(REVT, K M-B CDI, SELSI, PRES 등)로 유아의 언어능력을 평가하기 때문에 학부모의 이해를 얻는 근거자료로 활용하기도 좋고, 맞춤형 개별언어교육을 계획하고 지원하는 데 도움이 된다. 또한 건강보험공단 또는 보건소 홈페이지 등에서 다운받을 수 있는 한국영유아 발달선별 검사(K-DST)는 4~71개월까지의 영유아에 대한 발달을 진단해 볼 수 있는 도구로 대·소근육 운동, 인지, 언어 등 6개 영역으로 이루어져 있다. 체크리스트를 기반으로 결과를 점수화할 수 있는 자료이면서 다문화가정 영유아의 언어의사소통 능력 및 다양한 영역에서의 부진이 없는지를 종합적으로 점검할 수 있어서 유용하다.

(2) 관찰법, 질문법 등으로 진단하기

3~4일 정도 놀이 시간에 10~15분간 다문화가정 영유아의 말하기 태도와 기술, 유창성을 살펴보는 일화기록을 실시한다. 또한 그림책을 함께 본 다음 '누가, 언제, 무엇을, 어떻게' 등의 물음을 통해 다문화가정 영유아 스스로가 그림책에 대해 말해 보도록 하는 질문법으로 언어사용 능력을 점검할 수 있다.

3) 언어교육

(1) 통합언어교육을 위한 동극 발표회 준비하기

동극 만들기 활동의 일환으로 이루어지는 대사 암기와 연기활동은 언어표현력 향상에 도움이 되며, 상호협력과 참여적 태도를 익히는 데도 도움이 된다. 동극 발표회에 필요한 포스터와 초대장 만들기 등을 함께 진행하면 추가적인 언어교육 효과를 달성할 수 있을 뿐 아니라 영유아들이 성취감을 느낄 수 있다.

(2) 개별화 언어교육을 위한 '작은 책 만들기'를 활용한 말하기 활동 해 보기

어린이집의 하루, 주말에 있었던 일 등의 주제를 정하여 '작은 책 만들기' 활동을 가정연계로 진행할 수 있다. 또한 스스로 이야기를 구성하여 만든 책으로 발표를 해 보는 활동은 다문화가정 영유아의 말하기 기술을 발달시키는 데 도움이 되며, 영유아가 일과나 주말에 겪었던 일을 확인함으로써 정서적인 부분도 도움을 줄 수 있다.

6. 언어발달 지원을 위한 부모교육과 활동

1) 다국어 가정통신문 만들기

다문화가정의 원활한 소통을 지원하기 위해 어린이집에서 자주 쓰는 가정통신문의 주제 51개에 대해 14개의 언어 번역문을 제공하고 있다(다문화교육포털, www.edu4mc.or.kr).

다국어 가정통신문 보급 안내

교육부와 중앙다문화교육센터에서는 **학교와 다문화가정 학부모·학생 간**의 **원활한 소통을 지원**하기 위해 **'다국어 가정통신문'** 을 **제작하여 보급**합니다.

유·초·중학교	51개 주제	14개 언어 번역	현장 수요 반영

〈번역 언어〉
러시아어, 몽골어, 베트남어, 아랍어, 영어, 우즈베크어, 인도네시아어, 일어, 중국어, 크메르(캄보디아)어, 태국어, 타갈로그(필리핀)어, 프랑스어, 버마(미얀마)어

2) 다문화가정 영유아 언어발달 지원하기

다문화가정 영유아의 언어발달에 따라 필요시 외부기관과 연계하여 언어지원을 안내한다. "한국건강가정진흥원"에서는 언어평가 및 언어교육이 필요한 만 12세 이하의 다문화가정의 아동에게 지원사업을 진행하고 있다.

다문화가정 아동 언어평가	다문화가정 아동 언어교육	부모상담 및 교육
대상 아동에게 적합한 평가도구를 활용하여 아동의 언어발달 정도를 평가	언어발달 평가 결과 교육이 필요한 아동을 대상으로 어휘·구문 발달 촉진, 대화·사회적 의사소통 능력 향상, 읽기 및 이야기하기 등의 발달 촉진을 위한 언어교육 실시	대상 아동 부모와의 공감대 형성을 위한 부모상담 및 자녀의 언어발달을 지원하기 위한 부모교육

3) 다문화가정 영유아 언어발달 지원의 실제

다문화가정의 이중언어를 지원하여 그 가정의 배경을 강점으로 바라보고, 부모와 영유아 간 상호작용 증진은 물론 영유아의 이중언어 발달과 건강한 정체성 확립을 도모할 수 있다.

(1) 이중언어 지원을 위한 활동자료

여우와 신 포도

- 출처: 세이브더칠드런(https://www.sc.or.kr/happy2/intro.do) 이중언어 지원사업 '언어 두 개, 기쁨 두 배'
- 내용: 아이와 함께 책을 직접 만들고, 읽을 수 있는 전래동화책으로 한국어, 중국, 베트남, 몽골의 4가지 언어로 되어 있다.

▶ 사후 활동지: 전래동화책을 읽고, 4개 언어로 구성된 연계 활동 진행

▶ 가정연계: 가정연계 활동으로 진행할 수 있는 활동 정보를 4개 언어로 제공

한국어: 여우와 신 포도 – 활동정보	
나 이	만 4~6세
수 준	초급(듣기: 초급/말하기: 초급/읽기: 초급/쓰기: 초급)
주요단어	포도, 수박, 사과, 귤, 바나나, 딸기(맛이)를 달다, 시다, (맛이) 짜다, 쓰다, 맛이 있어요, 맛이 없어요
표 현	포도는 맛이 어때요./아주 달아요./맛이 있어요.
목 표	이야기의 내용을 듣고 이해할 수 있다. 과일 이름을 말할 수 있다. 과일의 맛을 표현할 수 있다.
교 훈	모든 일에 노력하고 포기하지 말자.
중국어: 狐狸和酸葡萄 – 活动情报	
年 龄	4~6
水 平	初级(听力：初级／会话：初级／写作：初级／阅读：初级)
主要单词	葡萄, 西瓜, 苹果, 橘子, 香蕉, 草莓, 甜, 酸, (味道)咸, (味道)苦, 好吃, 不好吃

表 现	是葡萄。/葡萄的味道怎么样？/特别甜，很好吃
目 标	能理解故事的内容 可以说水果名 可以表达出各种味道 可以独立制作水果串
教 训	我们一起为了实现梦想而努力，不要放弃

▶ 그림 카드

(2) 이중언어 교육을 위한 부모 참여

활동내용	활동자료 형태
이중언어 교육을 위한 점검하기	조건 점검하기
자녀의 이중언어 로드맵 작성하기	이중언어 로드맵 그림 완성하기
가정에서의 이중언어 환경 점검하기	환경점검표
가정에서 이중언어 실천하기	이중언어 실천 달력
일상생활에서 이중언어 실천하기	양치놀이 하는 동영상 찍기
놀이로 배우는 이중언어	놀이하는 영상 찍기
그림책 읽기와 말놀이	그림책 읽어 주는 동영상 찍기
그림책 확장놀이	성장앨범 만들기

제 목	놀이교구	놀 이 명
你感觉怎么样 (기분을 말해 봐)	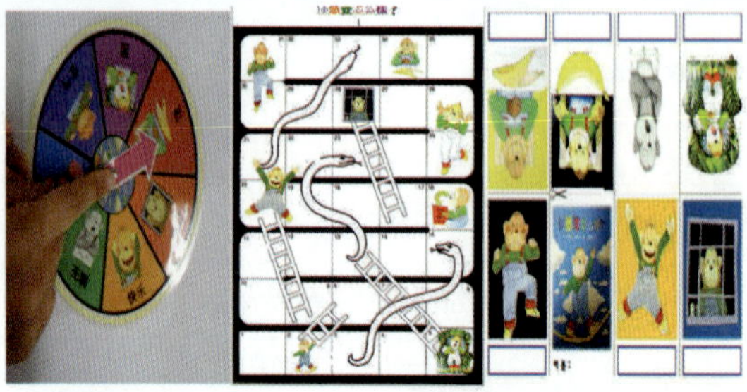	뱀주사위놀이 작은책 만들기 룰렛판
是谁嗯嗯在我的头上 (누가 내 머리에 똥쌌어)		막대인형놀이 점토놀이
好饿的毛毛虫 (배고픈 애벌레)	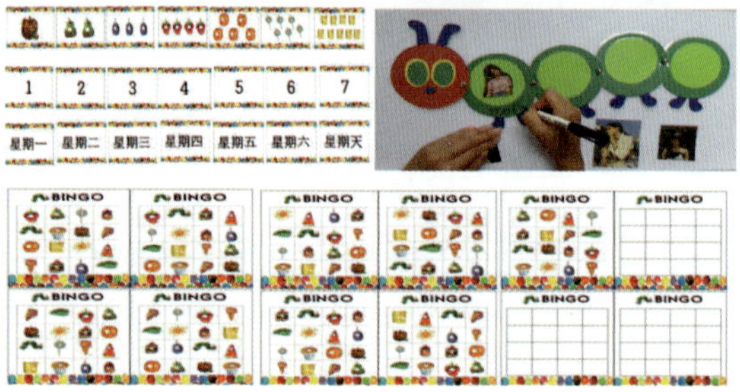	카드놀이 (그림 · 카드 · 카드) 성장앨범 만들기 빙고게임

출처: 이상미(2022). 중국 다문화가정 자녀의 이중언어교육을 위한 부모교육 프로그램 개발 및 적용효과.

CHAPTER **07**

다문화가정 영유아 생활지도

Chapter 07

다문화가정 영유아 생활지도

학습목표

1. 생활지도의 목적과 목표, 원리를 이해한다.
2. 다문화가정 영유아 생활지도의 필요성을 이해한다.
3. 다문화가정 영유아를 위한 생활지도 내용과 방법을 안다.
4. 다문화가정 영유아 생활지도를 위한 보육교사의 역할과 지원 방법을 안다.
5. 다문화가정 영유아의 발달에 적합한 생활지도를 할 수 있다.
6. 다문화가정 영유아 생활지도를 위한 교실 환경을 구성할 수 있다.
7. 제4차 어린이집 표준보육과정과 생활지도 관련 내용을 안다.
8. 다문화가정 영유아의 생활지도 사례를 통하여 다양한 지도 방법을 습득한다.

1. 다문화가정 영유아 생활지도의 이해

생활지도는 다문화가정 영유아나 비다문화가정 영유아에게 똑같이 중요한 영역이다. 우리나라 대부분 기혼여성이 직장을 가지고 있어 이는 다문화가정 부모도 마찬가지로 직장을 다니는 경우가 많아 가정에서 자녀들과 함께 지내면서 생활지도를 해야 하는 시간이 부족하고 대부분 영유아가 어린이집에 다니고 있어 생활지도는 보육교사의 역할이 되었다. 대부분 다문화가정의 경우 부모 또한 우리나라 사회 환경에 적응하느라 어려움을 경험하고 있거나, 맞벌이 등으로 인해서 자녀와 함께하는 시간이 부족하고, 친인척의 도움을 받지 못하기 때문에 어린이집에서 다문화가정의 영유아들을 위한 생활지도가 필요하다.

특히 다문화가정의 영유아들에게는 어린이집에서 이루어지는 생활지도가 매우 중요한 역할을 하는데 지금까지의 다문화가정 지원은 국제결혼 여성들을 위한 지원에 머물렀었다. 다문화가정 영유아 지원은 어머니가 직접적인 지원을 받아 한국사회에 적응하면서 간접적으로 자녀를 바르게 양육할 수 있도록 지원하는 방식으로 이루어져 왔다. 그러나 점차 다문화가정 영유아들이 발달에 어려움을 보이면서 직접적인 서비스의 필요성이 대두되었다. 다문화가정의 영유아들은 부모가 경험한 사회문화와 다른 환경에 적응하면서 많은 어려움을 경험하나 부모나 형제자매로부터 직접적인 서비스를 받을 수 없는 경우가 많다. 따라서 다문화가정 영유아를 위한 어린이집의 생활지도의 필요성이 대두되고 있다. 이 장에서는 다문화가정의 영유아들을 위한 생활지도의 개념, 필요성과 함께 생활지도 내용과 방법에 대해서 살펴보겠다. 또한 다문화가정의 영유아들의 생활지도를 위한 교사의 역할과 자질, 생활지도 프로그램, 생활지도를 위한 교실 환경, 제4차 어린이집 표준보육과정과 생활지도 관련 내용, 사례중심으로 다문화가정 영유아 생활지도에 대해 알아보겠다.

1) 생활지도의 개념

보육교사들은 실제적으로 영유아들의 생활지도에 대한 어려움을 호소하고 있으며 특히 다문화가정 영유아들의 생활지도는 더 어렵다고 호소하기도 한다. 그러나 다문화가정 영유아들이 어린이집 생활에 모두 어려움을 경험하는 것이 아니다. 이는 비다문화가정 영유아들도 마찬가지이다. 부모와 애착 형성이 잘 되어 있고 긍정적인 양육환경에서 자라는 다문화가정 영유아들은 어린이집 생활에 특별한 어려움을 보이지 않는다.

보육교사는 다문화가정이 갖는 독특한 양육환경과 영유아의 발달에 대한 이해를 토대로 다문화가정 영유아가 비다문화가정 영유아와 동등하게 건강하고 행복하게 생활할 수 있도록 지원할 수 있어야 한다.

영유아기는 성격의 기초, 생활 습관의 기초, 발달의 기초가 이루어지는 시기로

매 순간 발생하는 여러 가지 문제를 영유아가 혼자 해결하고 적응해 나가기는 어렵다. 그러므로 보육교사의 교육적 개입을 통해 바람직한 기초를 형성하고 다른 사람과 더불어 살아갈 수 있는 사회구성원으로서 사회적 유능감을 기를 수 있도록 지원해야 한다.

생활지도란 행동지도를 의미하는데, 행동지도 하면 많은 사람들이 우리나라의 속담 중 '세 살 버릇 여든까지 간다.'를 떠올릴 것이다. 즉, 영유아기에 형성된 가치관 태도는 이후의 삶까지 지속적인 영향을 미친다는 것이다. 행동지도와 관련된 용어에는 이처럼 부적절한 행동 지도, 부적응 행동 지도, 문제행동 지도, 생활지도, 기본생활습관 지도와 같은 다양한 용어들과 비슷한 맥락에서 사용되고 있다. 현재 교육학에서 가장 많이 사용되는 행동지도와 관련된 용어는 생활지도와 문제행동 지도이다. 행동지도에 대한 관련 용어는 정의하는 데 많은 어려움이 있다. 이 장에서는 가장 많이 사용하고 있는 생활지도와 문제행동에 대한 정의를 살펴보고 보다 적합한 정의를 제시하고자 한다.

첫째, 생활지도란 'guidance'를 번역한 것이지만, 전통적으로는 훈육, 즉 'discipline'이라는 개념이 많이 사용되어 왔다. 훈육은 영유아의 행동을 변화시키거나 통제하려는 시도로 이루어지는 모든 행동이나 말로 정의된다(문혁준 외, 2013) 훈육 'discipline'은 라틴어인 'discipulus'에서 유래된 말로 지시하거나 가르치는 것을 의미한다.

전통적인 관점에서 훈육은 본보기가 되는 대상을 관찰하고 행동을 배우도록 하는 것이며, 바람직한 행동을 하도록 영유아를 이끌고 바로잡으며, 바람직한 행동을 하지 못하였을 때는 벌이나 체벌의 통제를 받게 되는 것이다. 하지만 이러한 전통적인 훈육의 의미는 점차 발달심리의 연구와 아동중심 사상의 확산으로 어른의 통제에 의한 훈육보다는 영유아 자신의 자율적인 통제에 의한 훈육의 개념으로 사용되며 훈육보다는 생활지도라는 용어를 사용하는 경향으로 변화되었다. 정리하면 영유아 생활지도는 영유아들이 자기 자신에 대한 이해와 더불어 자신을 둘러싼 다양한 세계를 살아가는 데 필요한 올바른 지식과 태도, 기술을 형성하도록 방향을 제시하거나, 정보와 조력을 제공하는 등 유능한 사회구성원으로 성장하도록 돕는 과정으로 정의한다(조운주, 최일선, 2015). 즉, 생활지도란 영유아가 생활할 때 지켜야 하는 태도, 규칙, 행동 양식 등에 대한 지도라고 하겠다.

이와 같이 생활지도는 넓은 의미로 기본생활습관을 비롯하여 사회성, 학습, 인성, 건강, 안전, 정서뿐만 아니라 문제행동에 대한 지도까지도 포함하고 있으며 체계적이고 계획적인 영유아 행동에 대한 이해와 문제행동의 예방에 중점을 두고 있다. 영유아 생활지도는 영유아기에 흔히 나타날 수 있는 일반적인 문제를 파악하고 다양한 방법을 통한 예방적 교육을 강조하고 있으나 이 외에도 공격적 행동, 반사회적인 행동, 고립 또는 위축행동 등 다양한 행동에 대한 구체적인 지도까지도 포함하고 있다.

즉, 생활지도는 영유아들의 매일의 하루일과에서 현실 생활에 적응하여, 주체적인 생활방식을 찾아 독립된 인간으로 살아가도록 바람직한 습관이나 태도를 갖추도록 지도하는 일이며(백경순, 2013), 영유아들이 자기 자신에 대한 이해와 더불어 자신을 둘러싼 다양한 세계를 살아가는 데 필요한 올바른 지식과 태도, 기술을 형성하도록 방향을 제시하거나, 정보와 조력을 제공하는 등 유능한 사회구성원으로 성장하도록 돕는 과정이다(조운주 외, 2015).

두 번째로 생활지도와 유사 개념으로 많이 사용되고 있는 용어는 문제행동지도이다.

문제행동지도는 공식적으로 의학적인 진단명이 있을 정도의 문제가 심각할 때 지도하는 것으로 정의할 수 있지만 대부분의 보육현장 교사들은 교사가 문제라고 느끼는 것에 대한 지도로 여기고 있다(조운주, 최일선, 2015). 즉, 문제행동은 '문제'라고 생각하는 사람의 주관적인 판단에 의해 다양하게 정의되고 있으며 영유아의 문제행동을 판단하는 기준이 서로 다르기 때문에 문제행동이 무엇인가에 대해서 합치된 정의를 내리긴 어렵다.

문제행동에 대한 정의는 '문제'의 인식에 따라 달라질 수 있으며, 문제행동에 대한 교사의 인식은 영유아의 행동을 지도하는 교사의 행동과 태도에 영향을 미치기 때문에 매우 중요하다. 교사가 영유아의 문제행동을 발달의 한 측면으로 이해하거나 주변 환경과의 관계성 문제로 인식하게 되면, 그 행동의 문제 정도와 발달 상황에 따라서 문제를 정확하게 인식할 수 있다. 결국 보다 긍정적인 대처방법을 사용하게 된다. 반면에 교사가 영유아의 문제행동을 영유아 자체의 문제로 인식할 경우, 그 행동의 문제 정도를 실제보다 더 심각하게 인식하여 이를 소거하기 위한 부정적인 대처전략을 사용하게 된다. 많은 선행연구와 사례의 결과를 보면 영유아의 부적절한 행동을 영유아들만의 개인적인 문제로 인식할 경우 영유아의 책임을 엄격히 물을 가능성이 높았다. 영유아 행동에 대한 교사의 부정적인 인식은 교사로부터 부정적 전략을 사용하게 하며 그 부정적 전략에 대한 문제점을 인식하지 못하고 스스로 정당하게 인식하게 된다. 이러한 부정적인 전략은 궁극적으로 영유아의 문제행동을 감소시키지 못할 뿐만 아니라 부정적인 영유아-교사 관계를 형성하기 때문에 영유아의 행동에 대한 교사의 인식이 중요하다. 특히 영유아의 부적절한 행동은 발달상의 문제나 잘못된 경험에 의한 지식 때문에 나타나는 경우가 많으며, 교사의 학습 진행이 지루하거나 자기와 상관없다고 느낄 때나 보육프로그램 외의 여러 이유에 의한 심각한 사회, 정서적 문제를 가지고 있을 때와 지금 맞닥뜨리고 있는 사회적 상황을 해결할 수 있는 대안적인 방법을 아직 배우지 못했을 때 발생하는 경우가 대부분이다. 따라서 영유아의 개인적 문제로 보고 행동의 소거에만 집중하는 문제행동과 같은 개념으로 생활지도를 인식하는 것은 매우 위험하고 부적절한 인식이다.

영유아는 함께 있는 사람이나 상황에 따라 다른 행동을 보일 수 있기 때문에 영유아의 행동을 지각하고 해석하는 데 어려움이 있을 수 있으며(강문희, 2012), 영유아기는 미성숙한 시기이기 때문에 발달하는 과정에서 영유아가 겪는 경험 등에 의해 자연스럽게 문제행동을 보일 수 있음을 지각하고 있어야 한다.

결론적으로 생활지도란 영유아들이 바람직한 기본인성과 생활 습관을 형성하여 사회적 유능감을 갖춘 사회구성원으로 성장하도록 지원하며, 어떤 문제나 어려움에 직면하게 되었을 때 야기되는 부적응의 문제를 스스로 해결해 나갈 수 있도록 지원하는 과정을 뜻한다.

2) 생활지도의 목적과 목표

(1) 생활지도의 목적

어린이집에서 영유아의 생활지도를 하는 목적은 다음과 같다.

어린이집에서 생활지도를 하는 목적은 영유아의 성장과 발달을 돕는 직접적 목적이 있으며 교사와 영유아에 대한 이해와 지도역량 강화 및 가정과 지역사회와의 협력 강화 등의 간접적인 목적이 있다.

어린이집에서 영유아의 생활지도를 하는 직접적인 목적은 다음과 같다(김이영 외, 2019).

① 영유아 개개인으로 하여금 그들 자신을 정확하게 이해하도록 돕는다(자신의 올바른 이해조력).

② 영유아로 하여금 그가 가진 잠재력을 발견하고 그것들을 충분히 개발하도록 돕는다(잠재력 발견과 개발).

③ 영유아 자신이 당면하는 문제들을 정확하게 파악하여 그것들을 스스로 해결할 수 있도록 돕는다(자율적인 문제해결능력 배양).

④ 영유아로 하여금 복잡 다양한 생활 환경 속에서 신체적 · 인지적 · 정의적 · 사회적인 모든 면에서 안정되고 조화로운 성장발달을 하도록 돕는다(전인적인 성장발달 도모).

⑤ 영유아로 하여금 모든 환경상황에 건전하고 성숙한 적응을 할 수 있도록 돕는다(환경에의 적응 조력).

⑤ 영유아들이 그들이 속한 사회를 위해서 민주시민으로서의 나름의 공헌을 하도록 돕는다(민주시민으로서 자질 함양).

어린이집에서 영유아 생활지도의 간접적인 목적은 생활지도를 통해 교사와 어린이집에서도 그 역량을 강화하게 되는데 구체적으로 살펴보면 다음과 같다(김이영 외, 2019).

① 영유아에 대한 생활지도를 통해 교사는 영유아를 보다 정확하게 이해하고 지도할 수 있다(영유아에 대한 이해 및 지도 촉진).

② 교사로 하여금 생활지도를 통해 영유아의 행동을 분석하고 이해하는 기술, 즉 생활지도의 기술과 태도를 갖추게 한다(영유아 지도 역량의 제고).

③ 생활지도 프로그램은 연구 활동에도 도움을 준다(연구활동 촉진).

④ 생활지도 프로그램의 실천을 통하여 가정과 지역사회와의 협력 및 유대관계를 강화한다(지역사회와의 협력 강화).

(2) 생활지도의 목표

영유아 생활지도의 일반적인 목표는 다음과 같다(박찬옥 외, 2021).

첫째, 영유아가 긍정적인 자아감을 형성하도록 하여 자율적인 성장을 돕는다.

둘째, 영유아가 자신의 당면한 문제를 인식하고 문제해결을 할 수 있도록 지원한다.

셋째, 함께 더불어 살아가는 공동체 의식을 갖도록 한다.

즉, 영유아 생활지도의 목표는 영유아가 긍정적인 자아감을 형성하고 영유아의 전인적인 성장을 돕는 것이고 영유아 개개인의 자율적 성장을 돕는 것인데 이는 다문화가정의 영유아도 예외적이지 않다. 보육교사는 영유아의 생활지도의 목표가 영유아가 적합한 행동을 배우고 이를 내면화시킬 수 있도록 지원하는 것임을 이해하고 보육교사가 영유아와 상호작용하는 과정에서 영유아 자신의 실수나 문제를 인식하고 이를 스스로 개선할 수 있는 자율성을 키울 수 있도록 생활지도가 이루어지도록 지원한다(한국보육진흥원, 2013).

3) 생활지도의 원리

(1) 생활지도의 기본원리

영유아 생활지도의 개념에서 중요한 어휘는 지도(guidance)로, 지도(guidance)는 영유아를 이끌어 주고 안내한다는 의미이다. 보육교사가 다문화가정의 영유아들의 생활지도를 할 때 다음의 기본원리를 숙지하고 지도해야 한다(한국보육진흥원, 2013: 신은희 외, 2012 재구성).

첫째, 모든 영유아들을 대상으로 한다.

생활지도는 문제행동을 보이는 영유아, 생활에 어려움을 갖는 영유아를 대상으로 한다고 생각하거나 다문화가정의 영유아만을 대상으로 한다고 생각하는 경우가 있는데 생활지도는 모든 영유아를 대상으로 해야 한다.

둘째, 생활지도는 예방에 초점을 둔다.

생활지도는 기본생활습관의 형성과 문제행동 지도 모두를 포함하고 있는데 이미 발생한 문제 해결이나 교정보다는 문제 발생을 예방하기 위한 접근이 되어야 한다.

셋째, 생활지도는 영유아의 인격을 존중하고 전인발달을 돕는다.

영유아 생활지도는 영유아를 올바른 방향으로 안내하고 이끌고 지원한다는 입장이지만 영유아를 독립된 인격체로 존중하고 개인의 자유와 권리를 소중히 여기는 것을 전제로 하여야 한다. 또한 생활지도는 보육교사에 의해 강요되거나 유도된 특정 영역의 발달이 아니라 영유아의 전인적이고 조화로운 발달이 이루어지도록 지도해야 한다.

넷째, 생활지도는 영유아의 발달을 이해하고 구체적 개념에서 시작한다.

생활지도는 영유아의 발달을 알고 이해하는 수준에서 시작되어야 한다. 영유아는 추상적인 개념을 이해하지 못하므로 언어적인 직시나 설명보다는 실제 경험이나 그림, 사진 등 구체적인 경험을 통해서 이루어질 때 이해가 빠르고 더 효과적이다.

다섯째, 보육교사가 행동의 모범이 되어야 한다.

영유아 시기는 어른들의 행동을 관찰하고 따라 하며 배워 나가기 때문에 올바른 역할을 모델링 해 주어야 하며 언어를 통한 일반적인 지도가 아닌 실제 행동의 모범을 보여 주어야 한다.

여섯째, 영유아가 스스로 해 볼 수 있도록 동기유발을 시켜 주어야 한다.

억지로 시켜서 하는 것보다 스스로 해 보고자 하는 마음이 앞설 때 더욱 효과적인 지도가 이루어질 수 있다. 따라서 보육교사는 어린이집에서 아이들이 스스로 시도해 볼 수 있도록 환경을 조성해 주어야 하며 바람직한 행동을 보였을 때 칭찬과 격려를 통해 긍정적 반응, 즉 보상을 통한 강화교육이 이루어져야 한다. 이때, 긍정적 반응과 함께 행동에 따른 결과를 이야기해 주는 것도 필요하다.

일곱째, 개개인의 발달 차이를 고려하여야 한다.

키, 몸무게, 정서적 반응, 흥미, 성취동기의 수준 등 영역에 따라 영유아의 개인차는 매우 크고 다양하므로 발달에 영향을 미칠 수 있는 개인차를 규명하는 것은 굉장히 중요하다(조복희, 곽혜경, 2014). 따라서 보육교사는 이를 관찰하고 파악하여 영유아들이 일상생활 속에서 자연스럽게 관찰하고 습관화할 수 있도록 개인차를 고려하여 생활지도가 이루어져야 한다.

여덟째, 가정과 연계하여 지도한다.

다문화가정의 양육환경과 양육태도에서 부적절한 상호작용 패턴이나 문제 행동을 가져오는 양육방식이 있다면 부모상담과 지도를 통해 연계하여 지도한다. 생활지도 시 가정과 연계하여 협력적인 관계를 유지하면서 지도할 때 더욱 효과적이고 성공적인 지도가 될 수 있다.

아홉째, 생활지도는 일관성 있고 지속적으로 이루어져야 한다.

생활 습관이나 가치관은 일회성으로 형성되는 것이 아니므로 생활 속에서 일관성이 있고 지속적으로 꾸준히 이루어져야 한다.

(2) 다문화가정 영유아 생활지도의 기본원칙

어린이집에서 다문화 관련 생활지도의 대상은 다문화가정의 영유아뿐만 아니라 비다문화가정 영유아 모두를 대상으로 한다. 그러므로 보육교사는 어린이집에서 마주하게 되는 여러 가지 다양한 상황과 사례에 따라 생활지도를 해야 하는데 기본원칙을 제시하면 다음과 같다(한국보육진흥원, 2011).

첫째, 모든 영유아들의 사회 · 정서적 상황을 깊이 이해하고 그것에 기반하여 생활지도를 한다.

둘째, 적절한 행동에 대해서는 긍정적 강화를 제공하고, 부적절한 행동을 하였을 때는 적절한 행동 모델링을 제공하고 점차적인 지도를 통해 지도한다.

셋째, 가정환경에서 부적절한 상호작용 패턴이나 문제행동을 가져오는 양육태도나 양육방식이 있다면 부모 상담과 지도를 통해 가정과 협력한다.

4) 다문화가정 영유아 생활지도의 필요성

생활지도의 필요성에 대해 대체로 개인적, 사회적으로 필요한 이유에 대해 언급하였다. 이소은 등(2013)은 개인적으로는 영유아의 성격형성과 개인의 잠재능력 발달 및 기본생활습관의 형성을 위해 필요하고 사회적으로는 급격한 사회변화와 가족구조 및 기능의 변화, 영유아에 대한 가치관의 변화로 인해 생활지도가 필요하다고 한다. 또한 문혁준 등(2013)은 개인적으로는 전인적 성격 형성의 기초, 기본생활습관의 중요성, 민주시민으로서의 자질 함양을 위해 필요하고 사회적으로는 가족구조와 기능의 변화, 영유아 교육기관의 확대, 인성교육의 부족으로 인해 필요하다고 언급하였다. 이러한 견해를 바탕으로 다문화가정 영유아 생활지도의 필요성을 개인적 측면과 사회적 측면에서 정리하면 다음과 같다(김성원 외, 2017: 김이영 외, 2019: 문혁준, 2013: 박찬옥 외, 2021 재구성).

(1) 개인적 측면

① 올바른 성격형성

올바른 성격형성을 위해 생활지도가 필요하다. 영유아기의 경험이 바탕이 되어 성격형성에 많은 영향을 주며 성인이 되어서도 영향을 받게 되므로 영유아기의 원만한 성격형성과 일상생활 및 사회생활을 영위하며 성장할 수 있도록 지원해야 한다.

② 잠재능력 발달

영유아는 태어나면서 지니고 있는 잠재능력을 체계적이고 지속적으로 촉진시켜 개발할 수 있도록 지원해야 한다. 생활지도를 통해 영유아 스스로가 자신의 잠재능력을 알고 환경과의 상호작용을 통해 발휘될 수 있도록 자신에 대한 이해를 증진시킬 수 있어야 한다.

③ 민주시민의 기초 확립

영유아기는 한 개인의 인성과 기본생활습관의 기초가 형성되어 앞으로 사회생활에 영향을 주는 시기이므로 사회구성원으로서 자신의 역할을 다하여 보다 나은 사회 발전을 위해 기여할 수 있는 기본능력을 함양하기 위하여 생활지도가 필요하다. 즉, 생활지도를 통하여 영유아가 민주시민의 기초를 형성하도록 생활지도를 해야 한다.

④ 기본생활습관 형성

영유아기는 기본생활습관 형성의 중요한 시기이므로 올바른 생활 습관을 습득할 수 있도록 생활지도를 해야 한다.

⑤ 긍정적인 자아정체성 확립

영유아기에 올바른 행동을 형성함으로 인해서 또래관계, 자아정체성이 확립된다. 사회화된 감정 표현으로 인해서 자신에 대해서 더 긍정적인 정체성을 형성할 수 있다는 것이다. 그러나 영유아기에 적절한 생활지도를 받지 못한 다문화가정 영유아의 경우 자아정체성 혼란과 낮은 자존감으로 인해서 이후 사회생활에 부정적 영향을 받기 때문에 영유아기에 생활지도를 실시하는 것이 필요하다.

(2) 사회적 측면

① 가족구조의 변화

가족구조 및 가정의 기능변화로 인하여 생활지도가 필요하다. 가족구조의 변화는 가족관계나 양육에도 영향을 미친다. 현대사회는 핵가족화, 기혼여성의 취업률 증가, 저출산, 한부모가정이나 다문화가정 등 다양한 가정형태를 가지고 있다. 전통사회의 가정의 기능인 양육과 교육적, 사회적 기능이 약화되었고, 공동체 의식도 약화되어 어린이집에서 생활지도의 필요성이 증가하였다.

② 부정적인 문제 행동의 증가

현재 정보화 사회는 다양한 미디어를 통해 여과 없이 영유아들에게 무방비로 노출될 수 있는 상황이 되었고 실제로 영유아들이 스마트에 쉽게 빠져들게 되었다.

TV, 컴퓨터, 스마트폰 등의 발달로 인해 중독되거나 과몰입하는 습관이 고착되어 쉽게 고쳐지지 않기 때문에 인성의 기본 성향이 형성되는 영유아기부터 긍정적인 사고를 가질 수 있도록 하는 것이 무엇보다도 중요하다. 영유아의 정신건강을 위해 중독 및 과몰입하는 습관을 조기 발견하여 적절하게 지원해 줄 수 있는 생활지도가 필요하다.

③ 도시화 현상에 따른 변화

현대사회의 변화에 따른 도시화 현상이 생활지도의 필요성을 강조하게 되었다. 도시화는 구의 과밀화, 교통 혼잡, 구성원들 간의 이질감, 타산적인 개인주의, 공해, 빈민지역 형성, 가치관의 혼미 등 다양한 문제를 발생시켰으며 영유아의 일상생활에서 안전사고의 위험성이 더 증가되었다. 이에 생활지도를 통해 영유아들이 자신들에게 주어진 상황을 이해하고 성장하면서 직면하게 될 다양한 문제 상황을 잘 파악하여 적절한 해결방법을 찾을 수 있도록 하고, 문제가 발생하기 전에 예방하는 방법을 알게 하는 등 예측할 수 없는 미래에 대처하기 위해서 생활지도의 필요성이 증대되고 있다.

④ 아동권리와 아동복지증진에 따른 변화

우리나라는 유엔아동권리협약의 비준국으로서 아동권리협약의 정신을 준수하고 아동권리 실현을 위해 노력해야 하는 의무가 있다. 아동의 생존권, 발달권, 보호권, 참여권의 다양한 권리를 향유하고 누릴 수 있도록 영유아를 지원하고 지도하기 위해서는 생활지도가 필요한 것이다.

⑤ 환경오염에 따른 변화

산업화와 인간생활의 편리함을 추구한 무절제한 개발은 각종 자원의 결핍, 환경오염과 훼손 등으로 지구의 공기, 물, 토양 등의 오염으로 생태계 파괴를 초래하게 되었다. 그 결과로 인하여 자연생태계의 위기와 인간성의 상실 위기를 초래하여 인간의 생활에 많은 피해를 주고 있다. 이러한 상황에서 영유아의 일상생활 속에서 환경을 보호하고 자연을 사랑하여 더불어 살아갈 수 있는 사고와 자세를 길러 주고 오염된 유해한 환경에서 신체, 정신적인 안정을 위해 생활지도가 필요하다.

⑥ 전염병 팬데믹에 따른 변화

2020년을 기점으로 전 세계는 코로나19 이전 사회와 코로나19 이후 사회로 일상을 살아가는 방법이 달라졌다. 코로나 19 사회에서는 손 씻기, 마스크하기, 사회적 거리 두기 등 일상생활 방식이 생존에 중요한 역할을 하고 있다. 이러한 팬데믹 상황에서 건강과 안전에 대한 중요성과 영유아들의 발달 특성에 맞게 책임감 있고 협동적인 태도를 확립하는 생활지도 전략을 폭넓게 제공해 주어야 한다.

⑦ 보육 대상 연령의 하향화

취업모의 증가와 더불어 교육의 기회가 확대되어 감에 따라 어린이집에 들어오는 시기가 일찍부터 앞당겨지고 어린이집에 머무는 시간이 늘어나게 되어 영유아의 생활지도를 어린이집에서 담당해야 하는 필요성이 커지게 되었다.

2. 생활지도 내용과 방법

1) 생활지도 내용

일반적으로 생활지도라고 할 때 가장 먼저 떠올리는 내용은 기본생활습관지도이다. 그러나 영유아의 일상생활에 대한 행동지도 내용에 있어 생활지도는 기본생활습관 이외에도 여러 내용을 포함한 개념이며 학자마다 생활지도 영역에 대한 견해는 매우 다양하다. 그중에서도 문혁준 등(2013)은 생활지도 영역을 크게 기본생활습관지도, 집단생활습관지도, 사회성 문제지도, 정서 문제지도, 학습 및 언어 문제지도의 5개 영역으로 나누었고, 권정윤 등(2013)은 기본생활습관지도, 사회성 관련 문제행동지도, 정서 관련 문제행동지도의 3개 영역으로 구분한다. 서명원, 유경량, 채소희(2010)는 각 생활지도의 영역을 기본생활습관 부적응 행동지도, 정서적 부적응 행동지도, 사회성 부적응 행동지도, 언어 부적응 행동지도, 도덕성 부적응 행동지도, 성적 부적응 행동지도 등 6개 영역으로 나누었다. 또한 김경희(2007)은 생활 습관의 문제지도, 도덕성의 문제지도, 언어의 문제지도, 감정 · 성격상의 문제지도, 성(性)의 문제지도의 5개 영역으로 나누어 감정, 성격이라는 새로운 영역에 대해 언급했다. 강문희(2012)는 영유아 기본생활습관과 건강생활의 지도, 영유아의 안전지도, 영유아의 사회생활지도의 3개 영역으로 간단하게 분류했지만 안전지도 영역에 대해서는 보다 구체적으로 설명하였다. 기순신 등(2017)은 기본생활습관지도, 집단생활지도, 부적응행동지도로 나누었다. 김이영 등(2019)은 기본생활습관지도, 사회생활지도, 건강생활지도, 안전생활지도, 환경생활지도로 구분하였고, 박찬옥 등(2021)은 사회적 행동지도, 정서적 행동지도, 신체발달과 관련 행동지도, 언어인지와 관련된 행동지도로 구분하였다.

〈표 7-1〉 학자들이 제시하고 있는 생활지도 내용

학자	생활지도 내용
김경희 (2007)	생활습관의 문제지도, 도덕성의 문제지도, 언어의 문제지도, 감정 · 성격상의 문제지도, 성(性)의 문제지도(5개 영역)
서명원 외 (2010)	기본생활습관 부적응 행동지도, 정서적 부적응 행동지도, 사회성 부적응 행동지도, 언어 부적응 행동지도, 도덕성 부적응 행동지도, 성적 부적응 행동지도 등(6개 영역)
강문희 (2012)	건강생활의 지도, 영유아의 안전지도, 영유아의 사회생활지도(3개 영역)
권정윤 (2013)	기본생활습관지도, 사회성 관련 문제행동지도, 정서 관련 문제행동지도(3개 영역)
문혁준 (2013)	기본생활습관지도, 집단생활습관지도, 사회성 문제지도, 정서 문제지도, 학습 및 언어 문제지도(5개 영역)
기순신 외 (2017)	기본생활습관지도, 집단생활지도, 부적응행동지도
김이영 외 (2019)	기본생활습관지도, 사회생활지도, 건강생활지도, 안전생활지도, 환경생활지도
박찬옥 외 (2021)	사회적 행동지도, 정서적 행동지도, 신체발달과 관련 행동지도, 언어인지와 관련된 행동지도

이상의 각 학자들의 의견을 종합해 생활지도 내용을 정리하면 다음과 같다.

〈표 7-2〉 생활지도 영역의 내용

생활지도 영역	생활지도 영역에 따른 내용
기본생활습관	식사, 배변, 수면, 청결, 영양지도, 안전지도, 예절, 절제, 질서, 협동
집단생활지도	집단규칙, 갈등, 친사회적 행동지도, 자기통제, 사회적 기술
사회성 지도	공격성, 고립, 훔치기, 거짓말, 방해, 화내기
정서 지도	수줍음, 우울, 성 문제, 분리불안, 대물 애착, 울음 지도, 감정조절, 미디어 중독,
학습 및 언어 지도	동기저하, 비활동성, 언어장애, 고함, 선택적 함구, 주의력 결여 행동

2) 다문화가정 영유아를 위한 생활지도 방법

가장 효율적인 생활지도는 영유아의 문제 행동이 일어나지 않도록 미연에 방지하는 것이다.

보육교사는 다문화가정 영유아의 생활지도를 하기 위해서는 다문화가정 영유아의 발달 및 사회·정서적 상황에 대해 깊이 이해해야 한다. 다문화가정 영유아가 겉으로 보이는 문제행동에만 집중하지 않고 그 배경이 되는 사회·정서적 상황을 이해하고 적절한 모델링이 부족했을 수 있는 상황에 대해 이해하고 접근해야 한다. 또한 문제행동이라고 규정하기 전에 보육교사 자신의 편견으로 인해 규정하게 된 것은 아닌지 반성적 사고를 통해 검토하고 접근해야 한다.

연령별 생활지도 내용을 바탕으로 어린이집에서 이루어지고 있는 생활지도의 방법에 대해 이소은 등(2013)은 연령별로 0~1세, 2세, 3~5세 나누어 각각의 발달 특성을 비롯하여 신체, 언어, 인지, 정서, 사회성 발달과 지도에 대해 언급했으며 문혁준 등(2013)은 영유아와의 상호작용에 초점을 맞추어 효과적인 의사소통 기술 중 나－전달법(I-MASSAGE)과 반영적 경청(reflective listening) 방법, 정서 명명하기, 정서적 반영하기 등 영유아의 정서에 반응하는 적절한 방법을 비롯하여 영유아와 효과적으로 의사소통할 수 있는 구체적인 방법이 있다고 하였다.

권정윤 등(2013)은 자기조절을 위한 생활지도 전략으로 매슬로우(Maslow)의 욕구 위계이론을 바탕으로 한 생활지도, 드라이커스(Dreikurs)의 민주적 생활지도, 결과 사용을 통한 지도방법, 무승부법 등을, 이순형 등(2013)은 외적행동통제를 통한 생활지도, 내적행동통제를 통한 생활지도, 본보기를 통한 생활지도, 효과적인 의사소통을 통한 생활지도, 그 밖의 생활지도를 위한 구체적 방법에 대해 설명하여 보다 실제적인 상황에 대한 지도 방법에 대해 설명하였다. 또한 조운주, 최일선(2015)은 유아 생활지도의 전략에 대해 긍정적인 것과 부정적인 것으로 나누어 언급하였고 각각을 지도전략과 대화기법으로 소개하였다.

반면 강문희(2012)와 홍연숙, 김진선, 손윤경(2011)은 생활지도 방법을 영유아 상담 및 놀이치료와 관련지어 언급하였다. 구체적으로 강문희(2012)는 생활지도를 상담, 놀이, 그림, 음악, 행동수정, 가족상담 등의 방법을 통해 이루어진다고 하였고, 홍연숙 등(2011)은 영유아 상담지도, 미술치료, 음악치료, 치료놀이 등으로 치료영역에 보다 중점을 둔 생활지도 방법에 대해 설명하였다.

생활지도 방법 면에서 학자들의 견해 차이를 종합해 보자면, 생활지도는 효과적인 의사소통 기술을 기본으로 영유아의 행동을 긍정적이고 부정적인 방법으로 외적 · 내적 통제를 통해 지도하고 더 나아가 효과적인 지도를 위해 영유아 상담 및 치료를 병행하여 이루어지는 것이 적절함을 알 수 있다.

어린이집에서 생활지도는 다음과 같은 절차로 이루어지도록 한다(한국보육진흥원, 2011).

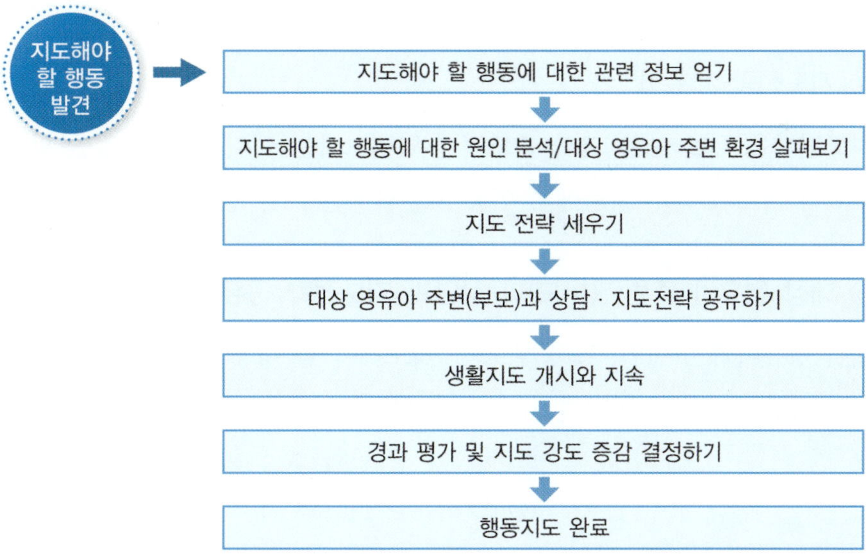

출처: 한국보육진흥원(2011). 다문화보육의 이해와 적용.

① 지도해야 할 행동 발견

보육교사는 어린이집에서 영유아들을 대상으로 "지도해야 할 행동"을 발견할 수 있다. 그러나 지도해야 할 행동을 발견할 때도 과도하게 문제행동이라고 규정할 수 있으므로 주의해야 한다.

② 지도해야 할 행동에 대한 관련 정보 얻기

교사는 "지도해야 할 행동"을 정하고 나면 그 행동에 대한 관련 정보를 얻어야 한다. 영유아의 행동을 관찰하고 일화기록이나 평정척도를 통해 평가하고 부모와의 상담이나 이전 담임교사와의 면담을 통하여 관련 정보를 얻을 수 있다.

③ 지도해야 할 행동에 대한 원인 분석, 대상 영유아 주변 환경 살피기

보육교사는 "지도해야 할 행동"에 대해 정하고 관련 정보를 얻은 후 원인에 대해 여러 가지로 살펴보고 분석한다. 원인을 분석할 때에는 교사의 주관적인 판단이 되지 않도록 동료 교사나 원장과 의논한다. 그리고 대상 영유아 주변 환경을 살펴보아 다음 단계인 지도전략 세우기를 준비한다.

④ 지도전략 세우기

지도전략을 세울 때는 교사 주도적인 방법보다는 여러 가지 환경을 활용하여 부모와의 협조가 되는 상황에서 역동성을 활용한 보다 일관적인 전략을 세운다.

⑤ 대상 영유아 주변인(부모)과 상담과 지도전략 공유

대상 영유아가 주변인, 특히 부모와 "지도해야 할 행동"에 대해 상담하고 지도전략을 공유한다. 어린이집과 가정이 연계하여 일관성 있는 지도를 해야 효과적이다.

⑥ 생활지도 시작과 지속

상담과 지도전략 공유까지 마치고 나면 생활지도를 시작하고 지속한다. 집중해서 지도해야 할 행동을 정하여 지도하도록 하고 모든 행동에 대해 지도하지 않도록 한다. 지속적으로 일관성 있게 지도한다.

⑦ 경과 평가 및 지도 강도 감소시키기

시간이 경과되어 대상 영유아의 행동에 조정이 생기면 경과를 평가하고 지도의 강도를 감소시킨다. 모든 생활지도는 결과적으로 영유아 스스로 자율적으로 적절한 행동을 하도록 지도하는 것이 바람직하므로 반드시 중간에 지도의 강도를 감소시킨다.

⑧ 행동지도 완료

지도의 강도를 감소시킨 후 관찰하여 "지도해야 할 행동"이 보이지 않으면 부모와 협의하여 행동지도를 완료한다. 지도를 통해 이루어진 바람직한 행동에 대해 자주 긍정적인 강화와 격려를 해 주어 지속되도록 한다.

하루의 대부분 시간을 어린이집에서 보내는 영유아와 교사의 상호작용을 통한 효과적인 지도 방법은 다음과 같다(Kostelnik, Soderman, & Whiren, 1993; Marion, 1981; Mckay, 1988: Morrison, 1988).

① 영유아의 발달단계와 특정한 능력에 맞는 기대를 해야 한다.
② 영유아들이 해서는 안 될 것보다 해도 되는 것을 말해 준다.
③ 영유아들은 교사들이 말하는 맨 마지막 말을 가장 잘 기억한다.
④ 교사는 영유아들과 신뢰성을 위해 거짓말이나 속이는 결과가 되는 말은 하지 말아야 한다.
⑤ 영유아들의 어떤 행동을 제한시켜야 할 때는 대안적인 다른 행동을 안내해 준다.
⑥ 영유아 스스로 결정할 수 있는 기회를 준다.
⑦ 영유아들에게 일관성 있는 지도를 한다.
⑧ 영유아들을 부끄럽게 하거나 당황하게 하지 않아야 한다.
⑨ 교사나 부모 스스로가 궁지에 몰리는 일은 피한다.
⑩ 영유아들에게 규칙에 대한 이유를 간단하게 말해 준다.
⑪ 영유아의 분노의 감정을 수용해 준다.

⑫ 영유아들의 정서에 대해 장난하지 않아야 한다.

⑬ 교사나 부모도 감정을 표현할 수 있는 정서를 가지고 있음을 알게 한다.

⑭ 유아들과 상호작용할 때 자신감을 가지고 한다.

⑮ 영유아들에게 주어지는 과도한 경고는 효력이 없다.

⑯ 영유아들의 어떤 행동은 무시한다.

⑰ 영유아들을 엄격하게 훈육하지 않는다.

3. 생활지도를 위한 보육교사의 역할과 자질

1) 다문화가정 영유아 생활지도를 위한 보육교사의 역할

영유아는 일상생활을 통해 기본생활습관, 안전, 인성 등 다양한 배움의 기회를 가지게 되므로 보육교사는 어린이집에서 영유아가 자율적이고 주도적으로 일상생활을 할 수 있도록 충분한 시간을 주어 영유아가 편안함 속에 즐거운 배움이 일어나도록 지원한다.

또한 영유아들이 다문화 역량을 강화할 수 있도록 이에 도움이 되는 활동과 놀이를 제공하고 수시로 자신의 교수 행동을 평가해야 하며 영유아들에 대한 평가도 주기적으로 해야 한다. 유능한 교사는 다문화 역량을 강화하기 위해 영유아를 위한 놀이와 활동을 제공할 뿐 아니라 그들의 부모 및 동료들과 협력적 관계를 유지하도록 노력해야 한다. 이상을 토대로 다문화 역량 강화를 위한 보육교사의 역할은 프로그램 설계자의 역할, 상호작용자로서의 역할, 환경구성자로서의 역할, 관찰자 및 평가자로서의 역할, 상담자로서의 역할, 부모와의 협력자로서의 역할 등을 해야 한다.

다문화가정 영유아 생활지도 시 보육교사의 역할은 다음과 같다(한국보육진흥원, 2013).

첫째, 보육교사는 영유아의 발달 수준에 적합한 생활지도를 할 수 있도록 하기 위하여 먼저 영유아를 둘러싼 물리적·인적 환경을 정비하도록 한다. 발달적으로 적합한 환경은 영유아가 자율적으로 행동하고 놀이에 몰입할 수 있도록 지원함으로써 영유아가 목적 없이 배회하거나 반복적으로 실패하여 좌절감을 느끼는 일이 줄어든다. 이는 다문화가정 영유아에게도 공통적으로 적용된다.

둘째, 보육교사는 보육실 내에서의 갈등을 영유아의 실수 행동으로 간주하고, 갈등을 가르침의 기회로 삼을 수 있도록 지원해 주어야 한다. 보육교사는 다문화가정 영유아의 사회·정서적 상황을 '문제행동'으로 규정하기 전에 보육교사 자신의 편견으로 인해 문제행동으로 규정하게 된 것은 아닌지 검토하여야 한다. 보육교사는 규칙을 집행하는 역할이 아닌 영유아를 위한 중재자로서의 역할을 하며 일관성을 가지고 체계적이고 지속적으로 지도해야 한다.

셋째, 보육교사는 다문화가정 영유아의 사회·정서적 상황에 대해 깊이 이해하고 직접적인 모델링을 통해 지도한다. 겉으로 보이는 문제행동에만 집중하지 않고 그 원인이 되는 사회·정서적 상황에 대해 깊이 이해할 필요가 있으며 특히 적절한 사회화와 모델링이 부족했을 수 있는 영유아의 상황에 대한 이해가 필요하다. 모델링이 부족하여 부적응 행동을 하는 것이라고 판단된다면 또래들과 관계 맺음에 대해 방법적으로 지도하고 실제 보육교사가 모델링을 해 준다.

넷째, 다문화가정 영유아의 다양한 부적응 행동에 대해 보육교사가 접근해야 할 필요성이 있는 경우 다문화가정의 부모와 협력해야 한다. 다문화가정 부모의 경우 언어적으로 의사소통이 원활하지 못할 수 있으므로 행동적이고 구체적으로 알려 주고 협력하는 것이 필요하다.

무엇보다 보육교사는 어린이집에서 하는 생활지도가 영유아의 발달에 중요하다는 것을 부모가 알 수 있도록 반복적으로 안내하여 바람직한 생활지도가 가정과 어린이집에서 일관적으로 이루어질 수 있도록 안내해야 한다.

결론적으로 영유아 생활지도 시 보육교사는 다문화가정 영유아에 대한 편견을 가지지 않고 인권 감수성이 풍부해야 하며 다문화가정의 특성을 이해하고 어려움도 숙지하여 전문적이고 체계적인 지식을 바탕으로 영유아의 발달 수준에 적합한 생활지도를 해야 한다. 다양한 상황에 대해 적절한 역할모델을 제시할 수 있어야 하며 이를 통해 영유아가 주체적인 생활방식을 갖도록 지원할 수 있어야 하며 가정과 협력해야 한다.

2) 다문화가정 영유아 생활지도를 위한 보육교사의 자질

다문화가정 영유아 생활지도 시 교사로서 갖추어야 할 많은 자질 가운데 중요한 자질은

첫째, 인간은 성장·발달 가능성을 가진 독립적인 유기체이며 개인차가 있고, 특히 영유아는 무한한 가능성을 지닌 하나의 인격체라는 바람직한 인간관과 아동관이 필요하다.

둘째, 근본적으로 인간 생명의 존귀함을 알고 사랑하는 인간애와 노력의 결과나 효과가 금방 가시적으로 나타나지 않는 생활지도에 대한 인내와 봉사정신이 필요하다.

셋째, 보편적인 이론과 기술뿐만 아니라 자기가 만나는 영유아의 특수성에 적합한 혹은 자기에게 맞는 이론과 기술을 축적하기 위해 끊임없이 공부하고 연구하는 자세가 필요하다.

넷째, 생활지도 담당자로서 시각이 왜곡되지 않는 원만한 성격을 위해 끊임없이 자기를 인격체로서 수양하고 개발해야 한다.

더욱이 다문화가정 영유아 생활지도를 담당하는 교사는 발달에 적합한 효과적인 생활지도를 수행하기 위해서는 무엇보다도 '전문성이 있는 교사'가 되어야 한다. 교사의 전문성이란 교사가 항상 효율적이고 바람직한 지도방안을 모색하지 못하더라도 영유아들과 개별적으로 상호작용의 질을 개선하기 위해 많은 것을 배우고 노력하는 열린 자세를 의미하였다. 전문적인 교사에 대해서는 상황을 평가하고 이를 참조하여 영유아의 문제행동을 지도하는 교사, 일어난 상황을 판단한 다음 이에 관한 가설을 설정하고 가설을 기초로 지도방안을 채택하는 교사, 영유아가 경험을 통해 학습할 수 있도록 격려하는 교사, 효율적인 생활지도를 위해 영유아들에게 기대되고 가치가 있다고 판단되는 행동을 학습하도록 지지하는 교사이다.

또한 생활지도에 있어 교사의 역할은 행동을 제한하고 통제하고 강요하는 역할보다는 지지하고 격려하는 지지적 역할과 영유아의 문제를 분석하고 진단하여 그 원인을 발견하고 지도방안을 모색하는 일에 힘써 치료하기 위해 노력하는 치료적 역할, 개개인의 발달과 성장의 가능성을 긍정적이고 발전적인 입장에서 대하는 긍정적 역할을 해야 한다.

영유아 생활지도 시 전문적이고 체계적인 지식을 바탕으로 다양한 상황에 대해 적절한 역할모델을 제시할 수 있어야 하며 이를 통해 영유아가 주체적인 생활방식을 갖도록 도울 수 있어야 한다.

여러 전문가가 제시한 영유아 생활지도 시 교사가 갖추어야 하는 자질을 정리하면 다음과 같다.

① 현명하면서도 올바른 의사결정 능력을 갖추어야 한다.
영유아가 매일 보이는 부적응 행동을 파악하고 이를 합리적으로 지도할 방법을 알아내고 영유아에게 제시할 수 있어야 한다.

② 영유아를 자율적인 존재로 인식하고 영유아의 현재 보이는 부적응 상황에 대해서 감정이입을 하여 영유아가 처한 상황을 이해할 수 있어야 한다.

③ 영유아를 발달시키도록 지도하는 역할이다. 영유아가 저지른 실수에 대해

영유아를 처벌하거나 자신의 권위에 굴복시키는 대상으로 인식해서는 안 된다. 오히려 실수로부터 배울 수 있도록 지도하며, 영유아가 해결할 수 없는 문제를 갖고 있을 때 결과를 수용하도록 돕는 역할을 해야 한다.

④ 교사는 영유아들에게 행동의 모델이 되어야 한다.
영유아가 일상생활에서 교사의 행동을 보고 자연스럽게 생활지도를 받을 수 있도록 늘 적합한 행동을 해야 한다.

⑤ 긍정적인 생활지도 기법 및 각종 자료를 효과적으로 사용할 수 있어야 한다.

⑥ 영유아들이 현재 생활에 잘 적응하고 자기이해, 자기조절, 자기결정, 자기실현 등 주체적인 생활방식을 찾아갈 수 있도록 방향을 설정해 주는 등 체계적이며 전문적으로 지원해 주어야 한다. 이때 교사는 영유아 생활지도 시 영유아의 요구에 적합하게 이루어짐으로써 영유아가 자기 통제와 자율성을 갖도록 하는 데 초점을 맞추어야 한다.

⑦ 교사는 영유아에게 민주적인 삶의 기술을 가르치기 위해 생활지도를 해야 하며, 교실에서 일어나는 갈등 상황을 영유아의 나쁜 행동이 아닌 아직 사회화되지 않은 행동으로 보고 교육의 기회로 삼아야 한다.

⑧ 모든 영유아가 교실의 구성원으로서 환영받고 있다는 느낌을 가질 수 있도록 교실환경을 유지하고 영유아를 격려해야 한다.

⑨ 발달에 적합한 실제를 사용할 수 있는 전문성을 길러야 한다. 잘못된 교육과정으로 인한 영유아의 바람직하지 못한 행동을 예방하기 위해 발달에 적합한 실제를 사용하고 생활지도와 관련된 기술을 익혀 단순하게 사용하는 사람이 아닌 전문가가 되어야 한다.

⑩ 긍정적인 생활지도를 위해 교사는 영유아의 행동을 '잘못된 또는 나쁜' 행동으로 생각하고 지도하며 인내하려고 노력하기보다는 영유아의 특정 행동을 발달 수준에 적합하지만 '사회화가 되는 행동'으로 인식하고 이를 이해하고 지도하려고 노력하는 교사의 역할로 변화되어야 한다.

3) 다문화가정 영유아의 생활지도를 방해하는 요인

많은 다문화가정의 영유아들이 어린이집에서 생활지도를 받고 있으나 대다수의 보육교사들은 다문화가정 영유아를 위한 생활지도에 어려움을 경험하고 있다. 다문화가정의 생활지도를 방해하는 요인을 살펴보면 다음과 같다.

첫째, 언어적 문제이다.

영유아 보육은 가정과 함께 협력해야 한다. 어린이집에서만 보육을 잘 한다고 해서 영유아가 건강하고 안전하게 지역사회에 적합한 가치관과 지식, 태도를 갖게 되는 것은 아니다. 가정의 부모와 함께 논의하여 지도해야 하는데 부모가 한국어 사용에 어려움이 있는 경우 다문화가정의 영유아 생활지도 시 많은 어려움이 따른다. 많은 선행연구를 살펴보면 다문화가정의 가장 큰 어려움은 언어적 어려움이었다. 다문화가정의 부모의 언어적 어려움은 자녀의 언어발달에 부정적 영향을 미치게 되면서 어린이집에서의 생활지도에 방해요인으로 작용하고 있다.

둘째, 다문화가정의 문화적 특성의 다양성이다.

결혼이민자의 경우 외국인 여자 배우자는 2015~2020년 기간에 베트남 출신의 여자 배우자가 가장 많았으나, 2020년과 2021년에는 코로나19의 확산으로 급격하게 감소하였다. 여자 배우자의 출신국가는 2021년 혼인신고를 기준으로 중국 다음으로 태국, 베트남, 일본, 미국, 러시아, 필리핀 등의 순으로 많은데(통계청, 2022), 그들이 갖고 있는 문화적 특성이 다양하여 어린이집 교사로서 각국의 문화적 특성을 파악하여 지도하는 데 어려움이 있다.

셋째, 다문화가정의 영유아 생활지도에 대한 교사의 자질 부족이다.

보육교사의 경우 교사 혼자서 보육해야 하는 영유아가 많아 다문화 영유아에게 관심을 가질 여력이 없거나, 다문화에 대한 지식이 부족하고 다문화가정의 영유아를 위한 생활지도에 따른 지식 및 프로그램에 대한 인식이 부족하였다. 다문화 교육이 아직 의무 교육이 아니며 평가인증 항목에도 포함되어 있지 않다 보니 교사들이 스스로 교육 및 연수에 참여하는 데 한계가 있었다. 또한 전문적인 자료 및 교재를 어떻게 제공받아야 하는지 알지 못하고 있어 다문화 영유아 생활지도를 더욱 어렵게 하였다. 이러한 교사의 자질 부족은 직접적으로 다문화가정의 영유아 보육에 부정적 요인으로 작용된다. 따라서 교사 교육을 통해서 다문화 영유아를 위한 적합한 프로그램 적용 및 지도에 필요한 지식, 태도를 갖출 수 있도록 지원해야 한다. 또한 다문화 영유아를 위한 프로그램 개발 및 교재 개발을 통해서 교사가 손쉽게 자료를 얻을 수 있도록 해야 한다.

4) 다문화가정 영유아의 생활지도를 위한 지원 방법

다문화가정 영유아 생활지도를 위한 지원 방법을 물리적 지원하기, 지식과 태도 알기, 개별적 특성을 고려하여 생활지도 하기, 가정과의 연계를 통한 생활지도 하기 등으로 나누어 살펴보겠다.

(1) 물리적 지원하기

어린이집의 물리적 환경이란 정해진 보육목표에 접근하도록 행동 변화를 가져오는 데 적용하는 외적 조건과 자극의 총제를 말한다. 영유아의 바람직한 행동을 지도하기 위해서는 무엇보다 환경적인 배려가 먼저 고려되어야 한다. 이를 통해 긍정적인 생활지도를 유도할 수 있을 뿐 아니라 불필요한 갈등을 줄일 수 있다. 따라서 긍정적인 생활지도를 하기 위해서는 물리적 지원과 사회·정서적인 지원을 통해 다문화가정의 영유아들이 경험할 수 있는 갈등을 유발하는 부적절한 행동을 사전에 예방하는 것이 필요하다.

대체로 영유아의 부적절한 행동은 교사가 영유아의 행동 특성을 무시한 채 환경구성이 이루어지고 제한이나 규칙이 설정되고 있으며, 편안함을 주지 못하는 공간으로 구성되어 있을 때 빈번하게 발생한다(황옥경, 2014). 예를 들어, 이름표를 사용하여 놀이 인원수를 제한하는 규칙은 영유아들에게 상당한 스트레스를 주며, 또래 간의 과도한 경쟁이 일어나고 아직 숫자 및 글씨를 잘 모르는 다문화가정의 영유아에게는 더욱이 스트레스를 주는 환경이 된다. 실질적으로 인원수 제한 규칙을 해제하자 영유아들의 자율성이 증진되었으며, 또래 간의 경쟁이 사라지고 영유아 스스로 친사회적 기술을 활용하여 갈등을 조절할 수 있게 변화되었다고 한다. 즉, 영유아의 행동을 억제하기 위한 제한적인 통제는 물리적 환경구성을 통해 영유아의 행동을 조절하는 것과는 구별되어야 한다. 만약 같은 유형의 부적절한 행동이 여러 영유아들에게서 나타날 경우 교사는 규칙이나 통제를 통해 제한하기보다는 먼저 물리적 환경구성에 의한 요인을 점검하고 물리적 공간과 활동 자료를 재배치하여 교사가 기대하는 행동과 영유아에게서 나타나는 행동에 대한 상관관계에 대해서 관찰하여야 할 것이다.

영유아의 부적절한 행동을 줄이고 기대되는 행동을 자율적으로 발생하도록 하기 위해서는 물리적 환경의 구성뿐 아니라 보육프로그램 운영을 어떻게 운영하는가도 매우 중요하다. 이를 위해 교사는 일과를 계획하여 영유아에게 하루일과를 설명하며, 활동의 전환이 이루어지기 전에 영유아에게 미리 알리고, 장기적으로 일과의 효율성을 점검함으로써 영유아들의 긍정적인 또래 관계 형성을 도울 수 있다.

또한 다문화가정의 영유아의 바람직한 행동을 격려하기 위해서는 물리적인 환경뿐 아니라 사회 · 정서적 환경의 제공이 중요하다. 사회, 정서적으로 안정되고 건강한 분위기는 영유아의 부적절한 행동을 감소시킬 뿐만 아니라 부적절한 행동 발생 시에도 훨씬 수월하게 지도해 나갈 수 있다(조운주, 최일선, 2015). 따라서 교사는 즐겁고 편안하며 경쟁보다는 협력적이고 상호존중되는 보육실 분위기를 제공할 필요가 있으며, 긍정적인 기대와 분명한 지침을 통해 영유아의 정서적 요구가 수용되는 사회 · 정서적 환경을 제공해야 한다. 예를 들어, 놀잇감이나 공간과 같은 물리적인 환경을 차지하려는 소유분쟁에 의한 것과 의견 대립과 같은 사회적인 환경을 통제하고자 하는 것에서 영유아의 갈등이 발생한다면 이와 같이 또래 간 갈등의 원인이 물리적인 환경에 있을 경우에는 환경적인 지원을 통해 사전에 불필요한 갈등을 예방할 수 있다. 다시 말해, 놀잇감이 부족한 경우에는 놀잇감의 개수를 늘려 주고, 공간이 부족한 경우에는 가능한 공간을 최대한 넓혀 주는 것과 같은 물리적인 배려가 필요하다. 이러한 물리적 지원으로는 충분한 놀이 시간, 자유로운 놀이 환경, 다양한 크기의 놀이 공간, 적절한 종류와 충분한 양의 놀잇감이 포함될 수 있다.

먼저, 교사는 영유아의 또래 관계를 지원하기 위해 영유아가 또래와 관계를 형성하고 발달시킬 수 있는 충분한 놀이 시간을 제공할 수 있다. 놀이 시간은 영유아가 또래와 관계를 형성할 수 있도록 격려해 주는 핵심적 요소이다. 놀이 시간이 충분하면 영유아가 또래와 함께 놀이를 계획하고 실행하는 동안 충분한 상호작용이 일어나도록 도울 수 있으나 그렇지 않은 경우, 놀이 시간이 짧으면 영유아가 무엇인가를 구성하고 또래와 극화놀이를 하려는 순간 멈추고 정리해야 하므로 영유아들의 또래 간 수준 높은 상호작용을 방해하게 된다. 따라서 교사는 영유아가 또래와 놀이하는 시간을 통해 관계를 발달시키는 능력을 키울 수 있도록 의도적으로 충분한 놀이 시간을 계획하고 제공해야 한다.

또한 영유아의 흥미와 요구에 적합한 활동과 자료를 충분히 제공함으로써 불필요한 갈등을 예방할 필요가 있다. 연령에 적합하고 풍부한 놀잇감이 제공되는 환경에서 영유아들은 더 친사회적인 행동을 많이 보이고, 갈등을 적게 나타내며, 협동적이고 구성적인 놀이에 참여한다. 뿐만 아니라 상호작용할 수 있는 다양한 크기의 적절한 놀이 공간, 충분한 양의 놀잇감이 제공될 때 또래와의 상호작용이 촉진된다. 그 밖에도 자유로운 놀이 환경, 여러 용도로 활용되는 놀잇감, 친숙한 또래는 긍정적이고 언어적이며, 협동적인 또래 간 상호작용을 촉진한다(조운주, 최일선, 2015). 놀이영역을 적절하게 분리하고, 놀이영역에 따른 교구와 놀이 자료가 풍부하게 제공되어 있을 경우 영유아의 사회적 행동이 협동적이며 사교적이고 또래와의 상호작용이 더 성숙하다고 보았다.

따라서 교사는 다문화가정의 영유아를 지원하기 위해 영유아의 발달과 특성을 고려한 물리적 환경구성과 일과 운영, 사회·정서적인 환경이 고려되어야 한다.

이를 위해 충분한 놀이 시간과 자유로운 놀이 환경이 제공되며, 다양한 크기의 놀이 공간 및 적절한 종류와 충분한 양의 놀잇감을 제공해 줌으로써 불필요한 갈등을 예방하고 또래 관계에 긍정적인 영향을 미칠 수 있도록 물리적인 지원을 할 수 있다.

(2) 지식과 태도 알기

첫째, 갈등적 상황을 적극적으로 활용하는 것이다.

교실에서 교사와 영유아, 영유아와 영유아 간의 갈등은 피할 수 없다. 이런 관계 안에서의 갈등이 영유아의 발달에 '파괴적'인 것이 아니라 '건설적'으로, 작용하도록 하기 위해서 영유아의 부적응 상황을 활용하여 사고하고 판단할 기회를 갖도록 하는 것이다. 교사는 영유아에게 기대되는 행동에 대해 추리할 기회를 주고 어떻게 부적절한 상황을 해결할지에 대해 의견이나 생각을 묻고, 바람직한 행동이나 그릇된 행동을 했을 때 어떤 결과가 일어났는지 생각하고 말하게 함으로써 다문화가정의 영유아에게 자신의 행동을 스스로 조절하는 능력을 길러 줄 수 있다. 이때 교사는 영유아의 연령에 관계없이 부적응 행동 해결을 위한 실마리와 아이디어를 적절히 제시할 수 있어야 한다.

둘째, 사회적 의사소통 기술을 알려 주는 것이다.

갈등이나 문제 상황을 평화적으로 해결하기 위해서는 사회적 기술이 필요하다. 사회적 기술이 높은 영유아는 또래와 긍정적인 관계를 형성하며, 갈등이 일어나더라도 언어를 사용하여 갈등을 긍정적으로 해결할 수 있다. 5세 유아들이라고 하여도 자신의 권리에 대해 주장하며 방어할 수 있지만, 갈등을 효과적으로 해결하는 데는 여전히 어려움이 있다. 따라서 교사는 영유아의 갈등상황이 일어났을 때, 이 상황에 대해 생각하고, 토의와 협상하는 기회를 갖도록 할 필요가 있다. 또한 교사는 다문화가정의 영유아가 이 사회에 수용될 수 있는 언어로 접근하도록 협상기술에 필요한 표현을 알려 주고, 어떠한 요청과 요구에 적절하게 의사표현을 할 수 있도록 알려 줌으로써 문제를 예방하고 해결을 도울 수 있다. 예를 들어, 또래 간의 갈등이 자주 발생하는 상황에서 관련된 동화나 그림 자료를 제시하고 다문화가정의 영유아들과 함께 해결방안에 대해 생각하고 평가해 보는 활동을 제시하는 것이다. 일상생활에 대한 지도 내용도 마찬가지로 동화 및 그림 자료를 함께 제시하면서 대소변 훈련, 식습관 태도 형성 등을 지도한다면 자연스러운 상황에서 다문화가정의 영유아들이 생활지도를 받을 수 있을 것이다.

셋째, 긍정적 상호작용의 모델링을 보이는 것이다.

일반적으로 영유아는 자신에게 중요한 사람의 행동을 모방하며, 이를 통해 많은 것을 학습한다. 따라서 교사는 갈등상황에서 영유아에게 적합한 행동을 시범 보일 수 있다. 특히 자신이 어떻게 행동해야 하는지 알고 있으면서도 직접 행동하기 어려워하는 경우, 교사는 영유아를 대신해서 갈등상황 해결을 위한 전략을 실천해 보임으로써, 다문화가정의 영유아가 적합한 행동을 보고 배울 수 있도록 할 수 있다. 또한 연령이 어릴수록 언어적 지시나 토의보다 모방이 더 효과적이기 때문에, 교사는 다문화가정의 영유아의 발달 단계에 따라 영유아가 가장 필요로 하는 사회적 기술을 파악하고 이를 효과적으로 시범 보일 수 있는 기술을 익혀야 한다.

넷째, 긍정적 강화를 사용하는 것이다.

교사는 다문화가정의 영유아의 부적절한 행동이 일어난 후 개입을 하는 경우가 많은데, 부정적인 행동에 개입하는 것보다 긍정적인 행동을 강화하는 것이 보다 장기적인 효과가 있다. 성인들이 부정적인 반응전략을 사용했을 때 영유아들의 부적절한 행동이 일단 멈추기 때문에, 자칫 영유아의 부적절한 행동에는 거칠고 직접적으로 반응하는 것이 효과적이라는 생각을 할 수는 있지만 영유아의 부적절한 행동은 머지않아 다시 나타나고 심지어는 더 강화되기도 한다. 다문화가정의 영유아에게 교사의 긍정적인 관심은 무엇보다 강력한 강화의 수단이 될 수 있다. 영유아는 자신의 행동에 대해 긍정적인 관심과 칭찬을 받았을 때 그 행동에 대해 더 의미 있게 수용하고, 자아존중감과 자기 조절력도 키울 수 있다. 특히 다문화가정의 영유아 자신이 노력한 것에 대한 인정이나 관심은 지속적인 긍정적 행동을 가능하게 한다. 또한 생활지도를 위해 영유아의 친사회적 행동을 강화하여, 바람직한 행동을 장려하고 부정적인 행동을 예방할 수 있다. 다시 말해서, 교사는 다문화가정의 영유아가 부정적인 행동을 보일 때 개입하기보다는 영유아가 긍정적인 행동을 보일 때 그 행동을 격려해 주고, 그러한 행동이 지속될 수 있도록 지지해 줌으로써 바람직한 행동을 증진시킬 수 있다.

다섯째, 협동의 기회를 활용하는 것이다.

협동 활동은 참여자들이 공동의 목표를 추구하기 위해 또래 간의 의견 차이를 조정해야 하는 기회를 줄 뿐만 아니라 다문화가정의 영유아들의 생각이나 문제해결 전략을 비교할 수 있는 기회를 제공하므로 보다 능동적이고 자발적인 행동을 이끄는 데 효과적이다. 또한 협동 활동의 과정에서는 다양한 협동 기술들이 요구되며, 이러한 협동기술들이 적절히 활용되었을 때, 개별 영유아 및 집단의 학습 효과는 더 커진다. 협동 활동을 통해 다문화가정의 영유아들의 협동심이 증진되고, 사회적 기술, 타인을 배려하는 태도, 사회적 상호작용 능력이 증진될 수 있다.

이상을 종합해 보면, 교사는 다양한 교수전략을 통해 다문화가정의 영유아에게 생활지도에 필요한 지식과 태도를 알게 하고, 영유아의 행동을 긍정적으로 증진시킬 수 있다. 즉, 교사는 갈등의 상황을 교육적으로 활용하기, 바람직한 사회적 의사소통 기술 알려 주기, 긍정적 상호작용의 모델링 보이기, 긍정적 강화 사용하기, 협동의 기회 활동하기 등의 교수전략을 사용하여 다문화가정의 영유아의 생활지도를 할 수 있어야 한다.

(3) 개별적 특성을 고려하여 생활지도 하기

비다문화가정 영유아나 다문화가정의 영유아들 모두 연령, 성, 환경에 따라 발달의 속도나 성숙도가 다르다. 또한 다문화가정의 영유아들의 기질이나 성격, 요구, 감정 등은 다양하기 때문에, 모든 다문화가정의 영유아들을 똑같이 대하는 것은 불공평한 것이며, 다문화가정의 영유아의 개별적인 특성에 따라 관심을 보여 주는 것이 오히려 더 평등한 것이다. 많은 교사들이 다문화가정의 영유아들을 위한 보육 및 지원, 프로그램을 제시하면 왜 그들만을 위한 특별한 프로그램을 제공해야 하는지 의구심이 갖게 되나 새로운 사회에 적응하기 위해서 누구나 개인의 특성에 따른 지원을 받아야 성공적으로 이 사회에 적응할 수 있다. 따라서 교사는 다문화가정의 영유아의 개별적인 특성을 고려하여 생활지도를 해야 한다. 이때 고려해야 할 다문화가정 영유아의 개별적인 특성으로는 유아의 성, 발달, 기질, 유전 및 개인의 컨디션 등의 개인적 요인이나 부모의 양육태도, 가족구성원, 이주해 온 나라의 특성 등의 부모 요인이 있으며, 어린이집 및 교사, 대중매체나 인터넷 등의 외부 환경적 요인이 있다. 이러한 특성에 따라 행동의 발생 원인과 지도 방법이 달라질 수 있기 때문에 다문화가정 영유아의 모든 것을 고려하여 지도 계획에 반영해야 한다.

먼저 성에 대한 차이로 남아는 또래와 상호작용을 활발히 하고 더 자주 또래에게 다가가며, 신체적 공격이나 놀잇감 소유하기와 같은 부정적 상호작용이 빈번하다고 보고한 반면에 여아들은 또래에게는 소극적인 형태를 취하며, 교사와는 의존적이나 긍정적으로 상호작용하는 것으로 보고하였다. 또한 여아는 또래 친구와의 놀이상황에서 수용적이며 협동적인 데 비해 남아는 경쟁적이라고 보고하였다. 이러한 결과가 절대적인 것은 아니지만 교사가 다문화가정의 영유아의 성별에 따라 다른 방식으로 상호작용하고 그 결과로 다문화가정 영유아의 사회적 행동에 차이가 나타날 수 있다는 것을 지각하고 있어야 한다.

다음으로 기질은 선천적으로 뚜렷한 개인차를 보이며, 영유아가 어떻게 행동하는가 하는 행동방식으로써, 타고난 것이긴 하지만 환경과의 상호작용을 통해 변화될 수 있는 성향이다(김경희, 2007). 까다로운 기질의 영유아는 또래들과의 상호작용에서 짜증이 많고 공격적일 수 있으며, 활동성 기질의 영유아일수록 또래의 활동을 방해하거나 주의가 산만하여 또래 간에 갈등이 빈번하게 나타난다고 하였다(김경희, 2007). 또한 외향적이고 활동적인 영유아의 경우, 대체로 또래 집단에서 인기가 많고 사교적이며, 때로는 모든 것에 참여하려고 하는 성향으로 다른 친구의 놀잇감을 빼앗기도 하고, 조금 더 공격적인 모습을 보일 수 있다. 교사는 이러한 특성을 가진 영유아가 바람직한 행동을 할 수 있게 기회를 주어 친절한 리더가 될 수 있도록 도울 수 있다. 반면에 내향적이고 수줍음이 많은 영유아의 경우, 사회적 기술은 있으나 자신감이 부족하여 또래 간 상호작용에 끼지 못하거나 성인 의존적이어서 또래와의 관계에 소극적일 수도 있으며, 수줍어하기 때문에 또래에게 관심이 없는 것처럼 보일 수도 있고 갈등 상황을 스스로 해결할 수 없는 존재로 의식될 수도 있다. 하지만 이것은 영유아의 특성에 따라 혼자서 많은 시간을 탐색하고 놀이하는 것을 좋아하거나 또래에게 거부당하는 것이 두려워 다른 영유아와 상호작용하지 않는 것일 수 있으므로, 교사는 영유아의 특성을 파악하여 지원하되 일상생활에서 자신감을 가질 수 있도록 도와줄 수 있어야 한다. 또한 영유아의 행동 형성에 관한 특징을 보면 연령과도 밀접한 관련이 있다. 영유아기 행동 특징을 정리하면 다음과 같다(문혁준 외, 2013). 첫째, 긍정적 사회적 행동이 증대된다. 연령이 증가할수록 공격성도 증가하지만, 다정한 상호작용의 증가 비율에 비교하면 공격성은 오히려 감소된다고 볼 수 있다. 둘째, 또래에게 언어적 지시 및 요구가 증대하면서 대화의 기술이 향상된다. 또한 4, 5세 유아는 3, 4세 유아에 비해 간접적 요구 전략을 더 많이 사용한다.

마지막으로 영유아의 언어, 인지, 정서발달 등도 영유아의 행동형성에 영향을 미치는 개별적 특성으로 고려되어야 한다. 동일 연령의 영유아라도 개개인에 따라 발달에 따른 차이가 있을 수 있기 때문에 교사는 영유아의 발달 수준을 고려하여 생활지도를 해야 한다. 영유아들은 언어를 사용하게 되면서 사회적 상호작용이 급속하게 증가되는데, 타인과의 의사소통을 원활하게 하기 위해서는 영유아의 언어적 발달도 고려해야 한다. 다문화가정의 영유아들이 가장 어려워하는 발달영역이 언어발달이다. 따라서 이러한 언어적 상호작용 기술이 발달되어 가면서 다문화가정의 영유아의 사회적 행동도 보다 발달될 수 있게 된다. 또한 일반적으로 영유아의 인지 능력이 발달할수록 자신에 대해 더 많은 것을 깨닫게 될 뿐만 아니라 타인의 성격이나 행동을 이해하고 판단하게 되며 이를 통해 사회적 능력이 발달될 수 있다. 영유아는 정서 발달을 통해 자신이 느끼는 감정을 토대로 사회적 기대와 준거에 적합하도록 자신의 행동을 조정해 나간다. 따라서 교사는 다문화가정의 영유아의 개별적인 발달 단계와 수준을 파악하고 이를 고려하여 생활지도를 해야 한다.

이 외에도 발달이 늦은 영유아, 자신의 감정 표현을 잘 하지 못하는 영유아, 공격적인 영유아, 비인기 영유아, 또래들에게 따돌림을 당하는 영유아 등 어려움을 겪고 있는 다문화가정의 영유아들의 개별적인 특성을 고려하여 각자에게 필요한 적합한 방법으로 생활지도를 할 수 있다.

(4) 가정과의 연계를 통한 생활지도 하기

다문화가정의 영유아에게 바람직한 행동을 지도하기 위해서는 가정에서의 생활과 어린이집에서의 생활 간의 연계 및 상호 이해가 매우 중요하다. 부모의 양육 방식이 어린이집의 철학이나 지도와 많이 다르거나 양육 태도에 일관성이 없다면 행동지도는 효과를 거두지 못하므로 부모의 협력이 절대적으로 필요하다(조주은, 최일선, 2015). 그러나 다문화가정 영유아의 생활지도를 하면 어린이집 교사들은 부모와의 협력의 결여로 영유아의 생활지도를 하는 데 어려움을 나타내고 있었다. 많은 사례에서 다문화가정의 영유아의 부적절한 행동을 지도함에 있어 교사와 부모와의 지도 방법이 달라 어려움을 겪고 있다고 보고하며, 간혹 교사는 부모의 지도 방법이 적절하지 못하다는 것을 알면서도 사용하게 되는 경우도 있다고 하였다. 교사는 부모가 영유아의 삶에서 가장 최초로 사회적 관계를 맺는 대상이며, 강력한 영향력을 지닌 성인임을 잊지 말아야 한다. 부모는 영유아의 사회화 과정에서 훈육자로서의 역할과 모델로서의 역할을 담당하게 될 뿐 아니라 사회적 경험을 배울 수 있는 최초의 대상으로 가장 큰 영향을 미치게 된다. 특히 부모와 영유아 간의 애착과 상호작용 정도, 부모의 양육태도 등이 중요한 영향 요인이 될 수 있다. 영유아의 부적절한 행동습득의 주된 원인을 부모요인으로 보았으며, 특히 영유아와 가장 많은 시간을 보내며 상호작용을 하는 주된 양육자인 부모에게서 그 요인을 찾는 것이 필요하다고 하였다(문혁준 외, 2013). 또한 부모의 특성, 부모의 의사소통, 양육행동, 지도 방법은 모델링, 강화, 반응의 과정을 거쳐 사회적 행동 형성에 영향을 미치고 이러한 사회적 행동은 이후 사회적 행동에서 긍정적 사회적 행동, 부정적 사회적 행동과 연관된다. 부모가 온정적이고 영유아의 자율성을 많이 격려해 줄수록 영유아의 사회적 행동에 긍정적인 영향력이 큰 것으로 나타났다. 부모가 적절한 역할 수행을 하게 될 경우 영유아는 안정적인 사회적 태도를 형성하게 된다. 또한 건강한 상호작용을 통해 바람직한 부모-자녀 관계를 형성하는 것은 영유아로 하여금 안정감을 느끼게 할 뿐만 아니라 자신의 능력에 대해 자신감을 갖게 되므로 새로운 관계를 탐색할 때 좀 더 자신감 있고 능동적으로 행동할 수 있게 도와준다. 또한 영유아는 자신의 욕구에 집착하지 않고 타인에게 반응적으로 행동할 수 있어서 원만한 또래 관계를 형성하고 유지할 수 있다. 뿐만 아니라 부모는 영유아의 친사회적 태도를 형성하고 유지하는 데 필요한 상호작용 행동의 모델이 되기 때문에 교사는 부모가 영유아의 생활지도에 있어 긍정적인 모델을 제공할 수 있도록 안내하고 가정과 협력하여 지도 방침을 공유해야 한다.

다문화가정의 영유아의 사회적 능력 발달에 기여 혹은 사회적 능력 결핍으로 이어질 수 있는 부모의 역할은, 첫째, 부모는 자녀의 또래와의 긍정적인 상호작용 기회를 조정하고 제공하는 역할을 수행해야 한다. 둘째, 또래와의 접촉을 조정하는 것 외에도 부모는 또래와의 상호작용에 관심을 갖고, 또래와의 문제를 해결하는 방법에 대해 자녀와 이야기 나누면서 영유아의 사회적 능력을 키워야 한다. 마지막으로 부모는 놀이기술을 발달시키는 놀이 상호작용에 참여하고 긍정적인 사회적 상호작용을 하는 모델로 사회적 능력 발달을 촉진하는 역할을 수행해야 한다. 따라서 교사는 다문화가정의 영유아의 생활지도를 효과적으로 지원하기 위해 부모와 생활지도에 관해 공유하고 부모가 일상생활 속에서 긍정적인 역할과 상호작용을 제공할 수 있도록 협력하여 지도하는 것이 바람직하다.

〈표 7-3〉 다문화가정 영유아를 위한 생활지도를 위한 지원방법

지원방법
1. 물리적 지원하기
2. 지식과 태도 알기
3. 개별적 특성을 고려하여 생활지도 하기
4. 가정과의 연계를 통한 생활지도 하기

5) 다문화적 교사되기

(1) 다문화교육에 대한 나의 인식과 태도 알기

다문화교육은 교육기관에 종사하는 사람들의 태도와 인식에서부터 구체적인 교수기술의 도입에 이르기까지 교육 분야의 총체적 변화를 통해 민주사회의 '공평한 교육'이라는 교육의 기본 가치를 실현하고자 하는 것이다. 그러므로 어린이집에 다문화가정 영유아가 증가하고 있는 현재 보육교사가 다문화에 대해 어떻게 인식하고 있는지 점검하는 것은 매우 중요하다. 왜냐하면 보육교사 자신이 문화적, 인종적, 언어적으로 다양한 사람들에 대한 인식, 지식, 기술을 지녀야 하고 다문화가정에 대한 편견을 지니고 있지 않아야 다문화가정 영유아를 편견 없이 공평하게 대할 수 있기 때문이다. 다문화적 교사가 되기 위해서는 자신이 갖고 있는 다문화 관련 기존 개념에 대한 생각과 인식을 스스로 점검하여야 한다. 교사가 다문화교육에 대하여 어떻게 인식하고 이해하느냐에 따라 보육의 내용과 질이 달라지고 결과가 달라지는 것이다.

교사가 어떻게 인식하고 생각하고 판단하며 행동하느냐에 따라 다문화가정 영유아에 대한 비다문화가정 영유아들의 태도가 달라진다는 것이다. 교사가 어린이집 생활 중에서 다문화가정 영유아를 수용하고 긍정적인 시선으로 바라보면 학급의 비다문화가정 영유아들이 다문화가정 영유아에 대하여 긍정적인 태도를 가질 가능성이 많다. 반대로 교사가 다문화가정 영유아에게 부정적인 시선을 가지고

차별하고 번거롭고 귀찮은 존재로 여기면 비다문화가정 영유아 또한 다문화가정 영유아들을 부정적 존재로 인식할 우려가 있다. 이처럼 교사의 태도나 행동은 의식적이든지 무의식적이든지 간에 영유아의 태도나 행동에 영향을 미친다는 점에서 교사의 인식과 태도는 중요하다.

어느 교사의 깨달음

나는 놀라운 결론에 도달했다. 학급에서 내가 가장 결정적인 요인이라는 것이다. 교실 분위기를 좌우하는 것은 바로 교사인 나다. 그날의 교실 분위기는 나의 기분에 따라 달라진다. 교사로서 나는 아이들을 불행하거나 행복하게 할 수 있는 엄청난 힘을 갖고 있다. 나는 아이들을 고문을 하는 도구가 될 수도 있고, 영감을 불어넣는 수단일 수도 있다. 나는 아이들에게 모욕을 줄 수도 있고, 유머를 말할 수도 있으며, 상처를 주거나 치료를 할 수도 있다. 교실에서 위기가 높아지거나 낮아지는 건, 아동이 인간답게 되거나 몰인간화되는 것을 결정하는 것은 바로 나의 언행이다.

출처: 김원중(2007).

(2) 다문화 감수성 높이기

다문화 감수성은 "다양한 문화적 환경 속에서 효과적으로 의사소통하고 문화적 맥락에서 적절하게 대응할 수 있도록 문화의 차이를 인식하고 존중하는 정서적 준비 상태의 민감한 정도"를 의미한다(이규림, 2011). 즉, 나와 문화적 배경이 다른 사람과 대화를 할 때 말이나 행동으로 상대방에게 실례를 범하는 것은 아닌지 세심하게 헤아리고 배려하는 능력을 의미하며 이러한 태도는 상대의 문화를 존중할 때 자연스럽게 나타난다.

보육교사의 다문화 감수성을 높이기 위한 방법은 고정관념, 편견, 선입견 깨기이다.

다문화 감수성을 높이기 위해서 우선되어야 하는 것은 일상 속에서 크고 작은 고정관념, 편견, 선입견을 파악하고 이것을 없애는 것이다.

또한 있는 그대로 영유아를 존중하고 사랑하는 것이다. 일상 속에 편재한 선입견, 편견, 고정관념을 타파하고, 영유아가 각자에게 편안한 언어를 자유롭게 구사하는 환경을 만들어 준 후에 영유아를 있는 그대로 바라보아 주고, 존중해 주고,

사랑해 주는 일이다. 나와 언어, 문화가 다른 영유아라 막연히 이해하기 어렵다고 생각하는 대신, 한 걸음 더 다가가 귀 기울여 영유아를 알아가는 것이 필요하다.

문화적 역량이 높은 교사의 특징을 살펴보면 다음과 같다.

① 문화권에 따라 자녀양육 방식, 생활양식, 의사소통 방식이 다를 수 있음을 인정하고 이를 존중한다.

② 교사가 다문화가정의 모든 문화적 특성과 가치를 이해하거나 알 수는 없으나 문화적 차이로 인해 발생할 수 있는 왜곡된 해석을 방지하고 다문화가정 영유아의 건강한 발달을 지원하기 위해 다문화가족 부모와 아동의 문화를 이해하려는 열린 태도를 가지고 있다.

③ 다문화가정의 부모와 영유아의 독특한 상황과 욕구를 이해하고 적절하게 반응할 수 있다.

〈표 7-4〉 고정관념, 편견, 선입견

	고정관념	편견	선입견
정의	"특정 개인의 독특한 개성이나 개인차 혹은 능력을 무시한 채, 단순히 그 개인이 특정 집단의 구성원이라는 이유만으로 그의 개성이나 특성, 능력을 특정하게 또는 특정 범주로 귀속시키는 관념이나 기대"(곽호완, 박창호, 이태연 김문서, 진영선, 2008)	"특정 집단에 대해서 한쪽으로 치우친 의견이나 견해를 가지는 태도"(박지선, 2014)	직접적으로 경험해 보거나 알지 못하는 "어떤 대상에 대하여 이미 마음속에 가지고 있는 고정적인 견해"
특징	• 관념이나 생각 • 긍정적, 부정적인 내용 • 과잉일반화 하는 표현들 (예: 모든, 항상, 절대 등)이 쓰임	• 느낌이나 태도 • 긍정적, 부정적인 내용 • 편향된 내용을 바탕으로 특정 집단의 우월함/열등함을 드러냄	• 관점이나 견해 • 주로 부정적인 내용 • 고정관념, 편견에 의해 형성된 알지 못하는 대상에 대한 관점: 한번 형성되면 쉽게 바뀌지 않음
결과	불공평	불공평	차별

출처: 한국보육진흥원(2022).

(3) 다양성이 존중되고 편견 없는 교실 만들기

어떻게 하면 우리 반을 다양성이 존중되고 편견이 없는 교실로 만들 수 있을까?

어떻게 하면 모든 영유아가 내 교실에서 소외감과 차별을 느끼지 않고 지낼 수 있을까?

이러한 질문을 교사 자신이 생각해 보고 다양성이 존중되고 편견이 없는 교실의 모습을 상상하여 교실 환경을 구성한다.

다양성이 존중되고 편견이 없는 교실

- 모든 영유아가 있는 그대로 존중받고 환영받는 교실
- 다양성에 대해 긍정적인 태도를 갖게 만드는 교실
- 고정관념, 편견, 선입견을 바로잡는 교실
- 영유아의 사회적 관계와 사회적 활동을 도모하는 교실(York, 2016)

출처: 한국보육진흥원(2022).

다문화가정 영유아가 반에 있을 때는 반의 영유아들에게 다문화가정 영유아가 지닌 장점을 이야기하는 것이 좋다.

국제결혼가정이나 북한이탈주민가정의 영유아는 한국 이름을 사용하지만 외국인노동자의 자녀들은 외국식 이름을 그대로 사용하는 경우가 많아 영유아가 이름을 부를 때 발음하기가 어려울 수 있으므로 정확하게 발음할 수 있도록 안내한다.

4. 다문화가정 영유아 생활지도

보육교사들이 영유아에게 적합한 보육을 제공하기 위해서는 영유아의 발달 특성을 이해하여 영유아의 현재 발달 수준을 토대로 최적의 발달을 이끌 수 있도록 조기개입이 필요한 영유아를 발견하고 지원해 줄 수 있어야 한다.

다문화가정 영유아의 경우 신체발달 및 인지발달에 어려움이 보고된 사례는 거의 없다. 그러나 다문화가정 영유아들은 이중문화 속에서 서로 다른 문화와 생활습관을 바탕으로 성장하기 때문에 언어발달, 정체성 형성, 대인관계 형성과정이 비다문화가정 영유아에 비해 어려움을 보이고 있다.

다문화가정 영유아의 일반적인 특성을 살펴보면(신은희 외, 2012)

① 다문화가정 영유아들은 이중문화 환경 속에 있다.
② 다문화가정 영유아들은 이중언어에 노출되어 있다.
③ 다문화가정 영유아는 비다문화가정 영유아와는 다른 생활 적응 모습을 보인다.
④ 다문화가정 대부분이 소득수준이 낮아 주거 및 교육환경이 열악하다.
⑤ 다문화가정 영유아들은 편견과 부정적 인식의 대상이 될 소지가 있다.
⑥ 가족, 친구, 어린이집, 이웃 등 주변에서 상호작용하는 사람들과의 긍정적인 관계가 중요한 적응변인으로 작용한다.

대다수의 결혼이민자 여성들은 우리나라의 문화와 언어에 충분히 적응하지 못한 채로 임신과 출산, 양육을 담당하게 된다. 이러한 문화와 풍습의 차이로 인해서 부적응과 갈등을 경험하게 된다. 따라서 이러한 불안정한 상황 속에서 성장하게 되는 영유아의 경우 일반가정의 영유아에 비해 생애 초기 경험이 불안정하고 부모와의 안정 애착 형성에 어려움을 경험하는 등의 문제로 인해서 발달에 부정적 영향을 미칠 수 있다.

다문화가정의 영유아들 중에는 발달지연이 보고되고 있는데 이것이 이들의 환경적인 원인으로 인한 것이지 그들이 가지고 있는 능력의 문제는 아니다. 신체적 능력과 지적능력에서는 큰 차이가 없었으며 적응능력 또한 문제가 되지 않는다.

1) 일상생활과 신체발달

다문화가정 영유아의 일상생활 발달에 대한 어려움은 특히 보고된 것은 없다. 다만 부모의 경제적인 어려움으로 인해서 영유아기 교육기관에 의뢰하는 경우가 일반가정의 영유아에 비해서 낮았다. 그로 인해 자문화 우월주의를 갖고 가치중립적인 타 문화를 갖지 못하게 되면서 자문화와 타 문화에 대한 반성적 사고 단계 없이 한국 문화에 부적응하게 되는 것으로 나타났다.

대표적으로 일상생활에 관련된 어려움은 잠옷과 외출복의 구분 없이 아무 옷이나 입고 생활하는 것이나 속옷을 자주 갈아입지 않는 것, 양치 및 목욕을 하지 않아 냄새가 나는 등의 청결과 관련된 문제가 있었다. 또한 어머니가 외국인인 경우 우리나라 음식에 대한 거부감으로 자녀에게 한국음식을 먹이지 않으면서 기관에서 제공하는 음식을 거부하거나 인스턴트 음식만을 먹으려고 하는 등의 식습관 지도에 관련된 문제가 있다. 마지막으로 계절에 맞지 않는 외투를 작용하는 등의 어려움이 있었다. 부모가 더운 지역에서 살았을 경우 한국의 봄 날씨를 추운 겨울로 지각하고 겨울철 옷을 입혀 주는 등의 문제가 있었다.

이렇게 자국의 문화를 우선시할 경우 한국 문화의 적응을 더 어렵게 만들기 때문에 자국문화와 한국문화의 차이점을 인식하고 가치중립적으로 타 문화를 수용할 수 있도록 지도하는 것이 필요하다.

다문화가정 영유아 및 아동 대상의 신체발달, 건강지원 정책은 다문화가정과 일반가족이 함께 어울릴 수 있는 생활체육 프로그램이다. 생활체육활동은 다문화에 대한 사회적 이해 제고를 목표로 하는 사업 중 하나이며 다문화가정 영유아들의 신체적인 발달과 건강을 도모할 수 있다(〈표 7-5〉).

〈표 7-5〉 다문화가정 영유아를 위한 신체발달 지원 프로그램

사업명	사업내용	관련부서
어울림 생활 체육활동	• 다문화가족과 일반가족이 함께 생활할 수 있는 생활체육 프로그램을 마련하여 사회적인 융화 모색	문화체육관광부/국민생활체육회/시 · 도(시군구) 생활체육회
프로그램 예	  	

2) 언어·인지 발달

다문화가정 영유아들의 언어발달은 긍정적인 측면과 부정적인 측면이 있다. 긍정적인 측면은 다문화가정 영유아는 자연스럽게 이중언어에 노출되어 있어 이중언어 습득이 이로운 환경에서 자란다.

반면 부정적인 측면은 대부분 국제결혼 여성이 한국어 교육이 부진한 상태에서 결혼하고 결혼 이후에도 한국어가 서툰 상태에서 자녀들과 상호작용하면서 자녀들은 한국어뿐만 아니라 언어발달이 지연될 가능성이 높다는 것이다.

여러 연구결과를 살펴본 결과 언어발달의 문제는 다문화가정이면 누구나 경험하는 어려움은 아니었다. 부모의 학력과 자녀의 발달에 관심을 갖고 있는 정도에 따라서 다르게 나타났다. 또 사회경제적으로 취약하고 부모가 한국어 사용 능력이 부족한 가정의 자녀에게서 언어발달 지연이 많이 보고되었다.

언어발달과 관련된 요인은 일반적으로 영유아 요인과 외부요인으로 나눌 수 있다. 다문화가정의 영유아의 언어발달과 관련된 영유아 요인으로는 주의집중력, 음운 기억력, 문맥의 정보성 해석 능력과 성별 등이며 외부요인은 부모의 한국어 사용능력, 경제력, 자녀에 대한 양육 태도 등이었다. 다문화가정 영유아의 언어발달과 관련된 요인을 구체적으로 살펴본 연구들을 보면 영유아 요인보다는 외부요인이 더 많은 영향을 미치는 것으로 나타났다. 즉, 부모의 한국어 사용, 자녀의 발달에 대한 관심, 경제적 능력에 따른 부모와 자녀가 함께하는 시간 등이 다문화가정 영유아의 언어발달에 지대한 영향을 미친다는 것이다.

비다문화가정의 영유아와 비교했을 때 3세에는 큰 차이를 보이지 않다가 4~5세가 되면서 차이가 심각해지는 경향이 있었다. 언어발달 과정은 일반가정 영유아와 같았으나 발달 속도가 느리고 연령이 증가되면서 발달의 격차는 커지는 것으로 나타났다(김화수, 이은경, 2011).

'21년 전국다문화가족 실태조사 결과 결혼이민자는 만 5세 이하 자녀양육 시 한국어지도, 만 6세 이상 자녀양육 시 학습지도가 가장 어렵다고 응답하였다.

따라서 보육교사는 다문화가정 영유아의 언어발달에 미치는 긍정적인 영향과 부정적인 영향을 구분하고 부정적인 영향을 미치는 요인을 보완하여 영유아의 풍부한 언어적 환경이 될 수 있도록 지원한다. 이를 위해 비언어적인 행동에도 반응해 주고 눈을 보며 이야기 하는 시간을 가지며 책을 장난감처럼 즐거운 도구로 활용하여 책에 흥미를 갖고 책을 즐길 수 있도록 지원하며 영유아에게 제공되는 언어 환경을 구체적으로 책 읽기, 동화구연 등과 같은 문해 활동에 참여, 영유아 수준에 적합한 단어의 제공, 음운 인식 경험의 제공 등의 아동의 언어발달과 어휘력 형성을 위한 자극이 풍부하도록 마련해야 한다.

언어발달의 저하는 영유아기뿐만 아니라 이후의 학교생활 및 사회생활에 지속적인 영향을 주는 큰 요인이기 때문에 영유아기에 직접적인 지원을 통해 언어발달 지연 없이 성장할 수 있도록 지원책을 마련해야 한다. 인지발달을 지원하기 위해서는 영유아들에 대해 관심과 존중을 보이며 모델이 되어 주고 다문화가정 영유아가 질문을 통해 탐색하고 능동적인 학습자가 되도록 촉진하며 격려해야 한다.

다문화가정의 영유아를 대상으로 하는 지원 사업 중 가장 많은 비중을 차지하는 것이 바로 언어와 인지, 학습에 관련된 사업이다. 여성가족부와 교육부에서 언어영재교실, 언어발달지원 사업, 기초 및 기본학습 능력 발달 지원 등을 중점 사업으로 진행하고 있다(〈표 7-6〉).

〈표 7-6〉 다문화가정 영유아 언어, 인지발달지원 프로그램

사업명	사업내용	관련부서
언어영재교실 (이중언어교실)	• 영어, 일어를 제외한 결혼이민자 주요 출산국 언어 수업 • 엄마(아빠)나라 언어습득	여성가족부
다문화가정 아동청소년 언어발달지원	• 언어발달 진단을 통해 필요시 센터 자체 프로그램 또는 파견 등 언어발달 교육 실시	여성가족부
이중언어 가족환경 조성	• 영유아 자녀를 둔 다문화가족을 대상으로 부모코칭, 상호작용 프로그램 등을 통해 자연스럽게 이중언어로 소통할 수 있도록 하여 글로벌 인재 성장 지원	여성가족부
기초학습 지원	• 6~7세 미취학 유아와 8~9세 취학 아동의 학습지원	여성가족부
기초학력 미달 학생 맞춤형 지도	• 교사, 대학생 등 예비교사를 활용한 다문화가정 학생 멘토링 지원	교육부
취학 전 유아의 기본학습능력발달 교육지원	• 발달지연 및 다문화가정 유아를 위한 기본학습능력발달 교육 지원	교육부

사업명	사업내용	관련부서
학교부정응 학생 교육 기회 확대	• 학교부정응 다문화가정 자녀 등을 위한 공립 대안학교 설립	교육부
다문화가정 밀접지역 작은 도서관 조성	• 다문화가정 밀접지역에 다문화 자료실 조성 • 공공도서관 내에 서가, 열람 공간 등을 포함한 별도 공간으로 설치 및 PC 등 적정 요소 물자지원	문화체육부 관광부
프로그램의 예	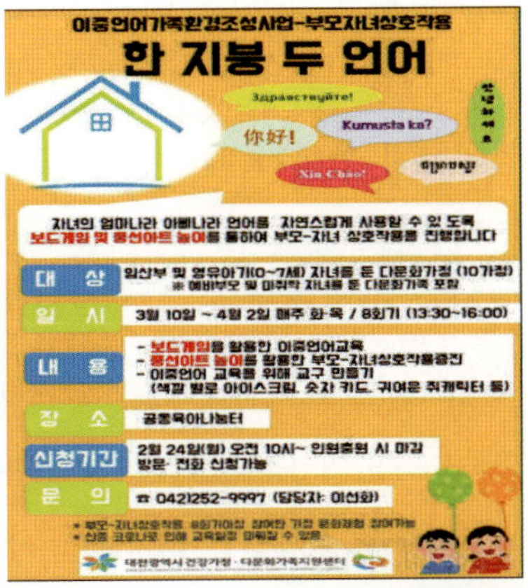  	

이러한 지원을 받게 된다면 영유아기부터 초등학교 저학년까지 언어, 인지, 학습 발달의 지연을 최소화할 수 있을 것이다.

3) 사회·정서발달

다문화가정의 영유아의 경우 비다문화가정의 영유아와 비해 가정 내 어머니와 상호작용이 부족하여 언어의 어려움뿐만 아니라 사회적 관계 형성 기술을 습득하지 못하고 정서표현 및 인식에 대한 모방 수준이 낮다는 연구 결과가 있고, 정체성 혼란과 낮은 자존감 등으로 사회적으로 위축된다. 이는 부모가 우리나라 문화에 적응하지 못한 상태에서 출산하고 경제적인 어려움으로 인해서 생애 초기 불안정하고 부모와 안정적 애착을 형성하지 못하기 때문이다. 즉, 사회 · 정서적 문제의 원인은 다문화가정이 영유아의 개별적인 특성이라기보다는 부부 불화, 양육 기술 부족, 경제적 어려움으로 영유아가 방치되어 정체성 형성 및 우리나라 사회에 적응할 수 있는 기회를 놓쳤기 때문인 것이다(박은애, 2006).

그런데 이러한 사회 · 정서적 문제는 다문화 내국인이 소수일 때에는 개인의 적응 문제로 여기고 간과할 수 있으나 다수의 다문화 내국인이 사회구성원으로 자리 잡게 되면 사회구성원 간의 갈등 요인이 될 수 있다. 이미 다문화인 외국의 사례를 보면 다문화가정 영유아의 사회 · 정서적 문제는 성인기 소외감, 폭력성, 정착한 사회에 대한 반사회적 행동 등으로 발달하여 범죄로 연결될 수 있다(박은애, 2006). 요약하면 다문화가정의 영유아의 부정적인 사회 · 정서적 감정은 성인이 되었을 때 우리나라 사회에 대한 반감과 사회적인 갈등으로 부각될 수 있는 것이다.

또한 다문화가정 영유아들은 혼자 놀고, 또래와 어울리지 못하거나 소극적으로 행동하면서 학령기 때에 학교 폭력의 피해자가 되는 경우가 많다. 다문화가정의 영유아의 특성이 아닌 가정 요인을 인해서 자신의 힘으로 해결할 수 없는 폭력, 왕따 등의 경험으로 사회 · 정서적 어려움을 가중시켰다(홍정미, 2008)(〈표 7-7〉).

이제는 다문화가정 영유아의 사회 · 정서적 문제를 미리 예견하고 이를 해결하기 위한 지원을 제공하여 이들이 우리나라 사회의 구성원으로서 건강한 자존감 및 정체성, 적응력을 높일 수 있도록 해야 할 것이다.

〈표 7-7〉 다문화가정 자녀가 학교 폭력을 당하는 이유

순위	이유
1	부모 중 한 사람이 외국인이기 때문에
2	의사소통이 잘 안 되어서
3	특별한 이유 없이
4	태도와 행동이 달라서
5	외모가 달라서
6	기타

보육교사는 다문화가정 영유아의 사회·정서발달을 지원하기 위해 다문화가정 영유아의 사회적인 삶에 대한 계획자, 관리자, 중재자, 감독자, 상담자로 다문화가정 영유아의 사회적 기술을 촉진시킬 수 있으며, 사회·정서발달을 위해 다문화가정 영유아가 어린이집에서 놀이친구를 만나도록 지원해 주고 놀이과정을 지켜보면서 적절한 지원을 해 주어야 한다.

보육교사는 다문화가정 영유아의 사회성 발달을 도모하기 위해서는 영유아가 성공할 수 있는 경험을 제공해 줌으로써 자아존중감이 높아지도록 하고 영유아 스스로가 선택할 수 있는 기회를 제공해 줌으로써 자신의 선택에 대한 책임감을 갖도록 한다.

보육교사는 다문화가정 영유아의 정서표현에 대해 관심을 갖고 감정을 수용해 주어 자신이 인정받고 있다고 느끼게 하며 정서표현에 언어로 명명해 주며 충동적이거나 공격적인 행동이 나타날 가능성을 낮추도록 지원한다. 보육교사에게 친밀감을 느끼도록 돕고 항상 일관성 있는 태도로 대하여 어린이집에서 안정감을 갖고 지낼 수 있도록 지원하며 잘한 행동은 격려하고 잘못된 행동은 설명하여 자신에 대한 긍정적인 태도를 갖도록 돕는다.

다문화가정 영유아를 대상으로 하는 정부 차원의 사회·정서발달지원 프로그램은 다문화가정의 부모교육과 다문화가족지원센터의 교육 중 하나인 자녀생활지원 서비스가 해당된다. 자녀생활지원 서비스는 다문화가정 영유아가 자아, 사회, 정서발달에 도움이 되는 프로그램을 기획하여 제시하고 있다(〈표 7-8〉).

〈표 7-8〉 다문화가정 영유아를 위한 사회 · 정서발달지원 프로그램

<table>
<tr><th>사업명</th><th>사업내용</th><th>관련부서</th></tr>
<tr><td>자녀생활지원 서비스</td><td>• 농어촌에 거주하여 집합교육에 참여하기 어려운 만 3세~만 12세 다문화가정 아동의 자아, 정서, 사회성 발달에 도움을 주는 방문교육사업</td><td>여성가족부</td></tr>
<tr><td>Rainbow School 운영</td><td>• 동반, 중도입국 청소년을 위한 초기적응 프로그램</td><td>여성가족부/
청소년 관련기관</td></tr>
<tr><td>프로그램의 예</td><td colspan="2">
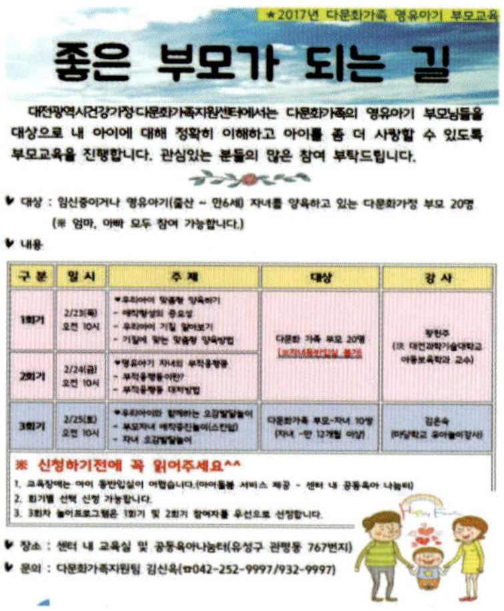

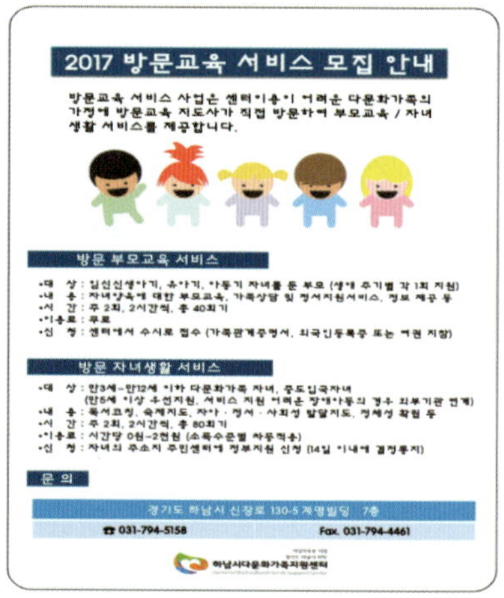

</td></tr>
</table>

현재 다문화가정 영유아를 위한 지원프로그램은 정부나 지자체에서 확대되고 있다. 그러나 이러한 프로그램이나 지원은 다문화가족지원센터 및 포털 다누리를 통해서 이루어지고 있으나 지역마다 중복사업이 시행되거나 서비스 격차가 나타나고 있다. 따라서 체계적으로 지원프로그램을 찾아내는 데 어려움이 있을 수 있다. 그러므로 지역에 거주하는 다문화가정의 특성을 조사하고 이를 바탕으로 프로그램을 정기적으로 편성하여 운영하는 것이 필요하다. 또한 다문화가정 영유아가 건강하게 발달할 수 있도록 어린이집의 이용 확대와 어린이집에서 보육하는 다문화가정 영유아를 위한 보육프로그램이 제공되어야 한다.

4) 어린이집에서 다문화가정 영유아의 생활지도

다문화가정 영유아가 어린이집에 잘 적응하여 긍정적인 자아정체성을 성립할 수 있도록 하기 위해서는 조기에 적극적인 지원이 이루어져야 한다. 또한 다문화가정 영유아의 경우 영유아 개인적 요인이 아닌 부모의 교육 정도, 사회경제적 지위 등의 부모요인으로 인해서 부적응이나 문제행동을 하는 경우가 대부분이기 때문에 부모를 다문화교육프로그램에 참여시키는 것이 필요하다(〈표 7-9〉).

〈표 7-9〉 다문화가정 부모와 협력하는 방법

다문화가정 부모와 협력 방법
1. 가정통신문 활용
2. 전화 및 이메일을 통한 상담
3. 등 · 하원 시 상담
4. 정규 부모상담
5. 알림장 활용
6. 부모교육

다문화가정의 영유아 생활지도를 위해서 적극적으로 부모를 참여시켜야 하지만 언어적인 어려움으로 어려운 경우 통역 및 다른 내국인 가족의 도움 등의 구체적인 대안 방법을 마련하여 부모가 적극적으로 자녀의 생활지도에 참여할 수 있도록 해야 할 것이다.

다문화교육 방법에는 여러 가지 방법이 있다. 다문화교육은 자국문화와의 존중과 함께 정착하고 있는 사회의 문화를 함께 존중하고 적용하여 자신의 정체성 확립을 위한 내용이어야 한다. 이러한 기본인식을 바탕으로 생활지도 프로그램을 적용해야 할 것이다. 어떤 문화가 다른 문화보다 우월한 것이 아닌 다양성의 존중과 개인의 능력 향상을 위한 내용이어야 한다. 또한 보육현장에서 다문화가정의 영유아만을 위한 지도가 아닌 담당하고 있는 모든 영유아를 지도하는 프로그램으로 계획되어야 할 것이다([그림 7-1]).

[그림 7-1] 다문화 프로그램의 고려사항

5. 다문화가정 영유아 생활지도를 위한 교실 환경

1) 다양성이 존중되고 편견이 없는 교실 환경

영유아는 환경과 상호관계 속에서 기능하는 역동적이고 능동적인 존재이므로 영유아의 놀이와 안전하고 편안한 생활을 할 수 있는 환경을 준비해 주어야 한다. 다문화가정 영유아와 비다문화가정 영유아 모두가 다른 나라에 대한 호기심과 관심을 가지고 탐색하고자 하는 동기를 유발할 수 있도록 환경구성을 다양하게 해야 한다. 또한 모든 영유아의 다양성이 존중되고 편견이 없는 교실 환경을 구성해야 한다.

2) 다문화보육을 위한 환경구성의 원리

다문화 통합보육에서 바람직한 환경구성의 원리는 다음과 같다(한국보육진흥원, 2011).

① 자연스럽게 일상적으로 진행하는 보육프로그램과 통합하여 다른 나라의 특별한 날이나 물건을 장식 또는 전시하는 것보다 영유아의 일상생활을 반영하는 것이 더 중요하다. 그러므로 놀이영역별 교재교구를 준비하는 것 이외에 교실 전체 분위기에서 다문화적인 요소가 느껴질 수 있도록 소품, 그림 등에 신경을 쓰거나 일상생활과 관련된 그림, 안내문 등을 다양한 언어로 제시할 수 있다.

② 현재 반에 속해 있는 다문화가정의 문화를 우선적으로 이해할 수 있도록 해당 가정과 연계하여 이를 반영할 수 있는 환경을 구성한다. 다문화활동이나 놀이를 할 수 있는 전통악기, 놀잇감, 의상, 그림책 등을 부모에게 지원받을 수 있도록 한다.

③ 다양한 문화를 반영하는 자료를 제공하고 보육실내 놀이영역에 제공하는 다문화 통합보육 활동이나 놀이를 위한 교육자료 또한 일반 자료와 마찬가지로 안전하고 발달 수준에 적합하며 영유아의 발달과 놀이를 지원하는 것이어야 한다.

④ 특정한 주제(세계 여러 나라)에 국한되지 않고 각 놀이영역 안에 통합되어 지속적으로 진행될 수 있도록 한다.

3) 환경 구성 시 고려할 사항

환경을 계획하고 구성할 때 모든 영유아의 다문화교육의 내용을 반영하여 환경 구성을 할 필요가 있으며 환경 구성을 할 때 고려할 사항은 다음과 같다(김혜숙, 2013).

① 영유아의 발달 수준을 고려하여 환경을 구성한다.
② 놀이영역이 통합할 수 있도록 환경을 구성한다.
③ 주변 세계를 탐색하여 다양한 경험을 할 수 있도록 충분한 자료를 마련한다.

④ 다양한 삶의 모습을 제시해 줄 수 있고 고정관념이나 편견의 내용이 들어 있지 않은 교재교구를 제공한다.

⑤ 영유아가 또래 및 환경과 적극적으로 상호작용을 경험할 수 있도록 환경을 구성한다.

⑥ 영유아의 독립심과 자발성을 촉진할 수 있는 환경을 구성한다.

4) 교실 환경

다양성이 존중되고 편견이 없는 교실을 만드는 가장 손쉬운 방법은 교실 환경에 변화를 주는 것이다. 교실은 영유아가 어린이집에서 가장 많은 시간을 보내는 장소이며, 교실의 물리적 환경은 영유아와 영유아의 가족에게 다양한 메시지를 전달한다.

교실에 어떤 교구, 놀잇감, 도서가 준비되어 있는지, 또 이것들이 어떻게 배치되어 있는지 등 교실 환경을 구성하는 모든 요소가 영유아의 행동, 태도, 학습에 영향을 미친다(York, 2016).

어린이집 입구에서부터 교실, 유희실, 조리실 등 다양한 공간을 둘러보고 다음 사항을 점검해 본다.

- 여러 공간 벽면, 교실의 환경판에 붙어 있는 그림이나 사진들이 어린이집에 재원 중인 모든 영유아의 모습을 반영하고 있는지?
- 영유아의 이름표가 성 고정관념적인 색상(여아−분홍색, 남아−파란색)으로 분류되어 있지는 않는지? 다양함을 보여 주기 위한 여러 인종, 민족의 그림·사진이 전통의상을 입고 있는 고정관념적인 모습을 하고 있지는 않는지?
- '가족'을 나타내는 그림이 언제나 엄마, 아빠, 영유아의 모습만 포함하고 있지는 않는지?

- 다문화가정 영유아 가정을 보여 주는 그림 · 사진이 인종적 다양성만 보여 주지는 않는지?

교사가 제시하는 시각적 요소들은 은연중에 영유아의 고정관념을 형성 · 강화하고, 이는 선입견으로 이어질 수 있다. 다양성이 존중되고 편견이 없는 교실 환경을 구성하기 위해서는 우선 우리 반 현실 속 다양함을 반영하고, 차별적이고 고정관념적인 생각을 강화하는 요소들을 제거하는 것이 중요하다.

다음은 교실환경을 구성할 때 교사가 할 수 있는 일과 주의해야 하는 일에 대하여 알아보겠다(한국보육진흥원, 2022).

(1) 환경구성 시 교사가 할 수 있는 것

- 영유아 및 영유아 가족의 사진 전시하기
- 어린이집 곳곳에 부착된 라벨에 영유아 및 영유아 가족의 모국어를 함께 표기하기
- 다양한 인종, 민족, 문화, 성별, 장애, 직업, 가족 형태가 정확하고 현실적으로 표현되는 그림 · 사진을 사용하기
- 영유아에게 문화적으로 친숙한 그림 · 사진 · 물건을 비치하기
- 다문화가정 영유아가 속한 문화권의 숫자, 글자를 포함하여 교실 꾸미기
- 다양한 기질 · 성향의 영유아가 교실에서 편안함을 느낄 수 있도록 공간을 구성하고 가구 배치하기(예: 소극적이고 혼자 있는 것을 좋아하는 영유아를 위한 개인 공간과 활동적인 영유아를 위한 개방형 공간을 적절히 섞어 구성하기)
- 다양한 색상, 모양, 질감으로 다양한 감각적 자극을 느낄 수 있는 교실 구성하기

(2) 환경구성 시 교사가 주의해야 할 것

- 다양한 인종, 민족, 문화, 성별, 장애, 직업, 가족 형태에 대해 단편적인 그림·사진을 제공하는 것은 다양성을 배우는 것이 아니라 오히려 고정관념을 형성·강화할 수 있으므로 피한다.
- 다문화가정 영유아가 속한 문화권의 명절이나 국가적인 행사가 있는 날에만 그 문화를 전시하고 이야기하는 것은 소수자 영유아의 문화가 다수 영유아의 일상과 동떨어진 것이라 느끼게 만들며, 오히려 문화적 이질감을 조장할 수 있으니 피한다.
- 교실 벽면, 선반 등을 지나치게 빽빽하고 혼잡하게 구성하는 것은 영유아로 하여금 중요한 메시지를 구분하기 어렵게 만들어 교사가 전달하고자 하는 바를 배우고 느끼지 못하게 만들 수 있으므로 피한다.

5) 놀이영역별 교재·교구 및 놀잇감

분홍색 또는 연보라색으로 만들어진 화장대, 원색의 교통수단 놀잇감(자동차, 기차, 비행기 등), 여아는 항상 치마를 입고 있거나 리본 핀을 머리에 꽂고 있는 모습으로 묘사되는 교재 등 시중에 판매되는 교재교구, 놀잇감은 놀라울 만큼 고정관념적일 때가 많다. 그러므로 영유아를 위한 교재교구, 놀잇감을 선택할 때는 교사의 예리하고 비판적인 시각이 무엇보다 중요하다. 어떤 교재교구, 놀잇감을 선택해야 할지 감이 오지 않는다면, 고정관념, 편견, 선입견을 조장할 수 있는 물건들을 '제거'하는 일부터 시작해 보기를 권한다.

교실에서 다양한 놀이를 통해 생활지도를 할 수 있는 다문화 관련 교재교구, 놀잇감을 확인해 보고 다양하고 풍성한 교실 환경을 준비한다. 놀이영역에는 일반적인 교재교구와 더불어 다문화 관련 교재교구를 준비해 준다. 여기서는 다문화 관련 교재교구를 기술하겠다.

(1) 역할놀이

영유아가 역할놀이를 통하여 가족의 역할, 다양한 직업의 기능, 다양한 인종을 경험하고 자신의 여러 가지 생각이나 느낌을 재구성할 수 있는 다문화 관련 교재 교구를 준비해 준다.

- 여러 나라의 다양한 형태의 집 모형
- 다양한 민족을 상징하는 인형
- 세계 여러 나라의 전통의상 및 신발, 모자, 장신구
- 여러 나라의 전통음식 모형
- 다양한 인종, 체형, 장애, 성별, 연령대, 직업, 가족 형태의 그림/사진/인형
- 고정관념을 바로잡는 역할놀이 놀잇감
- 다양한 나라, 문화의 음식, 식기, 조리 도구 등
- 다양한 직업 의상

(2) 언어놀이

언어놀이영역에는 다양한 성역할에 대한 도서, 다양한 속담, 인종, 관습 및 생활 장면이 담긴 이야기 테이프나 문자 언어, 여러 나라의 그림책 등을 준비한다.

- 여러 나라의 그림책, 동화, 그림엽서, 잡지, 신문, 화폐
- 여러 나라 언어 글자카드
- 여러 나라 속담, 인종, 관습, 생활 장면을 이해할 수 있는 다양한 테이프, 여러 나라를 상징하는 다양한 인형
- 다양한 종류의 쓰기 자료 및 도구
- 다양한 장르의 반편견 동화
- 여러 나라의 동시, 동요
- 전래, 현대의 다양한 그림책
- 다양한 성 역할에 관한 책

(3) 음률놀이

음률놀이영역에는 영유아가 자유롭게 움직일 때 자신의 모습을 볼 수 있도록 큰 거울을 준비하거나 벽에는 여러 나라의 악기 사진이나 그림 등 다양하고 풍부한 음악 관련 그림과 사진 자료로 환경을 구성한다.

- 여러 나라 전래동요, 민요, 고전음악, 왈츠, 종교음악
- 다양한 장르의 음악, CD, 비디오 자료
- 여러 나라의 전통악기
- 다양한 문화의 손유희, 노래, 게임
- 여러 나라의 민속 의상 및 축제 의상
- 여러 나라 악기 사진이나 그림, 음악 관련 책
- 여러 나라의 음악가 사진

(4) 미술놀이

미술놀이 영역에는 영유아가 아름다움을 느끼고 표현하며, 즐기고 감상할 수 있도록 구성한다. 또한 다른 사람의 표현을 존중하고 다양한 문화에 내재된 아름다움을 찾아보며 느낄 수 있도록 한다.

- 다양한 색상 및 질감의 물감, 붓, 색연필, 크레파스 등의 그리기 재료
- 다양한 색, 크기 및 형태의 종이
- 여러 가지 점토
- 여러 나라의 신문, 잡지, 폐품 등의 만들기 재료
- 여러 나라의 명화
- 여러 나라의 종이접기 책, 그림책
- 다양한 피부색이나 머리카락을 가진 사람들의 사진
- 전통예술품 등의 감상을 위한 자료

(5) 신체놀이

신체놀이와 활동은 교실과 바깥에서 이루어지는데 신체놀이를 할 수 있는 고정 시설과 작은 소도구를 이용하여 놀이할 수 있는 개방 놀이로 준비한다.

- 여러 나라의 전통놀이 기구와 사진
- 각종 경기 유니폼 및 점수판
- 다양한 유형과 재질의 공
- 다양한 운동기구
- 여러 종목의 운동경기 사진과 동영상 자료
- 여러 나라 국가를 녹음한 CD나 USB, 세계 국기 플래시 카드
- 나라를 대표하는 운동선수 사진

(6) 요리

요리영역에는 다양한 음식 사진, 요리사 모자, 우리나라 각 지방의 김치 그림, 세계 요리 축제 사진, 행사 때 먹는 음식 및 레시피 등을 준비한다.

- 다양한 음식 및 채소, 과일 모형
- 여러 나라의 요리사 모자
- 여러 나라의 전통음식 사진
- 여러 나라의 전통 시장 사진
- 다양한 상차림과 서로 다른 식사 예절 사진
- 다양한 조리 도구와 식사용 도구
- 우리나라 각 지방의 토속음식 사진
- 특별한 날에 먹는 음식 사진 및 레시피

6) 도서

영유아가 어떤 책을 접하느냐에 따라 영유아가 이해하는 세상의 폭과 깊이가 달라지기 때문에, 책을 고르는 교사의 역할은 무척 중요하다. 다문화가정 영유아에 대한 책을 읽어 주고 싶다며 고른 그림책이 남루한 옷차림으로 묘사되고, 반 친구들과 어울리지 못해 속상해하는 이주노동자 가족 영유아의 이야기는 아니었는지? 소수자 영유아 및 가족의 삶을 일방적이고 단편적으로 그려 내는 책은 영유아로 하여금 편협한 관점으로 세상을 이해하게 만들어 다문화보육이 지향하는 목표에 반대되는 효과를 불러일으킬 수 있다. 다문화가정 영유아를 위한 책은 영유아가 가지고 있는 고정관념을 타파하고, 잘 알지 못하는 대상에 대해 선입견을 갖지 않게 만드는 내용으로 이루어져야 한다.

그러므로 교사는 자신의 교실에 준비되어 있는 책을 점검해 볼 필요가 있다.

- 교실에 있는 책들이 우리 반 모든 영유아와 가족의 모습을 반영하고 있는가?
- 영유아에게 읽어 주는 책들이 우리 반 모든 영유아의 가족, 인종, 문화, 언어적 다양성을 보여 주는가?
- 책의 내용과 삽화가 사실적이고 정확한가? 특정 인종, 민족, 문화적 소수자를 왜곡하거나 과장하고 있지는 않는가?
- 책의 내용과 삽화가 특정 인종, 민족, 문화적 소수자를 단편적으로 묘사하여 과잉일반화 하지는 않는가?

동시에 영유아 발달에 적합한지, 흥미를 이끌어 내는 책인지도 살펴보아야 한다.

우리 반에 다문화가정 영유아가 있다면 이 영유아의 인종, 언어, 민족, 문화 등 다양한 관점으로 이해할 수 있는 여러 권의 책을 준비해 주는 것도 필요하다.

6. 제4차 어린이집 표준보육과정과 생활지도

1) 제4차 어린이집 표준보육과정과 생활지도 관련 내용

제4차 어린이집 표준보육과정에서 추구하는 인간상은 건강한 사람, 자주적인 사람, 창의적인 사람, 감성이 풍부한 사람, 더불어 사는 사람으로 놀이를 통해 심신의 건강과 조화로운 발달을 이루고 바른 인성과 민주시민의 기초를 형성하는 것을 목표로 하고 있다.

제4차 어린이집 표준보육과정 영역 중 기본생활, 의사소통, 사회관계 영역 내에서 생활지도 관련 내용을 살펴보면 다음과 같다.

〈표 7-10〉 0~1세 보육과정의 생활지도 관련 내용

영역	내용 범주	내용
기본생활	건강하게 생활하기	• 도움을 받아 몸을 깨끗이 한다. • 음식을 즐겁게 먹는다. • 하루 일과를 편안하게 경험한다. • 배변 의사를 표현한다.
	안전하게 생활하기	• 안전한 상황에서 놀이하고 생활한다. • 안전한 상황에서 교통수단을 이용해 본다. • 위험하다는 말에 주의한다.
의사소통	듣기와 말하기	• 표정, 몸짓, 말과 주변의 소리에 관심을 갖고 듣는다. • 상대방의 이야기를 들으면서 말소리를 낸다. • 표정, 몸짓, 말소리로 의사를 표현한다.
사회관계	나를 알고 존중하기	• 나를 인식한다. • 나의 욕구와 감정을 나타낸다. • 나와 친숙한 것을 안다.
	더불어 생활하기	• 안정적인 애착을 형성한다. • 또래에게 관심을 가진다. • 다른 사람의 감정과 행동에 관심을 가진다. • 반에서 편안하게 지낸다.

〈표 7-11〉 2세 보육과정의 생활지도 관련 내용

영역	내용 범주	내용
기본생활	건강하게 생활하기	• 자신의 몸을 깨끗이 해 본다. • 음식에 관심을 가지고 즐겁게 먹는다. • 하루 일과를 즐겁게 경험한다. • 건강한 배변 습관을 갖는다.
	안전하게 생활하기	• 일상에서 안전하게 놀이하고 생활한다. • 교통수단을 안전하게 이용해 본다. • 위험한 상황에 대처하는 방법을 경험한다.
의사소통	듣기와 말하기	• 표정, 몸짓, 말에 관심을 갖고 듣는다. • 상대방의 이야기를 듣고 말한다. • 표정, 몸짓, 단어로 의사를 표현한다. • 자신의 요구와 느낌을 말한다.
사회관계	나를 알고 존중하기	• 나와 다른 사람을 구별한다. • 나의 감정을 표현한다. • 내가 좋아하는 것을 한다.
	더불어 생활하기	• 가족에게 관심을 가진다. • 또래와 함께 놀이한다. • 다른 사람의 감정과 행동에 반응한다. • 반에서의 규칙과 약속을 알고 지킨다.

〈표 7-12〉 3~5세 보육과정의 생활지도 관련 내용

영역	내용 범주	내용
신체운동 · 건강	건강하게 생활하기	• 자신의 몸과 주변을 깨끗이 한다. • 몸에 좋은 음식에 관심을 가지고 바른 태도로 즐겁게 먹는다. • 하루 일과에서 적당한 휴식을 취한다. • 질병을 예방하는 방법을 알고 실천한다.
	안전하게 생활하기	• 일상에서 안전하게 놀이하고 생활한다. • TV, 컴퓨터, 스마트폰 등을 바르게 사용한다. • 교통안전 규칙을 지킨다. • 안전사고, 화재, 재난, 학대, 유괴 등에 대처하는 방법을 경험한다.

영역	내용 범주	내용
의사소통	듣기와 말하기	• 말이나 이야기를 관심 있게 듣는다. • 자신의 경험, 느낌, 생각을 말한다. • 상황에 적절한 단어를 사용하여 말한다. • 상대방이 하는 이야기를 듣고 관련해서 말한다. • 바른 태도로 듣고 말한다. • 고운 말을 사용한다.
사회관계	나를 알고 존중하기	• 나를 알고 소중히 여긴다. • 나의 감정을 알고 상황에 맞게 표현한다. • 내가 할 수 있는 것을 스스로 한다.
	더불어 생활하기	• 가족의 의미를 알고 화목하게 지낸다. • 친구와 서로 도우며 사이좋게 지낸다. • 친구와의 갈등을 긍정적인 방법으로 해결한다. • 서로 다른 감정, 생각, 행동을 존중한다. • 친구와 어른께 예의 바르게 행동한다. • 약속과 규칙의 필요성을 알고 지킨다.
	사회에 관심 가지기	• 내가 살고 있는 곳에 대해 궁금한 것을 알아본다. • 우리나라에 대해 자부심을 가진다. • 다양한 문화에 관심을 가진다.

2) 영아기 청결 지도

청결은 영유아의 건강 발달과 밀접한 내용이다. 어린이집 표준보육과정에 청결에 관련된 내용을 제시하고 있다. 이 닦기, 세수하기, 깨끗한 옷 입기 등의 내용을 지도하면서 세계 여러 나라의 청결 교육 내용을 포함하여 자국문화에 대한 자부심과 타 문화에 대해 이해하고 합리적인 청결교육 내용을 지도하는 것이 필요하다.

영아기부터 자신의 신체를 깨끗이 하는 것의 중요성을 자연스럽게 알게 된다면 이후 시기에도 청결의 중요성에 대해서 자연스럽게 알고 실천할 수 있을 것이다.

〈표 7-13〉 0~1세 이 닦기, 목욕 놀이지도

영아 경험의 실제	치카치카 양치해요!
0세반 4월 민서(8개월)는 교사가 식수를 묻힌 거즈 손수건을 들고 있는 것을 보고는 '아' 하며 입을 벌린다. **교사:** 민서, 입 닦으려고 기다리고 있었어? 교사가 민서 입으로 거즈를 넣어 잇몸을 닦아 주자 민서는 거즈를 물고 씹으려 한다. **교사:** 민서 이가 나려고 해서 간지러운가 봐. 이렇게 문질 문질 해 줄게. 시원하지? 교사가 잇몸을 마사지해 주며, 민서와 눈을 맞춘다.	
	**0세반 7월** 자기 칫솔을 찾아 든 민유(16개월)에게 교사가 두 가지 맛의 치약을 내민다. **교사:** 오늘은 어떤 맛 치약을 쓸까? **민유:** (딸기맛 치약을 손으로 가리킨다.) **교사:** 오늘 민유는 달콤한 딸기맛 치약으로 치카치카 하겠네. 선생님도 딸기맛 좋아해.
1세반 5월 해준이(24개월)는 세면대 앞에서 거울을 보며 양치를 시작한다. 세면대 옆 양치순서에 관한 그림자료를 보며 "아" 하며 아랫니를 닦는다. 자신의 모습을 거울로 보다가 다시 그림자료를 본다. 이번에는 "이" 하며 다시 거울을 쳐다본다.	
	**1세반 9월** 서빈(32개월)과 민서(30개월)는 화장실에 비치된 의자에 앉아서 양치질을 하고 있다. 서로를 바라보며 깔깔거리더니 서빈이가 "아" 하며 어금니를 닦으면 민서도 따라 하고, 민서가 "이" 하고 앞니를 닦으니 서빈이도 "이" 하고 앞니를 닦는다.

영아 경험의 실제	치카치카 양치해요!
	옆에서 함께 양치를 하던 교사가 마주 앉으며 "나는 혀도 깨끗이 닦아야지, 에~" 하자, 서민이와 민서가 "에" 하고 혀를 닦는다.
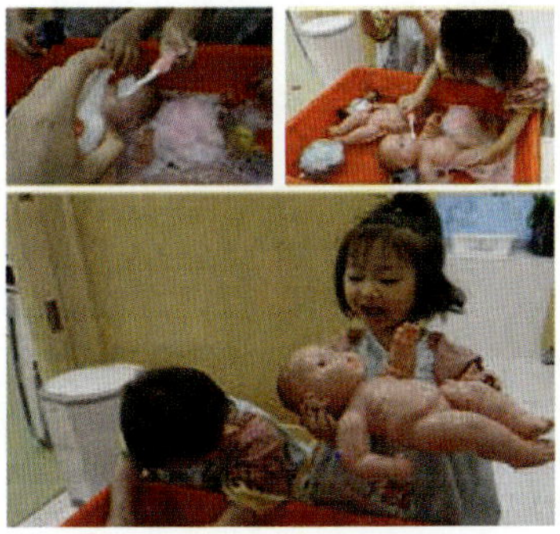	**1세반 7월** 아인이(30개월)는 인형 목욕놀이 중, 교구바구니에서 칫솔과 치약을 꺼낸다. 교사가 치약을 묻혀 준 칫솔을 아기인형 입에 대고 "아, 아 해야지. 이도 깨끗하게."라고 소근거린다. "아~ 치카치카, 이~ 치카치카, 아이 잘하네."라고 말하며 인형의 입가를 칫솔로 문지른다. 인형 양치를 마치고, "우리 아기, 아이 기분 좋아."라며 인형을 물에서 건져 낸다.

출처: 제4차 어린이집 표준보육과정 해설서 48~49쪽.

〈표 7-14〉 2세 손 닦기 지도

영아 경험의 실제	깨끗이 씻어요

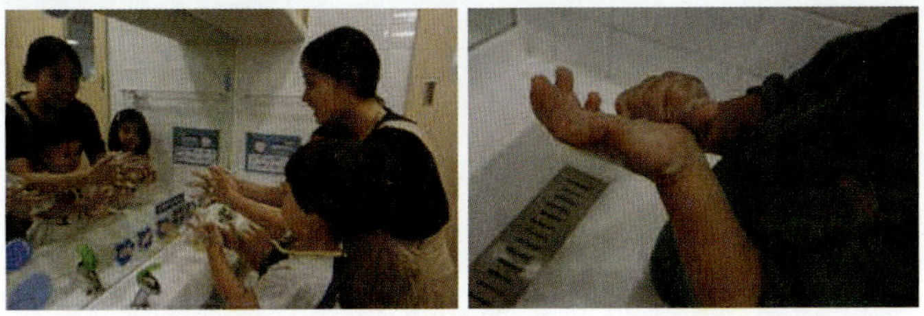

실외놀이를 다녀온 후 영아들이 세 명씩 나뉘어 교사와 함께 손을 씻는다.

교사: 선생님은 이렇게 깍지 껴서 문질 문질, 손가락 사이도 깨끗하게 씻어야지! 손을 깨끗이 씻어야 세균이 없어져서 감기에 안 걸려~

민혁: 나는 이렇게 손톱 밑에도 싹싹 닦아요!

지수: 나도 원래 그렇게 해! 이거 봐 봐!

교사: 와~ 선생님보다 손을 더 깨끗하게 씻네.

출처: 제4차 어린이집 표준보육과정 해설서 144쪽.

3) 영아기 식습관 지도

다문화가정의 영유아의 경우 부모의 식습관을 그대로 물려받아 한국 음식을 거부하거나 편식 및 인스턴트 음식만 섭취하는 등 건강한 성장에 방해되는 식습관을 갖게 될 수 있다. 이러한 식습관은 신체발달뿐만 아니라 또래와의 관계 형성 등에서 어려움으로 작용된다. 무조건 현지음식을 먹어야 하는 것은 아니나 편견 없이 새로운 음식을 대하는 태도를 갖는 것은 이후 발달에 영향을 미치기 때문에 다양한 음식을 편견 없이 섭취할 수 있는 열린 태도를 갖도록 지도하는 것이 필요하다. 따라서 다양한 음식에 대해서 거부감 없이 경험할 수 있도록 지도하는 것이 필요하다.

〈표 7-15〉 0~1세 식습관 지도

영아 경험의 실제	즐겁게 먹어요!

교사: 자~ 오늘은 무슨 반찬부터 먹어 볼까? 여기 닭고기랑 당근이랑 같이 있네. 토끼야~ 너는 무슨 반찬을 좋아하니?

지윤이는 포크로 닭고기를 찍는다.

교사: 토끼도 닭고기를 좋아할까? 우리 지윤이가 닭고기 먹어 볼까?

지윤이는 교사를 한 번 보고, 다시 토끼인형을 쳐다보며 닭고기를 입에 넣는다.

교사는 숟가락에 밥을 담아 식판 위에 놓는다.

교사: 다음엔 우리 밥도 한번 먹어 볼까? 토끼야 잘 봐 줘.

지윤이는 토끼를 한번 쳐다보고 숟가락을 입에 넣는다.

출처: 제4차 어린이집 표준보육과정 해설서 52쪽.

〈표 7-16〉 2세 식사지도

영아 경험의 실제	즐겁게 먹어요!

차례대로 손을 씻고 모인 아이들이 교사와 노래를 부른다. 노래가 끝나고 교사가 "지호야, 오늘 누구랑 같이 밥 먹고 싶어요?"라고 묻자 지호가 "수빈이."라고 대답한다. 교사가 "지호랑 수빈이는 밥 먹고 싶은 자리에 가서 앉아 주세요."라고 하자, 지호와 수빈이가 일어난다. 지호랑 수빈이는 배식이 된 식판이 놓여진 책상으로 다가간다. 비어 있는 가장 가까운 자리에 서서 지호가 "여기?"라고 물어보자 수빈이가 고개를 끄덕인다.

교사: 오늘 이 반찬은 뭘까? 바다에 살고요, 다리가 열 개래!
지아: (손가락을 모두 쫙 펴고 박수를 치며) 이렇게 열 개 .
민석: 오징어! 나 오징어 좋아해!
지인: 나도! 와~ 맛있겠다.

희연이는 밥을 세 숟가락 연거푸 먹는다.
교사: (젓가락으로 오징어를 집으며) 오징어 찾았다. 작아서 찾기도 어렵고 젓가락으로 잡기도 어려워.
희연: (포크로 오징어 다리를 찾아 서너 번 반복해서 찍으며) 나도 찾았어요.
교사: 우와. 포크로 콕 찍으니까 더 잘 집히네.
희연: 매울 것 같아.
교사: 매울 것 같진 않은데~무슨 맛일지 우리 같이 먹어 볼까?

교사가 오징어를 입에 넣자, 희연이도 따라 한다.
교사: 씹을 때 소리가 나는 것 같아.
희연: '꼭꼭' 소리가 나요.
교사: 희연이가 꼭꼭 잘 씹어서 그런가 보다. 희연이랑 같이 먹으니 더 맛있다.

출처: 제4차 어린이집 표준보육과정 해설서 150쪽.

4) 영아기 친구 사귀기

다문화가정 영유아들은 한국어 습득의 어려움과 행동과 외모의 차이로 인해서 친구 사귀기에서 소극적인 것으로 나타났다. 따라서 영아기부터 친구 사귀기를 지도하여 친구 사귀는 어려움을 줄여야 할 것이다

〈표 7-17〉 영아기 친구 사귀기

영아 경험의 실제	옆에 있고 싶어
	소이가 보람이 옆에 와서 좋아하는 초록색 보자기를 편다. 보람이가 놀이하는 것을 바라보다가 보람이와 같은 방법으로 그릇 모형을 쌓으며 놀이한다. 보람이가 그릇에 담으면 소이도 따라 담는다.
	소이는 보람이 옆에서 이동하여 혼자서 놀이한다. 초록색 보자기로 인형을 덮어 주며 재우려고 토닥여 준다. "자장~ 자장~" 하고 작게 여러 번 말한다.
	소이는 친구들이 인형을 안고 보자기를 덮거나 눕는 놀이를 하고 있는 쪽으로 간다. 또래의 놀이를 바라보다가 자기가 가지고 놀던 인형을 안고 친구들 옆에 가서 누워 자는 척을 한다.

출처: 제4차 어린이집 표준보육과정 해설서 104쪽.

영아 경험의 실제	친구야, 들어와
	서준이가 블록을 연결하고 공간을 만든다. 블록 하나를 집어 들어 올리더니 반대쪽 손을 흔든다. "가온이 인누 와."라고 말한다. 멀리 있던 가온이가 "싫어."라고 하자 "안 돼, 가온이 인누 와." 한다. 교사가 가온이에게 "가 볼까?"라고 말해 본다.
	가온이가 블록 집으로 다가간다. 가온이가 블록 집 앞에 멈추자 서준이는 "똑똑~" 하며 블록 하나를 들어 문을 열어 준다.
	서준이는 자신이 열어 준 문으로 가온이가 들어오자 "안녕~" 하고 말한다. 서준이가 웃는 모습을 본 가온이도 따라 웃으며 즐거워한다.
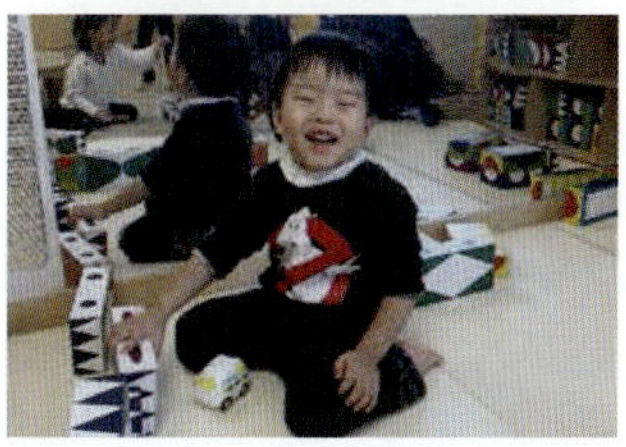	놀이가 지속되지 않고 가온이는 곧 자기 놀이로 돌아갔지만 서준이의 표정은 계속 밝다.

출처: 제4차 어린이집 표준보육과정 해설서 106쪽.

영아 경험의 실제	같이 하니까 재밌어
	간식을 먹은 후, 지아가 보현이에게 "우리 같이 가자."라고 이야기한다. 둘은 세면대에서 입을 닦은 후 세수도 한다.
	지아가 "우리 로션 바르자."라고 말하며 로션을 짠다. 지아는 로션 냄새를 맡으며 "이건 좋은 냄새가 나."라고 말한다. 보현이도 로션 냄새를 맡으며 "레몬 냄새야. 화장실 거울 보고 발라야지~"라고 말한다.
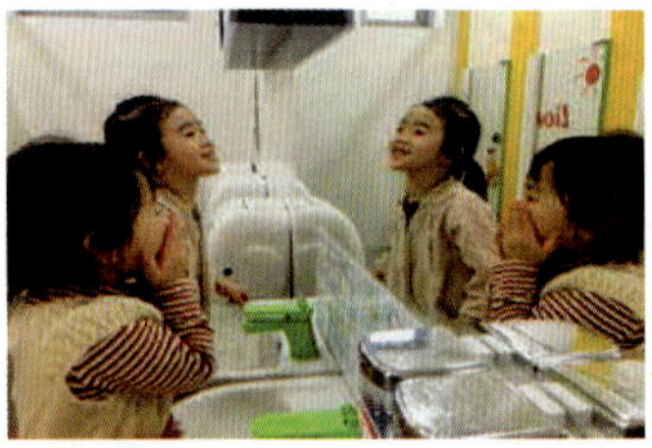	지아와 보현이는 거울 속의 상대방을 보면서 이야기를 나눈다. **지아:** 나 이쁘지? **보현:** 응, 이뻐. **지아:** 로션 발라서 이쁜 거지?
	교실로 돌아와 둘은 다시 거울 앞에 앉는다. 거울을 보며 손으로 얼굴을 문지른다. **보현:** 보들보들해. **지아:** 맞아. 보들보들해. **보현:** 미끌미끌해. **지아:** 맞아. 미끌미끌해.

출처: 제4차 어린이집 표준보육과정 해설서 206쪽.

영아 경험의 실제	내가 같이 해 줄까?
	탐구 영역에 있던 통을 떨어뜨려 그 안에 있던 모래가 쏟아지자 주워 담기 시작한다. 그 주위에 있던 영아들도 각자 도구를 가지고 와서 친구를 도와 모래를 통에 넣으며 정리를 도와준다.
	다른 영역에서 놀던 영아들도 교실 바닥에 흩어진 모래를 같이 담아 주려고 모여든다. "어, 쏟았어?" "내가 같이 해 줄까?" "이렇게 하면 될 것 같아." 영아들은 각자의 방법으로 함께 바닥 위의 모래를 정리해 간다.

출처: 제4차 어린이집 표준보육과정 해설서 210쪽.

5) 유아기 청결 및 식사지도

유아기에는 자아가 형성되고 구체적 조작기로서 인지적으로 직접적인 놀이를 통해서 거부감 없이 많은 것을 습득할 수 있다. 청결과 식사 지도를 구체적인 놀이를 통해서 지도한다면 다문화가정의 유아들이 재미있게 청결의 중요성과 한국 음식을 편안하게 받아들일 것이다.

〈표 7-18〉 유아기 청결과 식사 지도

내용범주: 건강하게 생활하기	
목표	건강한 생활습관을 기른다.
내용	• 자신의 몸과 주변을 깨끗이 한다. • 몸에 좋은 음식에 관심을 가지고 바른 태도로 즐겁게 먹는다. • 하루 일과에서 적당한 휴식을 취한다. • 질병을 예방하는 방법을 알고 실천한다.
내용 이해	**유아 경험의 실제**
자신의 몸과 주변을 깨끗이 한다. 유아가 손을 씻고 이를 닦는 등 몸을 깨끗이 하는 적절한 방법을 알고 실천하며, 자기 주변을 깨끗하게 정리정돈하는 내용이다. **몸에 좋은 음식에 관심을 가지고 바른 태도로 즐겁게 먹는다.** 유아가 몸을 건강하게 하는 음식에 관심을 가지고, 음식을 소중히 여기며, 제자리에 앉아서 골고루 즐겁게 먹는 내용이다.	시금치무침 요리 활동 중에, 교사는 유아가 데친 시금치를 맛보고 싶다고 하여 맛보게 한다. 유아들이 "맛있어?", "맛없지?", "난 시금치 안 좋아해. 안 먹을래."라고 말하며 인상을 찌푸린다. 교사가 "시금치에 양념 옷을 입혀 맛있게 변신시켜 줄까?" 하고 말한 후, 유아들에게 직접 깨소금, 참기름 등의 여러 양념을 넣고 손으로 무쳐 보게 한다. 유아들은 "우와! 좋은 냄새 난다.", "맛있겠다!", "저도 주세요."라고 말한다. 

출처: 2019 누리교육과정 해설서 66쪽.

6) 유아기 친구 사귀기

유아기는 본격적으로 자신과 맞는 친구를 사귀고 상호작용하는 것을 연습하는 시기이다. 이 시기에 친구를 사귀고 갈등이 발생했을 때 합리적으로 해결하는 방법을 알게 된다면 이후의 생활에도 관계 맺는 것에 대한 두려움 없이 자신을 표현하고 좋은 관계를 맺을 수 있을 것이다. 따라서 교사는 다문화가정의 유아가 자신에게 적합한 친구를 사귀고 상호작용할 수 있는 기회를 제공해야 한다.

〈표 7-19〉 유아기 친구 사귀기

내용 이해	유아 경험의 실제
친구와 서로 도우며 사이좋게 지낸다. 유아가 친구들과 함께 놀이하는 즐거움을 느끼고 친구와 서로 도우며 배려하고 협력하며 더불어 살아가는 내용이다. **친구와의 갈등을 긍정적인 방법으로 해결한다.** 유아가 친구와 갈등이 생겼을 때 자신의 감정과 생각을 제대로 표현하고, 배려, 양보, 타협 등을 통해 해결하는 내용이다.	유아들이 도화지에 물감을 흘리면서 무늬를 만들고 있다. 4세 수연이가 높은 위치에서 물감을 흘러내리게 하다가 물감이 현우의 팔에 튄다. 현우가 얼굴을 붉히며 “야! 내 팔에 물감이 튀었잖아!”라고 말하자 수연이는 “미안해, 이제 작게 뿌릴게.”라고 말하며 아까보다 낮은 위치에서 물감을 흘러내리게 한다.  유아들이 고무줄뛰기를 하고 있다. 고무줄뛰기를 하고 싶은 유아들이 많아지자 서로 먼저 뛰겠다고 큰 소리로 이야기한다. 5세 유아들이 누가 먼저 할지 순서를 정해야 한다고 말한다. 이때, 우재가 “우리 먼저 온 순서대로 여기 이름을 적으면 되잖아.”라고 말하더니 3세 도하 손을 잡아 이끈다. “도하야, 아까 네가 제일 먼저 왔지? 여기에 네 이름 적어 봐. 못 적으면 형아가 적어 줄까?”라고 말한다.
서로 다른 감정, 생각, 행동을 존중한다. 유아가 다른 사람들의 감정, 생각, 행동에 관심을 갖고 감정, 생각, 행동이 서로 다를 수 있음을 이해하고 존중하는 내용이다. **친구와 어른께 예의 바르게 행동한다.** 유아가 친구와 어른께 배려, 존중, 공경하는 마음을 담아 예절을 실천하는 내용이다. **약속과 규칙의 필요성을 알고 지킨다.** 유아가 다른 사람과 더불어 살아가기 위해 필요한 약속과 규칙이 있음을 이해하는 내용이다. 상황에 따라 필요한 약속과 규칙을 의논하여 정하고 지키는 내용이다.	5세 유아가 ‘가위바위보’ 하여 이긴 사람이 한 계단씩 올라가는 놀이를 한다. 먼저 계단을 올라간 두 유아가 계단을 다 오르지 못한 유아를 남겨 두고 미끄럼틀로 뛰어간다. 혼자 남은 유아가 “나 혼자만 여기 있잖아.” 하며 울먹이자, 미끄럼틀로 뛰어가던 유아가 되돌아와 친구의 어깨를 두어 번 토닥이며 “같이 가자.”라고 말한다. 그리고 손을 잡고 함께 계단을 올라 미끄럼틀 쪽으로 달려간다. 실내놀이를 마친 뒤 5세 반의 몇몇 유아들이 놀이할 때 불편한 점이 있었다고 말한다. 하선이가 “우리끼리 약속 좀 만들어야겠다.”라고 말하자 유아들이 매트 위에 모여 앉았고, 진지하게 이야기를 나누며 놀이 약속을 정한다. 다음 날, 유아들끼리 정한 약속을 교사는 색종

	이에 적어 칠판에 붙여 준다. 한 유아는 놀이 약속 옆에 손가락 도장을 찍으며 "내가 지킬 수 있는 약속이 이거야."라고 말한다. 

내용범주: 사회에 관심 가지기

목표 우리가 사는 사회와 다양한 문화에 관심을 가진다.

내용
- 내가 살고 있는 곳에 대해 궁금한 것을 알아본다.
- 우리나라에 대해 자부심을 가진다.
- 다양한 문화에 관심을 가진다.

내용 이해	유아 경험의 실제
내가 살고 있는 곳에 대해 궁금한 것을 알아본다. 유아가 자주 접하는 가까운 주변 지역과 이웃에 대해 관심을 가지고, 궁금한 것을 알아보며, 지역 구성원으로서 유대감과 소속감을 느끼는 내용이다. **우리나라에 대해 자부심을 가진다.** 유아가 우리나라의 전통에 친숙해지고, 우리나라의 상징, 언어, 문화 등을 경험하면서, 우리나라에 대해 자랑스러운 마음을 가지는 내용이다. **다양한 문화에 관심을 가진다.** 유아가 다른 나라의 다양한 문화와 생활양식에 대해 관심을 가지고, 문화의 다양성을 이해하며 존중하는 내용이다.	유아들이 함께 블록으로 동네를 만든다. 유아들은 도서관을 만들면서 이야기를 나눈다. "여기는 도서관! 우리 도서관 가 봤지? 우리 동네에 도서관이 있으니까 좋다. 그치?", "응, 선생님한테 내일 또 도서관 가자고 말씀드리자."  바깥 놀이터에서 유아들과 선생님이 이야기를 나눈다. **우재:** 너희들은 우리나라에서 누가 제일 좋아? **유아들:** 이순신 장군! 세종대왕! **교사:** 왜 좋아하는데? **시연:** 한글을 만들었잖아요. 나는 한글을 진짜 잘 쓰는데, 한번 보세요.(모래 바닥에 나뭇가지로 자신의 이름을 쓴다.) **유아들:** 나도 내 이름 써야지. 아! 맞다. 내일 한글날이라 했지.

출처: 2019 누리교육과정 해설서 87~89쪽.

알겠어. 미안해!

하원 시간, 우주는 놀이를 계속하고 있는 서연이에게 블록 정리를 하자고 말한다.

우주: (서연이의 귀 뒤쪽에 대고) 이제 블록 정리하는 시간이야!

서연이가 듣기에 우주의 큰 목소리는 자신의 귀에 대고 크게 소리를 지르는 것처럼 들린다.

서연: 귀에 대고 하지마! 귀 아파!

우주: 아니야. 나는 머리카락에 대고 말했거든. (서연이의 귀 뒷면 머리를 만진다)

서연: 너가 내 귀에 대고 크게 말했잖아. 귀 아팠거든.

우주: (매우 큰 목소리로) 아니야. 나는 여기에 대고 말했어.

우주와 서연이의 모습을 지켜보던 은성이가 다가와 무슨 일인지 묻는다.

우주: (울먹이는 듯한 목소리로) 있잖아. 내가 귀에 말 안 하고 여기 머리카락에 말했는데, 서연이가 자꾸 내가 귀에 대고 말했다고 하잖아. 나 기분 진짜 안 좋아. 힝!

은성: 알겠어. 서연이가 어떤 말했는데?

서연: 얘가 내 귀에 대고 말했다구! 여기가 귀야. (서연이는 자신의 귀를 만지며 소리가 들렸던 위치를 가리킨다.)

은성이는 두 유아의 말을 듣고 팔짱을 끼고 잠시 말없이 생각하더니, 서연이에게 "귀를 막아봐"라고 말한다. 서연이가 두 손가락으로 귀를 막는다. 은성이는 서연이의 등 뒤로 돌아가 서연이의 귀 옆에서 소리를 낸다.

은성: 아 아... (서연이에게) 어때? 소리 들려?

서연: 응. 귀에 대고 하는 것처럼 들려.

은성: 이제 됐지?

우주: 봐 봐, 맞지? 나 여기 뒤에다 대고 말했지?

서연: 알겠어. 미안해.

출처: 2019 누리교육과정 해설서 89쪽.

7. 사례중심 다문화가정 영유아 생활지도

다문화가정 영유아라고 해서 모두 어떤 특정 행동을 보이는 것은 아니다. 즉, 영유아의 문제행동이나 부적응행동은 다문화가정 영유아나 비다문화가정 영유아 모두에게 나타날 수 있으므로 다문화가정 영유아만의 문제는 아니다. 부모의 건강과 바람직한 양육태도, 환경, 선천적으로 가지고 태어난 순한 기질 등의 영향으로 쾌활하고 적극적이며 건강하게 어린이집 생활을 하는 영유아도 많다. 이러한 영유아는 긍정적인 강화를 통한 지원을 한다. 그러나 특정행동이나 부적응적인 행동을 보일 경우는 영유아의 발달에 대한 이해를 토대로 영유아의 행동변화가 이루어질 수 있도록 지속적으로 일관된 생활지도를 해야 한다. 무엇보다도 교사의 긍정적인 생활지도가 다문화가정 영유아에게 점차 내면화됨으로써 스스로 자기 통제력을 가질 수 있도록 지원해야 한다.

다음의 사례는 저자가 어린이집 다문화보육 컨설팅을 하면서 보육교사들로부터 들은 다문화가정 영유아에게 실제로 일어날 수 있는 사례들과 이주아동 보육가이드북(2019)에 실린 사례들 중심으로 지도 방법을 알아보겠다.

1) 계절에 맞지 않는 옷을 입고 등원하는 아이

한겨울에도 늦가을처럼 옷을 얇게 입고 등원하는 다문화가정 영유아가 있다. 교사는 “어떻게 이런 날씨에 옷을 얇게 입히지?”라고 생각할 수 있다. 부모가 자녀에게 무관심하다는 생각도 드는데 알고 보니 러시아 국적을 가진 엄마는 한국의 겨울 날씨가 러시아에서는 늦은 가을 날씨였기 때문이다. 또는 겨울인데도 내복을 입히지 않거나 내복을 겉옷으로 착각하여 입혀 등원하는 경우가 있는데 이는 동남아 지역에서는 내복을 입지 않고 캐릭터가 있는 예쁜 내복을 겉옷으로 착각하여 겉옷으로 입고 등원하거나 또는 속옷을 입지 않고 등원하는 영유아가 있기도 하다. 더운 나라에 살던 부모는 겨울 장갑을 사용해 본 적이 없으며 반대로 추운 나라에 살던 부모는 땀을 잘 흡수하거나 자외선을 차단하는 소재의 옷을 입어 본 적이 없으므로 우리나라 계절에 맞는 옷을 잘 모를 수 있다.

지도 방법은 계절과 날씨를 주제로 이야기를 나누어 계절에 맞는 옷을 어떻게 입어야 하는지 알아보는 시간을 갖고 직접 옷을 고를 수 있는 연령대의 아이라면 "나를 건강하게 지켜 주는 옷"에 대하여 알려 주는 것이 필요하다. 부모에게도 계절에 맞는 옷을 소개해 준다. 계절이 바뀔 때 교사가 "이런 옷을 입으면 아이의 체온유지에 좋습니다"라고 부모에게 알려 주는 것이 필요하다. 이러한 사례는 가정과 연계하여 이루어지도록 해야 한다.

2) 잘 씻지 않는 아이

여름에 온도가 올라가 아이들이 움직이면 땀을 많이 흘리게 되어 깨끗이 씻어야 하는데 부모의 생활문화에 따라 잘 씻지 않는 경우가 있다. 건조한 몽골이나 네팔에서는 여름에 목욕을 매일 하지 않아도 문제가 없기 때문에 이러한 가정에서 자라는 영유아는 잘 씻지 않고 등원하거나 어린이집에서 목욕을 시켜 줘도 씻는 것을 싫어하거나 강하게 거부하기도 한다. 때로는 영아인 경우 부모가 가정에서 기저귀나 옷을 갈아입히지 않아 냄새가 나거나 기저귀 발진이 생기고 아픈 상황이 발생하기도 한다.

지도 방법은 교사와 상호작용이 가능한 아이라면 직접 위생 교육을 하는 것이 필요하다. 위생 관련 동화를 통해 위생교육을 실시하는 것이 좋다.

또한 부모가 자녀에게 관심이 부족하거나 위생관리를 어떻게 해야 하는지 모를 수 있으므로 가정과 연계하여 위생이 자녀의 건강과 직결된다는 것을 부모가 알게 하는 것이 필요하다.

부모가 자녀의 상황을 관찰하도록 하고 부모에게 반복적으로 개선사항을 이야기해 주고 위생이 자녀에게 미치는 영향을 알려 준다.

3) 밥을 잘 먹지 않는 아이

부모의 국적이나 문화에 따라 가정에서 파스타, 빵 등을 주식으로 식사해 온 영유아가 종종 있다. 밥이나 반찬 없이 고기만 먹거나 비스켓이나 쿠키 종류를 먹는 경우도 있다. 우리나라의 주식은 밥이기 때문에 어린이집에서 점심을 제공할 때 밥을 주게 되는데 먹지 않는 경우가 있다. 국적이나 종교에 따라 금기시되는 음식이 있는데, 예를 들면 이슬람교를 믿는 사람은 돼지고기를 먹지 않고 힌두교를 믿는 사람은 쇠고기를 먹지 않으며 유태인들은 오징어, 문어와 같은 연체동물을 먹지 않는다. 그러므로 가정의 문화나 종교에 따라 금기식이 아니라면 어린이집 식단에 맞추어 모든 영유아가 같은 식사를 제공해야 하며(알레르기 음식 예외) 함께 즐겁게 식사를 할 수 있도록 지도해야 한다.

지도 방법은 영유아의 특성을 반영하여 고기를 주식으로 먹는 아이에게는 우선 고기를 좀 더 많이 배식해 주고 새로운 음식을 시도했을 때 격려해 준다. 우리 반에 이러한 다문화가정 영유아가 있다면 한 달에 한 번 정도 점심 뷔페를 열어 빵, 파스타, 밥 등의 다양한 탄수화물 음식을 함께 제공하고 각자의 선호대로 선택해 먹도록 하는 경험도 필요하다. 어떤 음식을 선택하든 각자의 선호를 인정해 주고 골고루 다른 반찬을 먹을 수 있도록 다른 반찬은 똑같이 배식하여 먹을 수 있도록 한다. “이 반찬은 빵고 먹어도 맛있네”, “밥과 파스타를 같이 먹어도 맛있네” 등 영유아가 스스로 맛의 조화를 알아 가도록 지원한다. 그리고 밥을 이용한 요리 활동을 해서 먹어 보는 경험도 좋다.

기정에서도 밥을 주식으로 먹을 수 있도록 안내하여 부모가 맛있게 먹는 모습을 보여 주어 영유아가 밥에 대한 거리감을 줄일 수 있도록 하여 어린이집에서 밥을 먹을 수 있도록 지원해야 한다.

4) 말이 느리거나 더듬는 아이

다문화가정 영유아는 가정에서 부모의 한국어 능력 정도가 달라 상호작용하면서 충분한 언어적 자극을 받지 못하는 경우가 있다. 한국어가 능통하지 못한 다문화가정 부모는 자녀와 상호작용에 제한적일 수 있다. 발음이 정확하지 않거나 분명하지 않아 말을 느리게 하거나 더듬기도 한다. 이는 가정에서 언어환경의 결핍과 상호작용을 통한 언어습득의 경험이 부족하기 때문일 수 있다. 특히 외국인 어머니인 경우 더 나타날 수 있다. 이러한 경우는 어머니의 언어지원과 영유아의 언어지원이 함께 이루어져야 한다. 한국어를 잘못하는 부모의 대부분은 자신의 부족한 부분을 보충하기 위하여 매스미디어를 제공하는 경우가 있는데 이는 오히려 주의력결핍과 과잉행동과 같은 부작용을 초래하기도 한다.

지도 방법은 영유아가 언어적 환경에 자연스럽게 노출될 수 있는 경험이 필요하다. 미숙한 말을 할 때 조급해하거나 바르게 교정하려고 서두르지 말고 기다려주고 언어발달을 촉진할 수 있는 그림책을 매개로 하여 교사와 상호작용을 지속적으로 하는 것이 효과적이다. 물론 교사가 다문화가정의 한 아이만 보육하는 상황이 아니므로 힘들겠지만, 교사와 개별적인 상호작용을 하는 시간을 마련해야 한다. 또는 다문화가족지원센터를 통하여 방문교육서비스를 지원받을 수 있도록 연결하고 또한 어머니도 한국어 지원을 받을 수 있도록 지역사회와 연계하여 기관을 안내하는 것이 필요하다.

5) 정체성 혼란으로 인해 자존감이 낮은 아이

다문화가정 영유아는 외모나 언어적 차이, 가정의 문화 차이로 정체성 혼란과 열등감을 갖기 쉽다. 일반적으로 자아형성은 자기 신체를 인식하면서 시작된다. 그러므로 신체적 차이나 열세, 혹은 문제가 있다고 느끼게 되면 자아상이 왜곡될 수 있다. 특히 또래들이 "OO이는 씻지 않았나 봐요", "OO이는 왜 얼굴이 까매요",

"00이는 말을 왜 못해요" 등 또래들의 놀림을 받거나 거부를 당하는 경우 위축되고 자존감이 낮아질 수 있다. 그러므로 어린이집에서는 다문화가정 영유아나 비다문화가정 영유아 모두에게 다문화보육이 필요하며 다름을 인정하고 차이를 인정하는 교육이 필요하다.

지도 방법은 열등감을 극복하고 긍정적인 자아정체성과 자아존중감을 갖기 위해서는 사랑과 존중이 있어야 한다. 자존감이 낮고 열등감을 가진 아이들은 과제의 난이도를 조절하여 성취감을 경험하는 놀이나 활동을 하고 긍정적인 강화를 통해 자신의 능력을 발휘할 수 있는 놀이나 활동을 통해 자존감을 높여 주고 긍정적인 자아상을 정립할 수 있도록 지원한다.

놀림을 받거나 위축되어 있는 영유아는 자신을 놀리는 친구에게 다양한 전략을 가르쳐 줄 필요가 있다. 전략으로는, 첫 번째로 "나를 놀리지 마"라고 대응할 수 있는 연습을 하여 자신의 의사를 표현하게 한다. 두 번째는 놀리는 친구의 행동을 무시하거나 일일이 대응하거나 반응하기보다는 아무렇지 않게 생각하여 대응하지 않는 전략 알려 준다. 세 번째는 교사나 주변 성인에게 도움을 청하여 혼자서 고민하거나 상처받는 것이 아니라 자신을 도와 줄 수 있는 주변의 사람에게 말하는 것도 좋은 방법이라고 알려 준다. 네 번째는 사례와 관련된 『괜찮아』(최숙희, 웅진주니어), 『달라서 좋아요』(후세야스코 글, 김향금 옮김, 대교출판) 동화책을 보여 주고 역할놀이를 통하여 상대방의 입장을 이해하는 것도 효과적이다.

6) 혼자 노는 아이

어린이집에 와서 또래들과 어울려 놀이해야 하는데 어린이집에서 혼자 노는 아이가 있다. 물론 비다문화가정 영유아 중에도 혼자 노는 아이가 있다. 혼자 노는 것이 반드시 문제가 있거나 적응을 하지 못해서라고 단정하기는 어렵다. 그러나 어린이집에 입소한 첫날부터 친구들에게 가기를 꺼리고 혼자 구석에 앉아 인형만 가지고 놀거나 혼자 누워 이리저리 뒹굴거리는 아이가 있다. 선생님이 불러도 대답하지 않고 친구들이 노는 것을 바라보기만 하고 의사표현도 하지 않는 아이가 있을 수 있다.

영유아가 혼자 놀이를 하는 경우는 여러 가지 원인이 있다. 다문화가정 영유아일 경우는 의사소통이 잘 안되어 함께 놀이하는 것을 기피하는 경우도 있고 가정에서 사회적 모델링이 부족하여 또래와 관계 형성 자체를 꺼리는 것일 수도 있으며 어머니와 안정적인 애착형성이 안되어 다른 사람과 관계 맺음이 어려울 수 있다. 그러므로 교사는 혼자 놀이를 하는 영유아를 잘 관찰하여 어떤 행동유형을 보이는지 파악해야 한다.

교사에 대해서는 어떤 행동유형을 보이는지, 또래들의 놀이를 쳐다보고 또래들에게 관심을 보이는지, 다른 놀이 수준은 어떠한지, 언어발달 수준은 어떠한지, 어머니와의 관계는 어떠한지 등을 관찰해 보아야 한다. 지도 방법은 관찰을 통해 파악한 내용을 토대로 다음과 같이 지도할 수 있다.

전체적인 놀이 수준은 낮지 않으나 교사나 또래에게 무관심할 경우는 비사회적 성향을 보이고 있기 때문에 교사가 관심을 가지고 혼자 놀이를 하더라도 놀이과정을 격려해 주고 놀이과정 중 재미있거나 놀이의 장점을 친구들에게 소개하여 친구들이 아이에게 관심을 가지고 긍정적으로 대할 수 있도록 하여 점차 또래들 놀이 집단에 들어갈 수 있도록 지원해 준다.

7) 공격적이며 활동을 방해하는 아이

교실에서 놀이를 하거나 활동을 할 때 또래 친구들에게 공격적인 행동을 하거나 자리를 쉽게 이탈하거나 집단 활동을 방해는 아이가 있을 수 있다. 또한 사람과 사람 사이를 뚫고 지나가거나 다른 친구들을 괴롭히고 놀리거나 자신이 원하는 대로 되지 않으면 또래를 밀치거나 물건을 던지는 행동 등 반사회적인 행동을 하는 경우가 있다. 이러한 경우는 비다문화가정 영유아에게도 발생할 수 있는 행동이다.

이러한 공격적이거나 또래 친구들의 활동을 방해하는 경우는 타인에 대한 배려보다 자기중심적으로 행동하는 아이거나 사회성이 부족한 경향성이 있다.

지도 방법은 자기중심적인 아이는 사회성이 부족하거나 바람직한 사회적 기술이 부족한 경우가 많으므로 친구들이 받아들일 수 있는 방법으로 자신의 의사표현을 할 수 있도록 사회적 기술을 지원하는 것이 필요하다. 공격적이고 활동에 방해를 하는 행동을 매번 지적하여 그 아이의 모습을 친구들이 바라볼 때 단점으로 인식시키기보다는 교실활동에서 역할을 주어 인정받을 수 있는 기회를 주는 것이 필요하다. 또한 에너지를 바람직한 방향으로 사용할 수 있도록 지도한다.

참고문헌

강문희(2012). **영유아생활지도**. 서울: 교문사.

강혜경, 어성연(2015). 농촌 거주 다문화가정의 자녀출산과 양육경험. **유아교육학론집, 19**(6), 395-422.

강혜순(2018). 다문화가정 발달지체 영아의 의사소통에 대한 보육교사의 인식과 아버지의 양육 참여도 관계 분석. 창원대학교 대학원 박사학위논문.

강혜원, 김성원, 석은조, 오성숙, 최효정(2014). **유아생활지도 및 상담**. 서울: 양서원.

곽미애, 조한익(2021). 건강가정지원센터 위촉직 상담사의 경험에 관한 자문화기술지. 광주광역시지방공무원교육원. 다문화가정 지원정책.

관계부처 합동(2020). 제2차 아동정책 기본계획(2020~2024).

교육과학부(2013). 교사를 위한 다문화 학부모 상담 길라잡이.

교육부(2020). 2019 개정 누리교육과정 현장지원자료(해설집).

교육부(2020). 교육(누리)과정 연계 다문화교육 수업 도움자료.

교육부(2022). 2022년 다문화교육지원계획.

교육부(2023). 2023년 다문화교육지원계획.

교육부, 보건복지부(2019). 2019년 개정 누리과정 해설서.

구정화, 박윤경, 설규주(2021). **다문화교육의 이해와 실천**. 경기: 정민사.

국가평생교육진흥원(2022a). 2022년 하반기 다문화교육 중앙지원단 워크숍.

국가평생교육진흥원(2022b). 제14회 다문화교육 우수사례 공모전 수상 작품집.

국가평생교육진흥원(2023). 2023학년도 다문화교육 정책학교 사업설명회 자료집.

권경숙(2015). 다문화가정 영아의 이중언어 습득 과정 탐색. **어린이미디어연구, 14**(3), 107-134.

권이정(2016). 다문화가정 유아의 이중언어 교육에 대한 유아교사의 인식조사. **한국영유아보육학, 101**, 117-140.

권정윤, 안혜준, 송승민, 권희경(2013). **유아생활지도**. 서울: 학지사.

김경민(2009). 민속박물관에서의 다문화교육 프로그램 개발 연구. 경희대학교 교육대학원 석사학위논문.

김경식, 조현미(2020). **다문화사회의 이해**(2판). 서울: 도서출판 신정.

김경희(2007). **아동생활지도**. 서울: 창지사.

김석률, 이원식(2017). 외국인 근로자와 관련된 인권문제의 개선방안에 대한 연구: 고용허가제의 내용을 중심으로. **사회복지법제연구, 8**(1), 231-249.

김성원, 박영신, 석은조, 오성숙, 최효정(2017). **아동생활지도**. 경기: 양성원.

김수만(2008). 가정공동체 회복을 위한 가족치료이론 활용방안 연구. 광주가톨릭대학교 대학원 석사학위논문.

김승현(2020). 지역사회연계 시민교육 프로그램 개발 및 실행 연구. 숭실대학교 교육대학원 석사학위논문.

김영숙, 우정한(2012). 다문화가정의 실태와 지원정책 개선방안에 대한 고찰. **다문화콘텐츠연구, 13**, 69-103.

김영희(2015). 다문화가정 영유아 발달지원 경험에 관한 질적 사례연구. 동신대학교 대학원 사회복지학과 박사학위논문.

김원중(2007). 학교상담과 교사의 역할. 경남대학교 전문상담교사 연수자료.

김유숙(2022). **가족상담**(4판). 서울: 학지사.

김은주, 서영희(2021). 영아기 자녀를 둔 전업주부의 육아 경험 연구. **육아지원연구, 7**(1), 93-113.

김이영, 박남수, 송나리, 시옥진, 이찬숙, 최윤지(2019). **아동생활지도**. 경기: 수양재.

김춘남, 김동선, 양명옥, 전호성, 조원일, 황혜경, 황경란, 김나연(2016). **초고령사회 진입 이후의 일본사회복지 이슈분석연구**. 경기: 경기복지재단.

김현수(2012). 결혼이주여성의 가족상담 필요성 인식관련 요인. 상명대학교 석사학위논문.

김현정(205). 맞벌이가족 손자녀 양육에 대한 조부모와 성인자녀의 인식유형과 상호작용. **사회복지연구, 46**(3), 215-241.

김혜숙(2022). **가족치료 이론과 기법**(4판). 서울: 학지사.

김혜영(2023). 다문화보육 실천 어려움에 관한 연구: 보육교직원의 다문화보육 컨설팅 사전질문지 내용 분석을 바탕으로. **유아교육연구, 43**(1), 57-78.

나혜선(2016). 가정연계를 통한 유아 배려교육 프로그램 개발 및 적용 효과. 중앙대학교 대학원 박사학위논문.

남상미(2011). 저소득층 가정 부모와 유아의 포괄적 보육서비스 경험의 의미. 배재대학교 대학원 박사학위논문.

대전경제News(2023.03.14.). 가정-학교-지역 연계 다문화교육 맞춤형 지원.

모선희, 이인희, 이선행, 김성운(2008). **다문화가정의 문제점과 정책적 지원방안 연구**. 충남: 충남발전연구원.

모용희(2015). 가정과 연계한 인성교육이 유아의 기본생활습관, 도덕적 판단력 및 정서지능에 미치는 영향. 원광대학교 대학원 박사학위논문.

문혁준, 서소정, 이주연, 정지나, 하지영, 김민희(2013). **아동생활지도**. 서울: 창지사.

박성호(2016). 일본의 다문화공생 정책과 한국 지방자치단체의 다문화 정책 개선 방안 연구-영

등포구를 중심으로-. **일본언어문화, 34**, 339-360
박수희(2017). 다문화가정과 비다문화가정 간 부모의 양육태도와 영유아 친사회성의 차이 분석. 동아대학교 교육대학원 석사학위논문.
박순희(2009). 다문화가족 아동의 특성과 사회적응. **한국유아복지학, 29**, 125-154.
박은애(2006). 다문화가정 자녀의 교육정책에 대한 지원방안 연구. 동국대학교 불교대학원 석사학위논문.
박은정, 박창현, 조혜주(2020). **다문화 영유아 어린이집 보육 실태 및 개선방안 연구.** 서울: 육아정책연구소.
박은혜(2014). 다례활동이 유아의 인성발달에 미치는 효과. 남부대학교 교육대학원 석사학위논문.
박인옥(2009). **강원도 다문화가정 자녀에 대한 교육지원실태 및 지원방안 연구: 다문화가족지원센터의 사례를 중심으로.** 강원: 강원발전연구원
박찬옥, 김성숙, 노희연, 박영숙, 이경진, 최현정, 황지영(2021). **(영유아 지원을 위한) 아동생활지도.** 경기: 양성원.
박찬옥, 이은경(2012). 출신국가별 다문화가정 어머니의 자녀교육관 및 부모역할 인식. **다문화콘테츠연구, 12**, 65-94.
박천응(2011). **다문화 탐험속으로: 국경없는마을.** 경기: 국경없는마을.
백경순(2013). 영유아의 생활지도와 관련된 연구동향 분석. **어린이문학교육연구, 14**(3), 393-411.
보건복지부(2009). 다문화가정 영유아 사회 · 정서발달 증진 프로그램 개발.
보건복지부(2009). 아이사랑플랜(2009~2012).
보건복지부(2013). 영유아 문제행동지도를 위한 어린이집 보육교사 지침서 3: 언어 · 인지.
보건복지부(2013). 제2차 중장기보육 기본계획(2013~2017).
보건복지부(2014). 다문화보육프로그램 1.
보건복지부(2017). 제3차 중장기보육 기본계획(2018~2022).
보건복지부(2018). 다문화보육프로그램.
보건복지부(2020). 제4차 어린이집 표준 보육과정 해설서.
보건복지부(2022). 제4차 중장기보육 기본계획(2023~2027).
보건복지부(2023). 2023년도 보육사업안내.
보건복지부, 육아정책연구소(2018). 전국보육실태조사(가구조사 보고).
서명원, 유경량, 채소희(2010). **영유아 생활지도.** 경기: 양서원.
서울대학교평화통일연구원(2021). 통일과 평화, 시대와 세대 앞에 서다. 통일의식조사.
서울시복지재단(2018). 발달지연 영유아가족을 위한 발달촉진 놀이 가이드북: 엄마와 아이의

함께 놀이.

서울시여성가족재단(2019). 서울시 어린이집 취약보육 운영 내실화(Ⅱ): 다문화보육을 중심으로.

성기욱(2021). 다문화이론을 활용한 K-POP의 상호관계성 연구: BTS의 성공사례를 중심으로. 동국대학교 대학원 박사학위논문.

소영란(2020). 가정연계 활동을 포함한 유아 회복탄력성 프로그램의 개발 및 적용 효과. 원광대학교 일반대학원 박사학위논문.

송나리(2012). 유아문제행동지도에 대한 초임교사들의 인식과 어려움. 성신여자대학교 대학원 석사학위논문.

스엔(2022). 다문화가정의 아버지 양육참여도가 유아의 사회성에 미치는 영향에 대한 결혼만족도의 조절효과. 명지대학교 석사학위논문.

신예진(2017). 다문화 가정 청소년의 사회적 차별이 우울에 미치는 영향: 자아존중감과 자아정체성의 매개효과를 중심으로. 서울대학교 대학원 석사학위논문.

신용일(2020). 다문화 가족지원센터 운영에 관한 개선방안연구: 기관종사자 대상 설문 조사. 동아대학교 국제전문대학원 박사학위논문.

신은경, 이연경(2005). 보육시설 유아들의 식행동과 식품기호도 조사를 통한 식단개발 및 평가. **한국식생활문화학회지, 20**(1), 1-14.

신은희, 노성향, 윤매자, 이찬숙, 최현정, 신지현(2012). **다문화 사회와 가정.** 서울: 공동체.

신주철(2013). **한국어교육에서 한국문화 문학 교육론.** 서울: 커뮤니케이션북스.

심수아(2021). 어린이집 부모참여 활성화 수준이 부모의 기관신뢰 및 교사신뢰에 미치는 영향. 가천대학교 교육대학원 석사학위논문.

심태은(2016). 유아를 위한 가정연계 긍정훈육 프로그램 개발 및 적용. 강릉원주대학교 대학원 박사학위논문.

아름다운재단(2019). 이주아동 보육가이드북, 아름다운재단 아시아의 창.

양미선, 이윤진, 김동훈, 조숙인, 김근진, 구자연, 오미애, 김문정(2021). **2021년 전국보육실태조사-어린이집 조사보고-.** 세종: 보건복지부.

양영자(2011). 가정연계 다문화 교육 활동이 유아와 어머니의 다문화 인식에 미치는 영향. 배재대학교 일반대학원 박사학위논문.

어덩통갈락(2021). 몽골 결혼이주여성의 사회문화 적응에 대한 문화기술지 연구. 대구대학교 대학원 석사학위논문.

어린이집안전공제회, 한국보육진흥원(2013). 다문화보육과정 컨설팅 매뉴얼.

어린이집안전공제회, 한국보육진흥원(2021). 다문화보육지침서, 모두를 나답게 키우는 어린이집 속 다문화.

어린이집안전공제회, 한국보육진흥원(2022). 다문화가정 아동 담당 보육교직원, 전문교육과정.

여성가족부(2015). 다문화가족상담 매뉴얼.
여성가족부(2018). 다문화가족지원사업안내.
여성가족부(2018). 제3차 다문화가족정책 기본계획(안)(2018~2022).
여성가족부(2019). 가족사업안내.
여성가족부(2021). 다문화가족실태조사.
여성가족부(2021). 제4차 건강가정 기본계획(2021~2025).
여성가족부(2022). 2021년 전국 다문화가족 실태조사.
여성가족부(2022). 2023년 다문화 아동, 청소년 맞춤형 지원 강화(2022.10.12. 보도자료).
여성가족부(2022). 청소년 통계.
여성가족부(2022a). 제3차 다문화가족정책 기본계획(2018~2022) 2022년도 시행계획.
여성가족부(2022b). 제3차 다문화가족정책 기본계획(2018~2022) 2022년도 지방자치단체 시행계획Ⅰ.
여성가족부(2022c). 제3차 다문화가족정책 기본계획(2018~2022) 2022년도 지방자치단체 시행계획Ⅱ.
여성가족부(2023). 2023년 가족 사업안내 2권.
여성가족부(2023). 가족사업안내.
여성가족부(2023.1.17.). '제4차 다문화가족정책 기본계획(2023~2027) 수립을 위한 공청회 개최, 정책 환경과 수요 변화를 반영하여 향후 5년간의 기본방향 수립 추진'.
여성가족부 포털(2023). 따뜻한 동행, 행복한 가족 (https://blog.naver.com/mogefkorea/222790662154).
여성가족부, 한국건강가정진흥원(2015). 가족상담매뉴얼.
오세비(2019). 어머니의 문화통합수준과 다문화청소년의 다문화수용성과의 관계 연구. 중앙대학교 박사학위논문.
우수명, 주경희, 김희주(2021). **사회복지와 문화 다양성.** 경기: 양서원.
육아정책연구소(2010). 다문화 가정 영유아 지원 효율화 방안 연구.
육아정책연구소(2011). 다문화가족 영유아 발달 실태 및 맞춤형 지원 방안.
육아정책연구소(2020). 다문화 영유아 어린이집 보육 실태 및 개선방안 연구.
육아정책연구소(2021). 다문화 영유아의 이중언어 발달을 위한 부모 역량강화 지원 방안.
육아정책연구소(2021). 다문화가족 영유아 발달 실태 및 맞춤형 지원 방안.
육아정책연구소(2022). 2022 KICCE 육아지원정책현안과 과제.
윤혜빈(2021). 유아교사의 행복감, 정서표현성 및 교수몰입이 교수창의성에 미치는 영향. 경상대학교 교육대학원 석사학위논문.
이경숙(2018). 미술치료사의 다문화 부모상담 경험에 관한 현상학적 연구. 서울불교대학교 석사학위논문.

이경원, 박혜영(2016). 다문화가정 자녀의 정서 · 사회성발달을 위한 자존감향상프로그램 개발에 관한 연구. **한국초등도덕교육학회 학술대회 하계학술발표논문집**, 538-553.

이광자, 엄신자, 손승연, 전신현(2009). **21세기 사회학**. 서울: 학지사.

이규림(2011). 유아교사의 다문화감수성, 다문화교육 이해 및 태도의 관계: 다문화 교수 효능감의 매개효과. 전남대학교 대학원 박사학위논문.

이상미(2022). 중국 다문화가정 자녀의 이중언어교육을 위한 부모교육 프로그램 개발 및 적용효과. 가천대학교 대학원 유아교육학과 박사학위논문.

이선애, 백인경, 이로미(2021). **유아다문화교육의 이론과 실제**. 경기: 정민사.

이성순(2013). 포괄적 보육서비스가 어린이집 적응과 유아발달에 미치는 영향. 목포대학교 대학원 박사학위논문.

이소은, 이완정, 성미영, 권기남(2013). **아동생활지도**. 서울: 교문사.

이순형, 김유미, 김은영, 김진경, 김태연, 서주현, 안혜령(2013). **아동생활지도**. 서울: 학지사.

이승재(2017). 다문화 마을공동체 형성 및 성장과정 연구: 서울시 다문화 마을공동체 부모 커뮤니티 사례를 중심으로. 동국대학교 대학원 박사학위논문.

이옥희(2018). 가정연계를 통한 유아 미술활동 프로그램 개발 및 효과. 중부대학교 대학원 박사학위논문.

이은경, 김화수(2011). 다문화가정 영유아의 언어발달 양상. **특수교육재활과학연구**, **50**(4), 183-201.

이정은(2014). 다문화가정 어머니와 유아교사 간의 의사소통 경험에 관한 연구. 광주교육대학교 석사학위논문.

이정휘(2011). 다문화가족지원 정책에 대한 공무원 인식 연구. 건양대학교 대학원 박사학위논문.

이향숙, 박성옥, 정영선, 류진아, 황미영, 이기영, 서명원, 강은주(2011). **아동상담이론과 기법**. 경기: 양서원.

이혜수(2014). 어린이집에서의 부모연계 프로그램에 대한 운영실태 및 인식. 한국방송통신대학교 대학원 석사학위논문.

인천여성가족재단(2017). 인천시 다문화가족 서비스 전달체계 개편에 따른 정책대안_건강가정다문화가족지원센터를 중심으로.

임성혜(2017). 가정과 연계한 효 중심 유아 인성교육프로그램 개발 및 적용 효과. 경기대학교 대학원 박사학위논문.

재한외국인 처우 기본법(2007). [시행 2007. 7. 18.] [법률 제8442호, 2007. 5. 17., 제정]

전경숙(2017). 다문화가정 중도입국청소년의 진로준비와 정착계획에 관한 탐색적 연구. **GRI 연구논총**, **19**(1), 441-473.

전경숙(2017). 다문화가족자녀 언어발달지원 사업의 효과성 연구. **다문화아동청소년연구**, 2(2). 81-106.

정문자, 정혜정, 이선혜, 전영주(2018). **가족치료 이해**(3판). 서울: 학지사.

정미라(2018). 비밀보장 갈등 상황에서 전문상담교사의 대처 행동에 대한 합의적 질적 연구. 가톨릭대학교 석사학위논문.

정영경(2018). 교사의 다문화 감수성이 다문화 교수 효능감을 매개로 교사-다문화가정 학부모 간 의사소통에 미치는 영향. 건국대학교 대학원 박사학위논문.

정은정(2019). 유아교육기관에서 다문화 가정 유아를 교육하는 교사의 어려움 및 요구. 중앙대학교 교육대학원 교육학과 석사학위논문.

정은지(2011). 다문화가족 대상 박물관 교육프로그램의 현황을 통한 발전방안 연구. 국민대학교 행정대학원 석사학위논문.

정창용, 조미영(2015). 유아교육기관에서의 부모교육에 대한 다문화가정 어머니의 담론분석. **한국유아교육 · 보육복지학회**. 19(3). 293-323.

조미정(2020). 지역사회 소규모 부모교육 참여를 통한 어머니 되어가기 경험. 건국대학교 대학원 석사학위논문.

조운주, 최일선(2015). **유아교육기관에서의 유아생활지도**. 서울: 창지사.

조원주(2020). 부모역할 인식과 양육효능감이 어머니의 행복감에 미치는 영향. 경상대학교 교육대학원 석사학위논문.

주현숙(2015). 이중언어 구사능력과 습득요인에 관한 연구-한국어 일본어 이중언어 환경 자녀를 중심으로. 고려대학교 대학원 박사학위논문.

주혜영(2013). 다문화가정 어머니의 특성 및 가족환경에 따른 자녀의 언어능력에 관한 질적 분석. 울산대학교 대학원 석사학위논문.

중앙육아종합지원센터(2019). 다문화 보육과정 컨설팅 매뉴얼.

채경란(2022). 보육교사들의 다문화가정자녀 보육경험에 관한 연구. **문화교류와 다문화교육**, **11**(2), 255-289.

채경란(2023). 결혼이주여성의 문화적응 경험에 나타난 다문화상담의 의미탐색. 인하대학교 대학원 박사학위논문.

천순녀(2015). 부산지역 결혼이주 다문화 여성의 문화적응실태에 관한 탐색적 연구. 동의대학교 대학원 석사학위논문.

최경운(2016). 다문화가족 아버지 교육 프로그램의 실태 및 요구분석. 숙명여자대학교 대학원 박사학위논문.

최경호(2021). 데이터에 기반한 입법평가: 포용적 성장을 위한 입법(Ⅲ)-다문화가족지원법. 연구보고서.

최명희(2016). 육아종합지원센터 부모교육의 시대적 변화 추이. 이화여자대학교 대학원 박사학위논문.

최승호(2020). 다문화가족을 위한 부모교육 프로그램 요구분석. 충남대학교 대학원 박사학위논문.

최예지(2016). 다문화가정 한국인 아버지의 양육 참여에 영향을 미치는 요인. 이화여자대학교 대학원 석사학위논문.

최유미, 정상우(2018). 유아다문화교육을 위한 그림책 선정기준과 내용분석: 누리과정(교사용 지도서) 추천도서를 중심으로. **교육문화연구, 24**(1), 625-648.

최윤철(2014). 한국의 외국인 노동자 관련 입법과 정책. **한국입법정책학회 입법정책, 8**(2). 63-90.

최지은(2021). 다문화가족지원센터 사업 개선방안. 인천대학교 문화대학원 석사학위논문.

최현미(2016). 어린이집 부모교류 활동이 다문화가정 어머니의 양육스트레스와 양육효능감 및 적응력에 미치는 영향: 사례접근적 방법으로. 서울신학대학교 대학원 석사학위논문.

통계청(2022). 인구동향조사.

통계청(2022). 2021년 다문화인구 동태통계 보도자료. 사회통계국 인구동향과.

통일부(2020). 북한이탈주민_탈북청소년_실태조사. 통일부정착지원과.

통일부(2022). 북한이탈주민 정착지원 실무편람. 통일부. 2021 통일의식조사.

통일의식조사(2021). 통일과 평화, 시대와 세대 앞에 서다. 서울대학교평화통일연구회.

한국민족문화대백과사전(2023). 한국민족문화대백과사전.

한국보육교사교육연합회(2021). **보육교사 일반직무교육(심화)**. 경기: 양성원.

한국보육진흥원(2011). 다문화보육의 이해와 적용.

한국보육진흥원(2013). 보육교직원을 위한 다문화보육 직무교육과정.

한국보육진흥원(2017). 다문화보육 컨설팅 매뉴얼.

한국보육진흥원(2019). 다문화보육과정 컨설팅 매뉴얼.

한국보육진흥원(2021). 다문화보육지침서: 모두를 나답게 키우는 어린이집 속 다문화.

한국보육진흥원(2022). 2022년도 다문화가정 담당 보육교직원: 전문교육과정.

한국보육진흥원(2022). 다문화가정 아동담당 보육교직원 전문교육과정.

한국보육진흥원(2022.6.22.). 한국보육진흥원－육아종합지원센터 통합. 보도자료.

한국청소년상담원(2011). 다문화 청소년 상담메뉴얼 개발.

한국청소년정책연구원(2010). 한국의 다문화주의: 현황과 쟁점.

한원수(2011). 다문화가정 지원정책의 효율화 방안에 관한 연구. 선문대학교 대학원 박사학위논문.

행정안전부(2022). 2021 지방자치단체 외국인주민 현황. 행정안전부 사회통합지원과. 보도자료.

홍승아(2014). **가족서비스 전달체계 개편을 위한 통합모델 개발 연구.** 서울: 여성가족부.

홍연숙, 김진선, 손윤경(2011). **영유아 생활지도.** 서울: 공동체.

홍정미(2008). 다문화가정 자녀의 학교 생활적응에 영향을 미치는 생태체계변인. 숙명여자대학교 대학원 박사학위논문.

홍현정, 안도희(2021). 다문화 가정의 배경 특성과 다문화 청소년이 지각한 부모의 지지, 교우관계, 학교 적응 및 삶의 만족도 탐색. **문화교류와 다문화교육, 10**(2). 111-139.

화성타임즈(2020.12.08.). 다문화 아동·청소년 지역연계 지원사업 성과보고.

황갑진(2015). 한국의 다문화사회의 특성과 사회적 갈등. **사회과교육연구, 22**(3), 13-29.

황상심(2018). 다문화가정의 이중언어 사용에 관한 질적 탐색. **언어치료연구, 27**(1), 99-113.

황옥경(2014). **아동생활지도.** 서울: 창지사.

황현정(2014). 동화를 통한 다문화가정 어머니의 한국어교육을 위한 가정-어린이집의 연계프로그램 모형 개발. 총신대학교 교육대학원 석사학위논문.

Ackerman, N. W. (1966). *Treating the troubled family*. New York: Basic Books.

Castles, S. & Miller, M. J. (2003). *The Age of Migration: International Population Movements in the Modern World.* New York: Palgrave.

Gartrell, D. (2012). **(가이던스에 기초한) 아동생활지도.** [Power of guidance : teaching social-emotional skills in early childhood classrooms] (이은해, 박소연, 박진재, 송영주, 송혜린, 신혜영, 이미리, 임연진, 정선진, 최혜영 역). 서울: 시그마프레스(원저출간: 2004).

Guttal, S. (2007). Globalisation. *Development in Practice, 17*(4/5): 523-531.

ENB한국교육뉴스방송(2022). 2023년 다문화 아동·청소년 맞춤형 지원 강화.

Jing-ya Ding Meejung Chin(2021). Latent Classes of Migrant Women's Public Service Use in Early Stages and Related Factors.

KDI 경제정보센터(2006.04.27.). 여성결혼이민자 가족의 사회통합 지원대책 확정.

Kostelnik, A., Soderman, A., & Whiren, A. (1993). *Developmentally appropriate programs in early childhood education.* New York: Macmiiian.

Lamb, M. E. (1975). Father: forgotten contributors to child development. *Human Development, 18*(1), 245-266.

Lamb, M. E., Pleck, J. H., & Levine, J. A. (1985). The role of the father in child development: The effects of increased paternal involvement. In B. S. Lahey & A. E. Kazdin(Eds.), *Advances in clinical child psychology* (Vol. 8). New York: Plenum.

Marion, M. (1981). *Guidance of young children.* St. Louis: The C. V. Mosby Company.

Martikainen, T. (2005). Immigrant religions in local society: historical and contemporary perspectives in the city of Turku. Åbo: Åbo Akademi University Press.

Mckay, D. (1988). Why is there a European political Science? *PS: Political Science and Politics,* XXI, Fall: 1051-1056.

Morrison, G. S. (1988). *Early childhood education today.* Englewood Cliffs, NJ: Merrill prentice Hall.

Murdock, G. P. (1965). *Culture and Society.* Pittsburgh: University of Pittsburgh Press.

Newman, W. M. (1973). *American Pluralism.* New York: Harper & Row.

White, L. A. (1977). **문화의 개념.** [Concept of culture : basic concepts in anthropology] (이문웅 역). 서울: 일지사(원저출간: 1833).

Wikipedia (2015). Immigration, The free Wikipedia Encyclopedia. (http//en.wikipedia.org/wiki).

William, G. S. (1909). *Folkways.* Boston, Mass: Ginn & Company.

가족센터 홈페이지(www.familynet.or.kr).

네이버 블로그(가족정책서비스 전달체계(지역센터) 관리 및 지원) (https://blog.naver.com/cai4017/221515485681).

네이버 블로그(새롭게 발표된 제4차 다문화 가족 정책 정리)(2023.2.17.인출) (https://m.blog.naver.com/superkbh10/223018715560).

네이버 블로그(전국 가족서비스 제공기관 현황) (https://blog.naver.com/hkd0153/222037223655).

네이버 블로그(한국건강가정진흥원 면접상황 면접경험 면접답변구조화) (https://blog.naver.com/rinbi0/222593812673).

넥사인리플렛(리플릿) 디자인소개 두 번째(https://blog.naver.com/nexign/221600314677).

다문화 가족지원 포털 다누리(www.liveinkorea.kr).

다문화교육포털(www.edu4mc.or.kr).

법제처 홈페이지(2023.04.10.인출)(https://www.moleg.go.kr).

복지로 홈페이지(2023.04.10.인출)(https://www.bokjiro.go.kr).

정부24(2023.04.10. 인출). 다문화 보육료 지원(중앙부처) (https://www.gov.kr/portal/rcvfvrSvc/dtlEx/382000000026?administOrgCd=ALL).

통일부 홈페이지(https://www.unikorea.go.kr).

한국건강가정진흥원 홈페이지(https://www.kihf.or.kr).

한국보육진흥원 홈페이지(https://www.kcpi.or.kr).

찾아보기

ㅇ

ㅈ

ㅊ

ㅎ

기타

저/자/소/개

김선희

협성대학교 일반대학원 교육학박사(상담학과 상담심리 전공)
현, 김선희공감심리교육연구소장
고양보육교사교육원 전임교수

이보라

광운대학교 대학원 행정학박사(사회복지 전공)
현, 협성대학교 사회복지학과 객원교수

이연미

동양대 일반대학교 박사 재학(유아교육 전공)
한성대 교육대학원 석사 졸업(상담심리 전공)
현, 경기북부보육교사교육원 전임교수

이주영

가톨릭관동대학교 사회복지학박사
건국대학교 유아교육전공 박사 수료
전, 가톨릭관동대학교 초빙교수
현, 서정대학교 교수
고양보육교사교육원 주임교수

임현숙

경기대학교대학원 교육학박사(유아교육 전공)
전, 부천대학교 겸임조교수
오산대학교 겸임교수
현, 경기보육교사교육원 주임교수

조금랑

협성대학교 사회복지학과 박사
동국대학교 가정학과 박사 수료
전, 연천군가족센터 센터장
현, 경기북부보육교사교육원 교수

주영란

단국대학교 일반대학원 교육학박사
전, 대원대학교 겸임강사, 휴넷평생교육원 놀이지도 강사
현, 국회제1어린이집 원장

다문화 전문 교육과정 ❶

다문화사회와 가정

1판 1쇄 인쇄 — 2023년 6월 26일
1판 1쇄 발행 — 2023년 6월 30일

편찬 위원장 | 이만수
집필 위원장 | 이주영
감수 위원장 | 이연미
편집 위원장 | 임현숙
저자 | 김선희 이보라 이연미 이주영 임현숙 조금랑 주영란

발 행 인 | 김성일
발 행 처 | 경기도보육교사교육원연합회
제작 · 공급처 | 양성원

주 소 | 경기도 파주시 검산로 173번길 29-12
전 화 | 031-946-3861(代)
팩 스 | 031-946-3864
이 메 일 | tnwpub@naver.com
홈페이지 | tnwpub.co.kr
출판등록 | 2015년 8월 31일 제 2015-000211 호

ISBN 979-11-6126-522-3

정가 24,000원